टूटे दर्पण

टूटे दर्पण

भारत में 'दहेज समस्या'

रॉबिन वायट
नाज़िया मसूद के साथ

SAGE | bhasha

Los Angeles | London | New Delhi
Singapore | Washington DC | Melbourne

Originally Published in English by
SAGE Publications India Pvt Ltd as *Broken Mirrors: The 'Dowry Problem' in India*

SAGE | bhasha

SAGE Publications India Pvt Ltd
B1/I-1 Mohan Cooperative Industrial Area
Mathura Road, New Delhi 110 044, India
www.sagepub.in

SAGE Publications Inc
2455 Teller Road
Thousand Oaks, California 91320, USA

SAGE Publications Ltd
1 Oliver's Yard, 55 City Road
London EC1Y 1SP, United Kingdom

SAGE Publications Asia-Pacific Pte Ltd
3 Church Street
#10-04 Samsung Hub
Singapore 049483

Published by SAGE Publications India Pvt Ltd, Translation Project Coordinated by Content Respondus Pvt Ltd, Kolkata and printed at Repro India Ltd., Mumbai.

ISBN: 978-93-859-8556-0 (PB)

Translator: Ms. Preetha Simlai, MBA, Bachelor's degree in Social Legal Studies, Corporate Communications.
SAGE Team: Sumona Kundu and Vinayak Dubey

उन साहसी पुरुषों और महिलाओं को समर्पित जिन्होंने अपने जीवन की अत्यंत अंतरंग जानकारियां हमसे साझा कीं।

अनुक्रमणिका

फ़्लेविया एग्निस *द्वारा प्राक्कथन* ix

आभार xiii

लेखकों की ओर से... 1

प्रस्तावना 15

1 | शालिनी—ध्वस्त सपने 23

2 | अखिल—कुत्ते और जंजीरें 51

3 | मोहिनी और नरेश—साथ-साथ पर फिर भी अकेले 85

4 | नीति—जब सत्ता के खेल जला देते हैं 113

5 | गगन—कथित विकल्पहीनता का अत्याचार 135

6 | जसमीत और तरमपाल—जब अनुपयुक्तता मौत का कारण बनती है 159

उपसंहार 189

लेखकों के बारे में 203

प्राक्कथन

आज भारत में हो रहे वैवाहिक संघर्षों को समझने के लिए यह किताब एक बहुमूल्य योगदान है और मुझे इस किताब का प्राक्कथन लिखते हुए बहुत खुशी हो रही है। 'दहेज से सम्बन्धित हिंसा' से निपटने के लिए कानूनी प्रावधानों के प्रभाव को समझने के अलावा *टूटे दर्पण* कानून के क्षेत्र से परे जाकर सामाजिक रिश्तों को भी समझने का प्रयास करती है। कानूनी बातों व आज के प्रबल सामाजिक आचार-विचारों में चिंताजनक अंतराल पर यह किताब चिंता व्यक्त करती है।

इस किताब में वर्णित रूपरेखाएं, जो कि बहुत संवेदनशीलता व अनुभूति से वर्णित की गई हैं, हमें वैवाहिक सम्बन्धों के कई आयामों में गहरी अंतर्दृष्टि प्रदान करती हैं: अधिकार क्षेत्र के समीकरण और जीवनसाथी के बीच अंतर्वैयक्तिक गतिशीलता, दम्पतियों में और उनके अपने-अपने परिवारों व ससुराल-वालों के बीच तनाव, वित्तीय व्यवस्थाओं को लेकर झगड़े, अधूरी अपेक्षाओं को लेकर निराशाएं और यौन इच्छाएं और कुंठाएं आदि। इस जटिल चित्रपट के विभिन्न तारों की छान-बीन में पाठक को, शादियाँ किस तरह तय होती हैं, संपन्न होती हैं, किस तरह निभाई व सही जाती हैं, इसकी एक झलक मिलती है।

ज्यादातर मामलों में, समय के साथ धीरे-धीरे, आतंरिक समाधानों व समझौतों से मतभेदों को सुलझा लिया जाता है और ऊंच-नीच और टूट-फूट के बावजूद, एक सामंजस्य बन जाता है और विवाह एक आदत बन जाता है। लेकिन जहां असंगत मतभेद रह जाते हैं, वहाँ शादियाँ कभी न कभी टूटने की कगार पर पहुँच जाती हैं। इनमें से कुछ का अंत महिला की मृत्यु से होता है। कुछ पुलिस थानों में पहुँच जाती हैं और कहीं दोनों पक्ष कानूनी दांव-पेंच में फँस जाते हैं। कुछ कोर्ट-कचहरी पहुँच जाती हैं और तलाक पर खत्म हो जाती हैं।

यह पुस्तक उन मामलों पर केंद्रित है जहां परिवार आपराधिक तंत्र का प्रयोग करते हैं क्योंकि या तो पत्नी की अस्वाभाविक मृत्यु हो जाती है या फिर पत्नी ने अपने पति व उसके घर वालों के खिलाफ आपराधिक मामला दर्ज कराया होता है। यहाँ लेखकों का कहना है कि ऐसे मौकों पर वैवाहिक टूट-फूट के असंख्य और परस्परव्यापी कारणों का एक ही सम्मिश्रण बन दिया जाता है–'दहेज के लिए हिंसा'। इस तरह की चालें या तो पुलिस की मिलीभगत या फिर उनके भड़काने से चली जाती हैं, ताकि अपराध को दहेज-विरोधी कानूनों की कड़ी धाराओं के अंतर्गत लाया जा सके। शिकायतकर्ताओं व पुलिस में एक आम धारणा है कि शारीरिक हिंसा, भावनात्मक उत्पीड़न और आर्थिक हानि के मामलों में हिरासत जैसी कठोर कार्रवाई नहीं की जाती है, जब तक उसमें 'दहेज' का मुद्दा न जुड़ा हो।

जिन उत्तरदाताओं के मामले यहाँ वर्णित किये गए हैं, उनकी अपराध सम्बन्धी शिकायतों अथवा शिकायत करने की धमकी से साक्षात्कार शुरू हुए। लेकिन, धीरे-धीरे, सभी अपने वैवाहिक जीवन के बाकी पहलुओं पर सहज रूप से पहुँच गए। जबकि सभी मामलों में शादियों के टूटने में दहेज की भूमिका को शुरुआत में शादी के लिए बातचीत के स्तर से ही कुरेदा गया, फिर भी जो बातें निकल कर आईं उनमें यही दिखा कि 'दहेज-सम्बन्धी' समस्याओं को दर-किनार कर दिया जाता था और वे वैवाहिक जीवन में कलह या हिंसा के मुख्य कारण नहीं रह जाती थीं।

लेखक यहाँ एक विदेशी के 'भारतीय पिछडेपन'[1] के नजरिये से 'दहेज' को देखने की भूल से बचे हैं जिसके लिए उनके कई साथियों और परिचितों ने शोध की शुरुआत में उन्हें आगाह किया था। बल्कि उन्होंने इस शोध को पारस्परिक व सामाजिक सम्बन्धों की व्यापक रूपरेखा के ढांचे में ढाला है। इससे भारतीय परिवेश में केवल विशिष्ट संस्कृतियों में महिलाओं के विरुद्ध होने वाली हिंसा के अर्थ से ऊपर उठने में मदद मिली है। मुझे यह देखकर अच्छा लगा कि इस किताब में दहेज को केवल एक भारतीय घटना के रूप में नहीं देखा गया है जहां 'पत्नियों को जला दिया जाता है' या 'दहेज-मृत्यु' होती है, बल्कि इसे देशों व क्षेत्रों में वैवाहिक टूट-फूट की आम संरचना के परिप्रेक्ष्य में रखा गया है। इस शोध को करने के लिए अपने व्यक्तिगत व निजी कारणों के बारे में बता कर लेखकों ने अपने विशिष्ट कारणों व सोच की रूपरेखा को पाठक को समझाने में मदद की है।

इस पुस्तक में 'कुछ महिलायें क्यों मार दी जाती हैं'[2] इस समस्या पर उत्तर देने का प्रयास नहीं किया गया है, बल्कि यहाँ एक अनकही स्वीकृति है कि ऐसा करना केवल अटकल लगाना और कामचलाऊ सुझाव देना होगा। यह कार्य, विधि व सामाजिक नीति के विशेषज्ञों के लिए छोड़ दिया गया है कि वे दहेज से जुड़ी समस्याओं के निवारण के उपाय निकालने में इन जानकारियों का प्रयोग करें।

महिलाओं के खिलाफ हिंसा के विरुद्ध कानूनी सुधारों के लिए अभियान पिछले तीस दशकों से हो रहे महिला आंदोलन का एक अहम अंग हैं। शुरुआत से ही, यह अभियान खुद दुर्व्यवहार का शिकार महिलाओं (या उनके नजदीकी परिवार वालों) द्वारा चलाया गया है। नई दुल्हनों की भयंकर हत्याओं के कारण कठोर न्यायों की मांग की गई कि शायद इस से इन जघन्य अपराधों में कुछ कमी आये। महिला संघों ने इन कानूनों के तथाकथित घोर दुरूपयोग का हमेशा खंडन किया है। इसे ध्यान में रखते हुए, इस किताब में पुरुषों के साथ हुए इंटरव्यू बहुत अंतर्दृष्टिपूर्ण लगे। शादी के गठबंधनों, उपहारों के लेन-देन सम्बन्धी रीति-रिवाजों, घरेलू हिंसा और वैवाहिक रिश्तों पर उनके दृष्टिकोण नया खुलासा करने वाले लगे और नारीवाद की अवस्थिति का उत्तर देने वाले साबित हुए।

यहाँ दिए गए कथानक आडंबरपूर्ण व सतही नहीं हैं, बल्कि अर्थभेदी व सामाजिक-आर्थिक, सांस्कृतिक व क्षेत्रीय विशिष्टताओं से भरपूर हैं। जैसा कि लेखकों ने खुलासा किया, उनकी यह खोजयात्रा 'सच्चाई' जानने के लिए नहीं, बल्कि पुरुष व महिलाओं के दृष्टिकोण को जानने के लिए की गई, जो कि वैचारिक व व्यावहारिक कारणों से बहुधा अलग होते हैं। दृष्टिकोण में यह अंतर न

[1]'हमारी यात्रा में' भाग में लेखक का नोट देखें, पृ. 4।

[2]'हमारी यात्रा में' भाग में लेखक का नोट देखें, पृ. 5।

केवल दहेज-सम्बन्धी मुद्दों पर हैं, बल्कि सभी पारस्परिक रिश्तों[3] से सम्बन्धित हैं। इन लैंगिक स्वरूप के बारे में प्रत्यक्ष ज्ञान मुझे खुद बहुत उपयोगी लगता है, क्योंकि मेरा यह मानना है कि आज भारत में वैवाहिक सम्बन्ध बराबरी पर नहीं बनाये जाते। ये आज भी पितृसत्तात्मक मानदंडों के आधार पर बनाये जाते हैं। आज भी पतियों और पत्नियों की भूमिकाएं, कार्य और कर्तव्य, सामाजिक रीति-रिवाजों व मूल्यों से निर्धारित हैं और महिलाओं को, आर्थिक निर्भरता के साथ समझौता करना पड़ता है।

दो विषय जिन पर यह शोध खासतौर पर केन्द्रस्थापित है उनका जिक्र यहाँ करना जरूरी है: जन्म के परिवार की भूमिका व कठोर कानूनी प्रावधानों का तात्पर्य, जिन्हें निवारक के रूप में बनाया गया था।

दहेज मृत्यु मामलों की छान-बीन करते हुए, महिला समूहों को अक्सर महिलाओं के जन्म के परिवारों की सदोषता की असहज कर देने वाली असलियत का सामना करना पड़ता है। एक अनिच्छुक लड़की को तय-शुदा विवाह सम्बन्ध में धकेलने से लेकर, दहेज की मांगों को मान लेने तक, ताकि लड़के वाले मुकर न जाएँ, शादी के बाद दुल्हन के दुखी अनुनय को नजरंदाज करने से लेकर और उसे हिंसक परिवार से बाहर निकलने में मदद न करने तक, महिलाओं के जन्म के परिवार, उसके आत्महत्या करने में सक्रिय व निष्क्रिय, दोनों तरह की भूमिका निभाते हैं।

माता-पिता का साथ न देना अक्सर उनके लिए बर्दाश्त के बाहर हो जाता है, जैसा कि हमने नीति की कहानी में देखा। विडंबना यह कि मृत्यु के बाद, उसी लड़की के जन्म का परिवार, दहेज मृत्यु की आपराधिक शिकायत दर्ज करवाता है और पति और उसके घर वालों को आपराधिक मुकदमों का शिकार बनाता है जबकि खुद के उनके कारनामों पर कोई ध्यान नहीं दिया जाता और उन्हें दोषी नहीं बनाया जाता है। आजतक भी, दहेज व 'दहेज-सम्बन्धी' हिंसा के इस मुद्दे पर शैक्षिक विमर्शों में पर्याप्त प्रकाश नहीं डाला गया है। लड़की के जन्म के परिवारों के इस पितृसत्तात्मक नियंत्रण को, जिसकी वजह से नई दुल्हनें परिस्थिति में सुधार की मांग नहीं कर पाती हैं और अंत में यह उनकी मृत्यु का कारण बनता है, हमें प्रासंगिक तरीके से संबोधित करना होगा।

आत्महत्या, हत्या और पारिवारिक हिंसा के मामलों को दर्ज करते हुए, राजकीय अधिकारियों की भूमिका भी दूसरा चिंता का विषय है। हालाँकि भारतीय दंड संहिता[4] की धारा 498-ए, महिला के जीवन, शरीर अथवा मानसिक स्वास्थ्य को नुकसान पहुंचाने जैसे मुद्दों को शामिल करने के लिए पर्याप्त हैं, पुलिस अक्सर शिकायतकर्ताओं को अपनी शिकायत में 'दहेज के लिए प्रताड़ना' शामिल करने के लिए बाध्य करती है। इससे महिलाओं के अधिकारों को भारत में बहुत नुकसान पहुंचा है और न्यायायिक विमर्श के महत्त्व को कम कर रहा है, जिससे कि पत्नी की हत्या और पारिवारिक प्रताड़ना के वास्तविक मामलों पर से भी विश्वास उठ गया है और उन्हें भी शक की दृष्टि से देखा जाता है। अब कोर्ट ऐसी महिलाओं को शक की निगाह से देखते हैं जो धारा 498-ए के तहत केस दर्ज कराती हैं।

दूसरे स्तर पर, इस दृष्टिकोण से एक विकृत विचार प्रबल हो गया है कि भारत में दहेज पारिवारिक हिंसा का मुख्य कारण है। सामान्य रूप से राज्यों को व खासतौर पर पुलिस को इस समस्या के बारे में संवेदनशील बनना चाहिए ताकि इस तरह की विकृत धारणाओं (जैसा कि सरकारी

[3]'हमारी यात्रा में' भाग में लेखक का नोट देखें, पृ. 7।

[4]इस पुस्तक में 'प्रस्तावना' देखें, पृ. 17।

आंकड़ों में दर्शाया जाता है) को फैलने से रोका जा सके। आमतौर पर, यह कहा जा सकता है कि जितना कठोर कानून होगा, उसका उतना ही दुरूपयोग हो सकता है। इसलिए, समाज के प्रभावशाली तबके से सम्बन्धित पक्षों के मामलों को धारा 498–ए के अंतर्गत दर्ज करने में पुलिस अक्सर तत्परता दिखाती है, जबकि निचले तबके की गंभीर रूप से घायल महिलाओं के मामलों को नजरअंदाज कर दिया जाता है। यहाँ कुछ पुरुषों की कहानियों ने आपराधिक न्याय प्रणाली में भ्रष्टाचार पर प्रकाश डाला है, न केवल पुलिस थानों में, बल्कि निचली अदालतों में भी।

सामाजिक संदर्भ में, जहाँ एक तरफ तलाक के साथ कलंक जुड़ा है, वहीं धारा 498–ए के तहत शिकायत, सजा देने के लिए नहीं, बल्कि पुलिस की मदद से आपस के विरोधों और झगडों को सुलझाने और विवाह बचाने के लिए दर्ज करायी जाती हैं। पर चूंकि इस तरह के मामलों में कानूनी प्रावधान बहुत सख्त हैं और ऐसे केस गैर–जमानती व समझौते के अयोग्य माने जाते हैं, इसके अंत में (फिर एक विडंबना) वैवाहिक सम्बन्ध पूर्ण–रूप से खत्म हो जाते हैं। यह पुस्तक मेरे पहले कहे गए कथन की पुष्टि करती है कि कठोर नियम निवारक का काम नहीं करते हैं। लेखकों का सुझाव है कि कठोर नियमों के बजाय, वैवाहिक परामर्श को बढ़ावा देने व मुहैया कराने से विवाहों को बचाने व मतभेद निपटाने में मदद मिल सकती है। वर्तमान में, कुछ ही दम्पति इस विकल्प को अपनाते हैं।

इस किताब का 'दहेज सम्बन्धी हिंसा' के बारे में हमारे मानसिक जालों को साफ करने में बहुत बड़ा योगदान है। मैं इन युवा शोधकर्ताओं को बधाई देती हूँ कि उन्होंने एक जन्मों पुरानी समस्या को, जिसे समझने के लिए महिला से जुड़े आंदोलन पिछले तीन दशकों से जूझ रहे हैं, एक नया आयाम दिया है और इससे सम्बन्धित विमर्शों को नई अंतर्दृष्टि प्रदान की है।

फ़्लेविया एग्निस

महिला अधिकारों की अधिवक्ता, सामाजिक कार्यकर्ता और मजलिस की संयोजक

आभार

यह पुस्तक दो व्यक्तियों के प्रयासों से अधिक को दर्शाती है। हम बहुत सारे लोगों के अत्यधिक आभारी हैं, जिनके बिना हम इस किताब को पूरा नहीं कर पाते। यहाँ हम उन्हें शुक्रिया अदा करना चाहते हैं।

रॉबिन की ओर से

सबसे पहला स्थान मेरे पीएचडी सुपरवाईजर, प्रोफेसर वर्नर मेंस्कि को जाता है जो कि न केवल मेरे अकादमिक सलाहकार थे बल्कि उससे कहीं ज्यादा, हर परिस्थिति में, मेरे परामर्शदाता और गुरु थे। उन्होंने मुझे शुरू में ही 'लंबी दूरी के धावक' के अकेलेपन के बारे में आगाह कर दिया था, लेकिन मुझे कभी अकेलापन महसूस नहीं होने दिया। मैं इस सम्बन्ध के लिए उनका तहेदिल से आभारी हूँ।

उसके बाद, मेरे शानदार शोध सहायकों को मेरा सलाम, मुख्यतः मेरी सह-लेखिका नाज़िया (बेंगलुरु और मुंबई में) और सौमिता बसु (दिल्ली में) को। मेरे सुपरवाईजर की ही तरह, दोनों ने अपेक्षित कार्यों से भी कहीं ज्यादा मदद की और नए तरीकों और कुशलता का परिचय देते हुए, बहुत संवेदनशीलता से इस भावनात्मक रूप से चुनौतीपूर्ण विषय में कठिन साक्षात्कारों को भी पूरा किया। मुझे यह कहते हुए बहुत खुशी हो रही है कि इस अनुभव के बाद दोनों मेरी करीबी मित्र बन गई हैं।

बहुत सारे अन्य लोगों का नाम यहाँ लेना जरूरी है जिन्होंने साक्षात्कार, अनुवाद, प्रतिलिपि लेखन में मदद की: मालविका वरदान, निरूपमा सारथी, प्रीति देशपांडे, वीणा ओल्डेनबर्ग, तन्वीन सिंह वोहरा, क्रिस वायट, जेनिस लाजरस, रुचि पलन, श्रीदेवी पद्मनाभन, पायल सक्सेना, गीता मेनन, निशा झवेरी, रूहमाह पॉल, लता पॉल, रोशन सिल्वेस्टर और दीपिका कमलेश। बहुत सारे अन्य लोगों ने अलग-अलग चरणों पर मेरी पांडुलिपियों को पढ़ा, उपयोगी सुझाव दिये और पुस्तक के अंतिम रूप तक पहुँचने में मेरी सहायता की: खासतौर पर, स्वाति मोइत्रा, क्रिस वायट, ब्राम स्टीनहुजेन, समित आईच, बिस्वजीत चंदा और फिलीपे कलेट ने।

मैं कुछ भारतीय संस्थाओं को, जैसे पुणे में इंडियन लॉ स्कूल (आईएलएस) के इंस्टिटयूट ऑफ एडवानस्ड स्टडीज (आईएएलएस), जिसके साथ मैं अपने फील्डवर्क में जुड़ा था, खासकर मेरे रिसर्च गाइड प्रोफेसर सत्य नारायण, और गृह-मंत्रालय के बेंगलुरु, मुंबई और दिल्ली के पुलिस और जेल उप-विभागों का भी विशेष रूप से आभारी हूँ। मैं उन सभी गैर-सरकारी संस्थाओं, वकीलों, शिक्षाविदों और बहुत सारे अन्य लोगों का भी धन्यवाद करना चाहूँगा जिन्होंने अपने कीमती

प्रोफेशनल (और कभी-कभी निजी) जीवन से समय निकाल कर संभावित उत्तरदाताओं से मिलने में मेरी मदद कर, मेरे शोध विषय पर अपने विचार प्रकट कर और कई अन्य तरीकों से मेरी इस यात्रा का आसान बनाया।

मेरे मित्रों का यहाँ खास तौर पर उल्लेख करना जरूरी है जिन्होंने न केवल अपने स्नेह, समर्थन और प्रोत्साहन से मेरा मनोबल बनाए रखा, बल्कि कई बार जुगाड़ बैठा कर और अपने संपर्कों की मदद से मेरी सहायता की। रीमा अरन्हा, मिशा राय, किम्बर्ली नोरोन्हा, तृप्ति श्रीधरन, शालिनी शर्मा, मेघा मेहता, सुमन अरुण-कुमार, सनिका प्रभु और जेनिफर विलकॉक्स इस लंबी सूची में शामिल हैं।

अंत में, आर्ट्स एंड ह्यूमैनिटीज रिसर्च काउंसिल (एएचआरसी) की उदार आर्थिक सहायता के बिना मैं यह पीएचडी शुरू ही नहीं कर पाता जिन्होंने मुझे यह डॉक्टरेट छात्रवृत्ति दी। मुझे आशा है कि मैंने अपनी थीसिस और इस पुस्तक जो अब आपके हाथों में है, जिससे मैं अपने परिणामों को प्रसारित कर रहा हूँ, के साथ न्याय किया होगा।

नाज़िया की ओर से

भले ही यह अत्यधिक कृपाभाव दर्शाना लगे लेकिन मैं फिर भी रॉबिन का धन्यवाद करना चाहूंगी जिन्होंने मुझे इस पुस्तक के सह-लेखन व प्रकाशन में साथी बनाया। मैं बहुत समय से इस तरह का काम करना चाहती थी, लेकिन शायद अकेले करने की हिम्मत न जुटा पाती। वास्तव में उन्होंने मेरे साथ असाधारण धैर्य रखा और अब मैं विश्वास के साथ कह सकती हूँ कि हमारा रिश्ता अब केवल रिसर्च में सहायक व सह-लेखक से कहीं ज्यादा एक दोस्त का हो गया है।

रॉबिन के साथ-साथ मैं भी उन सभी लोगों का आभार करना चाहती हूँ जिन्होंने इस पुस्तक को यहाँ तक पहुंचाने में हमारी मदद की, जिनमें से ज्यादातर के बारे में रॉबिन पहले ही लिख चुके हैं। भगवान आप सबका भला करे। मेरा विशेष आभार मेरे माता-पिता, मेरे भाई व मेरे पति के लिए है जिन्होंने मुझे हर समय प्रेरित किया, मेरा साथ दिया व मुझमें अपना विश्वास बनाये रखा। मैं आप सभी से बहुत प्रेम करती हूँ। सभी मित्रों, परिवार-जनों, शोधकर्ताओं, मानवविज्ञानियों, सामाजिक कार्यकर्ताओं, शिक्षकों व बहुत से अन्य लोगों का सादर धन्यवाद जिन्होंने इस पुस्तक के सम्बन्ध में मेरे साथ अपने विचार, धारणाएं, दृष्टिकोण व सिद्धांत बांटे और *टूटे दर्पण* में मेरे योगदान को परिप्रेक्ष्य देने में मदद की।

लेखकों की ओर से...

हमारी एकसाथ यात्रा

'दहेज समस्या' पर भारत और विदेशों की मीडिया कवरेज में, तरविंदर कौर की 1979 में मौत के बाद से बहुत नाटकीय रूप से वृद्धि हुई है। कभी-कभी ऐसा लगता है कि शायद ही कोई ऐसा दिन होता होगा जिस दिन जबरन वसूली की, पत्नियों के साथ दुर्व्यवहार की या उनकी अस्वाभाविक मृत्यु की खबर न आती हो। कौर की मृत्यु के बाद विरोध प्रदर्शन शुरू हुए और धीरे-धीरे इनकी गति बढ़ती गई जैसे-जैसे महिला संगठनों ने दहेज के विरुद्ध अभियान को *कॉज सेलेब्रे* (प्रसिद्ध मुद्दा) बना दिया। जबकि दहेज के आदान-प्रदान पर 1961 में ही प्रतिबन्ध लगा दिया गया था, इस कानून का प्रयोग शायद ही हुआ था और यह पर्याप्त कार्य नहीं कर रहा था। तथाकथित रूप से, इसमें 'दम नहीं था।' आखिरकार यह आंदोलन कई महत्त्वपूर्ण लगने वाले बदलाव लाने में सफल रहा। लेकिन, कौर की मृत्यु से एक चौथाई दशक आगे बढ़ें तो नेशनल क्राइम रिकॉर्ड ब्यूरो (एनसीआरबी) की 'क्राइम क्लॉक—2005' ने देश में हर 77 मिनट में एक दहेज मृत्यु की सूचना दी। इन आंकड़ों के अनुसार एक साल में 6,787 मौतें हुईं। कई लोगों का तर्क है कि कम रिपोर्टिंग और सजा दरों की वजह से इस तरह की मौतों के सही आंकड़े सामने नहीं आ पाते। कुछ लोगों का यह भी मानना है कि यह आंकड़े 25,000 सालाना से ज्यादा भी हो सकते हैं।

इन चौंकाने वाले आंकड़ों के बावजूद, ऐसा लगता है कि 'दहेज समस्या' हाल के सालों में एक पुराना मुद्दा बन गया है। करीब-करीब रोज ही इन मामलों की मीडिया रिपोर्टों के बाद, जन चेतना में, यह नीरस रूटीन, यहाँ तक कि पूर्वानुमेय हो गए हैं। दहेज हिंसा के बारे में पूछे जाने पर, एक आम शहरी भारतीय यही जवाब देगा कि ऐसा 'पिछड़े' लोगों में होता है–अर्थात (जैसा कि हमें बताया गया), अनपढ़ों में और जो गाँवों में रहते हैं। लगता है कि इससे ज्यादा उन्होंने इस बारे में सोचा ही नहीं है। ऐसा लगता है कि जन चेतना बहुत ही अस्थिर है।

'दहेज समस्या' पर सालों में कई स्पष्टीकरण विकसित हुए हैं। जब उन्हें पहली बार सामाजिक समस्या का नाम दिया गया, दहेज-सम्बन्धी प्रथाओं पर बर्बर परम्परा के रूप में आक्रमण किया गया, जिनका महिलाओं के अधिकारों से कोई वास्ता नहीं था। बाद के तर्कों में आज के समय के बढ़ते

वस्तुकरण (कोमोडिफिकेशन), व्यावसायीकरण और सार्वभौमीकरण से जुड़े लालच को दोषी ठहराया जाने लगा। भारतीय नारीवादी आंदोलन का एक तर्क धीरे-धीरे जोर पकड़ने लगा कि महिलाओं को संपत्ति में हिस्से से जुड़े अधिकारों के बेहतर नियमों से दहेज देने का प्रोत्साहन खत्म हो जाएगा और इस समस्या के जड़ से खत्म होने से महिलाओं का वैवाहिक जीवन हिंसा-रहित हो जाएगा।

जैसा कि हमारे शोध ने सिद्ध किया, कानूनी उपाय 'दहेज समस्या' को खत्म करने में इसलिए नाकाम रहे क्योंकि पहले के विश्लेषण इस 'समस्या' के वास्तविक स्वरूप पर पर्याप्त प्रकाश नहीं डाल पाए। यह समस्या आज भी पूरी तरह से समझी नहीं गई है। इस तथ्य को, कि दहेज-विरोधी कानून सामाजिक इंजीनियरिंग में नाकाम रहे हैं, छुपा दिया गया है। लेकिन, बहुत लोग इस बारे में या इसकी नाकामयाबी के बारे में नहीं जानते हैं।

वर्ष 2005 व 2006 में दिल्ली, मुम्बई व बेंगलुरु में किये गए हमारे शोधकार्य से यही पता चलता है कि 'दहेज समस्या' केवल एक 'अच्छे' कानून का खराब कार्यान्वयन ही नहीं है। यह भी कहा जा सकता है कि इन कानूनों ने भी पुरानी समस्याओं का समाधान करने के बजाय नई समस्याओं को जन्म दिया है। अब जब यह 'समस्या' जन चेतना से लुप्त हो रही है, दहेज निषेधवादी अपने उद्देश्य को राजनीतिक रूप से जीवित रखने का प्रयास कर रहे हैं–जबकि यह प्रयास रोज उभरने वाले नए-नए 'उद्देश्यों' के सामने विफल हो रहे हैं, पुरानों को धुंधला कर दे रहे हैं। दूसरी तरफ, इस समस्या पर किसी और दृष्टिकोण ने जन चेतना पर महत्त्वपूर्ण प्रभाव नहीं डाला है।

एक बढ़ती हुई संख्या में भारतीय नारीवादी व अन्य विशेषज्ञ धीरे-धीरे अब परिस्थितियों में सूक्ष्म भेद कर रहे हैं। वे अब समझने लगे हैं कि वैवाहिक क्रूरता और अस्वाभाविक मृत्यु हमेशा पूरी तरह (या थोड़ी भी) दहेज से सम्बन्धित नहीं होती है, बल्कि उनकी जड़ में दूसरी आम वैवाहिक परेशानियां होती हैं। लेकिन, इनमें से कुछ ही लोगों ने अपने इस बोध को मीडिया या शिक्षा के द्वारा प्रचारित करने की कोशिश की है, बल्कि उन्होंने अन्य मामलों की तरफ 'बढ़ना' पसंद किया है।

जैसा कि हमें पता चला, हो सकता है तथा-कथित 'दहेज मृत्यु' दहेज से उतना वास्ता न रखती हों जितना कि कहा जाता है–या हो सकता है कि उनका दहेज से कोई भी वास्ता ही न हो। पत्नियों की अस्वाभाविक मृत्यु के मामलों को स्पष्ट रूप से 'दहेज मृत्यु' की श्रेणी में डालने का अत्युत्साह नजर आता है। अपने शोधकार्य के दौरान बार-बार हमें तथा-कथित घरेलू क्रूरता के मामले मिले जिनका दहेज से कोई लेना-देना नहीं था, बल्कि अन्य मसलों से ज्यादा सम्बन्धित थे, हालाँकि उनकी जड़ में दहेज माना जा रहा था। इस मोड़ पर हमने 'दहेज-सम्बन्धी' शब्द पर उद्धरण चिह्न लगाने का निश्चय किया।

1980 के दशक में इन घटनाओं में तरविंदर कौर प्रकरण के बाद दहेज के खिलाफ सार्वजनिक जोश पनपा जिससे उस समय के अत्युत्साह को समझा जा सकता है। इससे कानून में जो बदलाव आये उनकी वजह से इस कानून के तहत मुकदमा करना ज्यादा आसान हो गया। हम यह दावा नहीं करते कि इस तरह के केस हमेशा 'झूठे' ही होते हैं और आरोपी निर्दोष ही होते हैं। परन्तु यह जरूर समझा जाने लगा है कि अपराधी को सजा दिलाने के लिए इस कानून की कठोर धाराएं सबसे अच्छी हैं, चाहे वे वास्तविक हानि के लिए उपयुक्त न भी हों।

लेखकों की ओर से...

इस शोध की शुरुआत के पीछे यही अनुमान था कि शायद कुछ पतियों और उनके परिवार–जनों को 'दहेज सम्बन्धी' हत्या तलाक की अपेक्षा ज्यादा सुविधाजनक 'विकल्प' लगता हो। ऐसा लग रहा था कि दहेज–सम्बन्धी मुद्दे और अन्य समस्याएं जिनकी वजह से विवाह–सम्बन्धों में दरारें पड़ जाती हैं, उनके बीच के अंतर धुंधले हो गए थे। इसके फलस्वरूप ऐसा प्रतीत होने लगा था कि दहेज मामलों को, दूसरे मुद्दों से निपटने के लिए, विवादास्पद परिदृश्यों में आयातित किया जाने लगा था। इस तर्क के अनुसार, शिकायतकर्ता यह मानते हैं कि मानसिक व शारीरिक दोनों घरेलू हिंसा, के अभियोगियों का अभियोजन सुनिश्चित करने के लिये, दहेज का मुद्दा ज्यादा कारगर है क्योंकि उनका मानना है कि दहेज–विरोधी कानून ज्यादा कठोर हैं। यदि यह सत्य है, तो एक बड़े पैमाने पर इसमें निहितार्थ गलतफहमी है कि पत्नी का उत्पीड़न और हत्या दोनों ही मुख्यतः दहेज से सम्बन्धित हैं।

इसमें यह समझना जरूरी है कि इस तर्क में दहेज को पूरी तरह रद्द नहीं किया गया। वास्तव में, एक विवाह के टूटने के पीछे कई समस्याओं का हाथ होता है। इसी तरह, ज्यादातर मामलों में कई कारणों से तलाक से बचा जाता है। जिन विवाहों में पैसे से ज्यादा सरोकार होता है (प्रेम, अंतर–पारस्परिक सम्बन्ध इत्यादि के बजाय), जब पत्नी से उद्देश्य पूरा हो जाता है, तलाक के बाद के रख–रखाव के खर्चे से बचने के लिए तलाक न लेना एक प्रमुख कारण होता है। ऐसी महिला और दहेज नहीं ला सकती है; न ही इस पड़ाव पर दोनों पक्षों के लिए एक शांतिपूर्ण या केवल कार्यात्मक वैवाहिक जीवन बिताना संभव होता है। इस स्थिति में पहुँचने तक, पति के लिए अपनी पत्नी के लिए प्रेम भावना जगाना या उसके लिए मन में इज्जत रखना संभव नहीं होता क्योंकि अब तक वह अपनी पत्नी को एक इंसान के बजाय केवल एक पैसा बनाने वाली मशीन के रूप में देखने लगता है।

लेकिन इसमें एक और बात ध्यान रखनी जरूरी है कि तलाक लेना भी बहुत कठिन है, खासकर इसलिए कि न्यायपालिका में सक्रियतावाद परिवारों को बनाये रखने पर ज्यादा जोर देता है। साथ ही, आज भी तलाक से सामाजिक कलंक जुड़ा हुआ है, जिसकी वजह से न केवल पत्नियाँ और उनके अपने जन्म के परिवार–जो कि चाहे उनके पति उनके साथ कितनी ही बदसलूकी करें, बल्कि पति और उनके रिश्तेदार भी तलाक नहीं चाहते। कुछ अन्य पहलू भी इसमें शामिल हैं जो कि मामले को और गहरा देते हैं। जिन मामलों में बच्चे भी शामिल होते हैं, मर्द अपने पिता होने के स्वरूप को व वंश बचाने पर ज्यादा जोर देते हैं। दूसरी तरफ, यदि महिलाएं अपने पति पर निर्भर हैं तो, वे अपने बच्चों व अपने भविष्य को लेकर आशंकित रहती हैं। और अक्सर माता–पिता तलाक के बाद अपनी बेटी को सहारा देने में या तो असमर्थ रहते हैं या फिर सहारा देना नहीं चाहते। इन परिस्थितियों में महिलाएं तलाक के बाद अपने जीवन शैली के प्रति अनिश्चित रहती हैं, खासकर पुनर्विवाह की बहुत कम संभावनाओं की वजह से।

यहाँ यह साफ था कि यह अनुमान केवल व्यापक व विस्तृत साक्षात्कारों के माध्यम से ही प्रमाणित हो सकते थे। इसलिए हमने 60 मामलों में गहराई से जांच कर उनके अनुभवों को लिखा–इनमें से आधे क्रूरता के केस थे, बाकी दहेज मृत्यु के। औसतन, हर व्यक्ति के साथ हमने, दो से तीन सेशन में, तीन से पांच घंटों का समय बिताया। इस शोध की एक खास बात यह थी कि हमने न केवल शिकायतकर्ताओं से बल्कि बचाव पक्ष से भी उतने ही लोगों के साथ मिले। हालांकि ऐसा पहले कभी नहीं किया गया था, हमने इस विश्वास से यह निर्णय लिया कि दोनों पक्षों की कहानियों का विश्लेषण

होना चाहिए और उन्हें समझने का प्रयास होना चाहिए। यह कहना कि यह समस्या केवल महिलाओं की है, यह कहने बराबर होगी कि लिंग-सम्बन्धी सभी मुद्दे केवल महिलाओं के सन्दर्भ में प्रासंगिक हैं।

'दूसरों' को अध्ययन का विषय बनाने का मुद्दा, हमारे शोध-कार्य में तो नहीं, लेकिन हमारे मित्रों, परिचितों के साथ हमारी बातचीत में बार-बार उठा। शरू में कई लोग एक विदेशी की 'भारतीय पिछडेपन' के प्रति सम्मोहन को लेकर चिंतित थे। दूसरे लोग बार-बार हम से इस शोध के, जो कि एक 'बाहरी', वह भी एक मर्द द्वारा किया जा रहा था, उसकी सफलता के बारे में प्रश्न करते रहे। क्या ऐसी स्थिति में कभी 'अंदरूनी सूत्र' बनने की सम्भावना थी? हमने अनुमान लगाया कि, शायद, हम सभी बाहरी थे। आखिरकार, एक भारतीय महिला शोधकर्ता, जो कि स्वयं अवैवाहिक थी, किस हद तक अपने उत्तरदाताओं के निजी जीवन को समझ सकती थी?

हालाँकि, जैसा कि स्कूल ऑफ ओरिएंटल एंड अफ्रीकन स्टडीस (एसओएएस) (रॉबिन की यूनिवर्सिटी) और आर्ट्स एंड ह्युमैनिटीस रिसर्च कौंसिल (एएचआरसी) (इस शोध में पैसा देने वाली संस्था) द्वारा निर्धारित किया गया था, शुरुआत में ही एक अनुमान प्रस्तावित किया गया, हमें चिंता थी कि कहीं यह हमारे मन में उत्तरदाताओं के जवाबों के प्रति पूर्वधारणा न बना दे। दूसरे शब्दों में, शोधकार्य के दौरान खुला दिमाग रखना जरूरी था। इसलिए ज्यादातर समय इंटरव्यू असंरचित थे (या, ज्यादा-से-ज्यादा, थोड़े संरचित थे), ताकि सारी कहानी उसी व्यक्ति की ही हो जिसे हम उस समय इंटरव्यू कर रहे थे। यह हमें समझदार तरीका लगा। बहुत जल्द ही हमें समझ आ गया कि, जितना हम इस विषय की साहित्य समीक्षा[1] से समझे थे, इस विषय में उससे कहीं ज्यादा मुद्दे थे और जितना हमने पहले कहा था उससे कहीं ज्यादा।

हमारे हर केस में विशिष्ट स्थिति थी। हरेक केस एक सामान्य समस्या से जुड़े होने के बजाय-चाहे वह आम धारणा के अनुरूप दहेज रहा हो, या तलाक लेने से जुड़ी समस्याएं रही हों, जैसा कि शुरुआत में शक था-प्रत्येक केस में कई परतें थीं जिनके परिणामस्वरूप अंततः तथाकथित या वास्तविक मानसिक या शारीरिक क्रूरता या यहाँ तक कि मृत्यु हुई। हालाँकि हो सकता है कि यह कथन बहुत प्रत्यक्ष लगें, लेकिन ज्यादातर विश्लेषण सरल होते हैं जिसकी वजह से वे सूक्ष्म भेद नहीं जान पाते हैं। हमें जब से इस बात का ज्ञान हुआ, हम यह जांच करने लगे कि इन विवाहों में मूलतः क्या कमी थी और क्यों इतने सारे लोग एक सौहार्दपूर्ण समाधान नहीं खोज पाते हैं और अंत इतना दुखद होता है। इससे हम कानून की तह से निकल कर सामाजिक प्रथाओं पर पहुंचे।

इस तरह, जबकि हमारा सम्बन्ध शुरू में दहेज से था, जैसे-जैसे शोध कार्य आगे बढ़ा वह वैवाहिक जीवन के टूटने के कारणों पर केंद्रित हुआ और हम इस सवाल का उत्तर तलाशने लगे, 'यह

---

[1]हाल के सालों में, कई अन्य लेखकों को भी 'दहेज समस्या' में हमारे जैसे निष्कर्ष दिखाई देने लगे हैं। 2004 की अग्रिम समीक्षा में ऐसा नहीं था। उदाहरण के लिए देखें, रस्तोगी, मुदिता और पॉल थरली (2006) 'डाओरी एंड इट्स लिंक टू वायलेंस अगेंस्ट वूमेन इन इंडिया: फेमिनिस्ट साईकोलोजिकल पर्सपेक्टिव्स'। *ट्रॉमा, वायलेंस एंड अब्यूज,* खंड (7)1, जनवरी, पृ. 66–77। इसके अतिरिक्त देखें, विन्ध्या यू. (2005) 'बैटर्ड कॉन्जुगैलिटी: द साईकोलॉजी ऑफ डोमेस्टिक वायलेंस' कल्पना कन्नाबिरन (संपा.): *द वायलेंस ऑफ नॉर्मल टाइम्स*। नई दिल्ली: वूमेन अनलिमिटेड, पृ. 197–223। 'फॉल्स केसिस', पर देखें पलकर, विनीता (2004) 'फेलिंग जेंडर जस्टिस इन एंटी-डाओरी ला', *साउथ एशिया रिसर्च,* खंड 23(2), नवम्बर, पृ. 181–200। खेद की बात है कि ये अत्यधिक अंतर्दृष्टिपूर्ण कार्य बहुचर्चित नहीं हैं।

टूट-फूट तथाकथित क्रूरता और यहाँ तक कि, कुछ मामलों में, महिला की मृत्यु तक कैसे पहुँच जाती है?' हमारे शोध की दिशा परिवर्तन के बावजूद दहेज हमारे विषय का केंद्र बना रहा क्योंकि हम यह समझने की कोशिश कर रहे थे कि दहेज-विरोधी कानूनों का किस तरह से प्रयोग हो रहा था और वह जिस काम के लिए बनाए गए थे उसमें कितने कारगर हो रहे थे?[2]

लेकिन साथ ही हमने पाया कि हम कानून पर भी सवाल उठाने लगे थे। जो दहेज-विरोधी कानून देखने में कठोर प्रतीत होते थे, जब हमने उन्हें बारीकी से देखा, तो पाया कि वास्तव में वे गड़बड़ थे क्योंकि उनके व्यवसायी, रोजमर्रा के जीवन में उनका प्रयोग करने में संघर्ष महसूस कर रहे थे। यह शायद उतना हैरानीजनक नहीं था क्योंकि जिस कानून के साथ उन्हें काम करना पड़ रहा था वह एक ऐसे विधानमंडल द्वारा अधिनियमित था जिनका मानना था कि सभी अधिनियमों का अक्षरशः पालन होना चाहिए। इस दृष्टिकोण का पालन करते हुए वह लोगों से व वे जिन समस्याओं से रोजमर्रा के जीवन में जूझ रहे हैं, उनसे बर्ताव करना भूल गए हैं।

अंत में तीन प्रमुख मुद्दे निकल कर आये जिनके बारे में हमें ज्यादा चिंता थी: पैसे से सम्बन्धित मामले, वैवाहिक क्रूरता, वैवाहिक जीवन में टूट-फूट, यहाँ तक कि मृत्यु तक हो जाने से सम्बन्धित पारस्परिक मुद्दे। इनमें से आखिरी मुद्दे में हमारी विशेष रुचि थी। हमारे शोधकार्य में हम ऐसे बचाव पक्ष के लोगों से मिले जो कि इस बात पर अटल थे-उनके विवाहों के खत्म हो जाने के बावजूद-कि उन्होंने अपनी पत्नियों पर चिल्लाया तक नहीं था। हमने ऐसे मामलों को अपनी शोध में शामिल किया क्योंकि हम वैवाहिक जीवन में टूट-फूट पर भी फोकस कर रहे थे। इन विवाहों में ऐसा क्यों होता है? और कानून ऐसे मामलों को दहेज के चश्मे से क्यों देखता है?

हमारे शोध को, काफी हद तक, मूल्यों में संघर्ष के रूप में जैसे कि पति-पत्नियों की विवाह में भूमिकाएं, निष्ठा व सत्ता (खासकर विस्तृत परिवार के सन्दर्भ में) और यह भी कि क्या विवाह विच्छेद स्वीकार्य है जैसे मुद्दों पर था। इस तरह के मूल्यों पर समाज में संघर्ष होते हैं और कई बार औपचारिक रूप से कानूनी संघर्ष में परिवर्तित हो सकते हैं।

हमने शोधकार्य में देखा कि कई बार कुछ लोग सम्बन्धों को इस अपेक्षा के साथ स्वीकार लेते हैं कि वे बाद में स्थितियों को सुलझा लेंगे या उनके साथी और उनके परिवार के व्यवहार या सोचने के ढंग को बदल देंगे। इसमें छोटी-छोटी बातें जैसे कि क्षोभकारक आदतें जिनके साथ वे समझौता नहीं कर सकते या करना चाहते भी शामिल हैं। बहुत सारे मामलों में पाया गया कि इन असफल विवाहों में पत्नियाँ, एक व्यक्ति की तरह अपनी स्वायतत्ता पर दावा करने में इच्छुक थीं, पितृसत्तात्मकता, *पतिव्रता*[3] इत्यादि धारणाओं के बावजूद। इससे वैवाहिक विवाद उत्पन्न होते हैं, हिंसा को बढ़ावा मिलता है और अंत में वैवाहिक जीवन टूटने लगता जाता है, जो कि बाद में औपचारिक कानूनी दुनिया में पैसे पर विवाद (जिसे अक्सर 'दहेज का मुद्दा' कह दिया जाता है) के रूप में प्रस्तुत किया जाता है।

---

[2]इसी वजह से, हमने केवल उन्हीं मामलों का चुनाव किया जहां या तो सम्बन्धित व्यक्ति ने या जिस एजेंसी ने हमें इस केस का हवाला दिया या जिसमें पुलिस की प्रथम सूचना रिपोर्ट (फर्स्ट इन्फोर्मेशन रिपोर्ट) (एफआईआर) में 'दहेज केस' की तरह वर्णित था।

[3]*पतिव्रता* का अर्थ है कि पत्नी की निष्ठा और स्वामिभक्ति, हालाँकि केवल मूलशब्द (*पति*) का मतलब पति या भगवान दोनों हो सकता है। उससे सम्बन्धित शब्द *पतिव्रता* का अर्थ होता है समर्पित और सदगुणी पत्नी या पति के प्रति भक्ति-भाव या निष्ठा।

हमारे तर्क के बावजूद कि दहेज और घरेलू क्रूरता एक-दूसरे से अलग-अलग भी हो सकते हैं, हमारे सभी मामलों में दहेज का मुद्दा शर्तिया ही जुड़ा हुआ था। मौजूदा कानून में वकीलों के लिए इस आधार पर केस लड़ना ज्यादा आसान होता है। इसके अलावा, कई 'पैसे पर विवाद' और यहाँ तक कि 'घरेलू हिंसा' शब्द सुनते हैं और तुरंत उसे 'दहेज' से जोड़ देते हैं। ऐसा केवल कानून की बनावट की वजह से ही नहीं है, बल्कि मीडिया, गैर-सरकारी संस्थानों (एनजीओ) और उससे सम्बन्धित शिक्षा अभियानों में भी ऐसा ही दर्शाया गया है। एक महिला या उसका प्रतिनिधि पुलिस को, किसी एनजीओ को या कोर्ट को भी दहेज की कहानी बता सकते हैं ताकि उनकी बात सुनी जाए, पर इस तरह का बयान जरूरी नहीं कि उसके द्वारा झेली गई कठिनाइयों का सही विवरण हो। हमारे इंटरव्यू में, जहाँ हम उत्तरदाताओं को अपनी भावनाओं और मनोभावों और हर तरह की बात व्यक्त करने के लिए प्रेरित करते थे, हमने कई तरह के मुद्दों पर बातें सुनीं।

चूंकि हम अपने उत्तरदाताओं के कथनों की सच्चाई के बारे में पूरा भरोसा नहीं कर सकते थे, हम यहाँ उन्हें 'फरियादी' और 'प्रतिवादी' कह रहे हैं, न कि 'पीड़ित' और 'अपराधी'। वास्तव में, हम जो कुछ भी सुन रहे थे, वह व्यक्तियों का, जो कुछ उन्होंने सहा, उसके बारे में उनका अपना परिप्रेक्ष्य था और केवल कुछ ही त्रिकोणीय मामलों में हम सभी पक्षों का वृत्तांत सुन सके। आखिरकार, पुरुषों और महिलाओं का, वैचारिक और व्यवहारिक कारणों से, परिप्रेक्ष्य बहुत अलग होता है। हमारे लिए फरियादियों और प्रतिवादियों के बीच, न केवल त्रिकोणीय मामलों में बल्कि सामान्य मामलों में भी, एक संतुलन बना कर रखना एक बहुत बड़ी चुनौती था।

परिप्रेक्ष्य में अंतर न केवल 'दहेज' या पैसे से सम्बन्धित हमारी बातचीतों में सामने आया, बल्कि सभी पारस्परिक रिश्तों व शादी-शुदा दम्पतियों के बीच नजर आया। ज्यादातर हमारे केस बहुत ही निजी या अमूर्त विषयों, जैसे कि मानवी रिश्तों से निराशा या केवल सेक्स से असंतोष आदि पर आधारित थे। इसलिए हम अपने उत्तरदाताओं से वास्तविक परिस्थितियाँ समझना चाह रहे थे, जिनकी वजह से दोनों पक्ष एक-दूसरे पर क्रूरता का आरोप लगा रहा था या क्रूरता कर रहा था जहाँ तक आत्महत्या या हत्या करने या उसका प्रयास करने के बारे में था, न कि किसी पक्ष की गुनाही या बेगुनाही साबित करना चाह रहे थे। हम आशा कर रहे थे कि दोनों पक्षों के वृत्तांत, उनके विरोधाभासों सहित, सुनने से हमें स्थिति की वास्तविकता समझने में आसानी होगी कि परिस्थितियाँ क्यों बिगड़ीं। दोनों पक्षों से बराबर सवाल ही करने थे।

हम नहीं चाहते थे कि हमारा शोध बहुत वैज्ञानिक हो या हरेक 'दहेज-सम्बन्धी' क्रूरता या मृत्यु के विषय में लागू हो सके। इसके बजाय हमने भारत के केवल तीन महानगरों-उत्तर, दक्षिण व मध्य से एक-एक, पर फोकस करने का निर्णय किया, जहां सबसे ज्यादा प्रवासी बसते थे और जहाँ सबसे ज्यादा भौगोलिक विविधता देखने को मिल सकती थी। हमने यह माना कि जहां दहेज एक मुद्दा था, उससे जुड़ी महिलाओं के प्रति क्रूरता बहुत भिन्न नहीं होगी क्योंकि वहाँ भी वही लालच काम कर रहा होगा। हमारे लिए बेंगलुरु विशेष महत्त्व का था क्योंकि 2004 में किये गए एक व्यवहार्यता अध्ययन में समाचारों व विशेषज्ञों के अनुसार बेंगलुरु को 'भारत की दहेज मृत्यु राजधानी' कहा गया था।

कई बार हमारी आलोचना भी की गई कि हम 'दहेज की समस्या' को समझ ही नहीं रहे थे, खासकर उन लोगों द्वारा जो हमें यह कह रहे थे कि हम मुम्बई और बेंगलुरु में गलत देख रहे थे।

कई लोगों ने हमें कहा कि हमें 'दिल्ली में' इस तरह के बहुत केस मिलेंगे, जिसका अर्थ यह था कि 'पितृसत्तात्मक उत्तर' में दहेज की मांग, उससे उपजी क्रूरता व पत्नियों की अस्वाभाविक मृत्यु देखने को मिलती है। हालांकि हम इस विषय की सच्चाई पर सोचते जरूर थे, लेकिन जब हम अंत में दिल्ली पहुंचे, हमें यहाँ कोई फर्क नजर नहीं आया। हमने पाया कि जिन लोगों ने हमें यह सलाह दी थीं वास्तव में वे हमसे अपेक्षा कर रहे थे कि हम इस समस्या के बारे में उनकी पारंपरिक समझ के अनुसार ही पुस्तक लिखें।

हमारे बड़े शहरों में शोध करने के निर्णय को भी चुनौती दी गई क्योंकि लोगों का मानना था कि जिस तरह के अपराधों पर हम शोध कर रहे थे, वे ज्यादातर भारत के 'पिछड़े' गाँवों में पाए जाते हैं। बल्कि योजना बनाते समय हमारा बहुत-सा समय शहरी बनाम ग्रामीण क्षेत्रों के चुनाव में गया। हमने जिन शहरों को चुना वहाँ हमें मालूम था कि एनजीओ नेटवर्क, कानून और व्यवस्था प्रणाली ज्यादा व्यापक व सुगम्य थी। इन शहरों को कई समुदायों से देश भर के लोगों की 'कुठाली' (मेल्टिंग पौट) भी कहा जा सकता है। इसलिए, हालाँकि ऐसा लगता था कि हम केवल महानगरों में शोध कर रहे थे, हमें विश्वास था कि हम ग्रामीण लोगों पर भी शोध कर रहे थे, जो कि अनेक कारणों से उन महानगरों में आकर बस गए थे। हमारा यह भी मानना था कि हमें गाँवों के छोटे, ज्यादा घनिष्ठ समुदायों में लोगों को इन विषयों पर बातचीत करने के लिए राजी करना ज्यादा कठिन होता। दूसरी तरफ, महानगरों में गुमनाम होने की वजह से लोग हम से ज्यादा खुले तरीके से बात कर सकते थे।

अपने वर्ग और सामाजिक-आर्थिक दल के चुनाव में भी हमें इसी तरह की आलोचनाओं का सामना करना पड़ा। यहाँ पर भी प्रचलित धारणा यही थी कि 'दहेज सम्बन्धी अपराध' केवल 'पिछड़े' वर्गों में ही होते हैं: गरीब, अनपढ़ लोगों में। मगर कानून पत्रिकाओं में छपे मामलों को पढ़ने से पता चलता है कि बहुत से ऊंचे श्रेणी के प्रोफेशनल व्यक्तियों ने भी अपनी पत्नियों की हत्या की है, जिससे यही साबित होता है कि यह भी एक प्रचलित गलत धारणा ही है। वास्तव में यह सब देख कर लगता है कि जिस तरह कानून बनाया गया है और दहेज के लिए जो नकारात्मक प्रचार हुआ है उससे किसी भी वर्ग का शिकायतकर्ता दहेज को अपनी समस्याओं का मुख्य हिस्सा बना सकता है।

हमें विश्वास था कि हर केस में भौगोलिक व वर्ग के अलावा और भी समानताएं होंगी, लेकिन हम यह भी अपेक्षा कर रहे थे कि हरेक केस के, अलग-अलग कारणों की वजह से, अपने अलग-अलग पहलू और मुद्दे होंगे। हालांकि हमें अपेक्षा थी कि हमें कुछ पैटर्न मिलेंगे, लेकिन यह जरूरी नहीं होगा कि इन्हीं की वजह से विवाह बनते या बिगड़ते हैं और जिनकी वजह से क्रूरता होती है या मृत्यु तक हो जाती है; जीवन इतना सरल नहीं है कि किन्हीं ढांचों में आसानी से ढाला जा सके।

शोधकर्ताओं के लिए यह कल्पना करना बहुत उत्तेजक होता है कि उनके शोध से बरसों पुराने सवाल या पहेलियाँ सुलझ जायेंगी। हम नहीं कह सकते कि हम इस विचार से अछूते थे[4]। जबकि, काम शुरू करने के थोड़े दिनों बाद ही हमें लगने लगा कि क्या हम यह कभी जान भी पायेंगे कि महिलाओं की हत्या क्यों होती है—आखिर हम चाहे जो भी करें, हम जो भी कहेंगे वह केवल एक

[4]वास्तव में, शोध शुरू करते समय रॉबिन को उसके विभाग के साथियों ने आगाह किया था कि वह यह भ्रम न पाले कि वह अपने शोध के परिणामों से इस 'दहेज की समस्या' का अंत करने के तरीके पा लेगा।

अनुमान ही होगा। तब हमने सोचा कि शायद हमारे विषय की यही विशेषता थी। हम जो भी कह पायेंगे, वह एक अनुमान ही होगा, उसमें कोई निश्चितता नहीं हो सकती। हमें एहसास होने लगा कि हमें कोई भ्रान्ति नहीं पालनी चाहिए कि हम इस समस्या के कारणों का पता लगा सकेंगे या इसका कोई उपाय बता सकेंगे, क्योंकि इस पहेली के कई आयाम और पहलू हैं।

हमारी वैयक्तिक यात्रा

रॉबिन

बहुत समय तक मुझे लोगों को यह समझाने में मुश्किल हुई कि मैंने इसी विषय को ही अपने शोध के लिए क्यों चुना। मुझे यह परेशानी खासकर उस समय हुई जब मैं व्यवहार्यता अध्ययन के दौरान संपर्क बनाने के लिए नेटवर्किंग कर रहा था। कई बार मैंने पाया कि–जो लोग वैसे मेरे साथ बात और काम करने को इच्छुक रहते–जब उन्हें मेरे विषय के बारे में पता चलता, वे मेरे साथ एक दीवार-सी बना लेते। मैं इस बात से बहुत अवगत था कि वे मेरे बारे में क्या सोचते होंगे: मैं एक विदेशी था, दूसरी संस्कृति, दूसरे परिप्रेक्ष्य से–मैं क्यों यह शोध करना चाहता था?

व्यक्तिगत रूप से, मैं नहीं मानता था कि मेरा 'बाहरी' होना मेरे शोध को परिभाषित करने के लिए कोई मुद्दा होना चाहिए था। बल्कि, मेरा यह मानना था कि एक सामाजिक शोधकर्ता होने के नाते, हम बाहरी और भीतरी दोनों एक साथ हो सकते हैं और यह केवल इस बात पर निर्भर करता है कि हमारी उस समय क्या पहचान है। लेकिन, फिर भी कई लोगो को यह शक था कि मेरा कुछ भीतरी एजेंडा था। मैं उन्हें एक नए-उपनिवेशवादी की तरह लगता था जो कि इंग्लैंड से एक पिछड़ेपन को दूर करने आया था जिसके बारे में मैं कुछ नहीं समझता था। मैं इन मान्यताओं से बहुत थक गया था, हालांकि मैं उन लोगों को ऐसा सोचने के लिए माफ कर देता था–खासकर जब शुरू में मुझे खुद ही लगता था कि सिवाय एक आम बौद्धिक दिलचस्पी के मेरा इस विषय से कोई वास्ता नहीं था।

अपनी दिलचस्पी को समझने के लिए मुझे अपने अंदर ही बहुत गहराई से झांकना पड़ा। यह सही है कि बहुत से भारतीय नारीवादियों की सामाजिक विषयों पर शोध अपने स्वयं के अनुभवों से प्रेरित होती है। शायद इसीलिए बहुत से विशेषज्ञ मेरे इस विषय के चुनाव पर अचंभित थे। पर वक्त के साथ मैंने अनुभव किया कि यह जरूरी नहीं कि वक्तिगत अनुभव हमेशा खुद के साथ ही हुआ हो। व्यक्तिगत मामले वे भी हो सकते हैं जो हमारे करीबी लोगों के साथ हुए हों और जैसा कि मुझे एक साथी शोधकर्ता ने याद दिलाया कि निजी अनुभव हमारा ध्यान केंद्रित करने में मदद करते हैं।

आखिरकार मुझे एहसास हुआ कि मेरे भी कुछ व्यक्तिगत अनुभव मेरी प्रेरणा के स्रोत थे। हालांकि वे भारतीय परिवेश में दहेज की तरह नहीं थे, परन्तु वे 'परिवार', पारिवारिक सम्बन्ध व उन दोनों के टूटने के विचार (व आदर्शों) से सम्बन्धित थे। यह मेरी पारिवारिक पृष्ठभूमि से और मेरे माता-पिता के तलाक से जुड़ा था, जिसे मेरे भाई और मैंने भी सहा था। लोगों कि यूके में परिस्थितियों की मान्यताओं के विपरीत, यह विच्छेद बहुत कष्टदायक था। इससे उपजा वैमनस्य हमें दशको तक परेशान करता रहा और इसका मेरे और मेरे भाई के व्यक्तिगत और मानसिक विकास पर बहुत प्रभाव पड़ा।

लेखकों की ओर से...

मेरे शोध के विषय में इस तरह की प्रेरणा शायद बहुत स्पर्शरेखीय लगे। इसे पूरी तरह समझाना भी टेढ़ी खीर होगा क्योंकि अभी मैं खुद ही अपने इस मानस के बारे में पूरी तरह नहीं समझ पाया हूँ। ज्यादातर मैं ऐसे ही काम करता हूँ। जो भी मुझे बहुत प्रभवित करता है, मैं उसी कार्य को करता हूँ और फिर धीरे-धीरे अपनी प्रेरणा के पीछे छुपे राज को समझने की कोशिश करता हूँ। अपनी इस आदत की वजह से मैं उन लोगों की बात का जवाब देने में असमर्थ रहता हूँ जो मुझसे पूछते हैं, 'यही विषय क्यों?' यह कहना कभी भी पर्याप्त नहीं रहा, 'क्योंकि मैं इस विषय पर बहुत प्रबलता से महसूस करता हूँ'–जो कि वास्तविकता थी। इस जवाब से कुछ लोगों को लगा कि मेरे कुछ अपने विचार थे कि भारतीयों को अपना जीवन कैसे जीना चाहिए और मैं अपने विचारों को उन पर थोपना चाहता हूँ–जब कि ऐसा कुछ नहीं था।

बहुत समय तक लगता रहा कि शायद मनुष्य, खासकर, महिलाओं के अधिकारों के प्रति मेरे बहुत प्रबल विचार थे। शायद मैं बहुत आदर्शवादी था और बहुत समय तक मैं इस समस्या के समाधान के लिए आशा लगाए रहा कि मैं कानून में बदलाव लाने के लिए कुछ ठोस और व्यावहारिक तरीके बता सकूं। मैं मानता था कि हमारे काम से दहेज-सम्बन्धी क्रूरता और मृत्यु का जड़ से खात्मा नहीं हो पायेगा, लेकिन हमारे विचारों से शायद कुछ मदद मिल सके।

'यही विषय ही क्यों?', मैं इस सवाल से बहुत समय तक विचलित रहा। शायद इसी वजह से, जब मैं प्रश्न का सही उत्तर खोज पाया तो मैं और अधिक उत्साह से इस विषय पर काम कर सका। इस आभास के बाद मैं इस विश्वास के साथ आगे बढ़ सका कि मैं यह रिसर्च, कुछ हद तक, अपनी गुत्थियों को सुलझाने के लिए भी कर रहा था। यह सही है कि जिन परिवेश और परिस्थितियों से में आया था वह यहाँ से बिलकुल भिन्न थीं। लेकिन, इसके बावजूद मुझे लगा, कि अपनी निजी यात्रा में मुझे इससे मदद मिली। मुझे इससे थोड़ी भावनात्मक सुरक्षा भी मिली क्योंकि, व्यक्तिगत तौर पर मैं भारतीय विशिष्टतताओं से उतना प्रभावित नहीं हुआ जितना कि मैं 'परिवार' और उससे सम्बन्धित विचारों को और उनके टूटने से होने वाले प्रभावों को समझ पाया।

जैसे-जैसे हम उत्तरदाताओं के वैवाहिक परशानियों के कारणों को गहराई से समझने का प्रयास करने लगे, हमने पाया कि 'दहेज के केस' के नाम पर जो दिखाई देता है, असलियत उससे कहीं ज्यादा है। दहेज को ही सबसे बड़ी समस्या बताना समस्या का सरलीकरण करना था। हमने यह भी देखा कि जिन मामलों में मेरे अनुमान सही भी थे, वहाँ भी दहेज सम्बन्धी मुद्दे पूरी कहानी का मात्र एक हिस्सा थे। हर नए इंटरव्यू के साथ हमें कहानी के नए आयामों का पता चलता। मुझे पहले से भी ज्यादा विश्वास होने लगा कि हर कहानी के दो पहलू होते हैं। यह पहचान मेरे लिए निजी रूप से बहुत महत्त्वपूर्ण साबित हुई।

बड़ा होते हुए, मेरे पिता (जिनके साथ मैं उनके मेरी माँ से अलग होने के बाद रहता था) मुझे, उनके और मेरी माँ के झगड़ों और उनके नतीजों से, बचाने की कोशिश करते रहते थे। उनके बहुत प्रयासों के बावजूद भी मैंने कुछ झगड़ों को देखा और यही धारणा बना ली–कि मेरे रखवाले–मेरे पिता सही थे और मेरी माँ गलत। एक दिन, जब वे काम पर गए हुए थे, मैंने उनके कंप्यूटर पर कोर्ट केस के बारे में और उनके आरोपों को पढ़ा। इसके बाद मुझे लगा कि वाकई मेरी माँ ही गलत थीं। मैं यह समझने के लिए बहुत छोटा था कि मैंने केवल एकतरफा कहानी जानी थी (और वह भी आधी-अधूरी)

और जितना मुझे पता चला था असलियत इससे कहीं ज्यादा हो सकती थी। उस समय के बाद से मेरी माँ मेरी नजरों में कुछ सही कर ही नहीं सकती थीं।

शायद मेरी माँ को यह अन्याय लगा हो (और अब मुझे विश्वास है कि मेरे पिता ने भी कुछ गलतियां की होंगी), लेकिन मैंने अपनी माँ से कभी उनकी कहानी नहीं पूछी। तब तक मैं यह समझ गया था कि जो कुछ मैंने कंप्यूटर में पढ़ा था वह वेदवाक्य नहीं था और वह जज को अपना नजरिया दिखने के हिसाब से लिखा गया था। तब तक मैं ऐसे पड़ाव पर पहुँच गया था कि मैं पुराने घाव हरे नहीं करना चाहता था। मैं सब कुछ पीछे छोड़ देना चाहता था। वह झगडे, परस्पर दोषारोपण, कस्टडी के लिए लड़ाई, रख-रखाव भत्ते के लिए संघर्ष, हमेशा माँ-बाप के घरों के बीच हम दोनों भाइयों का आगे-पीछे होते रहना और जो गुस्सा और कड़वाहट हमने दोनों में देखी, इस सबका हम पर हमारे विकासशील सालों में बहुत असर हुआ। मैं कई साल पहले ही किशोरपन के विद्रोह से गुजरा। मेरे भाई को लगता था कि वह कभी 'घर' में रहा ही नहीं। तलाक से पहले पांच साल के अलगाव के समय व तलाक के बाद भी हम बहुत सालों तक इस सबसे प्रभावित रहे। धीर-धीरे मैं इस सबसे तंग आ गया था। जो कुछ भी हुआ उसे भूल कर मैं अपने माता-पिता के साथ मजबूत सम्बन्ध बनाना चाहता था।

इसी वजह से जब एमए और फिर बाद में पीएचडी के सुपरवाइजर, प्रोफेसर वर्नर मेंसकी ने मुझे सलाह दी कि मैं दहेज मृत्यु व तलाक के बीच सम्बन्धों की जांच करूँ, मैं इसके लिए तैयार नहीं था। मुझे डर था कि असफल विवाहों के बारे में बात करते-करते कहीं मैं बहुत अंतर्मुखी न हो जाऊं। अंत में मैं इस लिए तैयार हो गया कि मुझे लगा कि मैं अपने से इतने भिन्न सांस्कृतिक परिवेश में काम करूँगा कि मैं उनके साथ अपनी पहचान नहीं बना पाऊंगा। मेरे घाव दोहराएंगे नहीं।

एक बात जो मुझे दृढ़ता से समझ आई वह यह कि (और शायद यह एक बाहरी की तरह कहना ज्यादा आसान है) जिस विवाह में सुधार संभव न हो, उसे जारी रखने के बहुत भयानक नतीजे होते हैं। बहुत सारे मामलों में मैंने देखा कि इससे हिंसा पैदा हुई और यहाँ तक कि मृत्यु भी हुई। अपने जीवन के सबसे खराब दिनों में मैंने अपने माता-पिता के बीच शारीरिक हिंसा देखी थी। इसके अलावा भी ऐसा लगता था कि उनके मन में एक-दूसरे के लिए स्नेह बिलकुल खत्म हो गया था और उनके मन में एक-दूसरे के लिए सिर्फ घृणा ही थी। दोनों के बीच हमेशा जारी वाक्-युद्ध मेरे और मेरे भाई के लिए उनके अलग होने से भी कहीं ज्यादा विनाशकारी था।

लंबे समय तक वैवाहिक परामर्श से गुजरने के बावजूद मेरे माता-पिता की एक-दूसरे के प्रति भावनाओं और व्यवहार में कोई बदलाव नहीं आया। इस शोध से उपजी हमारी एक मुख्य सलाह है कि परामर्श सेवा को भारत में बढ़ाना चाहिए और यह आसानी से मुहैया होनी चाहिए। कम-से-कम, मेरे माता-पिता को प्रशिक्षित व सहानुभूतिपूर्ण प्रोफेशनल की सेवायें तो प्राप्त थीं। कुछ ही भारतीयों को इसका लाभ मिल पाता है। जिन को यह लाभ मिल भी सकता है, वे भी इसका लाभ नहीं उठाना चाहते।

प्रोफेशनल मदद के प्रति यह विमुखता केवल हमारे उत्तरदाताओं तक ही नहीं सीमित थी। मुझे याद है कि, जब मैं पांच साल का था, मुझे भी एक परामर्शदाता के पास भेजा गया था, पर मुझे जहाँ तक याद है, मैं भी चिढ़ गया था। मैं बार-बार उससे यही कहता रहा कि मैं ठीक था और मेरी माता-पिता की लड़ाई से मुझे कोई फर्क नहीं पड़ा था। मेरे परामर्शदाता ने निपुणता से मुझे कुरेदने की कोशिश की-जैसे मेरी टेढ़ी-मेढ़ी लिखाई को उन्होंने मेरी मनः स्थिति कि शायद मैं ऐसा महसूस

कर रहा था जैसे कि एक प्रेम पहाड़ी से नीचे अपने-आप लुढक रही हो आदि–लेकिन मैंने उनसे बात करने के लिए बिलकुल मना कर दिया और बार-बार अपने पिता से वहाँ न भेजने की मांग करता रहा। इसी तरह मेरी माँ भी इतने सालों में भी–या तो वह इसके लिए राजी नहीं थी या यह कर नहीं पाती थी–कभी भी किसी प्रोफेशनल के सामने खुल नहीं पाई। शुक्र है, मेरे पिता ने महत्त्वपूर्ण रूप से स्वास्थ्य-लाभ प्राप्त किया और कई व्यक्तिगत निर्माण कोर्स के माध्यम से अपने जीवन का पुनर्निर्माण किया। अब वे बदले हुए और खुश व्यक्ति हैं। उनके अनुभव ने मुझे दिखाया कि दूसरों से खुलने और अपना दुःख बांटने से बहुत मदद मिलती है।

हमारे साक्षात्कारों के दौरान बार-बार इस बात की पुष्टि हुई। बहुत से हमारे उत्तरदाताओं ने कहा कि, केवल हमारे साथ अपनी आप-बीती बताने और अपनी भावनाओं व मनोभावों को हमारे साथ बांटने से ही वे बहुत हल्का महसूस कर रहे थे। यदि केवल हमारे शोध के माध्यम से इतना प्रभाव पड़ रहा था तो एक प्रशिक्षित प्रोफेशनल कितना प्रभावी हो सकता है।

काश मैं यह पांच साल की उम्र में समझ जाता।

नाज़िया

मैंने समाज कार्य में स्नातकोत्तर पढ़ाई (एमएसडब्ल्यू) अभी पूरी ही की थी कि रॉबिन ने एक मित्र के माध्यम से अपनी पीएचडी में भारत में फील्डवर्क में रिसर्च सहायक के रूप में काम करने का प्रस्ताव रखा। औरों की तरह मैंने भी इस विषय पर सोचा कि एक ब्रिटिश पुरुष दहेज में हिंसा जैसे विषय में शोध में क्यों इच्छुक था। मेरे साथियों व यूनिवर्सिटी के विभाग के सदस्यों ने, जिनके साथ मैंने इस नौकरी के अवसर पर बात की, सभी ने मुझे 'पश्चिमी' दृष्टिकोण के बारे में आगाह किया। रॉबिन और मैं, एक-दो महीने तक बराबर संपर्क में रहे और इस दौरान मैंने उनका शोध प्रस्ताव, साहित्य समीक्षा व इस शोध से सम्बन्धित अन्य लेख पढ़े। अंततः मैं इस विषय पर आश्वस्त हुई और उनका प्रस्ताव स्वीकार किया।

इस प्रोजेक्ट पर काम करने के लिए राजी होने के मेरे कई कारण थे। मैंने हाल ही में एमएसडब्ल्यू की थीसिस पूरी की थी और मुझे फील्ड में शोध करने में बहुत आनंद आया था। मैं गुणात्मक शोध में अपनी क्षमताओं को बढ़ाना चाहती थी–और यह अवसर उसके लिए बिलकुल उपयुक्त था। मैं 'महिलाओं सम्बन्धी मुद्दों' में बहुत रुचि रखती थी। मैंने दहेज और दहेज-सम्बन्धी हिंसा के बारे में बहुत कुछ पढ़ा और सुना था। इसमें गहराई से काम करना सीखने का एक बहुत अच्छा अवसर था। मुझे यह भी कौतूहल था कि मुझे फरियादी और प्रतिवादी दोनों से बातचीत का मौका मिलेगा, जो कि मैंने पहले कभी नहीं किया था। इस सबमें चार चाँद लग गए कि अलग-अलग शहरों में जाकर मुझे यह काम करना था।

एक मुद्दा रॉबिन के साथ काम करने के मेरे निर्णय में सबसे प्रमुख था। इस नाजुक व पूरी तरह से दक्षिण एशियाई मुद्दे पर एक विदेशी के साथ काम करने से पहले मैं उसकी इस विषय में समझ को जान लेना चाहती थी। जो मैंने पाया उससे मैं आश्वस्त हो गई कि मुझे उनके विदेशी विचारों से संघर्ष नहीं करना पड़ेगा। रॉबिन ने भारत और आसपास कई बार यात्रा की थी, हिंदी पढ़ी थी और मुझ से ज्यादा यहाँ लोगों को जानते थे। सबसे ज्यादा विश्वास दिलाने वाली बात यह थी कि एक अच्छे

शोधकर्ता की तरह वह खुले दिमाग से नई बात सीखने, समझने के लिए तैयार थे और उनके कोई पूर्वग्रह नहीं थे। सबसे महत्त्वपूर्ण बात कि इस तरह के शोध को करने के लिए हमारे आचार-विचार व सिद्धांत मिलते थे और इस बात ने मुझे आश्वस्त किया।

तब से, मेरी यात्रा में कई उतार-चढ़ाव आये, कई परीक्षाओं और जीत का सामना किया। मुझे विवाह और उसकी समस्याएं, सामाजिक मूल्यों और मानदंडों, माता-पिता और बच्चों, भावनाओं व मनोभावों, कानून और पुलिस के बारे में नई नई बातें सीखने को मिलीं। सबसे महतवपूर्ण, मेरे लिए यह यात्रा एक बहुत बड़ी स्व की खोज थी।

शोधकर्ताओं के तौर पर हम अपनी शोध में व्यक्तिगत स्तर पर फंसने से बचते हैं। कम-से-कम, शोध प्रक्रिया की पुस्तकें हमें यही सीख देती हैं। पर क्या यह अंतर हमेशा साफ-सुथरा रहता है? क्या दूरी बनाये रखना हमेशा संभव होता है? इस शोध के दौरान मैं कई बार ऐसा करने में खुद को असफल पाती थी। बहुत-सी महिलाओं, जिनसे मैंने बातचीत की, के साथ मेरा तादात्म्य बन जाता था। हम सब समान उम्र की थीं, हमारी समान आशाएं व उमंगें थीं व हम आनंद के लिए एक जैसी चीजें करते थे। हम में से कोई भी 'पड़ोस की लड़की' (सामान्य लड़की) हो सकती थी। इंटरव्यू के दौरान मैं उनके दर्द और गुस्से को समझ पाती थी। सबसे ज्यादा, मैं उनकी बेबसी महसूस कर पाती थी।

डाटा एकत्रित करने के दौरान ही मेरी सगाई हो गयी। इस रिश्ते में मैंने और गहराई से जाना कि यह महिलायें और पुरुष किन परिस्थितियों से गुजरे थे। मुझे परिवारों व युगलों की खुद की अपेक्षाएं बेहतर समझ आने लगी थीं और यह भी कि सामाजिक दबाव किस तरह काम करते हैं। इसके पहले मेरी समझ मुख्यत: सैद्धांतिक थी। जैसे-जैसे मेरी जिंदगी के नए आयाम मेरे सामने आते गए और मेरे अनुभव मेरे लिए और वास्तविक होते गए, इन मुद्दों पर मेरी समझ और भी जीवंत हो गई। मैं भी कई उत्तरदाताओं के समान कुछ समस्याएं अनुभव कर रही थी और इनमें से कुछ अत्यधिक दुखदायी स्थितियों का सामना करते हुए मैंने 'दहेज सम्बन्धी' समस्याओं से आगे बढ़कर रिश्तों के दूसरे आयाम भी समझे।

शालिनी के साथ मेरे इंटरव्यू मुझे अच्छी तरह याद हैं। हम एक कॉफी की दुकान में बैठे जैसा कि आजकल के माध्यम-वर्गीय युवा करते हैं। वहाँ हमने बातें कीं, साथ में सिगरेट पी, यहाँ तक कि सबको साथ-साथ कोसा भी। मैं उसमें खुद को देख पा रही थी और यह भी देख पा रही थी कि उसकी कहानी दहेज से कहीं ज्यादा थी। मैं यह भी देख पा रही थी कि वक्त के साथ मेरी कहानी भी शालिनी की तरह हो सकती थी।

मुझे नीति की बहन शिल्पा के साथ के इंटरव्यू भी याद हैं। मैं नीति के चार साल के बेटे के साथ खेली, शिल्प के साथ चाय पी और जब वह बस लेकर घर चली गई, मैं रोई भी। मैं नीति के बेटे और उस परिवार के लिए रोई, जिसे छोड़कर वह चली गई थी। और मैं यह सोचने को बाध्य हुई कि उसके लिए मौत इतनी आसान क्यों थी। क्या उसके सामने कोई और विकल्प नहीं था? मैंने यह भी सोचा कि शिल्पा ने पूरे इंटरव्यू में दहेज के बारे में इतना कम क्यों बोला।

मैं यहाँ यह स्वीकार करना चाहूंगी कि मेरी सगाई शादी में तब्दील नहीं हुई। सगाई के छ: महीने में ही मुझे लगने लगा कि यह रिश्ता वह नहीं था जो मैं चाहती थी। मेरी क्षमता से कहीं ज्यादा मुझ से अपेक्षाएं थीं जो कि मैं पूरा नहीं कर पाती। मुझसे अपेक्षा की जा रही थी कि मैं अपने मंगेतर की

'आदर्श पत्नी' के प्रतिरूप में ढल जाऊं। मैं इसके लिए तैयार नहीं थी। अपनी पहचान त्याग कर और अपने स्व को खत्म कर, दूसरा रूप धारण करना मुझे मंजूर नहीं था।

इस समय तक अपेक्षाओं और व्यक्तिवाद पर हमारी समझ और पक्की हो गई थी। इसलिए, हम अपने मामलों में बहुत-सी चीजों में 'दहेज सम्बन्धी' हिंसा व उत्पीड़न से आगे भी देख पा रहे थे। मैंने पाया कि मैं अपने अनुभवों की मदद से इन क्षेत्रों में गहराई से छान-बीन कर पा रही थी। दूसरी तरफ कई बार ऐसा हुआ कि उत्तरदाता द्वारा उसकी कहानी के बारे में कहे गए कथन को मैं अपने जीवन में देख पा रही थी। उनकी यात्राएं अब मेरी यात्रा का हिस्सा बन गईं थीं।

उत्तरदाताओं को सहज बनाने और उनके साथ सम्बन्ध स्थापित कर पाने की मेरी कला मेरी सबसे बड़ी जीत थी। मेरी दूसरी उपलब्धि थी कि जब मेरे रिश्ते में स्थिति माकूल नहीं थी, मैं यह पहचान पाई और अधिक दुखी होने से पहले ही उस रिश्ते से बाहर निकल आई। मेरा मानना है कि मैं ऐसा उन महिलाओं की वजह से कर पाई, जिनकी जिंदगियों को मैंने करीब से देखा था। शायद मैंने भी उनकी कुछ शक्ति आत्मसात कर ली थी।

इस शोध व इस पुस्तक के लेखन ने मुझे एक महिला की तरह बढ़ने में मदद की है। मैं यही आशा करती हूँ कि हमारी बातचीत ने कुछ महिलाओं, पुरुषों व परिवारों की भी उसी तरह मदद की है और दूसरों को भी इस किताब से उसी तरह की मदद मिलती रहेगी।

प्रस्तावना

यह पुस्तक दहेज की वजह से शादियों के टूटने और दाम्पत्य जीवन में हिंसा के बारे में समकालीन समझ की पुन: जांच करती है और इस धारणा को चुनौती देती है कि क्रूरता और विवाहित महिलाओं की अस्वाभाविक मृत्यु के तथाकथित मामलों में दहेज ही केन्द्र होता है। यह चुनौती एक साल के विस्तृत और गहराई से किये गए शोध कार्य से उत्पन्न हुई है, जिसमें 60 शिकायतकर्ताओं और प्रतिवादियों व 45 विशेषज्ञों के साथ 'दहेज-सम्बन्धी' क्रूरता और मृत्यु के मामलों में व्यापक बातचीत की गई।

अपने शोध की शुरुआत से ही हम इस बात पर स्पष्ट थे कि शिक्षाविदों, एनजीओ और कानूनी समुदाय के अलावा, हम अपने निष्कर्ष आम व्यक्तियों के साथ भी बांटना चाहेंगे। आखिरकार, शिक्षा-सम्बन्धी व मीडिया के पिछले दो या तीन दशकों के निरंतर अभियान में यही प्रस्तावित किया गया है कि हर सामाजिक रूप से जागरूक व्यक्ति को इसमें दिलचस्पी लेनी चाहिए। इस विषय पर इतना ध्यान दिया जाने के बावजूद, हमारे शोध में हमने पाया कि इस समस्या के स्वरूप के बारे में जन-प्रचलित और कानूनी समझ ज्यादातर गलत है। इसलिए यह और भी स्पष्ट हो गया कि हमारे निष्कर्ष ज्यादा से ज्यादा लोगों तक पहुँचाया जाए।

इस पुस्तक में हम अपने मामलों में से छ: का नमूना पेश कर रहे हैं। इनमें से दो में पति-पत्नी दोनों का वृत्तांत दिया गया है (एक क्रूरता का केस और दूसरा दहेज मृत्यु का केस); बाकि चार मामलों में हम केवल एक ही पक्ष से मिले (शिकायतकर्ताओं व प्रतिवादियों की तरफ से एक-एक क्रूरता और दहेज मृत्य के केस)। सभी छ: अध्यायों में, हमने अपनी मुख्य खोजों को, हमारे द्वारा नहीं बल्कि जिनके साथ यह घटित हुआ या उनके करीबी या उनसे सम्बन्धित व्यक्तियों की कहानियों के माध्यम से प्रस्तुत करने का प्रयास किया है। हमें आशा है कि वृत्तांत के रूप में अपने निष्कर्ष पेश करने का हमारा यह तरीका एक शैक्षणिक तरीके से ज्यादा सुगम होगा–जिसके साथ ज्यादा तादाद में पाठक, जैसे-जैसे वे आठ पुरुषों व महिलाओं के, जिन्होंने 'दहेज-सम्बन्धी' मामलों को सहा है और जिसमें से आधों में मृत्यु हो गई, जीवन के बारे में पढ़ेंगे और सम्बन्ध स्थापित कर पायेंगे। इन कहानियों को प्रस्तुत करने के लिए हमने तरह-तरह के प्रारूपों का प्रयोग किया है, जैसे एक इंटरव्यू की प्रतिलिपि, एक व्यक्ति का ब्लॉग, पुलिस में दर्ज की गई एक प्रथम सूचना रिपोर्ट (एफआईआर) आदि।

जबकि किरदारों के नाम व परिस्थितियाँ मनगढंत हैं, वे असली व्यक्तियों से सम्बन्धित हैं। कई उदाहरणों में हमने उनके द्वारा प्रयुक्त शब्दों का ही इस्तेमाल किया है जैसा कि हमने इंटरव्यू में रिकॉर्ड किया। कभी-कभी हमने अप्रत्यक्ष रूप से उदाहरण दिए हैं और असमबद्ध या गैर-जरूरी शब्दों को हटा दिया है लेकिन हमने यह सावधानी बरती है कि ऐसा करते हुए जो कहा गया उसका अर्थ न बदले। इसलिए ये कहानियां आठ व्यक्तियों की जिंदगी का वास्तविक ब्यौरा हैं। हर अध्याय के अंत में हमने कई प्रासंगिक मुद्दों पर बहस लायक टिप्पणियों को कथानक में सम्मिलित किया है। इनमें, हमने बाकी 52 कहानियों और विशेषज्ञों व बाकी प्रोफेशनल के इंटरव्यू से व्यापक निष्कर्षों को भी शामिल करने का प्रयास किया है।

यह विश्लेषण मुख्यतः लोगों द्वारा कानूनों के, विशेषतः 'दहेज-विरोधी कानूनों' के प्रयोग का अध्ययन है। इन कानूनों के तहत दहेज का लेन-देन प्रतिबंधित किया गया है व दहेज-सम्बन्धी वैवाहिक क्रूरता व उससे जुड़ी मृत्यु के दोषियों को सजा देने का प्रावधान है। 1961 में पहली बार दहेज सम्बन्धी कठिनाइयों को दहेज विरोधी कानून (डाओरी प्रोहिबिशन एक्ट – डीपीए) के अधिनियमन के अंतर्गत परोक्ष रूप से स्वीकारा गया। इससे पहले के दशक में, दहेज को केवल महंगी शादियों व अनुचित मांगों, जिनकी वजह से मध्यम-वर्ग के परिवार अपनी लड़कियों के लिए योग्य वर नहीं खोज पाते थे, के रूप में ही देखा जाता था। माता-पिता के कर्तव्यों, स्नेह व देने की क्षमता के आधार पर प्रथागत दायित्वों को ठीक माना जाता था, पर उससे ज्यादा की मांग को परेशानी भरा माना जाने लगा था।

इस कानून के उद्देश्यों और कारणों के विवरण में यह नोट किया गया कि विधानमंडल से संसद के भीतर और बाहर दोनों ही तरफ से दहेज रूपी 'बुराई' को जड़ से खत्म करने के लिए लगातार मांग की जा रही थी। अंत में राजनीतिक वर्ग, जो कि भारत की पूर्व औपनिवेशिक शक्ति की तरह ही ऊपर-से-नीचे के नियंत्रण तंत्र में विश्वास करता था, की पहल पर यह कानून उस समय बनाया गया जबकि समाज में कानून की भूमिका के बारे में दृढ़ विश्वास था। यह विश्वास उस धारणा से प्रेरित था कि सरकार ही, जब समाज अपने अच्छे-बुरे को तय कर पाने में असमर्थ है, हकों और अधिकारों का अंतिम गारंटर है। वास्तव में, ऐसा लगता है कि दहेज के निषेध के लिए 'नीचे' से, लोगों की तरफ से, शायद ही मांग की गई थी।

असल में, इस कानून व बाद के संशोधनों को अधिनियमित करने के लिए की गई संसदीय बहस के विश्लेषण से पता चलता है कि यह कानून ऊपर से थोपा गया था। ऐसा भी प्रतीत होता है कि उस समय का राजनीतिक वर्ग एक ऐसे परिदृश्य को बचाने का प्रयास कर रहा था जिसमें पुरुष ही परिवारों की सत्ता संरचना को संभाले हुए थे। इसलिए दहेज का निषेध केवल रोग के लक्षणों का, न कि पितृसत्तात्मकता के रोग का इलाज करने जैसा था। ऐसा जानबूझकर किया गया था क्योंकि यह मान्यता थी कि मौजूदा व्यवस्था से छेड़छाड़ करने से भारतीय समाज की बनावट में तनाव पैदा हो जाएगा।

हालाँकि इस कानून को दहेज 'निषेध' के रूप में लेबल किया गया था, यह नहीं कहा जा सकता कि यह कानून दहेज प्रथा का उन्मूलन या उसमें कटौती कर पाया। कानून के प्रावधानों को देखने से समझ आता है कि ऐसा क्यों नहीं हो पाया। कानून के भाग 3 में दहेज के लेन-देन पर दंड का प्रावधान है परन्तु प्रथागत उपहारों के लेन-देन के लिए नहीं। भाग 4 में दहेज की मांग को अपराध

करार किया गया और भाग 5 में दहेज के लिए सभी समझौतों को निरस्त किया गया लेकिन भाग 6 में निर्धारित किया गया कि जो भी दहेज दिया जायेगा वह पत्नी की संपत्ति होगा। इससे यह स्पष्ट मालूम होता है कि कानून बनाने वालों को खुद ही यह विश्वास नहीं था कि इस कानून का अक्षरशः पालन किया जाएगा–दहेज का लेन–देन चालू रहेगा। इसीलिए इस कानून को कपटपूर्ण कहा जा सकता है, जो कि कानून बनाते समय संसद की दुविधा को दर्शाता है।

यह साफ लगता है कि इस कानून की कल्पना में यही निहित था कि 1961 का कानून का शिक्षा देने के लिए–समाज को यह सिखाने के लिए प्रयोग होगा कि दहेज एक 'खराब' सामाजिक घटना है। दहेज लेने व देने वाले दोनों परिवारों को इस कानून के तहत दोषी करार किया गया था–इसी वजह से बरसों तक इस कानून में कोई केस दर्ज नहीं हुआ। असल में, 1975 में पहली बार एक शासकीय कानून पत्रिका में एक केस का उल्लेख हुआ। इसके बाद ही जब नारीवाद दहेज व घरेलू हिंसा के विषयों पर संगठित होने लगा तब ऐसे केस सामने आने लगे ।

सरकार के आर्थिक विकास व सामाजिक बदलाव के अपने वायदे पूरे ने कर पाने पर, 1980 के दशक में इमरजेंसी के बाद जमीनी स्तर पर सक्रियतावाद के दोबारा शुरू होने से डीपीए में कई आधारभूत संशोधन हुए। ऐसा प्रतीत होता है कि इसी समय दहेज–विरोधी सक्रियतावादियों ने इस समय ही दहेज को महंगी शादियों व स्पष्ट उपभोग से ज्यादा लूट–खसोट व घरेलू हिंसा की समस्या के रूप में परिभाषित किया। नारीवादी संस्थाएं उन मामलों को इंगित करने लगीं जिन्हें उन्होंने 'दहेज मृत्यु' का नाम दिया। उनका तर्क था कि 'रसोई घर में होने वाली यह दुर्घटनाएं' जो कि अखबारों में अब ज्यादा छपने लगी थीं, वास्तव में ये, घरेलू हिंसा व दहेज के लिए उत्पीड़न की वजह से हत्या या बलपूर्वक आत्महत्या की घटनाएं थीं। इन मृत्यु के भयानक स्वरूप व मीडिया (और इसके फलस्वरूप जन साधारण) के सम्मोहन से इस समस्या से निपटने के लिए शोर तेज होता गया।

इस कानून में संशोधन इस ज्ञान से भी प्रेरित हुए कि इसकी कानूनी परिभाषाएं असंतोषजनक व त्रुटिपूर्ण थीं। 1983 में इस कानून के पहले नवीनीकरण में, 1961 के कानून में कोई संशोधन नहीं किया गया, बल्कि एक नया कानून, फौजदारी अधिनियम (दूसरा संशोधन) बनाया गया। भारतीय दंड संहिता (आईपीसी) 1860 के तहत एक नई धारा जोड़ कर, पति या उसके किसी सम्बन्धी द्वारा पत्नी के प्रति क्रूरता–जिसे अब कुख्यात 498–ए के नाम से जाना जाता है, संभवतः इसमें सबसे महत्त्वपूर्ण परिवर्तन किया गया। इसके तहत, 'क्रूरता' को इस तरह परिभाषित किया गया–

(अ) जानबूझकर किया गया ऐसा कोई भी आचरण जिसकी वजह से एक महिला आत्महत्या करने के लिए मजबूर हो जाए या उसे कोई गंभीर चोट, अंगों, स्वास्थ्य (चाहे शारीरिक या मानसिक) या जीवन को खतरा पहुंचानाय अथवा

(ब) महिला का उत्पीड़न करना, जिससे कि वह या उससे सम्बन्धित कोई व्यक्ति को संपत्ति, मूल्यवान प्रतिभूति के लिए किसी गैरकानूनी मांग को पूरा करना पड़े अथवा उसके या उसके किसी सम्बन्धी द्वारा उस मांग को पूरा न कर पाने की वजह से किया गया हो।

उल्लंघनकर्ता को इसकी सजा के रूप में तीन साल का कारावास और जुर्माने का प्रावधान किया गया है। यहाँ भाग (ब) को खास तौर पर दहेज समस्याओं से जोड़ा गया प्रतीत होता है इसलिए आम

जनता और यहाँ तक कि कुछ प्रोफेशनल्स ने केवल इसे 'दहेज कानून' का नाम दे दिया, जबकि यह पूरे कानून का केवल एक भाग है।

इसी संशोधन अधिनियम के अंतर्गत, 1872 के भारतीय साक्ष्य अधिनियम (इन्डियन एविडेंस एक्ट) की धारा 113 में एक उपधारा जोड़ी गई जिसके अनुसार यदि एक विवाहित महिला आत्महत्या कर लेती है तो उसे क्रूरता-सम्बन्धित आत्महत्या माने जाने का प्रावधान किया गया है। धारा 113–ए अब 'विवाहित महिला को आत्महत्या के लिए उकसाने' से सम्बन्धित है। इसके अंतर्गत यह कल्पना मान्य है कि यदि एक महिला की विवाह की तिथि के सात सालों के भीतर आत्महत्या होती है तो उसे महिला की मृत्यु के पीछे वैवाहिक क्रूरता का केस माना जाएगा।

इसके बाद 1984 में पहला दहेज निषेध (संशोधन) अधिनियम पारित किया गया, जिसमें दहेज की परिभाषा को बदला गया जिसके अनुसार अब दहेज केवल 'कोई संपत्ति या मूल्यवान प्रतिभूति नहीं है जिसे शादी *करने के लिए* प्रत्यक्ष या अप्रत्यक्ष रूप से दिया गया हो या देना तय हुआ हो' बल्कि कोई भी वस्तु अगर 'शादी के *सम्बन्ध में* दिया गया हो' माना गया है (महत्त्व जोड़ा गया)। इससे इस कानून का दायरा बढ़ गया। इस संशोधन से महिला के अलावा कोई दूसरा व्यक्ति भी शिकायत दर्ज करा सकता है और यह निर्धारित किया गया कि अदालतें दोषी पक्षों को छः महीने तक का कारावास दे सकती हैं, अलबत्ता केवल पर्याप्त व विशेष कारणों में ही। वास्तविक व प्रथा-गत तरीके से उपहार देने के लिए अभी भी गुंजाईश छोड़ी गई थी। दहेज लेने व देने वाले दोनों पक्ष अभी भी दंड के भागी हो सकते हैं, इस तथ्य को विवाद से बचने के लिए कानूनी रणनीति कहा जा सकता है, जिससे यह सुनिश्चित किया जा सके कि दोनों प्रतिद्वंदी पक्ष अपने झगड़ों को सार्वजनिक रूप से सुलझाने के लिए अदालतों का प्रयोग न करें।

इसके बावजूद भी, 'दहेज हत्या' की समस्या नहीं सुलझी और और ज्यादा केस सामने आने लगे। 1980 के दशक के मध्य से पुलिस स्टेशनों, कार्य-स्थलों, पीड़ितों के घरों के सामने धरना-प्रदर्शन आदि से सक्रियतावादियों की इस तरह के मामलों के दर्ज करने की मांगों में तेजी आ गई। अंततः, राज्य ने दहेज निषेध (संशोधन) अधिनियम 1986 पारित किया, जिसके अंतर्गत दहेज लेने व देने वाले दोनों पक्षों के खिलाफ दंड के प्रावधानों को और कड़ा किया गया।

अपराध सिद्ध करने के कानूनों में धारा 8–ए शामिल की गई जिसके तहत दहेज मांगने, लेने या दहेज के लिए उकसाने के लिए दोषी व्यक्तियों को खुद को बेगुनाह साबित करना होगा। धारा 8–बी के तहत राज्यों को दहेज विरोधी अधिकारियों की तैनाती के लिए वैकल्पिक छूट दी गई। दहेज के लिए विज्ञापनों पर प्रतिबन्ध लगाया गया (धारा 4–ए)। धारा 6 को संशोधित किया गया कि महिला की अस्वाभाविक मृत्यु पर, उसकी संपत्ति या तो उसके बच्चों को मिलेगी और यदि वह निःसंतान है तो यह संपत्ति उसके माता-पिता को दी जायेगी। दहेज की परिभाषा को पुनः विस्तारित किया गया कि, 'कोई भी संपत्ति या मूल्यवान प्रतिभूति दहेज हो सकती है जो कि प्रत्यक्ष या अप्रत्यक्ष रूप से दी गई हो या जिसके देने के लिए सहमति हुई हो... विवाह के सन्दर्भ में विवाह के समय, उससे पहले

या वैवाह के बाद *कभी भी* (महत्त्व जोड़ा गया)। इस सब में सबसे बड़ा परिवर्तन धारा 304–बी को आईपीसी में शामिल करना था। इसके अनुसार:

1. जहाँ महिला की मृत्यु, शादी के सात साल के अंदर, जलने या शारीरिक चोट अथवा किसी और अस्वाभाविक कारण से हुई हो और यदि यह साबित हो सके कि मृत्यु से पहले उस पर, पति या पति के किसी भी सम्बन्धी द्वारा, दहेज के लिए या दहेज के सम्बन्ध में क्रूरता की गई या यातना दी गई, तो उस मृत्यु को 'दहेज मृत्यु' कहा जाएगा और उसका पति या वह सम्बन्धी उस मृत्यु के लिए जिम्मेदार ठहराए जायेंगे।
2. जो भी दहेज मृत्यु के लिए जिम्मेदार होगा उसे सात साल से लेकर आजीवन कारावास की सजा सुनाई जा सकती है।

इसी के सदृश साक्ष्य अधिनियम में संशोधन कर धारा 113–बी डाली गई ताकि दहेज मृत्यु का अनुमान सुगम हो सके।

इस प्रकार, डीपीए में शुरू में बहुत कमियां थीं, जिसकी वजह से उसका धडल्ले से उल्लंघन होता था, उसे और मजबूत बनाने के लिए 1980–दशक में उसमें संशोधन किये गए। इन संशोधनों में सबसे उग्र और विवादास्पद संशोधन थे दहेज मृत्यु के मामलों में व दहेज लेने, उसकी मांग में सहयोग करने में बचाव पक्ष के दोषियों की अपराध धारणा के बारे में, उनके बुनियादी और संवैधानिक अधिकारों की परवाह किये बिना, जो कि आमतौर पर दोषियों को आपराधिक मामलों में दिए जाते हैं (परन्तु, प्रचलित मत के विपरीत, धारा 498–ए के दोषियों के लिए नहीं)।

लेकिन उल्लंघनों में केस दर्ज कराना अभी भी एक टेढ़ी खीर है। ऐसा इसलिए भी है कि अगर कानूनी अधिकारियों की नजर में इन मांगों को लाया भी जाता है, इन्हें सिद्ध करना मुश्किल होता है क्योंकि यह मांगें लिखित रूप में बहुत कम होती हैं। इसलिए इस प्रथा को रोकने में कानून पूरी तरह असमर्थ रहा है। इसके अलावा यह कानून बल व पितृसत्तात्मकता के सामाजिक मानदंडों और उससे सम्बन्धित अन्य कारकों, जो कि घरेलू हिंसा व अस्वाभाविक मृत्यु का कारण बन जाते हैं, को चुनौती देने में विफल रहा है।

1991 में सरकार ने राष्ट्रीय महिला आयोग (एनसीडब्ल्यू) गठित किया और उसे डीपीए के पुनरवलोकन जैसे कार्य सौंपे। एनसीडब्ल्यू ने उस पर कार्य किया और सरकार को बाकि बची कानूनी खामियों को दूर करने के लिए कहा। लेकिन उसकी सिफारिशें कई सालों तक विभिन्न मंत्रालयों में लंबित पड़ी रहीं। इससे विचलित हुए बिना, एनसीडब्ल्यू ने 1990 के बाद के सालों में इस विषय पर राजकीय स्तर की वर्कशॉप आयोजित कीं और उसके बाद 2005 में राष्ट्रीय स्तर का सम्मलेन किया जिसमें इस अधिनियम के विभिन्न प्रावधानों कि समीक्षा की गई। इन सबसे, कई विषयों पर विचार-विमर्श शुरू हुआ जैसे क्या दहेज मामलों और महिलाओं को बराबरी के विरासत के अधिकारों के लिए उठती आवाज में कोई सीधा सम्बन्ध स्थापित करना चाहिए या नहीं, जिससे महिलाओं के आर्थिक स्तर के व्यापक मुद्दे पर भी ध्यान दिया जाने लगा। एनसीडब्ल्यू ने इस पर भी विचार करना

शुरू किया कि क्या शादी के पंजीकरण को अनिवार्य बना देना चाहिए ताकि भावी तंग करने वालों पर रोक लग सके। एनसीडब्ल्यू ने यह भी सिफारिश की कि दहेज देने वालों को कानून के अनुरूप दोषी नहीं ठहराया जाना चाहिए[1]। लेकिन तब से इतने सालों में इन मुद्दों पर कोई संशोधन नहीं हुआ है।

इस दौरान, मीडिया कवरेज व सरकारी संस्थाओं, एनजीओ और अन्य द्वारा चलाये जा रहे अभियानों ने कानून द्वारा चित्रित और आम समझ में प्रतिम्बित दहेज 'खराब है' की छवि को और मजबूत किया है। इसके बावजूद हमारे शोधकार्य में पता चला कि एक बहुत बड़ी जनसँख्या इस मुद्दे पर केवल दिखावटी समझ दर्शाती है या उन्होंने अपने क्रिया-कलापों को, यह कहकर युक्तिसंगत बना लिया है कि उनके चाल-चलन समस्यात्मक नहीं हैं। इसे ऐसे भी समझा जा सकता है कि कुछ समय पहले ही दहेज एक आम प्रथा के बजाय एक समस्या के रूप में सामने आया है।

पहले दहेज, जिसे हम विवाह के समय 'प्रेम-उपहार' कह सकते हैं, इस रूप में हुआ करता था। लेकिन, अब इसे जबरन वसूली व शोषण से जोड़ा जाने लगा है, जहाँ भौतिकतावादी विचारों ने महिला की व्यक्तिगत विशेषताओं व गुणों का स्थान ले लिया है। अब, जबकि कानून लोगों को सिखाता है कि दहेज लेना व देना वास्तव में 'गलत' है, यहाँ यह भी तर्क दिया जा सकता है कि इसकी परिकल्पना गलत नहीं है बल्कि प्रथा के पीछे छुपी भावना का दुरूपयोग किया गया है।

दहेज को पारंपरिक अर्थ में वह संपत्ति कहा जा सकता है जो कि एक महिला शादी के बाद अपने साथ ससुराल में लाती है, जो कि नव-विवाहित जोड़े को अपनी जिंदगी की साथ में शुरुआत करने में मदद करने के लिए दिया जाता है। यह आज के समय में हो रही जबरन वसूली, जिसे कानून और समाज की नजर में अपराध समझा जाता है, से कहीं भिन्न है। इसके अलावा, परंपरागत व ऐतिहासिक रूप में विवाह एक पूरे समुदाय से सम्बन्धित कार्य था। लेकिन आज कल के समय में धीरे-धीरे यह व्यक्तिवादी होता जा रहा है—समस्याओं की यहीं से शुरुआत होती है। इसलिए जिन समुदायों में दहेज की लेन-देन की प्रथा प्रचलित है और यदि वहाँ महिलाओं व पुरुषों के सम्बन्धों में आदान-प्रदान खत्म हो गया है, ऐसी स्थिति में, जब इन प्रथाओं को गैर-कानूनी करार किया गया है (और इसलिए इन्हें आरोप लगाने का माध्यम बना लिया जाता है), इससे कानूनी मामले, जितना होना चाहिए उससे कहीं ज्यादा पेचीदा हो गए हैं।

ऐसा प्रतीत होता है कि इनकी अवैधता और इनके खिलाफ अभियानों के बावजूद, दहेज—जो कि इस शोध को जोड़ने का कारक है—आज भी भारतीय विवाहों का सबसे आम अंग है। जब से दहेज को अवैध घोषित किया गया है उससे सम्बन्धित कलंक की वजह से, हमारे शोध के अनुसार, इसे अब अक्सर 'उपहार' या 'दुल्हन का साज-सामान' कहा जाने लगा है। लेकिन यह आज भी विवाह का हिस्सा है।

दहेज के कई अस्पष्ट आयाम हैं जिनकी वजह से इसे सख्ती से वर्णित नहीं किया जा सकता। इसी सन्दर्भ में, दहेज को आपराधिक आयाम देने के प्रयासों में दो महत्त्वपूर्ण और सम्बन्धित कानूनी समस्याएं उपजी हैं जिन्हें विस्तार से समझना जरूरी है। पहला, कानून में, विवाह के तेजी से बदलते

[1]जब हम इस पुस्तक के प्रकाशन की तैयारी कर रहे थे, एनसीडब्ल्यू ने केन्द्र को विचार के लिए कुछ अन्य प्रस्ताव भी पेश किये थे। विशेष रूप से, यह प्रस्तावित किया गया था कि दहेज मृत्यु के आरोप लगाने के लिए सात साल की अवधि सीमा हटा दी जानी चाहिए ताकि इस कानून का सहारा विवाह के बाद कभी भी लिया जा सके, और यदि यह सिद्ध हो सके कि इस तरह की प्रथा कई सालों से अनवरत चली आ रही है, उपहार देने की अनुमति दी जानी चाहिए ।

स्वरूप पर विचार नहीं हो रहा है और *स्त्रीधन*[2] की प्रथा को नए जमाने के आदान-प्रदान से जोड़ दिया जाता है। परंपरागत रूप में *स्त्रीधन* एक महिला को अपने मायके व ससुराल दोनों की संपत्ति में बहुत मजबूत व अहस्तान्तरणीय अधिकार देते थे। आज का कानून इसमें व दहेज में फर्क नहीं कर पाता है, जिससे कि अनैतिक परिवारों, पुलिस व वकीलों ने इसका फायदा उठाया है।

दूसरे, यह अंतर करना बहुत कठिन है कि क्या यह स्वेच्छा से दिया गया उपहार है (जो कि डीपीए की धारा 3 के तहत मान्य है, यदि वे 'प्रथागत स्वरूप के हैं और जिनकी कीमत देने वाले या जिसके नाम पर वह उपहार दिया जा रहा है, उसकी आर्थिक क्षमता से कहीं ज्यादा नहीं है) और क्या दबाव में दिया गया है। हमारे शोध में हमने देखा कि परिवारों की राय इस बात पर भिन्न थी कि दहेज शब्द *'कब'* उनकी शब्दावली का हिस्सा बना। कुछ के लिए यह शादी के समय हुआ, दूसरों के लिए जब शादी में समस्याएं उठ खड़ी हुईं और बाकियों के लिए क्रूरता या मृत्यु की शिकायत दर्ज करने के समय हुआ। 1986 के संशोधन में डीपीए ने इस मामले पर स्पष्ट होने की कोशिश की और इसे 'शादी के सन्दर्भ में दी गयी' कोई भी संपत्ति माना, चाहे वह शादी से पहले, दौरान या बाद में दी गई हो। लेकिन किसे शादी के 'सन्दर्भ में' माना जाए यह प्रतिपादन का विषय है। यहाँ तक कि यूके की अदालतें भी, विशेषज्ञों की सलाह पर, यह मानने लगी हैं कि देते समय देने वाले के इरादे क्या थे यह स्पष्ट होना जरूरी है। इसे कैसे साबित किया जाये एक बहुत मुश्किल सवाल है।

परिभाषा की समस्या और भी बढ़ जाती है क्योंकि ज्यादातर लोग इसके विरुद्ध नहीं हैं। उदहारण के लिए, मई 2004 में, निशा शर्मा भारतीय व अंतर्राष्ट्रीय मीडिया द्वारा प्रसिद्ध बना दी गई क्योंकि उसने तथाकथित जबरन वसूली वाली दहेज की मांगों के कारण शादी करने से इनकार कर दिया था। लेकिन अगर इस प्रसिद्ध कहानी में भी छुपे हुए अर्थ देखें तो हम पायेंगे कि, हमारे शोध के कई मामलों की तरह ही, इस महिला व उसके परिवार वालों का मानना था कि स्वेच्छा से दिए गए उपहार व संपत्ति पूरी तरह मान्य हैं। जब लड़के वालों ने लड़की के घर वालों की सामर्थ्य (या उनके देने की इच्छा) से ज्यादा बड़ी मांग की तब ही उन्होंने अपराध का आरोप लगाया।

कई महिलाओं के परिवार दहेज देना चाहते हैं क्योंकि इसे वे प्रतिष्ठा का प्रतीक मानते हैं। हमारा शोध दर्शाता है कि आज भी इसे प्रथागत माना जाता है। कुछ लोग इसे एक अच्छी प्रथा के रूप में भी देखते हैं क्योंकि इससे नए दंपत्ति को अपने जीवन की शुरुआत करने में मदद मिलती है और यदि विवाह असफल हो जाये तो महिला के लिए एक सुरक्षा तंत्र का भी काम करती है। यदि यह स्थिति अपेक्षानुसार बनी रहे–जैसा कि विवाहों में प्रायः होता है, दहेज उतना समस्यात्मक नहीं है जितना कि उसे बनाया गया है। जिन परिस्थितियों में परशानियां उठ खड़ी होती हैं, वहाँ इसके और भी कारण होते हैं। इससे हमें लगा कि विवाह की परम्पारागत धारणाओं पर आज के आधुनिकीकरण का असर देखा जाना चाहिये।

जब किसी विवाह में समस्याएं आनी शुरू हो जाती हैं और विवाह टूटने के कगार पर पहुँच जाता है, तब ही उन वस्तुओं को–जिन्हें तब तक 'उपहार' कहा जा रहा था–'मांगों' के रूप में प्रस्तुत किया जाने लगता है। एक सामाजिक व कानूनी आम सहमति बन गई है कि, डीपीए का प्रयोग दहेज के

[2]*स्त्रीधन* का अर्थ है 'महिला की संपत्ति' या 'पत्नी की निजी संपत्ति'।

लेन–देन के समय नहीं होता है, बल्कि तब होता है जब लड़की के घर वाले जबरदस्ती व ब्लैकमेल का आरोप लगाने लगते हैं। जाहिर है कि, जैसा पहले भी कहा जा चुका है, दहेज की मांग व वैवाहिक क्रूरता व पत्नियों की अस्वाभाविक मृत्यु को सीधा जोड़ना समस्या का अत्यधिक सरलीकरण करना होगा। वास्तव में, 'दहेज हिंसा' और 'दहेज मृत्यु' जैसे शब्दों के प्रयोग से लगता है कि भारतीय घरेलू हिंसा एक बहुत ही अनोखी, आकर्षक घटना है। जैसा कि मधु किश्वार, एक विशिष्ट नारीवादी ने तर्क दिया,

> हमारी चतुर व तर्कसंगत गणना से (ऐसा) लगता है कि दुनिया में केवल भारतीय पुरुष ही हिंसा का प्रयोग करते हैं। इस तर्क से, ऐसा लगता है कि दुनिया के बाकी भागों के पुरुष वाकी बेवकूफ हैं क्योंकि वे अपनी पत्नियों को बगैर किसी फायदे के पीटते या मार डालते हैं, जबकि भारतीय पुरुष अपनी पत्नियों पर, अपने ससुराल वालों से आर्थिक पुरस्कार की अपेक्षा से, हमला करते हैं।

जैसा कि आने वाले अध्यायों में दी गई कहानियाँ और उनसे सम्बन्धित चर्चाएं दिखाएंगी, हमारे शोध का सबसे बुनियादी निष्कर्ष रहा है कि लोग इन कानूनों, जिनको सिर्फ एक समस्या से निपटने के लिए बनाया गया था (यानी, दहेज की मांगों को लेकर हिंसा), का प्रयोग अन्य समस्याओं के लिए भी करते हैं (जैसे तलाक के विरुद्ध सामाजिक परम्पराओं की वजह से बेमेल विवाह से मुक्त होने के लिए या जहाँ अपने विश्वासघात को छुपा कर रखते हुए और फिर भी केस निपटाने के लिए पैसे लेने के लिए)। आधुनिक, महानगरीय भारतीय परिवेश में लोगों के अपने विवाहों में समस्याओं को सुलझाने में असफल रहने के कई सबूत देखे। जहाँ कुछ लोग, 'समस्या से निपटने के रास्ते' के लिए कानून का सहारा लेते हैं, वहीं कुछ लोग निराशा से खुद को मार डालते हैं या फिर अपने साथी द्वारा मार दिए जाते हैं।

हमें लगता है कि, अब वक्त आ गया है कि दहेज–विरोधी कानूनों की पुनःसमीक्षा की जाए, क्योंकि वे उन 'बुराइयों' का सामना करने में असफल रहे हैं जिनके लिए उन्हें बनाया गया था। हमारे अनुसार, अंतिम बात यही है कि, दहेज से आगे बढ़कर उन मुद्दों पर ध्यान केंद्रित करने की जरूरत है जो कि आज के परिवेश में ज्यादातर लोगों पर लागू होते हैं, जैसे, लिंग, रिश्तों में बातचीत (वैवाहिक व पारिवारिक, दोनों ही), सत्ता, आर्थिक मदद, सामाजिक बाधाएं आदि। जैसा कि हमने अपने अंतिम अध्याय में निष्कर्ष व सिफारिशों में कहा है, शायद एक सामान्य कानून इस विषय में बहुत कुछ नहीं कर सकता। शायद कोई ऐसा रास्ता होगा जिनसे पेशेवर व सरकार, लोगों को हिंसा का सहारा लिए बगैर अपनी समस्याओं से निपटने के लिए प्रेरित कर सकते हैं, लेकिन आखिर में इस मार्ग को अपनाना व्यक्तियों व उनके सगे–सम्बन्धियों पर ही निर्भर करता है।

1

शालिनी—ध्वस्त सपने*

मैं शालिनी को बचपन से जानती हूँ, जब हम बैंगलोर में पड़ोसी थे। हम एक दूसरे से बिलकुल विपरीत थे: मैं, चुलबुली, बातूनी और शरारती, और वह शांत और शर्मीली, लगभग अंतर्मुखी। वह एक परंपरागत हिन्दू, उच्च मध्यम वर्गीय, तेलुगु बोलने वाले परिवार से थी और अपने माता-पिता और बड़े भाई के साथ रहती थी। विद्यालय में उसके कुछ ही दोस्त थे–दो लम्बी चोटियों और गोल-मटोल शरीर की वजह से वह बाकी बच्चों के उपहास का पात्र बनती थी। मुझे नहीं पता कि हम कैसे एक दूसरे के करीब हुए, पर समय के साथ हम अच्छे दोस्त बन गए।

जब मैं सिर्फ 11 साल की थी, अपने माता-पिता के साथ बैंगलोर छोड़ कर चली गई। समय के साथ-साथ शालिनी और मेरी बोल-चाल कम हो गई। उसके शर्मीले स्वभाव की वजह से मुझे इस बात का ज्यादा आश्चर्य नहीं हुआ कि उसने अपनी जान पहचान के लोगों से भी रिश्ता कायम रखने की कोशिश नहीं की। फिर मैं भी अपनी पढ़ाई में व्यस्त हो गई। कुछ सालों बाद मुझे पता चला कि बहुत शानदार तरीके से उसकी शादी हो गई। मैं उसकी शादी में नहीं गई–मुझे निमंत्रण नहीं मिला। मुझे पता चला कि वह यूएस (अमेरिका) में अपने पति के साथ घर बसाने वाली थी, जोकि वहाँ इंजिनियरिंग का छात्र था।

मुझे तब लगा था कि 16 साल की उम्र शादी के लिए बहुत कम है।

जब मैं कॉलेज की पढ़ाई के लिए बैंगलोर लौटी, तो थोड़ी देर के लिए शालिनी से एक बार मिली। वह यूएस से छुट्टी पर आयी थी। मैं इतने सालों बाद उससे मिलकर बहुत खुश हुई। मुझे लगा कि वह अपने जीवन से खुश और संतुष्ट थी। मगर उसके चहरे पर थोड़ी उदासी और आँखों में निराशा की एक झलक थी, तो उसने बताया नहीं और मैंने भी पूछा नहीं।

तब हमने एक दूसरे के ई-मेल एड्रेस ले लिए और अंततः एक दूसरे को मेल करने लगे। इस तरीके से, हम फिर से एक दूसरे के संपर्क में आए।

---

*यह अध्याय नाज़िया मसूद ने लिखा है।

उसने कभी नहीं बताया कि वह किस स्थिति से गुजर रही थी। शायद, उस समय, उसे खुद इस बारे में यकीन नहीं था। जब वह अपने पति से अलग हो गई और बैंगलोर लौट आई, तब उसने मुझसे खुलकर बातें की। मैं यह सुनकर अचम्भित रह गई कि वह दहेज के मामले में उलझी थी।

यह शालिनी की कहानी है।

शालिनी बचपन से ही संरक्षित माहौल में रही। वह कान्वेंट स्कूल में पढ़ी थी, अच्छी अंग्रेज़ी बोलती थी और लोगों के बीच उठने-बैठने व बोल-चाल का तरीका बखूबी जानती थी। वह अपने पिता की लाडली थी और अपने आप को 'डैड्'स पैट' कहती थी। लेकिन, अपनी माँ से उसके सम्बन्ध ज्यादा घनिष्ट नहीं थे।

'मेरी माँ ने मुझे कभी नहीं समझा,' उसने बातचीत के दौरान मुझे बताया।

उसके माता-पिता का वैवाहिक जीवन बहुत अशांत रहा। इस बात का शालिनी पर बहुत प्रभाव पड़ा, शायद इसी वजह से वह लज्जालु एवं अंतर्मुखी बन गई थी। इसके अतिरिक्त, इस स्थिति ने उसे माता-पिता में से एक का पक्ष लेने के लिए मजबूर कर दिया।

जब मैंने पूछा कि उसे अपने पिता की कौन-सी बात सबसे अच्छी लगती थी, उसने कहा, 'उनका धैर्य। वह शांत प्रवृत्ति के हैं और बहुत धैर्यवान।' उनकी इस प्रवृत्ति ने शालिनी को उनकी ओर आकर्षित किया और वह अपनी मुखर, आक्रामक माँ से दूर हो गई।

जैसे-जैसे वह अपनी बात बताती गई, मुझे लगा कि वह मुझसे कहना चाह रही थी और जो वह खुद मान चुकी थी कि उसके भाग्य में एक सुखी परिवार का हिस्सा होना लिखा ही नहीं था, न अपने मायके में और न ससुराल में।

अपने परिवार में परेशानियों की वजह से शालिनी अपना आत्मविश्वास खो चुकी थी। असल में, शायद इसी वजह से, शालिनी लोगों से सामाजिक रिश्ते बनाने में झिझकती थी। उसे कभी लोगों से मिलने से रोका नहीं गया था, पर वह खुद ही चुप-चाप रहती थी और सिवाए मेरे उसने कभी कोई मित्र बनाने की कोशिश भी नहीं की। मुझे बचपन में इस बात का अहसास नहीं था।

स्कूल के अतिरिक्त, उसे सिर्फ एक चीज में रुचि थी-भरतनाट्यम नृत्य सीखने में। शालिनी को नृत्य बहुत पसंद था। वह अक्सर एक कुशल भरतनाट्यम नृत्यांगना बनने के अपने सपने के बारे में बताती और इन सपनों के सहारे, वह अपने घर की परिस्थितियों को कुछ समय के लिए भूल जाती थी।

शालिनी, माता-पिता के घर के दुःखद वातावरण को छोड़, शांति और प्यार से भरा अपना घर बसाना चाहती थी, जहाँ उसे अपने माता-पिता के तनाव ग्रस्त वैवाहिक जीवन और उससे जुड़ी समस्याओं का सामना नहीं करना पड़े। पर इसमें भरतनाट्यम भी उसकी मदद नहीं कर पाता-सिर्फ शादी ही एक जरिया रह गया था।

इसी वजह से उसने हमेशा शादी और एक 'परफेक्ट' परिवार का सपना देखा। उसकी कल्पना में इस 'परफेक्ट' परिवार में एक पढ़ा-लिखा, सुसंस्कृत पति, व बच्चा शामिल था। उसकी इस काल्पनिक, आदर्श दुनिया को कोई भी झगड़ा या झड़प नष्ट नहीं कर पाता। वह एक शांत जीवन चाहती थी, जिसमें उसका पति कमाता और वह एक कुशल गृहिणी रहती।

उसके माता-पिता नहीं चाहते थे कि वह छोटी उम्र में शादी करे। उन्होंने उसे आगे की पढ़ाई करने के लिए प्रोत्साहित किया। इस वजह से दसवीं कक्षा के बाद उसने कॉलेज में आर्किटेक्चर पढ़ने के लिए दाखिला लिया। बाद में, जैसे-जैसे मैं उसकी कहानी सुनती गई, उसकी अभिलाषाओं के आवेग पर प्रश्न करने लगी। अपना 'परफेक्ट' घर बसाने की आकांक्षा ने उसे विह्वल कर दिया था और उसमें काम करने की और आत्मनिर्भर बनने की चाह ही नहीं रही थी।

शालिनी ने याद करते हुए कहा, 'जब मैं 11वीं में पढ़ रही थी, मेरे परिवार को मेरी शादी का प्रस्ताव मिला। मेरे पिता जी की दूर की एक बहन ने अपने बेटे के लिए मेरा हाथ माँगा।'

शुरू में उसके माता-पिता को लगा कि शादी का प्रस्ताव बहुत जल्दी आ गया था पर कुछ समय बाद, न जाने क्यों, उसकी माँ शादी के प्रस्ताव में रुचि दिखाने लगीं और लड़के के बारे में पूछताछ करने लगीं। उन्हें पता चला कि लड़का सुशिक्षित था। चेन्नई से इंजिनियरिंग में स्नातक की उपाधि प्राप्त करने के पश्चात् अब उसे यूएस से स्नातकोत्तर की उपाधि मिलने वाली थी।

शुरू में शालिनी की शादी की इन चर्चाओं से उसके पिता बहुत हिचकिचा रहे थे। वे यह सुनकर घबरा गए कि भावी वर उससे उम्र में 10 साल बड़ा था। परन्तु शालिनी की माँ, धीरे-धीरे शादी के लिए राजी हो रही थीं। उनके विचार में, दूल्हा बहुत पढ़ा-लिखा था और यूएस में नौकरी करने की वजह से वह और भी योग्य साबित हो रहा था।

अंततः माँ के उत्साह को देख, शालिनी के पिता भी मान गए। पिता ने दोनों परिवारों की घनिष्ठता के बारे में सोच कर और यह सोच कर कि शालिनी का विवाह किसी जानकार परिवार में हो तो अच्छा होगा, अपने आप को आश्वस्त किया। दोनों परिवारों की रिश्तेदारी और सामाजिक बंधनों पर शालिनी की शादी की नींव रखी गई। पिता ने लड़के वालों से आग्रह किया कि शादी के बाद शालिनी को पढ़ने दिया जाये और उन्होंने यह आश्वासन दिया कि यूएस में उसे पढ़ने का पूरा मौका दिया जायेगा।

शालिनी बोली, 'मुझे नहीं पता कि मेरी माँ ने किस प्रकार लड़के के परिवार की जांच करवाई, पर उन्हें यह पता चला कि लड़का शिक्षित है। मुझे लगता है कि उन्होंने ज्योतिषियों को मेरी जन्मपत्री

दिखाई जिन्होंने कहा, 'जी मिलती है।' वह उदासी भरी मुस्कराहट के साथ, याद करते हुए बोली, 'दोनों साथ खुश रहेंगे, सब ठीक होगा, कोई परेशानी नहीं होगी।' उन्होंने इसी पर मेरी शादी तय कर दी। मुझसे किसी ने कुछ भी नहीं पूछा क्योंकि मैं बहुत छोटी थी।'

उसे याद आया, 'पर मैं खुश थी।'

मैंने शालिनी से पूछा, 'ज्योतिष अनुकूलता के अतिरिक्त और किस बात से परिवार के बाकी सदस्य शादी के लिए राजी हो गए?' उसने जोर देकर जवाब दिया कि लड़के की शैक्षणिक स्थिति की वजह से वह उन्हें और उपयुक्त लगा। यह एक इतना अहम् निर्णायक तथ्य कैसे बना, मेरी समझ के बाहर था, पर इसके बारे में शालिनी का अपना तर्क था। 'हमारे परिवार में मान्यता है कि शिक्षा इंसान को बेहतर बनाती है और इसलिए शिक्षा को बहुत महत्त्व दिया जाता है।' उसने कहा, 'मेरे पिता के परिवार में सभी अपनी मेहनत से सफल हुए हैं, खास तौर पर मेरे पिता। उन्हें परिवार में सबसे अच्छा माना जाता है, उन्होंने जीवन में सफलता पाने के लिए कड़ी मेहनत की है।'

अब पुनरवलोकन करने पर शालिनी को लगता है कि सिर्फ शिक्षा ही नहीं देखनी चाहिए या केवल उसी आधार पर किसी के बारे में निर्णय नहीं लेना चाहिए।

> 'ओह! पढ़े लिखे लोग हैं, अच्छे स्तर के होंगे, उनके साथ कोई गड़बड़ नहीं होगी,' यह धारणा गलत है। पर अब मुझे लगता है कि यह बेवकूफी है। इतना सब कुछ देखने के बाद, अब मेरी सोच बदल गई है। मैंने कई अनपढ़ लोगों को भी अच्छा आचरण करते देखा है।

मुझे अहसास हुआ कि शालिनी के माता-पिता ने उसका भला चाहते हुए भी, अपना निर्णय ज्यादा ही सरल मानदंड पर लिया। माता-पिता की इस गलती का नतीजा शालिनी को सहना पड़ा।

उस समय, किशोरी शालिनी, सिर्फ अपनी जल्द-ही होने वाली शादी को लेकर उत्साहित थी। उसे अपने माता-पिता पर पूरा भरोसा था, उसे विश्वास था कि वे जो भी करेंगे, उसकी भलाई के लिए ही करेंगे।

'तुम्हारी आर्किटेक्चर की पढ़ाई और उसे ही अपनी आजीविका बनाने के सपनों का क्या हुआ?' मैंने शालिनी से पूछा।

'अचानक इस लड़के से शादी के प्रस्ताव और अपने शादीशुदा जिंदगी के सपनों से ही मैं आनंदित रहने लगी,' शालिनी ने कहा। 'तुम समझो कि अचानक मुझे इस लड़के से बहुत तवज्जो मिल रही थी और किसी भी किशोर या किशोरी के लिए यह एक अद्‌भुत अनुभव है।'

उससे बात करते हुए मुझे लगा कि शायद शालिनी अपने अचेतन मन में इस रिश्ते और आगे चलकर शादी के टूटने के लिए अपनी माँ को जिम्मेदार ठहराती थी। मुझे लगा कि उसे यह विश्वास था कि अगर उसके पिता को निर्णय लेने का अधिकार दिया जाता, तो वे अपने

बेटी के लिए ऐसा फैसला नहीं करते। 'मैं पापा की बेटी हूँ,' वह अक्सर कहती। 'माँ ने मुझे कभी समझा ही नहीं।'

शालिनी शादी के प्रस्ताव से बहुत खुश थी—उसे अपना 'पहला प्यार' कहती थी। उसे अपने होने वाले पति से 16 वर्ष की उम्र में प्यार हो गया। सगाई टेलीफोन के माध्यम से हुई और 6 महीने बाद उसकी शादी हो गई। टेलीफोन के माध्यम से अपने प्रेमालाप के दिनों को याद करते हुए उसने मुझे आश्वासन दिलाया कि 'कोई भी किशोरी ऐसा ही करती।' मैं 16 वर्ष की शालिनी के बारे में कल्पना ही कर सकती हूँ–आशाओं और अरमानों से भरी एक युवती, आँखों में सपने सजाये, तनाव-ग्रस्त मायके को छोड़, अपना एक छोटा-सा घर बसाने की इच्छुक थी।

क्या इन्हीं आशाओं और उम्मीदों की वजह से उसकी शादी पर ज्यादा दबाव पड़ा? क्या इसी वजह से, शादी की असफलता को सहना ज्यादा कठिन था? जब मैं इन बातों को सोच रही थी, मुझे एक और बात का आश्चर्य हुआ: फोन पर सगाई? ऐसा मैंने पहली बार सुना था। इसके बारे में मैं और जानना चाहती थी।

शालिनी ने मुझे उन परिस्थितियों से अवगत कराया जिनमें उसकी सगाई हुई। 'ऐसा माना और उचित भी समझा गया क्योंकि वह वहां अपनी एम्.एस.सी की पढ़ाई कर रहा था: उसकी परीक्षाएं भी थीं या ऐसा ही कोई कारण बताया गया।'

इस सगाई की बात को लेकर दोनों परिवारों के बीच कुछ तनाव हुआ लेकिन अंततः सगाई के लिए दिए गए कारण को मान लिया गया। सगाई के लिए शालिनी के परिवारवाले अपने दोस्तों और सगे सम्बन्धियों को आमंत्रित करना चाहते थे, पर लड़के वालों की तरफ से आपत्ति जताई गई और कहा गया कि इतनी जल्दी इस बारे में किसी को कुछ नहीं बताया जाए।

यादों में खोयी शालिनी बोली, 'मेरे पिता ने कहा, 'क्या हम लोग सिर्फ 10 लोगों को बुला कर इस सगाई को ढंग से कर सकते हैं?' पर उन लोगों ने कहा, 'आप तो हमारे परिवार के लोगों को जानते ही हैं, इसलिए किसी को कुछ न बताएं और जो जैसा है उसे वैसा ही रहने दें, हमें कोई तमाशा नहीं बनाना।' मुझे लगा वह लोग यह सोच रहे थे कि कोई हमें नीचा न दिखाए या हमारे बारे में कुछ गलत न कहे।'

जब फोन पर सगाई हुई तो उस वक्त लड़के के परिवार के सारे सदस्य मौजूद थे, लेकिन शालिनी की तरफ से सिर्फ उसके पिता, उसका भाई और वह खुद थी। उसे अब लगता है कि 'सगाई की बात दबा कर रखना सबसे बड़ी गलती थी।' जब उसके माता-पिता विवाह का कार्ड बांटने गए, तो स्वाभाविक था कि बहुत से लोगों के लिए यह आश्चर्यजनक बात थी। इस समय शालिनी ने कुछ लोगों को उसके माता-पिता से यह कहते सुना, 'तुम पागल हो क्या?, यह अच्छे लोग नहीं हैं, अपनी बेटी इन्हें मत दो।' असल में लड़के वाले अपने विस्तृत परिवार से अलग-अलग रहते थे। शालिनी ने बताया 'जब से मेरी सास

घर में शादी के बाद आयीं उन्होंने परिवार के अन्य लोगों से उतना मेल-जोल नहीं रखा। वे परिवार से ज्यादा पैसे को महत्त्व देते थे। यह सारी बातें लोगों ने तब मेरे पिता को बताईं।'

अगर शालिनी के परिवार ने उनकी मांग को नहीं माना होता तो शायद आज वह इस शादी से बच गई होती।

जब तक उसके परिवार को यह एहसास हुआ कि यह जोड़ी ठीक नहीं है, तब तक बहुत देर हो चुकी थी। विवाह के निमंत्रण पत्र छप चुके थे। अब शादी से मना करने और सगाई तोड़ने के बारे में सोचा भी नहीं जा सकता था। शादी से इंकार करने और सगाई तोड़ने का कलंक, तलाक लेने के कलंक के बराबर था।

इस सब ने मुझे दो बातों को सोचने के लिए मजबूर किया। पहला यह कि भारतीय समाज में रिश्तों का कितना महत्त्व है। यह एक सटीक उदाहरण था कि कैसे हमारे समाज में किसी भी फैसले में पूरे परिवार की सहमति ली जाती है और कैसे हम अपने हर महत्त्वपूर्ण फैसले में उन्हें शामिल करते हैं। विस्तृत परिवार वरदान या श्राप दोनों ही हो सकते हैं। हालांकि परिवार की दखलअंदाजी कभी-कभी बाधा बन जाती है, इसके बावजूद बहुत से लोगों का कहना है कि संयुक्त परिवारों का टूटना आज कल मूल परिवारों में कलह और तनाव पैदा कर रहा है। इस मामले में शालिनी को भी यह लगता है कि अगर उसके पूरे परिवार और बाकी समुदाय के लोगों को इसके बारे में पता होता तो आज शायद इतनी बड़ी गलती करने से वह बच जाती।

एक और बात मेरे मन में घुमड़ती रही कि शालिनी का परिवार फोन पर सगाई के लिए मना क्यों नहीं कर पाया? क्या वे इस फैसले पर कुछ कह नहीं सकते थे? शायद, लड़की का परिवार होने के कारण उन्हें लग रहा था कि उन्हें निष्क्रिय रहना चाहिए और इसीलिए लड़के वालों की तरफ से चाहे जो भी मनमानी मांग रही हो, उन्होंने उसका विरोध नहीं किया। साथ ही, चूंकि शालिनी के ससुराल वाले उनके विस्तृत परिवार से थे, इसलिए उनका विरोध करना और भी मुश्किल हो गया होगा। इन मामलों में अपने परिवार से बर्ताव करना बहुत ही नाजुक होता है और कोई भी नहीं चाहता कि तनावपूर्ण स्थिति बने। खासकर शादी के समय जो कि खुशी और आनंद का समय होता है।

सगाई का समय शालिनी के लिए शांतिपूर्ण और खुशहाल था। जब मैंने उससे पूछा कि उस दौरान वह दोनों फोन पर क्या बातें किया करते थे, शालिनी को कुछ खास याद नहीं था। उसने कहा, 'सब कुछ। उसके काम, उसके घर और मौसम के बारे में बातें किया करते थे। यह सब मुझे आनंदित करता था क्योंकि मुझे लगता था कि मुझे प्यार हो गया था।'

गौरतलब है कि शालिनी का मंगेतर उसपर अपने हक का फायदा उठाता था और फोन करने के लिए हमेशा शालिनी से ही पैसे खर्च करवाता थी। शुरू के कुछ दिनों बाद उसके मंगेतर ने उसे कॉल करने से यह कह कर मना कर दिया कि उसे कॉल करना बहुत महंगा पड़ता था। इसलिए शालिनी को ही सारे अंतर्राष्ट्रीय कॉल्स करने पड़ते-उसे अब तक उन कॉल्स के बिल याद हैं, जो

दसियों हजार प्रति माह तक पहुँच जाते थे[1]। पता नहीं क्यों, शालिनी को उस वक्त इस सब से कोई परेशानी नहीं हुई। और न ही यह सब देख कर उसके माता-पिता ने भौंहें सिकोड़ीं।

शालिनी ने जब बाद में दहेज का आरोप लगाया, तो क्या उसने इसे दहेज सम्बन्धी परेशानियों का हिस्सा समझा? इससे मैं दहेज निषेध अधिनियम के अनुसार दहेज की परिभाषा जानने के लिए प्रेरित हुई। मेरी इन्टरनेट की खोज में यह पता चला कि दहेज निषेध अधिनियम के अनुभाग 2 के अनुसार, दहेज, 'उस संपत्ति या मूल्यवान प्रतिभूति, जिसे विवाह के दोनों पक्षों के बीच विवाह के लिए, विवाह के समय, उससे पहले या विवाह के बाद कभी भी, सीधे या परोक्ष तौर पर दिए जाने या देने की स्वीकृति' को कहा गया है। मेरे निष्कर्ष अनुसार इस अधिनियम के अंतर्गत इन अन्तर्राष्ट्रीय कॉल्स के भुगतान को दहेज के तौर पर नहीं माना जा सकता। इससे ज्यादा, यह मामला दोनों पक्षों के बीच पैसे सम्बन्धी उम्मीद और उनकी एक दूसरे के प्रति निष्ठा की समझ से था।

शादी बहुत ही बड़े पैमाने पर की गई, लेकिन इस बड़ी शादी में मुसीबतें भी उतनी ही थीं। उदाहरण स्वरूप, लड़के वालों ने जोर दिया कि सारी व्यवस्था उनके द्वारा बताये गए तरीके से ही हो। यहाँ तक कि उनकी यह भी मांग थी कि शादी से पहले जब उनका बेटा यूएस से वापस आये तो शालिनी के माता-पिता उस शहर में जा कर उसका स्वागत करें जहाँ वह पहुँच रहा था। शालिनी ने मुझे बताया कि उसे हमेशा से दोनों परिवारों के मतभेद के बारे में पता था, लेकिन यह सब कुछ ज्यादा ही था।

मुझे साफ दिखाई दे रहा था कि लड़के वाले लड़की वालों पर अपने नियम और शर्तों को लागू करने को अपना अधिकार मान रहे थे। ज्यादातर भारतीय समुदायों में अभी भी यह चलन जारी है और मुझे मालूम है कि आज भी यह माना जाता है कि लड़के वालों का लड़की और उसके परिवार वालों पर हक होता है। शालिनी और उसके परिवार को शायद यह बात तब तक समझ नहीं आई थी, लेकिन लड़के वालों की उम्मीदें अभी से ही बढ़ने लगी थीं। शालिनी का परिवार इन बढ़ती उम्मीदों का विरोध नहीं कर सका। और न ही वे इन्हें पूरा करने में हो रही कठिनाइयां बता पाए।

शालिनी ने दूसरी बहुत-सी ऐसी घटनाएँ बताई जिन से उसके ससुराल वाले उसके परिवार के लिए तनाव पैदा किया करते थे। उदाहरण के तौर पर, लड़के वाले अपनी परंपरा के अनुसार चाहते थे कि शालिनी का परिवार धन का प्रदर्शन स्टील और कांसे के बर्तन और दूसरी घर-गृहस्थी के सामान से करे। पहले तो शालिनी के पिता ने यह कह कर ऐसा करने से इनकार कर दिया कि यह बहुत ही घटिया लगेगा। काफी कहा-सुनी हुई और शालिनी के परिवार को कठिनाई लगने लगी। मुझे यह तो नहीं पता कि क्या असल में लड़के वालों को यह बात खराब लगी या उन्होंने इस घटना को एक बहाने के तौर पर इस्तेमाल किया ताकि वह शालिनी के परिवार पर और ज्यादा दबाव डाल सकें और उन्हें शक्तिहीनता का एहसास दिला सकें।

[1]प्रकाशन के समय, 100 रुपए \$ 2.17, £ 1.36 और € 1.64 के बराबर होते थे।

धीरे-धीरे अपेक्षाएं बढ़ती गयीं। बैंगलोर के बाहर से आने वाले सभी बारातियों के टिकट का इंतजाम करना था। शहर घूमने के लिए गाड़ियों का इंतजाम करना था। उनके ठहरने के लिए होटल में उनके रहने की व्यवस्था भी करनी थी। यह खर्च उठाना कोई आसान बात नहीं थी–कुछ लोगों को यह अनुचित अपेक्षा लग सकती है। पर, शालिनी ने कहा कि, यह उसके पिता का निर्णय था कि वे अपने मेहमानों की खातिरदारी अच्छे से करें।

शादी की पहली रात तक शालिनी को जरा भी एहसास नहीं हुआ कि कुछ गलत हो रहा है। उसने कहा, 'तुम यह समझो कि मैं दुल्हन थी।'

> मैं तैयारी में व्यस्त थी। सब लोग मुझे इधर उधर खींच रहे थे, 'यह पूजा करो, वह पूजा करो।' 'मेहँदी लगाओ, यह करो, वह करो।' हमारे यहाँ पहली बार लड़की की माँ उसे लेकर उसके कमरे तक जाती है। लेकिन मेरी माँ नहीं आई, सिर्फ मेरे पापा और मेरा भाई आये। उन्होंने कहा, 'चिंता मत करो, बस माँ की तबीयत ठीक नहीं है।'

बाद में शालिनी को पता चला कि लड़के वालों की मांगों को सुनकर तनाव की वजह से उसकी माँ का रक्तचाप बढ़ गया था।

लड़के वालों ने यह सारी मांगें पहले नहीं की थीं। हालाँकि शालिनी के पिता की इच्छा थी कि वह अपने मेहमानों की आवभगत में कोई कमी न रखें, पर सब कुछ उनके इच्छानुसार नहीं था। उन्हें एहसास था कि उन्हें वर-पक्ष को संतुष्ट करना था और इसलिए उन्होंने अपनी क्षमता से ज्यादा हर संभव प्रयास किये। पर इसके बावजूद भी लड़के वाले संतुष्ट नहीं थे, उन लोगों ने ऐसी समस्याएं उठाईं कि शालिनी की माँ चिंता से बीमार पड़ गईं।

शालिनी के माता-पिता ने सभी समस्याओं को संभाला–शालिनी अपनी शादी कि तैयारी में व्यस्त थी, इसलिए उसे इन सारी बातों का पता नहीं चला। ऐसा नहीं था कि वह दोनों परिवारों के बीच के तनाव से अनजान थी, लेकिन समस्याओं के प्रकार और गंभीरता उसे नहीं पता थीं। शालिनी ने कहा, 'मेरे माता-पिता ने मुझे छोटा समझ कर कुछ भी नहीं बताया। इसलिए मुझे कुछ नहीं पता था, यहाँ तक कि पैसे की मांग के बारे में भी नहीं। मुझसे बस कहा गया कि जब मैं वहां जाऊं तो यह पैसे और बाकी सब सामान उन्हें दे दूँ। और मैंने कुछ पूछा भी नहीं। इसलिए मेरे लिए सब ठीक था।'

कितनी मजेदार बात है कि शालिनी के माता-पिता, उसके ससुराल वालों के साथ अपनी परेशानी बताने के लिए उसे छोटा समझ रहे थे लेकिन उन्हें यह नहीं लगा कि वह शादी के लिए अभी बहुत छोटी है। मेरे मन में सवाल उठा कि क्या शालिनी की हालत के लिए उसके माता-पिता जिम्मेदार नहीं हैं?

मैं यह सोचने पर मजबूर थी कि यदि शालिनी के परिवार को लग रहा था कि उन्हें दहेज के लिए परेशान किया जा रहा है, तो क्यों नहीं किसी ने एक बार भी इस शादी को रोकने का प्रयास नहीं किया और इस परिस्थिति को खत्म क्यों नहीं किया? शालिनी ने मुझे समझाया,

> 'मेरे परिवार में ऐसा सोचा ही नहीं जाता। अगर आज कोई मेरे पापा से यह पूछे कि अगर उन्हें यह सब पहले से पता होता तो वह क्या करते, वह कहते, 'मैं यह शादी रोक देता', क्योंकि उन्होंने बहुत कुछ देख

> लिया है। अब उन्हें यह सब समझ आ रहा है। लेकिन उस वक्त जबकि आप अपने परिवार को हर संभव परेशानी से बचाने की कोशिश करते हैं और जब बात आपकी तथाकथित इज्जत की आती है, तो हर चीज मायने रखती है। इसी वजह से वह इस शादी को कभी नहीं रोकते।

शालिनी की बातों को सुन कर मैं सोच रही थी कि कैसे हम सामाजिक दबाव में आ जाते हैं। बल्कि, यह हमारी भारतीयता का अभिन्न हिस्सा है। इस बेतुके दबाव के कारण आज मेरी दोस्त का बचपन, शादी और मानसिक संतुलन सब कुछ उससे छिन गया था। उसकी इस हालत के लिए जितना उसके ससुराल वाले जिम्मेदार थे उतना ही उसके माता–पिता और पूरा समाज भी था।

पैसे की कोई भी सीधी मांग नहीं की गई। शालिनी कहती है, कि अगर ऐसा होता तो उसके पापा कभी इस रिश्ते के लिए राजी नहीं होते क्योंकि उन्हें यह साफ हो जाता कि वह लोग यह रिश्ता सिर्फ पैसे के लिए कर रहे हैं। पर सबको पता था कि शालिनी अपने पिता की एकलौती बेटी है, इसलिए जो भी कुछ उसके पिता का था, वह उसे और उसके भाई को ही मिलेगा। शायद इसलिए भी दुल्हे के परिवार को पता था कि जो भी कुछ दुल्हन के पिता के वश में होगा वह सब कुछ वे शादी में देंगे भले ही उन लोगों ने सिर्फ लड़की का हाथ माँगा था और कुछ नहीं। वे यह मान कर चल रहे थे और शादी की इसने बड़े पैमाने की तैयारियों ने उनकी इस सोच को और भी पक्का कर दिया था।

शालिनी ने याद किया कि लड़के वालों ने कहा, 'हमें बस आपकी बेटी चाहिए और कुछ नहीं।'

> 'बस इतना काफी है।' उन दिनों, एक पूरे सूट की कीमत रु 7000 से रु 8000 से कम नहीं होती थी और वैसे 3–4 सूट मेरे पापा ने दिए थे। और पापा ने सिर्फ वैन ह्यूसेन (*Van Heusen*) की शर्ट (मेरे मंगेतर के लिए) खरीदीं थीं। और जब मैं वहाँ (यूएस) गई, तो मैंने देखा कि पूरा घर खाली था। हमने सारा घर मेरे पिता के दिए पैसों से सजाया।

ऐसा लगता है कि शालिनी के पिता ने इसे दहेज के रूप में कभी नहीं देखा। वह यह सब अपनी बेटी और दामाद के लिए कर रहे थे। बल्कि, शालिनी ने कहा, उन लोगों ने कभी उसे दामाद नहीं माना, हमेशा बेटा ही समझा'–उन्हें लगता था कि जिस लड़के को उन्होंने अपने परिवार में शामिल किया है उसके लिए यह सब करना उनका कर्त्तव्य है। लेकिन, शालिनी के ससुराल वालों ने इस सोच का गलत फायदा उठाया। इस बात में कोई दो राय नहीं की दोनों परिवारों के बीच वित्तीय उम्मीदों को लेकर हमेशा दिक्कतें रहीं, लेकिन शालिनी के परिवार ने काफी बाद तक भी उन्हें दहेज समस्याओं के रूप में नहीं देखा। जिसे शुरू में उपहार स्वरूप माना जाता रहा, शादी में परेशानियों के आने पर वह बाद में 'दहेज की मांग' के रूप में देखा जाने लगा।

मेरे दिमाग में उन अनगिनत शादियों का खयाल आने लगा जिनमें इसी तरह दुल्हे के पक्ष को कितने उपहार दिए जाते हैं। जहाँ दुल्हन अपने पति और ससुराल वालों के साथ खुश रहती है, वहाँ मैंने कभी उनको दहेज की समस्याओं के बारे में बात करते नहीं सुना।

शादी के एक हफ्ते के बाद शालिनी, अपने पति और ससुराल वालों के साथ चेन्नई में उनके घर चली गई, जहाँ थोड़े दिन उसके साथ रहने के बाद शालिनी का पति यूएस चला गया। इसके बाद, शालिनी अपने वीजा के आने का इंतजार करने लगी ताकि वह भी अपने पति के पास यूएस जा सके। शालिनी ने बताया कि, इस दौरान उसके ससुराल वाले उसे, अपने पति या माँ-बाप को कॉल करने के लिए फोन भी नहीं इस्तेमाल करने देते थे। उसे तब इस बात का महत्त्व नहीं समझ नहीं आ रहा था–सच्चाई तो यह थी कि उसे अपने परिवार से दूर करके परेशान किया जा रहा था।

उसके ससुराल वालों ने उसे यहाँ तक कहा कि, 'अगर तुम्हारे माता-पिता तुम्हें फोन करना चाहे तो उन्हें करने दो, तुम्हें फोन करने की क्या जरूरत है?'

शालिनी को पता था कि उसके मायके वालों की आर्थिक स्थिति उसके ससुराल वालों से कहीं ज्यादा ठीक थी, इसलिए उसे लगा कि ऐसे खर्चे उसके मायके वालों को ही उठाना चाहिए। असलियत यह थी कि अभी भी उसके माता-पिता का अपनी बेटी और दामाद के प्रति वित्तीय दायित्व खत्म नहीं हुआ था।

जब भी शालिनी के माता-पिता फोन करते तो उसे कभी कन्नड़ भाषा में बात करने की इजाजत नहीं थी, क्योंकि उसके ससुराल में कोई कन्नड़ नहीं समझता था–सभी लोग तेलुगु बोलते थे। कुछ लोग यह तर्क दे सकते हैं कि शालिनी के ससुराल वाले एक तरह से यह चाहते थे कि शालिनी अपनी निष्ठा ससुराल वालों के साथ रखे न कि अपने मायके वालों के साथ, लेकिन शालिनी को यह एहसास था कि असल में वह लोग उसपर पूरी तरह से अपना अधिकार बनाया रखना चाहते थे। 'मैं कभी उनके खिलाफ नहीं गई,' उसने मुझे बताया।

> 'मैं सब कुछ बर्दाश्त करती और चुपचाप रहती थी–क्योंकि वे समझना और नियंत्रण में रखना चाहे थे कि मैं क्या कह रही हूँ। मेरी नई नई शादी हुई थी और मैं एक छोटी बच्ची की तरह थी जो अपने से बड़ों को नाराज नहीं करना चाहती थी, चाहती थी कि सब कुछ अच्छा हो व सब खुश रहें। उसे हमेशा बड़ों की इज्जत करना और उनकी बात मानने की सीख दी गई थी।'

एक रोचक बात यह हुई कि उसके ससुराल वालों का उसके प्रति बर्ताव बदल गया जब उसके पिता ने उसे कुछ पैसे दिए। 'मेरे पापा ने मुझे 70,000 रुपए दिए तो मैंने पूछा, 'पापा, यह किस लिए है?' उन्होंने सिर्फ इतना कहा, 'यह पैसे वीजा के काम के लिए हैं, इसके बारे में उन्हें पता है, तुम बस उन्हें दे देना।' मैंने एक बार फिर चुपचाप वही किया जो मुझसे कहा गया। मैंने उन्हें पैसे दिए और इसके बाद अचानक सब कुछ ठीक हो गया।'

जब शालिनी यूएस पहुंची तो उसने देखा कि उसके पति का घर एक खाली मकान से ज्यादा नहीं था। उसने विस्मित होकर कहा, 'वहां कुछ भी नहीं था!'

> जिस दिन वह वहां पहुंची उसी दिन घर में बिस्तर आया। सब कुछ मुझे खुद ही करना पड़ा। मेरे पापा ने कुछ पैसे भेजे थे और वे हमेशा ध्यान रखते कि अकाउंट में पैसे हों। उन्ही पैसों से मैंने घर स्थापित किया। उसी पैसे से एक टीवी, एक माइक्रोवेव और बहुत कुछ खरीदा गया।

यहाँ तक कि शालिनी की आगे की पढ़ाई भी उसके पापा के दिए गए पैसों से पूरी हुई। उस वक्त तक शालिनी के मन में कभी भी 'मेरा पैसा–तुम्हारा पैसा' का भाव नहीं आया। वह हमेशा यही सोचती थी कि उसके पिता उन्हें नई जिंदगी की शुरुआत करने के लिए पैसे दे रहे थे।

इसके बाद तो एक मिसाल बन गई। उसके पापा हमेशा उनके बैंक खाते में पैसे जमा करवाते और उसका पति उन पैसों को उनके खर्च के लिए इस्तेमाल करता। यहाँ तक कि उन पैसों से एक घर भी खरीदा गया! लेकिन शालिनी को उस पैसे को खर्च करने के सम्बन्ध में कुछ भी कहने की इजाजत नहीं थी। 'मेरे पति ने मुझे कभी पैसे नहीं दिए। घर के लिए कुछ भी लाना होता उसकी सारी खरीदारी वह खुद किया करते। यहाँ तक कि उनके खुद के खर्चे भी इन्ही पैसों से हुआ करते थे।'

शालिनी की आँखें भर आईं, जब उसने मुझे बताया कि उसके पति ने उसके पापा से एक कार की मांग की। उसके पति के अनुसार यह उसकी सुरक्षा के लिए जरूरी था क्योंकि वह गर्भवती थी और इस अवस्था में भी उसे अपनी पढ़ाई के लिए कॉलेज जाना होता था। लेकिन सच्चाई तो यह थी कि शालिनी को कभी भी वह कार चलाने नहीं दी गई; बल्कि, उसका पति हर रोज उस कार से ऑफिस जाता थी।

यह सब सुनकर जहाँ एक तरफ मैं गुस्से से भरी जा रही थी, वहीं दूसरी तरफ शालिनी भर-भर आ रही थी। उसे सबसे ज्यादा तकलीफ उसके साथ हो रहे मनोवैज्ञानिक दुराचरण से थी।

मैं चाहे जितना भी उत्तेजित हो रही थी, मेरा दिमाग बार-बार दहेज की तरफ जा रहा था। मैं जो सुन रही थी उसे परिभाषित करने की कोशिश कर रही थी और मुझे बार-बार यही लगा कि शालिनी का परिवार जबरन वसूली का शिकार हुआ था न कि दहेज की मांग का। पर शायद अब यह शब्द बस कानूनी उद्देश्यों के लिए ही रह गए हैं।

मैंने सोचा कि क्या शालिनी कि शादी में कुछ भी अच्छा नहीं था? 'ऐसा भी नहीं था', 'उसने मुझे आश्वासन दिया। उसने माना कि शुरू से ही कुछ दिक्कतें तो थीं, लेकिन ज्यादातर दिक्कतें दोनों परिवारों के बीच में थीं–जिनके बारे में उसे कुछ भी पता नहीं था। उसने गर्मजोशी से यह भी बताया कि शादी के पहले साल तक में दोनों का रिश्ता बहुत अच्छा था। 'मुझे पढ़ाई में दिक्कत होती तो वह मेरी सहायता करता,' शालिनी ने कहा।

> 'तब मैं बहुत छोटी थी यह समझने के लिए कि हर समय स्थिति एक जैसी नहीं रहती। दिक्कतें आनी तब शुरू हुईं, जब मैंने उससे प्रश्न पूछना शुरू किया। अब तक मुझे समझ नहीं थी। लेकिन कोई भी इंसान हर वक्त अपनी आँख पर पट्टी बाँध कर तो नहीं रख सकता है ना? मैंने उससे पूछना शुरू किया, 'क्या? कितना? इत्यादि। मुझे तब तक यह एहसास नहीं हुआ था कि मैं वहां अपने पापा के दिए पैसों पर जी रही थी।'

उनके बीच में आधिपत्य उसके पति के हाथों में था। जैसे ही शालिनी ने सवाल करने शुरू किये, उनकी शादी में दरारें आनी शुरू हो गईं। उसका पति यह बिलकुल भी बर्दाश्त नहीं कर पाता था कि उसकी विनीत और आज्ञाकारी पत्नी उससे कोई भी सवाल करे।

जब शालिनी की शादी हुई तो वह एक बच्ची ही थी और वहीं उसका पति उम्र में उससे 10 साल बड़ा था। शायद इसलिए भी वह उसे एक रौबीले व्यक्ति के रूप में देखती थी, खास कर विदेश में, जहाँ वह अजनबी थी। अगर ऐसा था, तो मेरे हिसाब से वह इस कारण वश वह और ज्यादा उसके गिरफ्त में थी। वह बार-बार मुझे यही कहती थी कि शादी के लिए मैं बहुत छोटी थी।'

> 'मुझे अब पछतावा होता है कि मैंने इतनी जल्दी शादी क्यों की। अगर उस वक्त मुझे यह सब पता होता तो मैं शादी के लिए कभी राजी नहीं होती। मेरे जिंदगी बस 'काश' शब्द से भर गई थी। मैं कभी किसी से बात भी नहीं किया करती थी। उस वक्त मेरी जिंदगी में सिर्फ घर और कॉलेज ही थे। शायद तुम्हारे सिवा मेरा और कोई दोस्त भी नहीं था। हमारा पालन पोषण ही इस प्रकार किया गया था।

हमारे समाज में बहुत-सी युवतियों का यह मानना है कि शादी के बाद उनके सारे कष्ट दूर हो जायेंगे। मेरे हिसाब से यह सोच हमें बड़े-बूढों से आई है क्योंकि वे हमेशा यही कहते हुए सुने गए हैं कि शादी करके घर बसा लो। मुझे यह और बड़ी विडंबना लगती है जब मैं सोचती हूँ कि शादी भी अशांति की स्थिति हो सकती है, जैसा कि शालिनी ने देखा-कम-से-कम तब तक जब तक की जीवन के नएपन से ताल-मेल न बैठ जाये। शालिनी कभी भी पूरी तरह से 'एडजस्ट' नहीं कर पाई, जैसा कि हम लड़कियों को बचपन से सिखाया जाता है और आज उसे अपने फैसले पर पछतावा होता है।

मेरे हिसाब से शालिनी और उसके पति में कोई मेल नहीं था, उन दोनों की रुचि बिलकुल भिन्न थी, कोई ऐसी बात नहीं थी जिसपर दोनों बात कर सकें और यहाँ तक की दोनों के मिजाज भी एक दूसरे से काफी अलग थे। इसका कारण शायद उनके बीच उम्र का फासला था। खैर वजह जो भी हो, वह दोनों यूएस में थे जहाँ उनके परिवार उनका साथ दे सकें, सहारा बन सकें। उन दोनों के पास एक-दूसरे के अलावा वहाँ और कोई भी नहीं था, फिर भी वे दोनों एक-दूसरे से अलग-अलग रहे। मुझे खुशी थी कि कम-से-कम अब मैं शालिनी के साथ थी। मैंने उसे आश्वासन दिया कि एक दोस्त के तौर पर मैं हमेशा उसके साथ रहूंगी और और कुछ नहीं तो उसकी बात सुनूँगी।

जैसे-जैसे शालिनी मुझसे बात कर रही थी, उसे यह समझ आने लगा कि उसके ससुराल वाले दहेज के तौर पर उससे आर्थिक लाभ उठाना चाहते थे। शालिनी को यह यकीन था कि उसकी बहुत-सी मुश्किलें सिर्फ उनके लालच के कारण थीं। उसे सबसे ज्यादा गुस्सा अपनी सास से था जोकि ज्यादातर उसकी परेशानियों के लिए जिम्मेदार थीं।

लेकिन जैसे-जैसे हम समस्याओं की गहराई में गए, शालिनी ने मुझे बताया कि उसकी सास और उसके पति के रिश्ते में उसके लिए कोई जगह नहीं थी। हालाँकि शालिनी को यह बात उस वक्त नहीं समझ आई, पर शालिनी और उसके सास के बीच उसके पति के साथ 'भावनात्मक सम्बन्ध' बनाये रखने को लेकर संघर्ष होता रहा।

शालिनी के अनुसार, ज्यादातर उसकी सास के प्रभाव में आकर, उसका पति उसके साथ दुर्व्यवहार करता था। उसने बताया, 'वह उन लोगों में से है जो केवल अपनी माँ की सुनते हैं।' उसके बड़े भाई के अपनी माँ से सम्बन्ध कुछ खास अच्छे नहीं हैं। इसलिए उसकी माँ हमेशा अपने

छोटे बेटे से कहती, 'तुम अपने बड़े भाई जैसा मत बन जाना।' मेरा पति इन बातों से बंध जाता। वह अच्छा बेटा बनना चाह रहा था।

शालिनी को अब भी विश्वास है कि उसके पति में कुछ अच्छी बातें भी थीं। आज भी कभी-कभी वह उसके बारे में कुछ कोमलता से बात करती है।

जैसे-जैसे मुझे उसकी भावनात्मक बातों का पता चलने लगा जिन्हें शालिनी ने काफी समय से अपने अन्दर दबा कर रखा था, मैंने शालिनी से पूछा कि उसकी कितनी समस्याएं दहेज-सम्बन्धी थीं, क्योंकि अंततः उसे अपने पति के खिलाफ मुकद्दमा दायर करना था। पर वह हमेशा दृढ़ रही कि बात हमेशा पैसों की ही थी।

शालिनी ने बताया कि,

> 'सब कुछ योजनाबद्ध था। शादी के तुरंत बाद और मेरे यूएस जाने के ठीक पहले पैसे कि मांग की गई। उन लोगों के लिए यह बहुत सुविधाजनक था कि मेरे पति के लिए हमारे संयुक्त खाते में पैसे रहें। वैसे तो ये पैसे खास तौर पर मेरी पढ़ाई के लिए दिए गए थे, लेकिन मेरे पढ़ाई के अलावा उन पैसों से बाकी सारे काम होते थे। अगर आज भी मैं यह कह देती कि 'मुझे पैसे नहीं चाहिए, मैं उनके बिना काम चला लूँगी,' तो बहुत पहले ही मुझे तलाक मिल गया होता।'

जब शालिनी ने मुझे वित्तीय मांगों और दूसरी मानसिक क्रूरता के बारे में बताया, उसने कहा कि एक बार वह घरेलू हिंसा का शिकार भी हुई। यह घटना एक कैमकॉर्डर में रिकॉर्ड भी हो गई, जब उसके सास-ससुर यूएस आये हुए थे और उसके बच्चे की खेलते हुए वीडियो बना रहे थे। उसकी सास किसी न किसी वजह को लेकर शालिनी के पति को उसके खिलाफ भड़काने लगी थी। 'उसने मुझे बहुत ही बुरे तरीके से पीटा,' उसे याद आया। 'वे केवल वहां खड़े रहे, कुछ भी नहीं किया। बच्चा हुए सिर्फ डेढ़ महीना ही हुआ था, इसलिए मुझमें खुद को बचाने की ताकत भी नहीं थी। मेरे शरीर पर बहुत जगह निशान पड़ गये'।

आज जब शालिनी उन पलों को याद करती है तो कहती है कि उस वक्त अगर वह चाहती तो अपने ससुराल वालों का जीना दुश्वार कर सकती थी। लेकिन उस वक्त भी उसे लगता था, 'अभी सब खत्म नहीं हुआ है,' जबकि उस समय उसकी सास ने अपने बेटे से कहा था कि 'एक बार में ही उससे पीछा छुड़ा ले।' शालिनी ने कहा, कि उसे नहीं पता कि उसका पति कितनी हद तक जाता, लेकिन उसे इस बात का अंदाजा था कि वे विदेश में थे और यहाँ यह सब करके आसानी से पीछा छुड़ाना मुश्किल था। 'हाँ अगर यह भारत होता तो अलग बात होती,' शालिनी ने जोड़ा।

मैं यह सोच रही थी कि क्या शालिनी की सास अपने बेटे से उसे जान से मारने के लिए कह रही थी या फिर वह सिर्फ उसे छोड़ने के लिए कह रही थी? इस बारे में शालिनी से पूछने की मेरी हिम्मत नहीं हुई–इस बात का अंदाजा ही लगाया जा सकता है। पर जैसा भी हो, शालिनी की बातों से, उसकी निराशा साफ दिखाई दे रही थी।

> जब उसने मुझे बुरी तरह से पीटा, तो मुझे लगा कि शायद यहां से चले जाना चाहिए। यह मानसिक रूप से थकाने वाला था, क्योंकि मुझ पर बहुत ज्यादा असर हो रहा था। मैं यह मान नहीं पा रही थी कि अंत नजदीक है। मुझे उस तरफ ढकेला जा रहा था लेकिन मुझे यह नजर नहीं आ रहा था। मुझे लग रहा था कि मेरे पति बेवकूफी कर रहे थे, मुझे एहसास नहीं था कि इसका अंजाम क्या हो सकता है। अब मुझे इन्ही बातों का डर लगता है। मेरा मतलब, जब मेरे माता-पिता कहते हैं, 'तुम उसके पास वापस चली जाओ, मुझे लगता है, 'कभी नहीं।'

शालिनी के अपनी सास से डरने का एक कारण यह भी था कि उसकी सास काले जादू में विश्वास रखती थी और इसका इस्तेमाल भी किया करती थी। आज भी भारत के ग्रामीण और शहरी क्षेत्रों में, धार्मिक निष्ठा से अलग, बहुत से लोग काले जादू को हर उस बात का कारण मानते हैं, जिन्हें वह तर्क द्वारा नहीं समझा पाते। हालाँकि शालिनी ने मुझे बताया कि वह मानती है कि काला जादू कुछ नहीं होता, फिर भी वह इस बात से बहुत प्रभावित थी। उसने मुझे बताया, 'मैं भी काले जादू में विश्वास नहीं करती थी जब तक मैंने इसे खुद अनुभव नहीं किया।'

> 'मेरी ऐसी हालत हो गई थी कि मैं कुछ नहीं बोल पाती थी, हर वक्त हकलाती थी और मुझे घर से बाहर कदम रखने में भी बहुत डर लगता था। बहुत से लोगों ने मुझसे पूछा कि क्या मेरी सास मेरे साथ रहती थी? मैंने कहा नहीं वह भारत में थी। लोगों को इस बात का आश्चर्य होता था कि 'अगर वह मेरे साथ नहीं रहती थी, तो वह यह सब कैसे करती थी?' यह मानना पड़ेगा कि इसको समझाना बहुत मुश्किल है।'

शालिनी के सास द्वारा किये काले जादू का सबसे बड़ा उदाहरण था कि शालिनी को पूरे 2 साल तक माहवारी नहीं हुई। यूएस में भी डॉक्टर इस बात पर अचंभित रहे। शालिनी की सास ने उसे गले में पहनने के लिए, कागज का टुकड़ा डला, एक चांदी का ताबीज दिया था-अब शालिनी को लगता है कि वह ताबीज श्रापित था।

जब शादी में कठिनाईयाँ बढ़ने लगी तब शालिनी मन में यह ख्याल आया कि उसे अपने पति को छोड़ देना चाहिए, लेकिन शालिनी के लिए इस बात को अपनाना बहुत ही मुश्किल था। उसे पता था कि उसके माता-पिता कभी भी इस बात के लिए उसका समर्थन नहीं करेंगे। आज भी, जबकि शालिनी को अपने पति से अलग हुए काफी साल हो गए हैं, उसके माता-पिता को उम्मीद है कि एक दिन वह अपने पति के पास वापस चली जाएगी। शालिनी काफी साल एक निराशाजनक स्थिति में फंसी रही, जहाँ उसके सामने बस कुछ ही विकल्प थे।

जैसे-जैसे शालिनी ने सारी बातें बताईं मुझे साफ दिख रहा था कि उस घर में शालिनी को सिर्फ एक कठपुतली की तरह इस्तेमाल किया गया था, वह सिर्फ एक पैसे कमाने का साधन बन चुकी थी। शालिनी और उसके पति के बीच कभी-कभी ही बात होती थी और वह भी बस घर की जरूरतों को लेकर। बाकी वक्त दोनों के बीच बस द्वंद्वयुद्ध ही चलता रहता। जब उसकी शादी में कुछ भी ठीक नहीं चल रहा था, तब भी उसके पति ने उससे बात करके परेशानियों का हल निकालने की जरूरत नहीं महसूस की। शायद यह इस बात का प्रमाण था कि उसे सिर्फ शालिनी के पैसों से मतलब था, शालिनी की मुसीबतों से नहीं और न ही उन दोनों के बीच हो रही मुश्किलों से।

ऐसा नहीं था कि सिर्फ शालिनी और उसके पति के बीच ही बातचीत का मुद्दा था, यह दिक्कत दोनों परिवारों के बीच भी थी। उसने मुझे बताया कि उसके पति को लगता था कि सीधे शालिनी से बात करने से बेहतर था कि वह 'उनकी बेटी' के बारे में अपने सास-ससुर से बात करें। उसे लगता है कि वह उस वक्त यह समझने के लिए बहुत नादान थी कि उसके पति के दिमाग में क्या चल रहा था।

उसने बताया कि, 'मेरे पति ने मुझे ज़रा भी यह एहसास नहीं होने दिया था कि वह मुझसे खुश नहीं है।' 'एक अंदेशा भी नहीं। छोटे-मोटे झगड़े, कहा-सुनी, बहस होती थी, 'अपने माँ-बाप से बात मत करो'; यह सब होता था, पर मैंने कभी इन बातों की ज्यादा परवाह नहीं की। लेकिन ये, कभी नहीं! मैं बहुत नादान थी, बल्कि मूर्ख!'

शादी के दो साल बाद जब पहली बार वह लोग भारत वापस आये तो शालिनी के पति ने उसके माँ-बाप से कहा कि वह उनकी बेटी से खुश नहीं था। उसका अर्थ साफ था: वह शादी का अंत करना चाहता था।

'मेरी माँ एकदम धक् से रह गई,' शालिनी ने याद करते हुए कहा।

> मैंने उन्हें अपने छोटे मोटे झगड़ों के बारे में कभी नहीं बताया था। मेरी माँ ने पूछा 'यह सब क्या है? इस सब के बारे में हमे क्यों नहीं बताया?' मैंने कहा, 'मुझे खुद ही नहीं पता चल रहा था कि आखिर हो क्या रहा है तो मैं आप लोगों को क्या बताती?' मैं भी उतने ही सदमे में थी, जितना कि मेरे माता-पिता। उन्होंने सोचा कि वह एक बुरा वक्त था जो समय के साथ गुजर जायेगा। उन्हें लगा कि मैं बहुत छोटी थी। 'वह उस से 10 साल बड़ा है, उससे कहीं ज्यादा समझदार है। वह अभी नादान है, उसे रहने दो।' शायद शालिनी के माता-पिता को यही लगता था कि गलती शालिनी की होगी।

शालिनी को हमेशा यह लगता रहा कि उसके माता-पिता कभी भी उसके साथ खड़े नहीं हुए। उल्टा वे शालिनी को ही दोषी ठहराते रहे कि उसने अपनी शादी को पूरी तरह निभाने की कोशिश नहीं की। यहाँ मुझे लगता है कि शालिनी के माता-पिता को उसकी इतनी जल्दी शादी करवा देने की अपनी गलती का ज़रा भी एहसास नहीं था।

शालिनी के पति ने उन दोनों के बीच के यौन सम्बन्धों को लेकर भी अपनी नाराजगी जाहिर की। ऐसा लगता था कि शालिनी जो कुछ भी करती, उसका पति असंतुष्ट ही रहता था। शालिनी ने मुझे खुलकर बताया कि, 'जहाँ तक सेक्स की बात थी तो मैं उससे कहीं ज्यादा बेहतर थी।'

> 'उसे तो सिर्फ काम, काम और काम ही सूझता था। मुझे तो लगता है कि शायद मैंने अपनी शादीशुदा जिंदगी में सिर्फ हस्तमैथुन ही किया था। मैं हमेशा उस से वंचित ही रही। लेकिन जिस दिन उसे सेक्स करने का मन होता, मुझे तो लगता कि उसने कभी भी सेक्स से पहले प्रेम-क्रीडा के बारे में सुना ही नहीं था। अब तो मुझे इन सब के बारे में ज्यादा ज्ञान हो गया है, पर उस वक्त तो वह जैसा चाहता था, वैसा ही करता था और मैं उसे रोकती भी नहीं थी। आखिर मैं कर भी क्या सकती थी? बस वह जब चाहता था, तभी। कुछ समय बाद तो मुझे वेश्या जैसा लगने लगा था। मुझे तो लगता है कि वेश्याओं को भी इससे ज्यादा अच्छा बर्ताव मिलता होगा।

एक दिन शालिनी के पति ने अपनी सास से शिकायत की कि शालिनी उसे अपने साथ सोने भी नहीं देती है। उसका पति उसे बदनाम करने की कोई कसर नहीं छोड़ता था। शालिनी के पति की शिकायतें उससे बिल्कुल विपरीत थीं जैसा कि अपने पति के व्यवहार के बारे में शालिनी ने मुझे बताया था।

जब उसका पति उसकी जरूरतों को नजरअंदाज करते हुए अपनी मनमानी करने लगा, शालिनी का मन सेक्स से पूरी तरह उठ गया।

इन सब के बावजूद शालिनी ने हमेशा अपनी प्राथमिकताओं को ध्यान में रखा। सबसे पहले वह एक अच्छी पत्नी बनना चाहती थी, जैसा कि उसे सिखाया गया था। अपने पति से अलग होना और तलाक लेने जैसी बातें उसके लिए कभी विकल्प थी ही नहीं।

शालिनी ने कहा, 'तुम्हें भारतीय परिवारों का पता ही है। हमारे यहाँ एक बार जब किसी लड़की की शादी हो जाती है तो उसका अपने मायके पर कोई अधिकार नहीं होता, उसे घर की बेटी नहीं समझा जाता। शादी होने के बाद पहले वह पत्नी होती है, बाद में बेटी। इसलिए उस वक्त मुझे लगता था कि मेरी असली जगह यही है और मेरे पति मेरी प्राथमिकता हैं।'

शादी के पहले दो सालों में शालिनी का कॉलेज एक मात्र सहारा था। वहाँ वह अपने मन को थोड़ा बहला लिया करती थी। लेकिन, शादी के करीब डेढ़ साल बाद, जब भी उसने अपने पति से पैसों के बारे में सवाल करना शुरू किया, उसकी मुश्किलें बढ़ती गयीं। उसकी शादी-शुदा जिंदगी में इतनी मुश्किलें पैदा होने लगीं कि वह अपनी पढ़ाई पर ध्यान नहीं लगा पा रही थी।

उसने कहा, 'मैं बहुत उदास रहने लगी थी।'

> मेरे पति ने कहा कि मुझे कॉलेज से एक-दो सत्र की छुट्टी ले लेनी चाहिए। मैंने यह बात मान ली, लेकिन बाद में मुझे इस बात का बहुत पछतावा हुआ क्योंकि मैं घर पर बिलकुल खाली रहती थी। खाना बनाने और सफाई करने के अलावा मेरे पास कोई दूसरा काम नहीं था; मुझे लगा मैं पागल हो रही थी। हमारे बीच और भी तनाव चल रहे थे। उसपर मेरा पति हर वक्त कहता, 'किसी से भी बात करने की जरूरत नहीं है, तुम्हें कुछ करने की जरूरत नहीं, ऐसे मत करो, वैसे मत करो।' मेरा पति छुट्टी के दिन भी काम करता। इस वजह से मुझे और ज्यादा अकेलापन लगता क्योंकि वहां मुझसे बात करने वाला भी कोई नहीं था। मेरे माता-पिता भी नहीं।

शालिनी ने कभी भी अपनी उदासी को अपने पति के सामने जाहिर नहीं किया। और न ही उसने कॉलेज से छुट्टी लेने पर आपत्ति जताई। बहुत ही दब्बू थी। मैं नहीं समझ पा रही थी कि उसके पति ने उस पर इतने बंधन क्यों लगाए? शालिनी को भी नहीं पता, लेकिन उसे लगता है कि ऐसा शायद उसके पति के शक्की स्वभाव की वजह से था।

इस समय तक शालिनी बच्चे की इच्छा करने लगी थी, क्योंकि उसे लगता था कि शायद बच्चा होने से उनकी समस्याओं का समाधान हो जाए और वे एक-दूसरे के करीब आ जायें। जब उसे पता चला

कि वह माँ बनने वाली है, वह छुट्टियों के लिए भारत में थी, और यह जानकार वह बहुत खुश हुई। वहीं दूसरी ओर उसके पति को ऐसी कोई खुशी नहीं हुई–उसके लिए, शालिनी की जिंदगी को मुश्किल बनाने के लिए, यह एक और बहाना था।

उसने मुझे बताया,

> मैं बहुत खुश थी कि मैं माँ बनने वाली थी। मेरे माता-पिता भी बहुत खुश थे। इससे पहले उसके पति ने उनसे कहा था कि वह शालिनी से खुश नहीं है और इसलिए वे चिंतित थे। अब उन्हें लग रहा था कि इसके बाद सब कुछ ठीक हो जायेगा। हमारे परिवारों में सिर्फ यही जरूरी माना जाता है: एक बच्चा होने से सब ठीक हो जायेगा। शादी को सफल तब ही माना जाता है जब पति पत्नी के बीच बच्चा आ जाये क्योंकि इसके बाद पीछे मुड़ कर देखने की कोई गुंजाईश ही नहीं होती।
>
> पर मेरे पति की प्रतिक्रिया कुछ दूसरी थी, 'दो साल से तुम मेरे साथ यूएस में थी तो गर्भवती नहीं हुई और यहाँ बैंगलोर आये हुए तुम्हें दो हफ्ते हुए और तुम माँ बनने वाली हो?' उसका इशारा साफ समझ आ रहा था। जब मेरा बेटा सिर्फ ढाई साल का था, मैं उसे कोर्ट ले गई, ताकि मेरा पति देख सके कि उसका बेटा बिलकुल उसकी तरह दिखता है। पर मुझे नहीं पता कि इससे उसे कोई फर्क पड़ा या नहीं।

बेवफाई के इस आरोप ने शालिनी की शादी के टूटने में प्रमुख भूमिका निभाई। यह स्पष्ट है कि इसका दहेज से कोई लेना देना नहीं था।

'खैर,' शालिनी ने आगे बताया,

> 'जब मैं भारत की यात्रा के बाद वापस उसके पास गई, मेरी तबियत ठीक नहीं थी। लेकिन फिर भी वह मुझे लेने एअरपोर्ट नहीं आया। बहुत आसानी से कह दिया, 'बस लो और आ जाओ।' जब मैं घर पहुंची तो उसका व्यवहार बहुत रूखा और बेपरवाह था।
>
> सिर्फ मेरी गर्भावस्था ही की बात नहीं थी। वह हमेशा मेरे घर वालों के बारे में शिकायत करता रहता था और उनकी बेइज्जती करता था जो मुझसे सहन नहीं होता था। उस दिन इस की हद हो गई। उसकी इतनी मजाल थी। उनका पैसा उसके लिए अच्छा था, बाकि सब कुछ सही था, पर वह फिर भी बैठे-बैठे उनके बारे में उल्टा सीधा कहता रहता था।

शालिनी ने मुझे पहले भी उसके तानों के बारे में बताया था और मुझे याद है कि मैं सोच रही थी कि ये ताने उसके मायके और उसके पति के बीच उसकी वफादारी की परीक्षा लेने के लिए दिए जा रहे थे? इसलिए जब उसने अपने मायके की तरफदारी की तो इससे उसके पति का क्रोध और बढ़ गया। मुझे याद है कि साथ ही शालिनी की सास ने भी अपने बेटे से वफादारी की मांग की और वह मान गया। शायद उन्हें लगा कि शालिनी के गर्भवती होने से दम्पति के सम्बन्ध गाढ़े हो जायेंगे तो उनके बेटे की वफादारी उनसे हट कर अपनी पत्नी के प्रति हो जायेगी। पर बच्चे के पिता के सम्बन्ध में, उसके दिमाग में शक के बीज बो कर उन्होंने अपने बेटे को अपनी तरफ रखने का एक और तरीका ढूंढ लिया था।

मैंने शालिनी से पूछा कि क्या उसने कभी इस मामले में मदद लेने की कोशिश की? उसने बताया कि उसने वास्तव में कोशिश की थी। अपनी गर्भावस्था के दौरान, अपने साथ हो रहे अत्याचार

से वह इतनी हताश हो गई थी कि उसने आत्महत्या तक के बारे में सोचा था। सौभाग्यवश, वह एक पारिवारिक सलाह केंद्र के पास गई। मुझे यह प्रशंसनीय लगा कि उसने इस तरह की मदद मांगने की हिम्मत जुटाई, खासकर इसलिए क्योंकि वह अपने पति को भी उन सत्रों में चलने के लिए मना पाई। उसे ऐसा लगा कि वह सिर्फ इसलिए मान गया था क्योंकि वह अमेरिका में था और उसे पता था कि अगर उसने वहां की कानून व्यवस्था का साथ न दिया तो यह उस पर भारी पड़ सकता है। वहां सलाह सत्र में उन्होंने उसे चेतावनी दी कि वह खुद शालिनी के अच्छे बुरे के लिए जिम्मेदार होगा और अगर उसे कुछ भी हानि होती है तो उसे ही जिम्मेवार ठहराया जायेगा।

लेकिन अंततः शालिनी के पति ने उसे वापस भारत भेज ही दिया। सलाह देने की प्रक्रिया उनके वैवाहिक जीवन की समस्याओं को सुलझाने में असफल रही। जब वह 6 महीने के गर्भ से थी, वे लोग हर समय छोटी-छोटी बातों को ले कर झगड़ते रहते थे। इस समय तक, उसने अपनी आवाज उठाने की हिम्मत जुटा ली थी और अपने पति को बता दिया था कि वह नहीं चाहती थी कि उसके बच्चे का जन्म अमेरिका में हो।

उसने मुझे बताया, 'मैं बहुत परेशान रहती थी।'

> बहुत मुश्किल से उसने मेरा टिकट बुक किया और वह भी मेरे पिता के पैसों से। मेरी फ्लाइट जिस दिन की थी, उससे पहली रात को उसने एक बड़ा नाटक किया। यह कहते हुए रोने लगा कि, 'मुझे माफ कर दो, मैं नहीं चाहता कि तुम जाओ।' मैंने अपने माता-पिता को फोन किया और कहा, 'मैं नहीं आ रही।' वे एकदम सकते में आ गए और पूछने लगे, 'क्या हुआ?' उनको संदेह था पर उन्होंने जोर नहीं दिया कि मुझे आना ही चाहिए।

यह मुझे शालिनी के पति के पिछले व्यवहार से एकदम विपरीत लगा। खास कर तब, जब उसने शालिनी के माता-पिता को साफ-साफ कह दिया था कि वह शालिनी से खुश नहीं है।

मैंने शालिनी से पूछा, 'वह यह क्यों चाहता था कि तुम रुक जाओ?' उसने उत्तर दिया,

> मेरे ख्याल से मन ही मन वह भी एक बच्चा चाहता था, क्योंकि अंत में उसने ग्रीन कार्ड के लिए भी आवेदन दे दिया था। बच्चा पैदा होते ही ग्रीन कार्ड से सम्बन्धित औपचारिकताओं की जरुरत नहीं रहती। उसे तब ग्रीन कार्ड आराम से हवा के झोंके की तरह मिल जाता।

क्या यह सच था? क्या अमेरिका में रह रहे एक अस्थायी कामगार को इतनी आसानी से ग्रीन कार्ड मिल जाता? अगर हाँ, तो फिर क्या बाहर से आये हुए हजारों लोग जानबूझ कर अमेरिका में बच्चे पैदा नहीं कर रहे होते? मुझे पक्का यकीन नहीं था कि यही उसका उद्देश्य था, पर मैंने अपनी शंका को शालिनी को उस समय बताना ठीक नहीं समझा।

मैं सोच रही थी कि क्या इसके बाद, शालिनी की आशा के अनुसार, उन दोनों के सम्बन्ध बेहतर हुए या नहीं। ऐसा नहीं हुआ और पता नहीं क्यों, मुझे इस बात से कोई हैरानी नहीं हुई। सामाजिक कार्य में मेरे प्रशिक्षण के दौरान, मेरे पढ़े हुए घरेलू हिंसा के मामलों के अलग-अलग स्वरूपों से, शालिनी

का मामला अलग बिलकुल नहीं था। हालात उस समय सबसे खराब हो गए, जब उसके माता-पिता उसके प्रसव के पहले उसे देखने आये।

हालाँकि वह मुझे इसका कारण स्पष्ट रूप से नहीं बता पा रही थी, पर शालिनी नहीं चाहती थी कि वे आयें। लेकिन, उसके पति ने कहा, 'नहीं उन्हें आने दो' वह याद कर बताती है।

> 'और फिर, जब वे आये, उसने उनके साथ बहुत खराब व्यवहार किया। मैं उससे कुछ भी कह या लड़ नहीं पायी क्योंकि मेरे माता-पिता वहां थे। अगर मैं उससे कमरे में कुछ भी बहस करती, उन्हें सुनाई दे जाता। मेरे ख्याल से यही वह समय था जब उन्हें सारी बात समझ आ गई थी कि स्थिति कितनी बुरी थी।'

एक तरह से शालिनी के माता-पिता का अमेरिका आना उसके लिए एक वरदान था। उसने अपने पति को उसके पिता को खुलेआम बेइज्जत करते देखा और इसने उसे अन्दर तक झिंझोड़ दिया। वह मजबूत होने का प्रयास करने लगी और अपने जीवन की डोर का नियंत्रण खुद के हाँथों में लेने लगी। इस समय उसका पति उसकी जिम्मेदारी उसके पिता पर डालना चाह रहा था पर उसने ऐसा होने नहीं दिया।

'मेरे ख्याल से मैंने अपनी भावनाओं को काबू करना छोड़ दिया,' शालिनी बताती है। 'एक बार उन्होंने कहा, 'हम इसे अपने साथ ले जायेंगे और इसे स्वस्थ कर के भेज देंगे।' इस पर उसका जवाब था, 'ले जाओ! पर एक नोटरी पब्लिक के सामने लिखित में दो कि तुम इसकी जिम्मेदारी ले रहे हो।' 'मैं इस के खिलाफ थी,' शालिनी ने विरोध किया।

> इसलिए मैंने उनसे कहा, 'मैं यहाँ ठीक हूँ और आप मेरी चिंता मत करिए।' पर वे बहुत ज्यादा चिंतित थे। इस समय तक मेरे मन में, मेरे पति के लिए रही-सही इज्जत भी चली गई थी, पर फिर भी मैं अपनी शादी को बचाना चाहती थी क्योंकि मैं जानती थी कि मैं उसमें कितना परिश्रम और कोशिश कर रही थी। मेरे दिमाग में शादी से बाहर निकलना कोई विकल्प नहीं था। तलाक वगैरह तो मेरे दिमाग में आया भी नहीं।

अपनी बेटी की दुर्दशा अपनी आँखों से देखने के बाद भी शालिनी के माता-पिता भी उसके तलाक के बारे में नहीं सोच पाए। अपनी बदनामी को सह पाना उनके लिए बहुत कठिन था। साथ ही साथ अन्य दूसरी व्यावहारिक चिंताएं भी थीं।

शालिनी बताती है कि उसका प्रसव तभी हुआ ही था।

> मेरे पिता चिंतित थे कि अब क्या होने वाला है। उन्होंने मेरी माँ के सामने आपत्ति की, 'हम उसे यहाँ अकेले ऐसे कैसे छोड़ कर जा सकते हैं, जब इस आदमी का व्यवहार ऐसा है?' कोई भी पिता ऐसे समय में और क्या चाहेगा? वे चाहते थे कि मेरी शादी चलती रहे। कौन से माँ-बाप अपने बच्चे का विवाह खत्म होते देखना चाहेंगे। यह बात कि दो साल तक अलग रहने के बाद भी मैंने किसी तरह का कानूनी कदम नहीं उठाया था, यह अपने में बड़ा साक्ष्य है कि मेरे दिमाग में तलाक कभी था ही नहीं।

मुझे पता था कि शालिनी जैसे कई परिवारों को तलाक का विकल्प सूझता ही नहीं है। मेरे विचार से तलाक से जुड़े सामाजिक कलंक के कारण ऐसा है जिसकी वजह से लोग इस विकल्प के बारे में सोचते भी नहीं हैं।

लेकिन अब यह मेरा तर्कसंगत दिमाग बोल रहा है। उस समय जितना शालिनी की कहानी सुनती जा रही थी, उतना ही मैं इस सबकी अविश्वसनीयता से स्तब्ध थी। क्या मेरी सहेली इस शादी और घर से बाहर निकलने की कोई कोशिश किये बिना ही सब सहे जा रही थी?

'ऐसा क्या था जिसने तुम्हें आखिरकार यह एहसास दिलाया कि यह तुम्हारे लिए काम नहीं कर रहा?' मैंने पूछा। शालिनी ने उत्तर दिया,

> 'यह बच्चे की खातिर था। एक बार बच्चा छह महीने का हो जाये तो वह सब कुछ समझने लगता है। जिस समय उसके पिता की कार आती और गैराज का दरवाजा खुलता, वह घुटनों पर चल कर सीढ़ियों की तरफ जाता था। मुझे विश्वास है कि वह घर के अलग-अलग सदस्यों की गतिविधियों को पहचानता था। मेरे पति काम करते थे, घर आते थे, खाना खा कर किताबों वाले कमरे में चले जाते थे। वे और कुछ नहीं करते थे, यहाँ तक कि अपने बच्चे को भी बाहर नहीं ले जाते थे।'

शालिनी ने बच्चे के लालन-पालन में एक स्वस्थ वातावरण की जरुरत को पहचाना। यही उसके घर में नहीं था। स्थितियां इतनी खराब हो गई थीं कि उसके पति ने उससे बात तक करना छोड़ दिया था, और साफ था कि वह अपने बच्चे की परवाह भी नहीं करता था।

शालिनी अपने बच्चे की अपने आस-पास की बढ़ती हुई समझ को खुद की एक नाखुश घर में बढ़ने की अपने बचपन की उन यादों से जोड़ कर देखने से रोक नहीं पायी जब उसके माता-पिता हर समय लड़ते रहते थे। जैसे-जैसे वह इसके बारे में सोचने लगी उसकी बर्दाश्त की हद पास आती गई।

'मैं वहां से बिलकुल वैसे ही निकल जाना चाहती थी, जैसे मैं 16 साल की उम्र में अपने माता-पिता के घर से निकलना चाहती थी,' शालिनी ने मुझे बताया। 'मैं फिर से भाग रही थी।'

अपनी शादी के 3 साल बाद शालिनी, अपने 8 महीने के बच्चे को लिए, अपने माता-पिता के घर, वापस भारत आ गई। उसे नहीं पता था कि उसकी जिंदगी का रुख क्या होगा। वह सिर्फ अपने पति से कुछ दिन दूर रहना चाहती थी। अपने बचपन की दुखी यादों के बावजूद, तलाक का ख्याल अभी भी उसके दिमाग में नहीं आया था।

मुझे लगा, 'ठीक है, अगर वह अपने बीवी बच्चे से दूर रहेगा तो हो सकता है कभी उसे समझ आ जाये,' उसने तर्क दिया। पर ऐसा हुआ नहीं।

यह तो बाद में शालिनी को समझ आया कि उसके पति ने उसको किस ओर धकेला था। मुझे बताते हुए अचानक उसे यह याद आ गया।

> 'जब मेरे माता-पिता मेरे प्रसव के लिए आये थे, तब उसने उन्हें कहा था, 'यह मत सोचो कि मैं तुम्हारी बेटी को खुश रखूंगा। मैं सीधा-सीधा तलाक भी नहीं मांगूगा और मैं यह सुनिश्चित करूंगा कि वह खुद तुम्हारे पास वापस चली जाए।' यह स्पष्ट था। वह अड़ा हुआ था कि मैं हमेशा के लिए उसके पास से अपनी मर्जी से वापस चली जाऊं।'

मुझे दिख रहा था कि शालिनी का पति उससे बहुत पहले ही पीछा छुड़ाना चाहता था पर उसे इस बात की चिंता थी कि प्रत्यक्ष रूप से उसे उसके जाने के लिए जिम्मेदार न ठहराया जाए। शायद

उसे चिंता थी कि समाज उसे किस नजर से देखेगा। आम धारणा के विपरीत, बहुत से पुरुष भी तलाक से जुड़े कलंक का सामना करते हैं और अगर उनकी शादी टूटती है तो पीठ पीछे उनका मजाक बनाया जाता है।

अगर यही हतोत्साहित करने के लिए काफी न हो तो जिन औरतों के परिवार अलगाव और अपनी शादीशुदा बेटी की जिम्मेदारी से नाखुश हैं, अक्सर उन्हें गुजारे भत्ते के लिए अदालत तक ले जाते हैं। नतीजन कई पुरुष (जैसे शालिनी का पति) खुद तलाक नहीं मांगते पर अपनी पत्नियों को इस कगार पर खड़ा कर देते हैं कि वे एक अत्याचार भरी, हिंसक और खराब जिंदगी से बचने के लिए खुद ही उन्हें छोड़ने का निर्णय ले लें। यह सब एक पथभ्रष्ट आशा की वजह से होता है कि शायद इससे वे गुजारे भत्ते के लिए जिम्मेदार नहीं ठहराए जायेंगे। ऐसे पुरूष अपनी पत्नी से क्रूरता के आधार पर तलाक की मांग या फिर फौजदारी के मुकदमे ठोंकने की उम्मीद नहीं करते।

उसके बाद शालिनी अपने माता-पिता के साथ 2 साल तक रही। इस दौरान अक्सर वह बहुत तनाव और उदासीनता से घिरी रहती। उसके माता-पिता भी उसकी इस स्थिति से बहुत उदास थे और इससे शालिनी का शोक और बढ़ गया क्योंकि वे लोग शालिनी को ही अपनी इस दुर्दशा का जिम्मेदार मानते थे।

दो साल के बाद, शालिनी द्वारा कोई कदम न लिए जाने पर, आखिरकार उसके पति ने भारत में तलाक के लिए अर्जी दे दी। शालिनी ने शायद इस आशा से कोई कानूनी कदम नहीं उठाया था, कि वे शादी तोड़ने के लिए पहला कदम उठाने के आरोप की शर्मिंदगी से बच जाएँगी। इससे भी ज्यादा, इतना समय गुजर जाने के बाद भी उसके माता-पिता मन ही मन इस आशा का दामन पकड़े रहे कि शायद शालिनी की शादी बच जाए।

'मेरे माता-पिता बस चुप बैठे रहे, उन्होंने कुछ नहीं किया,' शालिनी ने कहा। उन्होंने बस यही सोचा कि, 'इस आदमी की अक्ल ठिकाने आ जाएगी।' चूंकि वह एक रिश्तेदार भी था, उन्हें उम्मीद थी कि कुछ न कुछ ठीक हो जायेगा।'

शालिनी कहती है कि आज, उसके दूर के रिश्तेदारों में कई विफल शादियां हैं इसलिए उसका मामला उसके परिवार को अब उतना बेइज्जती भरा नहीं लगता है। पर शुरुआत में यह इससे कहीं ज्यादा कठिन था। शायद उसकी परिस्थितियों ने परिवार में एक उदाहरण स्थापित किया जिससे बाकी लोगों को भी दूर हटने की हिम्मत हुई।

मुझे लगा कि शालिनी की कहानी किसी ऐसी व्यक्ति की कहानी है जिसके हाथ में लम्बे समय तक अपनी ही जिंदगी की लगाम नहीं थी। उसने अपने माता-पिता को अपनी शादी तय करने दी, अपने पति को अपने आर्थिक मामलों की लगाम दे दी, घर से लगभग निकाल दिए जाने के बाद भी चूं तक नहीं की और यहाँ तक पहले तलाक की अर्जी उसे ही दाखिल करने दी। अब उसके माता-पिता उस

पर तलाक की अर्जी के जवाब में गुजारा भत्ता देने के लिए दबाव डाल रहे हैं। उन्हें आशा थी कि इससे वह तलाक लेने से हतोत्साहित होगा और शालिनी को वापस बुला लेगा। उस समय भी उनकी यही आशा थी और शायद इतने साल बाद भी जिन्दा है।

शायद शालिनी की जिंदगी की बागडोर कभी भी उसके हाथ में नहीं थी।

शालिनी को अब लगता है कि वह पूरी तरह से अपने परिवार पर निर्भर है, और यह उसकी परेशानियों को बढ़ा रहा है। जब तक वह आर्थिक और मानसिक रूप से आत्मनिर्भर और स्थिर नहीं हो जाती, मुझे शक है कि वह अपने बेटे और खुद के लिए कोई निर्णय ले पायेगी। चाहे वह अपने माता-पिता के साथ उनकी छत के नीचे रह रही है और रुपए पैसे के लिए उनकी मदद लेती है, उसे लगता है कि वह अपनी लड़ाई अकेले ही लड़ रही है। उसने हताश होते हुए मुझे बताया, 'मेरे पिता पूछते हैं, 'हम और कितने दिन जीवित रहेंगे?' 'मेरी माँ कहतीं हैं, 'हम और कितने दिनों तक तुम्हारी मदद करते रहेंगे?' और मेरा भाई मुझसे कहता है, 'तुम्हें वापस चले जाना चाहिए और स्थितियों के अनुकूल खुद को ढालना चाहिए।'

हालाँकि उसके माता-पिता के कुछ अपनी मंशा थी, शालिनी ने मुझे बताया कि वह गुजारे भत्ते के लिए अर्जी डालने के लिए इसलिए तैयार हुई क्योंकि वह चाहती है कि उसके पति उसके बेटे की जिम्मेदारी उठाएं और उसके भविष्य को सुनिश्चित करें।

हाल ही में उसने कहा कि उसे यकीन हो गया है कि अपनी जरुरतों को पूरा करने के लिए नौकरी करने की पूरी क्षमता उसमें है। उसके इस दावे के साथ मैं उसे अपनी आँखों के सामने ही बदलते हुए देख रही हूँ। अब उसने नौकरी ढूंढनी शुरू कर दी है, नये दोस्त बनाये हैं और बाहरी रूप से देखने में भी वह एक बदली हुई स्त्री नजर आती है। उसने मामलों को अपने हाथ में लेना शुरू कर दिया है, वह एक बेहतर कल की आशा कर रही है और वह अपने अन्दर एक नई शक्ति देख पा रही है जिससे वह अपना भविष्य बना सकेगी। मुझे इस बात की बहुत खुशी है।

उसने मुझे बताया, 'मेरे विचार से मुझमें अब इतना आत्मविश्वास है कि मैं खुद पैसा कमा सकती हूँ और अपनी देखभाल कर सकती हूँ।' 'जहाँ तक मेरे बेटे का सवाल है, ...आप अपने बच्चे के लिए एक भविष्य देखते हैं। सिर्फ इसलिए कि मैं गड्ढे में गिर रही हूँ, मैं उसको कष्ट नहीं उठाने दे सकती, या उसे अच्छी जिंदगी जीने से नहीं रोक सकती।'

'गड्ढे में गिरने' वाली बात से मुझे लगता है कि मेरी सहेली को अभी भी बहुत लम्बा रास्ता तय करना है। कभी-कभी मैं शालिनी को अपने पुराने रूप में वापस जाते हुए पाती हूँ। उन दिनों में उसे देख कर लगता है कि उसे खुद पर विश्वास नहीं है और उसे बेहतर भविष्य की न्यून आशा है। ऐसे समय में वह मुझे बताती है कि उसे आशा है कि एक दिन वह वापस अपने पति के पास जा पायेगी। चूंकि उसे अपने माता-पिता पर निर्भर रहने से नफरत है, वह इस सोच पर आ जाती है कि इस दुख से निकलने का यही एक तरीका है।

एक संतोषप्रद नौकरी मिलना मुश्किल हो रहा है और कुछ समय के लिए वह अपने भाई के साथ एक ऐसे पद पर काम करने की बाध्य हो गई, जिसमें कोई ज्यादा तनख्वाह नहीं थी क्योंकि उसके भाई की भी अपनी कुछ परेशानियाँ थीं। इस सब के बीच, उसके मुकदमे में भी पैसे लगते हैं। चूंकि उसके माता-पिता वह पैसे दे रहे थे, इससे उसके दूसरों पर निर्भर होने का एहसास और पक्का होने लगा।

एक दोस्त होने के नाते, मैं वहां उसकी व्यथा सुनने के लिए थी, उसके हाथ पकड़ कर उसके आंसू पोछने के लिए थी। एक सामाजिक कार्य की विद्यार्थी होने के नाते, मैंने इस आशा में उसकी कहानी लिखने की मेहनत की, ताकि मैं उसकी परिस्थितियों को समझ सकूं। खास कर मैं आम मिथकों का सच सामने लाना चाहती थी जो घरेलू क्रूरता और टूटी हुई शादियों को दहेज से जोड़ कर देखते हैं। यह दहेज के चलन को नकारने का प्रयत्न नहीं है। मेरा मानना है कि शालिनी जैसे मामलों को उनके पूर्ण रूप में देखना चाहिए–उसकी परिस्थिति में दहेज के अलावा भी बहुत कुछ जुड़ा हुआ है।

मुझे लगता है कि हमें दूसरे पहलुओं पर भी ध्यान देना चाहिए जो किसी शादी को तोड़ते हैं। अगर स्त्रियों और पुरुषों के सम्बन्धों को स्वस्थ बनाने और खुशनुमा वैवाहिक जीवन देने में मदद कर पाने की कोई भी आशा है या फिर उनको तलाक के विकल्प को एक बेहद खराब प्रस्ताव की तरह न देख कर उनको तलाक दिलाने में मदद करने की कोई आशा है तो हमें दहेज के धुंधले परदे के पीछे छुपना बंद कर देना चाहिए।

चर्चा पर टिप्पणियां

दहेज

साक्षात्कारों की शुरुआत में, हमें लगा कि दहेज की परिभाषा और आम धारणाएँ ये दोनों चीजें हमें पूर्ण और विस्तृत रूप में समझनी होंगी। कुल मिलाकर देखा जाए तो शिकायतकर्ता और बचाव पक्ष दोनों ही 'सामाजिक अभिशाप' माने जाने वाले दहेज की अपनी–अपनी समझ को पकड़ कर चलते हैं, जो अक्सर एक दूसरे के विपरीत होती है। यह उनके सामने मौजूद समस्या को और भी कठिन कर देता है।

दहेज की समझ का इस बेमेल और इससे सम्बन्धित कानूनों ने भी इन कानूनों के गलत इस्तेमाल को बढ़ावा दिया है। यहाँ तक कि पुलिस और कानून व्यवस्था से जुड़े दूसरे लोग भी दहेज की स्पष्ट परिभाषा पर एकमत नहीं हो पाए हैं और यही इसकी समस्या है।

कई मामलों में हमने पाया कि लड़की की तरफ से लड़के वालों को दिए गए विवाह सम्बन्धित सामान को तब तक सिर्फ उपहार समझा जाता है जब तक दम्पति या सम्बन्धित परिवार के बीच कोई मतभेद नहीं खड़े हो जाये। जब मामला पुलिस तक पहुँचता है, तो इनमें से कुछ उपहार किसी तरह 'दहेज' में परिवर्तित हो जाते हैं। कई प्रतिवादियों ने हमें बताया कि उन्हें देने में कोई तकलीफ नहीं है पर अगर उनसे किसी ने मांग की तो वे जरूर अपमानित महसूस करेंगे। इस समय वे 'दहेज' शब्द का प्रयोग करते हैं।

उदाहरण के लिए, शालिनी साफ–साफ बताती है कि लड़के वालों की तरफ से खुल कर ऐसी कोई मांग नहीं आई थी। अगर ऐसी कोई मांग होती तो उसके माता–पिता कभी भी इस रिश्ते के लिए नहीं मानते। उसके अनुसार उसके पिता उसके ज्वाइंट खाते में बाद तक पैसे डालते रहे क्योंकि वे अपनी बेटी को सुखपूर्वक रहते हुए देखना चाहते थे। साथ ही शालिनी यह भी कहती है कि उसके सास–ससुर को पता था कि उसके पिता उसकी आर्थिक मदद करते रहेंगे। वास्तव में यह उनकी अनकही अपेक्षा थी। वह जोर देती है कि उसके सास–ससुर के लिए यह हमेशा 'पैसे के बारे में' था। उसके अनुसार पैसा ही वह चीज थी जिसकी उन्हें इस सम्बन्ध अपेक्षा मे थी।

हमने प्रस्तावना में इस बारे में विस्तार से लिखा है पर हमारे लिए यह समझना जरूरी है कि समस्या आने पर और शादी के टूटने की प्रक्रिया तेज होने पर, किस तरह उपहारों को बयान में दहेज बताया जाता है।

स्त्रियों की पहचान, भूमिका और लिंग संरचना

पितृसत्ता की परिस्थितियों में, कम से कम सैद्धांतिक रूप में तो पुरूष अपनी समाजिक भूमिका का रेखांकन, समाज में अपने हैसियत के अनुसार करते हैं। यह उनके पेशे और अन्य दूसरी चीजें जो वे करते हैं, उनसे आ सकता है। दूसरी तरफ स्त्रियों की भूमिका उनके बेटी, पत्नी और माँ के सम्बन्धों से निर्धारित होती है। स्त्रियों की अपनी पहचान उनके साथ रह रहे पुरूष के अनुसार गढ़ी जाती है। वे बेटियां बन के पैदा होती हैं, बहन बन कर बड़ी होती हैं, पत्नी बनने के लिए शादी करतीं हैं और समय आने पर बच्चे पैदा कर के माँ और फिर उन बच्चों के बड़े हो कर शादी करने पर सास बन जातीं हैं। यह पहचान बताने वाले सम्बन्ध ही औरत को उसका रुतबा देते हैं।

इसके अलावा, औरतों को अक्सर 'पोषक' के रूप में इस अपेक्षा से देखा जाता है कि वे घर सम्बन्धी काम की परिधि में ही बंद हो कर रहें। जैसे-जैसे वे एक पहचान से दूसरी पहचान में ढलती हैं, उनका रुतबा भी बढ़ता जाता है। इस तरह वे अंततः सास बन जातीं हैं, यही एक पहचान है जो उन्हें दूसरों पर अपना आधिपत्य दिखाने के कुछ अधिकार देती है, विशेषकर अपनी बहुओं पर।

शालिनी के बचपन और समाजीकरण को गढ़ने वाली शक्तियों की तहों को खोलने से पहले हमें उनके आस-पास की गतिविधियों को समझना पड़ेगा। उसे यह कह कर बड़ा किया जा रहा था कि शादी जरूरी थी और वह अपने ही घर में मेहमान थी और उसका ससुराल ही उसका असली घर होगा। हालाँकि उसे पढ़ाई करने और नौकरी करने के विचार से नहीं रोका गया पर अपने पति की देखभाल और बच्चे पैदा करने को ही उसका मुख्य कर्तव्य बताया गया।

शालिनी ने कई बार यह बताया कि शादी में हो रही समस्याओं के बावजूद, उसने कभी भी तलाक को काफी देर तक एक विकल्प के रूप में नहीं देखा था। वह तबियत खराब होने के बावजूद अपने पति के पास जाने को व्याकुल थी। हालाँकि उसने हमें बताया कि उसका पति उसके जीवन में ज्येष्ठ कर्तव्य था, तलाक न लेने के लिए सामाजिक दबाव और समाज द्वारा थोपे हुए 'आदर्श परिवार' के विचारों ने भी उस पर अपना प्रभाव छोड़ा। साथ ही उसके जीवन में हमेशा दूसरे लोग मौजूद थे जिनका सोचना था कि उन्हें सब पता है कि क्या अच्छा है और उन्हें लगता था कि उसके हेतु निर्णय लेना उनका दायित्व था।

आज भी, शालिनी के पास अपनी या अपने बेटे की जिंदगी का पूरी तरह नियंत्रण नहीं है। पर वह अब हिम्मत दिखाने लगी है। वह जिस स्थिति में पहुँच गई थी, वह पूरी तरह से उसकी गलती नहीं थी। उसे एक पहचान को अपनाना था और अपने लिंग के अनुसार कुछ तय तरीके से अपनी भूमिका को निभाना था। इसलिए कुछ लोग कह सकते हैं कि सामाजिक नियम उसकी इस हालत के जिम्मेदार हैं। पर इन नियमों के होने के बावजूद, स्त्रियां बड़ी संख्या आज इन बेड़ियों से निकलने की शक्ति जुटा पा रही हैं जिससे यह सिद्ध होता है कि सामाजिक अनुबंधन पर काबू किया जा सकता है।

कई इम्तिहानों से गुजर कर शालिनी नौकरी ढूंढ कर आत्मनिर्भर होने की कोशिश कर अपने लिए एक नयी पहचान बनाने की कोशिश कर रही है। उसने अपना बाहरी रूप भी बदला है ताकि आधुनिक शहरी दुनिया में वह उपयुक्त हो सके। उसे कहीं यह विश्वास है कि उसे अंततः अदालत में न्याय मिलेगा। पर कुछ हद तक वह अभी भी एक आधुनिक, आत्मनिर्भर जवान महिला जो अपना ख्याल खुद रख सकती है और एक 'आदर्श' भारतीय महिला जिसकी जगह अपने पति के बगल में मानी जाती है, के बीच द्वन्द में उलझी हुई है। इस भूमिका के चुनाव में हो रही अस्तव्यस्तता को ठीक करने में अभी उसको और उसके जैसी औरतों को कुछ और समय और मेहनत लगेगी। पर वे किस रास्ते जाना चाहेंगी यह तय करने के लिए उनके पास विकल्प है, चाहे कुछ हद तक ही हो। हर रास्ते के अपने परिणाम हैं।

अपेक्षाएं

शालिनी की कथा पूरे विस्तार से यह उजागर करती है कि स्त्री की स्वयं से, अपने वैवाहिक जीवन से तथा अपने जीवनसाथी से क्या अपेक्षाएं होती हैं। साथ ही, दूसरे लोग भी विवाहित स्त्री से, उसके पति से, उसके पिता परिवार से कुछ अपेक्षाएं रखते हैं, यहाँ तक कि व्यापक समुदाय तथा समाज की भी कुछ उम्मीदें स्त्री से जुडी होती हैं। जब विभिन्न लोगों की इन अपेक्षाओं के बीच सामंजस्य चूकता है, उससे कभी-कभी स्थितियां बहुत गलत रूप धारण कर लेती हैं।

एक किशोरी की तरह शालिनी ने विवाह को बहुत सरल रूप में समझा। वह एक ऐसे व्यक्ति के प्रेमपाश में बंध गई जिसे उसने पहले कभी नहीं देखा था। उस व्यक्ति को उसने अपना सब कुछ समर्पित कर दिया और यह आस पाल बैठी कि वह व्यक्ति भी उससे उतना ही प्रेम करेगा। शालिनी ने अपने लिए भी अपेक्षाओं का बड़ा मानक तय कर लिया। उसने ठान लिया कि वह आदर्श पत्नी और आदर्श वधू की कसौटी पर खुद को खरा सिद्ध करेगी। शालिनी ने अपने पति को खुद से बड़ा माना। उसने अपने पति और सास-ससुर को अपने जीवन के निर्णय लेने का अधिकार सौंप दिया। यह शालिनी की भयंकर गलती थी। दो वर्ष बाद जब शालिनी ने अपनी जिंदगी को खुद अपनी पकड़ में लेना चाहा, तब उसका वैवाहिक जीवन लड़खडाने लगा।

शालिनी के पति और उसके ससुराल वाले इस उम्मीद में रहने लगे कि शालिनी कभी उनकी प्रभुता के अधिकार को चुनौती नहीं देगी। उसके पति ने भी यह अपेक्षा पाल ली कि शालिनी उसके प्रति पूरी तरह समर्पित रहेगी और उसके पति का शालिनी की बेवफाई के शक, हालांकि उसके पास इस बात का कोई प्रमाण नहीं था, ने उन दोनों के बीच की दरार को और चौड़ा कर दिया। यह स्थिति हमें समाज के उस पितृसत्तात्मक मूल्यबोध का सामना कराती है जिसमें स्त्री के लिए प्रतिबंधात्मक आचार संहिता तय की गई है। इस आचार संहिता में पति खुद को हमेशा निर्णायक और नियंत्रक भूमिका में रखता है और अगर उसे तनिक भी इस बात का संदेह हो कि उसके तय किये गए नियमों की अवहेलना हो रही है, वह आक्रामक हो उठता है।

शालिनी के पति और उसके ससुराल वालों की शालिनी के पिता से आर्थिक अपेक्षाएं भी थीं। जब तक उनकी यह उम्मीद पूरी की जाती रही, शालिनी के जीवन में कुछ स्थिरता रही, लेकिन यह बस कुछ दिन की ही स्थिति थी। पति और ससुराल वालों के हाथ सारा आर्थिक नियंत्रण

दे देने के बाद शालिनी आर्थिक रूप से स्वायत्त नहीं रह गई और उसे दर्दनाक परिस्थितियों का सामना करना पड़ा।

दोनों पक्षों के अपेक्षाओं के बीच की खाई साफ नजर आती है। यह सिलसिला शादी की रस्मों के समय से ही शुरू हो गया था। इनका नतीजा असंतोष और समस्याओं के रूप में सामने आने लगा। जैसा कि प्रायः दहेज सम्बन्धी मामलों में होता है, यहाँ सारी समस्याएँ पैसे से जुडी हुई नहीं थीं, बल्कि इनके मूल में शक्ति का संघर्ष था। वर पक्ष की यह अपेक्षा थी कि पितृसत्तात्मक परंपरा के अनुसार वधु पक्ष उन सब आग्रहों को पूरा करने को बाध्य होगा जो वह लोग कहेंगे और पुरुष पक्ष की संप्रभुता सर्वोच्च रहेगी।

प्रतिबद्धता

इस पुस्तक में बताये गए कई प्रसंगों में उन दृष्टांतों की व्यापक तस्वीर देखी जा सकती है जिनका सामना हमने अपने फील्डवर्क के दौरान किया था। हमने पाया कि दो परिवारों के बीच प्रतिबद्धता से जुड़ी समस्याएँ दूसरी समस्याओं से ज्यादा थीं। शालिनी के मामले में पहली समस्या आर्थिक प्रतिबद्धता के सन्दर्भ में उपजी थी, जिसका सम्बन्ध शालिनी के ससुराल वालों की इस अपेक्षा से था कि शालिनी के पिता की ओर से इनके ज्वाइंट बैंक अकाउंट में लगातार पैसा जमा किया जाता रहेगा। चूंकि शालिनी के पति की पहुँच इस खाते तक थी, वह इस बात के लिए खुद को स्वतंत्र समझता था कि वह जब चाहे इसमें से पैसा निकाल ले। एक प्रतिबद्ध पत्नी के रूप में शालिनी से यह उम्मीद नहीं की जाती थी कि वह इस बारे में कोई सवाल न उठाये।

भले ही शालिनी के पति और वर पक्ष के लोगों की आर्थिक प्रतिबद्धता की यह अपेक्षा दहेज की मांग के रूप में नहीं थी, इसकी उगाही में दबाव और लगाम कसने जैसी तरकीबें बराबर इस्तेमाल की जाती रहीं। हमने शालिनी के ससुराल वालों को उसके साथ दुर्व्यहवार करते देखा, यह देखा कि शादी के कुछ ही दिनों बाद उस पर अपने पति से बात करने तक पर बंदिश लगाई जाने लगी। शालिनी का मानना था कि यह सब उस पर यह दबाव बनाने के लिए किया जाता था कि वह अपने पिता को लगातार पैसा भेजने के लिए मजबूर करे। शालिनी के ससुराल वाले तथा उसका पति यह उम्मीद रखते थे कि वह उनके प्रति वफादार रहेगी अर्थात, वह उनकी इस डकैती पर रोक लगाने जैसी कोई बात नहीं उठाएगी। इस तरह से उनकी यह अपेक्षा थी कि शालिनी भी उनके इस आधिपत्य को मान्यता देगी।

जब शालिनी ने अपनी चुप्पी तोड़ी और अपनी प्रतिबद्धता को परे किया, उसके पति की ओर से शारीरिक, मानसिक और भावात्मक क्रूरता का दौर शुरू हो गया। कई बार, जब शालिनी और उसके पति के बीच कोई विवाद हुआ, शालिनी के पति ने शालिनी के माता–पिता को, उन्हें गाली देते हुए तथा उनके लिए अपमानसूचक शब्द बोलते हुए बीच में घसीट लिया। जब शालिनी ने अपने माता–पिता की ओर से इसका प्रतिवाद किया, तो उसके पति के दुर्व्यहवार का आवेग और तेज हो गया। कुल जमा नतीजा यह निकला कि उन लोगों की अपेक्षा यह थी कि शालिनी की आर्थिक और भावनात्मक प्रतिबद्धता अपने माता–पिता की ओर न हो कर उनकी ओर हो।

प्रतिबद्धता का प्रश्न एक बार फिर उभर कर फिर तब सामने आया जब शालिनी की वफादारी पर उंगली उठाई गई। यह शालिनी के पति की अपनी माँ के प्रति वफादारी ही थी, जिसने शालिनी

की सास को यह मौका दिया कि वह संदेह का जहर घोलते हुए शालिनी के पति के कान भरे और इस तरह, अपने बेटे को उसकी पत्नी से दूर खींच ले।

शालिनी का ऐसा मानना है कि उसके माता-पिता को गालियाँ देते हुए, उसका पति उसे जानबूझ कर उकसाता था कि वह उत्तेजित हो कर अपने पति की अवमानना का कोई संकेत दे बैठे और फिर उसे शालिनी को सजा देने का कोई बहाना मिल जाय। यहाँ सवाल यह उठता है कि क्या, शालिनी के पति का यह व्यवहार, इस उम्मीद से था कि इससे शालिनी के पिता उनके ज्वाइंट अकाउंट में और अधिक पैसा जमा करेंगे ताकि शालिनी के पति का व्यवहार कुछ सुधर जाए या शालिनी का पति ऐसा यह सोचकर कर रहा था कि शालिनी उसे खुद ही छोड़ कर चली जाए? जो भी हो, मामला साफ तौर पर प्रतिबद्धता का ही है, न कि दहेज का।

सारे अत्याचारों के होते हुए भी, उसके माता-पिता ने हमेशा उससे अपने ससुराल वालों और पति के प्रति वफादारी और सम्मान दिखाने के लिए, उनकी बात मानने की अपेक्षा की। इसमें शादी की संस्था के प्रति समर्पण और सामाजिक नियमों का पालन भी सम्मिलित था। आज भी वे चाहते हैं कि वह अपने पति के पास वापस चली जाए। उसकी मदद करने का आर्थिक भार जो वे तब भी करते जब वह अपने पति के साथ होती, उन्हें इतना खराब नहीं लगता जितना एक तलाकशुदा बेटी के घर पर होने से होने वाला सामाजिक भार।

पैसे की चिंता

यदि वे खुद को आर्थिक निश्चिन्तता का भरोसा दिला सकें तो शायद ज्यादा औरतें तलाक का रास्ता चुनेंगी। इस मामले में हालांकि शालिनी ने सोचा कि वह अपने माता-पिता पर मदद के लिए निर्भर हो सकती है, पर वे उसे अनिश्चित काल के लिए मदद का वायदा करने के लिए तैयार नहीं हैं। 5 साल अलग रहने के बाद और 2 मुकदमों के बाद भी, अगर वह अपने पति के पास वापस जाने के बारे में सोच भी रही है तो वह सिर्फ इसलिए कि वह आज भी बेरोजगार है। उसे यही एक रास्ता दिखता है जिससे वह अपने और अपने बेटे के लिए आर्थिक स्थिरता सुनिश्चित कर सकती है। यह कदम उसके परिवार और समाज को खुश कर देगा, यह एक अन्य तथ्य है।

भारत में तलाक की कम दर का एक कारण औरतों की आर्थिक अनिश्चितता के कारण उपजी है, जबकि यहाँ इतनी ज्यादा अप्राकृतिक मृत्यु (हत्या, आत्महत्या) दर है। भावात्मक घात के अलावा, सामाजिक अवहेलना और अकेले अभिभावक होने का बोझ... यह आर्थिक कारक औरतों को अत्याचार भरी शादी से बाहर निकलने से रोकता है।

स्त्री शक्ति

शालिनी की जीवन यात्रा सशक्तिकरण, अपनी भूमिकाओं और पहचान की बदलती हुई समझ से भरी हुई है। कई बार उसकी पहचान परस्पर विरोधी रही है। वह एक शर्मीली, अपने में रहने वाली बच्ची थी जिसके बहुत कम दोस्त थे। एक तरफ, उसे अपनी जिंदगी से केवल यही अपेक्षा थी कि एक खुशहाल शादी, घर और बच्चा हो। दूसरी तरफ वह नौकरी भी करना चाहती थी, एक अच्छी नृत्यांगना बनना चाहती थी और पढ़ाई कर के एक आर्किटेक्ट बनना चाहती थी।

जिंदगी (या फिर कहें शालिनी के माता-पिता) की उसके लिए अलग ही योजना थी और कम उम्र में ही उसकी शादी कर दी गई। शादी की शुरुआत में ही, उसने अपने जीवन की बागडोर और नियति अपने पति और ससुराल वालों के हाथों में सौंप दी। पर कुछ समय बाद अस्वस्थ माहौल का आभास होने पर उसने अपने पति से प्रश्न पूछने शुरू किये।

शालिनी मानती है कि वह लम्बे समय तक पति की दया पर निर्भर रही। उसके पति और ससुराल वालों ने जो भी नियम उसके लिए बनाये, वह आंख बंद कर उनका पालन करती रही। अपने और अपने हक के लिए तथा अपने माता-पिता के लिए खड़े होने के लिए उसे बहुत हिम्मत की जरुरत थी। आखिरकार उसने बाहरी संस्था से मदद मांगने का निश्चय किया और एक सलाह केंद्र की हेल्पलाइन पर फोन किया जहाँ उसे बताया गया कि वे उसकी वैवाहिक जीवन की परेशानियों को सुलझाने में उसकी मदद कर सकतें हैं।

शालिनी बताती है कि कैसे उसका पति एकदम स्तब्ध रह गया था कि उसने इतना बड़ा कदम उठाया था। स्पष्ट था कि उसने कभी भी उससे ऐसा करने की अपेक्षा नहीं की थी। यह उसके ससुराल वालों द्वारा 'हाथ से निकलने' के रूप में देखा गया। उन्होंने और उसके पति ने उसे काबू में करने की कोशिश की और उसे मानसिक और शारीरिक यातना दे कर उसको उसकी 'जगह दिखाने' की भी कोशिश की। फिर भी शालिनी ने लड़ाई नहीं छोड़ी और साथ ही साथ अपनी शादी को भी बचाने की भरपूर कोशिश करती रही। इन परिस्थितियों में यह उसकी बहादुरी थी।

आखिरकार पति से अलग होकर और भारत लौटने के बाद शालिनी ने अपने माता-पिता को अपनी जिंदगी की बागडोर फिर से सौंप दी। उन्होंने तब तक उसे पकड़े रखा जब तक उसे फिर से यह समझ नहीं आ गया कि जब तक वह अपने हक के लिए खड़ी नहीं होगी और डटी नहीं रहेगी, उसे शान्ति नहीं मिलेगी।

आज चाहे उसके माता-पिता की अपेक्षाएं उससे अलग हैं, शालिनी ने अपना रास्ता चुन लिया है और अपनी जिंदगी अपने हिसाब से जीने की कोशिश कर रही है। उसके लिए यही सशक्तिकरण है और यही मुख्य चीज है जो शायद उसे आखिरकर एक शक्तिशाली स्त्री बनाने में मदद करेगा। उसने बहुत पहले समझ लिया है कि यह लड़ाई बहुत लम्बी और कठिन होने वाली है पर वह लड़ते रहना चाहती है। उसने समय के साथ जो सकारात्मक सोच और जिंदादिल स्वभाव विकसित किया है, उससे उसको समस्याओं से उबरने में मदद मिल रही है। यही स्त्री की असली शक्ति है।

::Of Dogs and Chains:: - Mozilla Firefox

File Edit View History Bookmark Tools Help

www.ofdogsandchains.blogspot.com/

Getting Started Latest Headlines YouTube Wikipedia Dictionary

SEARCH BLOG FLAG BLOG Next Blog» Create Blog | Sign In

2

अखिल—कुत्ते और जंजीरें

शुक्रवार, 30 नवंबर 2007

आदम और हव्वा

इस रुढ़िवादी सोच से तो हम सभी परिचित हैं: पुरुष मजबूत होता है और लड़कियां आसानी से डर जातीं हैं। पर क्या पुरुष डर नहीं सकते? अगर मैं ईमानदारी से कहूँ तो वास्तव में मैं, बचपन से ही औरतों से डरता रहा हूँ।

मेरे ख्याल से यहाँ यह बताना जरूरी है कि मेरे साथ बचपन में किस तरह की घटनाएं घटित हुईं। इन घटनाओं ने न केवल मेरे विकास को प्रभावित किया, बल्कि मेरे आज के व्यक्तित्व को आकार दिया। शायद, इसी वजह से, मैं अपने वैवाहिक जीवन में हिंसात्मक हो गया।

बचपन में मैंने अपनी माँ की भावनाओं को हमेशा बहुत तीक्ष्ण पाया। पिताजी कभी-कभी मुझे मारते थे, पर उस मार को मैं 5 मिनट में ही भूल जाता था वहीं मेरी माँ के शब्द... वे मेरे अंतर्मन को हमेशा के लिए बींध देते थे।

मुझे याद है, एक बार मैंने अपनी कक्षा की एक लड़की को किताब उधार दी। लापरवाही में, मैं उससे वह किताब वापस लेना भूल गया। जब कुछ दिनों बाद मुझे उस किताब की जरूरत पड़ी

मेरे बारे में

नाम: अखिल
स्थान: बैंगलोर
मेरे बारे में: भारतीय दहेज कानूनों के दुरूपयोग का पीड़ित।

मेरी पूरी प्रोफाइल देखें

आपसे कुछ छूटा?

- शादी में भीड
- यह सब पैसे का खेल है
- चलो, यौन संबंधों के बारे में बात करें...
- हाँ, मैंने आवेश में आ कर उस पर हाथ उठाया
- 'त' शब्द
- कानूनी बिसात

अभिलेख

- फरवरी 2008
- माच 2008
- अप्रैल 2008
- मई 2008
- जून 2008

अतिथि पुस्तक

गैर-ब्लॉगर्स यहाँ सन्देश छोड़ सकते हैं

ब्लॉगिंग बिरादरी

- मेरी तस्वीरें
- अनुपम
- अनिरुद्धा
- सिद्धार्थ
- प्रतीक
- मंज़िल
- बिटूपन

तो मेरी माँ ने जानना चाहा कि मेरे पास वह किताब क्यों नहीं है। मैंने उन्हें बताया कि मैंने वह किताब एक लड़की को दी हुई है। यह सुन कर उन्होंने लड़के और लड़कियों के सम्बन्धों के बारे में कई अप्रिय बातें कहीं। उनके विचार से मैंने वह किताब उस लड़की को केवल उसके एक लड़की होने की वजह से दी थी। नौ साल के बच्चे के लिए, उनकी कही हुई बातें समझ पाना बहुत कठिन था। यह सुन कर मैं काफी स्तब्ध हुआ और वह शब्द मुझे कई दिनों तक परेशान करते रहे। मैंने उसी क्षण फैसला कर लिया कि मैं लड़कियों से बात ही नहीं करूँगा क्योंकि मुझे उन्हें संभालना नहीं आता।

बाईस वर्ष का होने के बाद ही मुझे एहसास हुआ कि यह एक स्वस्थ सोच नहीं थी।

चौबीस साल का होने तक, मैं पहले की अपेक्षा, महिलाओं से ज्यादा प्रभावी तरह से बातचीत करने लगा। मैं अब अपनी शादी और भावी पत्नी से सम्बन्धों के बारे में ज्यादा निश्चिंत महसूस कर रहा था। पर माँ से मेरे सम्बन्ध अभी भी तकलीफदायक थे। वे हर समय मुझे भांपने की कोशिश करती रहती थीं, जिससे मैं बहुत घुटन महसूस करता था कम-से-कम 18 वर्ष का होने तक, माँ-पिताजी की लड़ाई में, मैं हमेशा अपनी माँ का ही साथ देता था इसके बावजूद उन्होंने मुझे हमेशा मानसिक रूप से प्रताड़ित किया। यह मुझे हमेशा परेशान करता रहा। उन्हें पता ही नहीं चलता था कि कब उन्हें चुप हो जाना चाहिए। परिणामस्वरूप वे अपनी सारी भड़ास मुझ पर निकालती थीं।

मेरी जैसी परिस्थिति के शिकार पुरुषों से बात करके मुझे लगता है कि वैवाहिक हिंसा के ज्यादातर मामलों की जड़ में ऐसी ही घटनाएं छुपी हुई हैं। जब पुरुष नियंत्रण करने की स्थिति में नहीं होता और उसे कमजोर होने का एहसास दिलाया जाता है, तो वह विस्फोट कर सकता है। मेरे साथ भी ऐसा ही हुआ। मेरे जीवन की सबसे महत्त्वपूर्ण महिला ने मुझसे दुर्व्यवहार किया। वहीं से मैंने सीखा कि किस तरह से पुरुष और स्त्री परिवार में एक दूसरे के साथ सम्बन्ध रखते हैं। मेरे वैवाहिक जीवन में मेरे द्वारा की गयी 'हिंसा' का शायद यही कारण था। ज्यादातर लोग मेरे अनुभवों को मेरे प्रति दुर्व्यवहार नहीं मानेगे पर मेरा मानना है कि यह सबसे निकृष्टतम व्यव्हार है। इससे आप किसी के भी आत्मविश्वास को चकनाचूर कर सकते हैं।

मुझे स्त्रियों से उतना भय नहीं है जितना उनकी भावनाओं से–उनकी जटिल भावनाओं और उन भावनाओं के द्वारा चोट पहुँचाने की क्षमता से इन भावनाओं का सामना करने में मैं असमर्थ हूँ। यह सही है कि मेरी

पत्नी, मेरी माँ की तरह मुझे चोट नहीं पहुंचा सकती थी और इसलिए मैं उससे भयभीत नहीं रहता था। पर मेरी माँ के दिए हुए घाव जानलेवा थे समय के साथ मैंने अपनी भावनात्मक शक्ति बढ़ाने के लिए माँ के ही सब गुर सीख लिए।

हमारे समाज की यही सबसे बड़ी हास्यास्पद स्थिति है कि अहंकारी पुरुष को लताड़ा जाता है और वहीं एक महिला अहंकार दिखा कर भी बच जाती है।

सही कहूँ तो मुझे समझ नहीं आता कि लोग भारतीय नारी को प्रताड़ित क्यों मानते हैं। मुझे तो ऐसा लगता है कि सारी शक्ति तो उन्हीं के पास है, चाहे मान्यताएं कुछ भी हों। अगर मैं अपने अनुभवों को देखूं तो मुझे लगता है कि पितृसत्ता की बातें एकदम बकवास हैं, खासकर जब आप औरतों द्वारा की जाने वाली क्षति के बारे में विचार करें।

बचपन की एक और आँखों देखी घटना ने मुझे बहुत समय तक परेशान किया—गली में पानी के पम्प के पास महिलाओं का झगड़ना। जब वे झगड़ा करतीं तो आसपास के पुरुष उनसे शांत होने की विनती करते रहते, पर वे लड़ाई बंद करने का नाम ही नहीं लेती थीं। वे एक दूसरे के कपड़े तक फाड़ डालती थीं अगर उनके खुद के कपड़े भी फट जायें तब भी वे अर्धनग्न अवस्था में भी झगड़ती रहती थीं। मैं एक बच्चा ही था और इन महिलाओं को देख कर मैं डर से काँप जाता था।

मेरी पत्नी के साथ समस्या यह थी कि वह घमंडी थी। वह बहुत प्रतिशोधी और परपीड़क प्रवृत्ति की थी मुझे इस बात का एहसास शादी के शुरू के तीन या चार महीने में ही हो गया था। कई बार वह मेरे साथ भी हिंसक हो जाती थी।

मैं उसके इस व्यवहार के पीछे के मूल कारण समझ सकता हूँ। बड़े होने के दौरान, उसका छोटा भाई उससे काफी विद्वेश रखता था वह बहुत शरारती था और इसलिए उनकी माँ उसे अक्सर बेरहमी से मारा करती थीं। वह लड़का बड़ा होते-होते स्त्री-सुलभ भावनाओं से ही नफरत करने लगा। अपनी माँ को तो वह कुछ नहीं कह पाता था, इसलिए अपनी सारी भड़ास मेरी पत्नी यानि अपनी बहन पर निकालता था। यहाँ भावनाओं की एक श्रृंखला-सी दिखती है—मेरी पत्नी उसकी क्रूरता का शिकार थी और वह उस दिन का इंतजार करने लगी जब बदले में उसे खुद किसी पुरुष को आघात पहुँचाने का मौका मिलेगा। दुर्भाग्यवश वह पुरुष मैं बना।

मैं इसके कई उदाहरण दे सकता हूँ एक दिन मैं जमीन पर चटाई पर बैठा किताब पढ़ रहा था। वह मेरे पास आई और मजे के लिए मेरी एड़ी पर चढ़ गयी। सच में, यह तो हद थी! पर इससे भी ज्यादा तकलीफदेह

घटनाएं हुईं जब वह मुझे अपने शब्दों से घायल करती थी। जैसे एक बार हम एक बिल्डिंग की पांचवीं मंजिल पर खड़े थे और उसने मुझसे कहा, 'तुम इस खिड़की से बाहर क्यों नहीं कूद जाते?' यह बिलकुल मजाकिया नहीं था। बल्कि उसकी बीमार मानसिकता थी–वह सबको दर्द में देखना चाहती थी, खासकर उस नफरत की वजह से जो उसने अपने मन में कुछ पुरूषों के खिलाफ पाली थी। मुझ पर वैवाहिक क्रूरता का आरोप है, पर क्या यह सब मेरे खिलाफ क्रूरता नहीं थी?

ऐसी घटनाएं महीने में एक बार तो घट ही जाती थीं जैसे, जब जोर की बारिश में मैं पूरा भीगा हुआ घर पहुँचता था, उसे ज़रा भी परवाह नहीं होती थी; कम से कम महिलाओं से जिस तरह की देख-रेख की अपेक्षा होती, उसका व्यवहार वैसा नहीं होता था पर फिर भी उसे इतना तो पूछना चाहिए था कि 'तुम कैसे हो?' पर ऐसा कभी कुछ नहीं हुआ।

मुझे ऐसा नहीं लगता कि मेरी पत्नी ने कभी मेरी परवाह की हो या कभी मेरे प्रति संवेदनशील रही हो या फिर कभी मुझे समझने की कोशिश की हो। मुझे अपनी पत्नी से जिस तरह की अभिस्वीकृति या समझ की अपेक्षा थी वह उस में थी ही नहीं। स्त्री में संवेदना और करुणा के भाव की जो भी बातें मैं सुनता आया था उनकी वजह से शायद मैंने उससे कुछ ज्यादा ही अपेक्षा की। हालाँकि, अगर मैं पीछे मुड़ कर औरतों के साथ के अपने पुराने अनुभवों को देखूं, तो मुझे इसमें कोई आश्चर्यजनक बात नजर नहीं आती। जितना कहा जाता है, उसके विपरीत, वे बिलकुल भी संवेदनशील नहीं हैं।

मेरे रिश्तेदारों का मानना है कि मुझे अपनी पत्नी को और काबू में रखना चाहिए था। वे मुझे कहते थे कि, 'तुमने उसे पूरी आजादी दी, इसीलिए वह ऐसी है। तुम्हें उसे सबक सिखाना चाहिए था तब उसकी अकल ठिकाने आ जाती पर क्या वास्तव में आदम को हव्वा को काबू करने की जरूरत पड़नी चाहिए? क्या यह परंपरागत पितृसत्तात्मक प्रतिक्रिया गलत नहीं है? या फिर हव्वा के व्यवहार की वजह से, यही सही है?

सुबह 12:05 पर अखिल द्वारा पोस्ट किया गया <u>*5 प्रतिक्रियाएं*</u>

शनिवार, 8 दिसम्बर 2007

भीड़ भरी शादी

आपको शायद मेरे लम्बे समय से औरतों से डरने वाली पोस्ट याद हो दरअसल मैं न केवल स्त्रियों से डरता था, मुझे शादी से भी डर लगता था। मुझे डर था कि इससे मेरी वैयक्तिकता खतरे में पड़ जाएगी जिसे मैं हर हाल में बचाए रखना चाहता था। यही मेरा सबसे बड़ा युद्ध होने वाला था।

मैं जीवन में पूर्ण-रूप से स्वावलंबी होने का दावा नहीं कर सकता। मेरे माता-पिता, काफी सालों तक मुझ पर हुक्म चलाते रहे। मेरे जीवन के शुरुआती समय में मेरे माता-पिता के अनुसार, पढ़ाई और करियर ही मेरे लिए सबसे महत्त्वपूर्ण चीजें थी। तब शादी उनके लिए अहम नहीं थी। जब मैं 28 वर्ष का हो गया, तब ही वे शादी के बारे में बात करने लगे। मुझे नहीं लगता कि अगर मैं प्रेम विवाह करना चाहता तो वे मुझे रोकते। पर मुझे लगा कि भारत में डेटिंग व्यवस्था प्रभावी साबित नहीं होती। पश्चिमी देशों की तरह यहाँ जवान लड़के-लड़कियां एक दूसरे से बात करने में उतना खुला नहीं महसूस करते। इसलिए मैं ना तो कभी डेट पर गया और ना ही कभी शादी से पहले, भावनात्मक रूप से किसी स्त्री से सम्बन्ध बनाया। और वैसे भी मेरे जैसे लड़को को, जो भारत में अभियांत्रिकी (इंजीनियरिंग) के छात्र हैं, उन्हें अपने आप को बचा कर रखना पड़ता है—हमें यही सिखाया जाता है कि अगर हमने किसी लड़की से बात भी की या कोई सम्बन्ध रखा तो हमारी पढ़ाई का नुकसान होगा। मैं सोचता था कि मेरे पास किसी लड़की के पीछे भागने का समय नहीं है, मुझे और बहुत कुछ सोचना है।

इक्कीस वर्ष में कॉलेज खत्म करके, मुझे तुरंत नौकरी ढूंढ़ने और अपने इंजीनियरिंग के करियर के बारे में सोचना था। मुझे जहाँ पढ़ाई कठिन लगती थी, काम करना मुझे उससे भी कठिन लगा। मेरे पास समय ही नहीं बचता था। मुझे हर समय आर्थिक असुरक्षा महसूस होती थी। गरीबी देख कर मैं विचलित हो जाता था। एक पुरुष के लिए आर्थिक मुद्दे सर्वोपरि होते हैं, खासकर क्योंकि भारत में उपयुक्त सामाजिक सुरक्षा तंत्र नहीं है। इसीलिए माता-पिता द्वारा तय की हुई शादी ही मेरे लिए एकमात्र रास्ता था। यह मेरे लिए एक समझौता ही था। हालाँकि मैं किस लड़की को अपनी पत्नी के रूप में स्वीकार करूँ, इसका अंतिम फैसला मेरा ही था। अब, जब मैं इन सब चीजों के बारे में सोचता हूँ, तो मुझे लगता है कि माता-पिता द्वारा

तय की गयी शादी का कोई खास मतलब नहीं है; शायद पश्चिमी तरीका ही बेहतर है। हमारा तरीका बहुत ज्यादा औपचारिक है।

मेरे विचार से शादी के बंधन में हर किसी को एक दूसरे के साथ मिल कर एक टीम के सदस्य की तरह काम करना चाहिए। और टीम के अन्दर हर किसी को अपनी वैयक्तिकता बनाये रखने की स्वतंत्रता होनी चाहिए। जैसा कि मैंने कहा, मैं अपनी स्वतंत्रता कभी नहीं खो सकता। अपनी पत्नी से शुरुआती सम्बन्धों में मुझे एक घटना अच्छे से याद है–वह है शादी में हल्दी की रस्म। हल्दी के लिए मुझे सिर्फ जांघिया पहन कर बैठना था ताकि घर की औरतें मुझे हल्दी लगा सकें और मेरे ऊपर पानी डाल सकें। मैंने उन्हें कह दिया, 'ये क्या बकवास है! मैं बिना शर्ट के नहीं बैठने वाला हूँ! ये सब कितना घिनौना है!' पर मेरे उन्हें यह बताने के बावजूद कि ये रस्म न केवल मुझे नापसंद है, बल्कि मेरी वैयक्तिकता का उल्लंघन है, वे सब जबरदस्ती करने लगे। मेरी वैयक्तिकता पर उस दिन जो धावा हुआ, वह उस समय से अब तक जारी है।

मेरे वैवाहिक जीवन में मेरे ससुराल वाले सबसे बड़ी समस्या बन गए। वास्तव में हमारी वैवाहिक समस्याओं की जड़ मेरी पत्नी से ज्यादा वे लोग थे। सबसे बड़ी मुश्किल थी उनकी प्राबल्य और वर्चस्व की चाहत जबकि मैंने ठान लिया था कि मैं ऐसा नहीं होने दूंगा। उनकी नजर से देखूं तो शायद वे अपनी बेटी के नजदीक रहना चाहते थे। वे शायद उसे याद करते होंगे। पर उन्हें ऐसा भी लगता था कि उन्हें ये सुनिश्चित कर लेना चाहिए कि उसे मेरी तरफ से आर्थिक सुरक्षा मिले। पर मैं खुद अपने हाल में रहना चाहता था। मैं उन्हें बताना चाहता था कि मुझे किसी भी तरह का प्रभुत्व स्वीकार नहीं है और ऐसा किसी भी कीमत पर नहीं होगा। मैं अपनी आत्मा, अपने सोचने समझने की शक्ति किसी और के हवाले नहीं कर सकता था और न ही किसी को मुझे हैरान परेशान करने दे सकता था। क्या मैं कोई कुत्ता था जिसके गले में पट्टा डालने के जरूरत थी?

हालाँकि मेरी पत्नी मुझसे सहमत थी। पर उसने इस मामले में कुछ भी कर सकने में असमर्थता जताई। मैंने उसे यही कहा कि उसे संतुलन बनाने के लिए दोनों पक्षों के नजरिए को ध्यान में रखना चाहिए। ऐसा करने में मैंने उसे पूरा सहयोग दिया। पर उसी ने मुझसे विनती की, 'मेरे माता-पिता ऐसे ही हैं और मैं तुम्हारे और उनके बीच में फँसी हूँ।' जिस दिन उसकी माँ को उसकी सोच का पता चला, उसी दिन उन्होंने मेरी पत्नी को गुस्से में बोला, 'चली जा यहाँ से! मेरे घर वापस मत आना।' भारतीय रिवाजों के हिसाब से तो ये बात पति के ऊपर भी लागू होती है।

इसका सीधा मतलब यही था कि वे मुझे भी निकल जाने को कह रही थीं जो किसी के लिए भी बहुत अपमानजनक बात है।

उसके माता-पिता की बात सुनने को मैं जितना तैयार था, मेरी पत्नी मुझसे, उससे ज्यादा की अपेक्षा करती थी। पर उनके और मेरे बीच में कोई लगाव नहीं था। हमारे बीच में कुछ भी एक-सा नहीं था। वे, कुछ ज्यादा ही भावुक और हम पर निर्भर थे। वे मुझसे जो भी भावनात्मक आश्रय चाहते थे मैं उन्हें देने में हिचक रहा था क्योंकि मुझे समझ आ गया था कि ऐसा करना मुझे अन्दर से पूरा खाली कर देगा। मैं ये नहीं कह रहा कि मैं उनसे कोई लेना देना नहीं रखना चाहता थाय मुझे मालूम था कि अभी भी और बुढ़ापे में भी उनका ध्यान रखना मेरी जिम्मेदारी है पर मुझे कहीं तो सीमा बांधनी थी जिससे मेरी निजी स्वतंत्रता का हनन न हो। बाकि कई और परिवार जो मैंने देखे हैं उनकी तरह मेरे ससुराल वाले भी एक झुण्ड की तरह काम करते थे। दरअसल यह रूढ़िवादी भारतीय सोच की वजह से है जिसके अनुसार विवाह सिर्फ दो इंसानों के बीच सम्बन्ध नहीं है बल्कि दो परिवारों का मेल है। मुझे ऐसा लगा जैसे मैंने उसके पूरे परिवार से शादी की हो।

मैं सिर्फ अपनी स्वतंत्रता को ही बचाना नहीं चाहता था। मैं अपनी पत्नी की वैयक्तिकता को भी बचाना चाहता था। भारत में लोग दूसरों से वैयक्तिकता की अपेक्षा नहीं रखते। पर मुझे ऐसे लोग पसंद नहीं हैं जो अपने माता-पिता या ससुराल वालों की आँख बंद कर बात मानते हैं। हर व्यक्ति को वही करना चाहिए जिसमें वह विश्वास रखता है या जो उसे समझ आता है। मेरी पत्नी ऐसा नहीं कर पाई क्योंकि वह अपने माता-पिता से बहुत ज्यादा प्रभावित थी।

शादी के एक महीने पहले मुझे पता चल गया था कि मेरे ससुराल वाले काफी दखलंदाजी हैं। मेरी सास ने कहा, 'इन लोगों को जिन्दगी के बारे में क्या पता है? इन्हें जीवन के बारे में और कौन सिखाएगा? हमें ही सिखाना होगा।'

उनके कहने का मतलब था कि मुझे अभी भी गृहस्थी चलाना सीखना थाय मेरे हिसाब से ये मेरी व्यक्तिगत स्वतंत्रता पर हमला था।

इसके पहले मैंने अपने माता-पिता के हस्तक्षेप से निबटने का तरीका ढूंढ लिया था, जिससे हम दोनों पक्ष एक दूसरे को बराबर स्तर पर देख पाते थे। भारत में समस्या यह है कि हमारी संस्कृति में माता-पिता हर चीज में हमारे सर पर सवार रहते हैं, हमें कौन सा फर्नीचर खरीदना चाहिए, कौन सा टीवी लेना चाहिए और यहाँ तक कि हमें कौन से जूते पहनने चाहिए! मैं बहुत मेहनत करता था। और मैं नहीं समझ पाता था

कि क्यों मैं किसी और का प्रभुत्व स्वीकार करूँ। हालाँकि मेरी पत्नी मुझसे इन मामलों में सहमत थी पर फिर भी उसके माता-पिता को यह बहुत अजीब और विद्रोही व्यवहार लगता था कि मैं उनके साथ एक ऐसा सम्बन्ध रखना चाहता हूँ जिसकी अपनी सीमाएँ भी हों। मैं समझ सकता हूँ कि मेरी पत्नी को लगता था कि वह हम दोनों पक्षों के बीच में फंस गयी है, पर मैंने उसे पहले ही बता दिया था कि उसे हमारे बीच संतुलन रखने के लिए मेहनत करनी पड़ेगी।

मेरे वैवाहिक जीवन में बढ़ती उनकी दखलंदाजी चली गयी। वे हमेशा फोन पर मेरी पत्नी के दिमाग में चीजें भरते रहते थे और फिर वह मेरे दिमाग में उन्हें डालने के कोशिश करती रहती। तुम्हारी माँ ऐसी है, तुम्हारा भाई वैसा है। उसके माता-पिता हर बार यही सब बात करते थे। हमारे बीच स्थितियां हमेशा ही बहुत नकारात्मक थीं। उनकी मूल समस्या थी कि वे मुझ पर नियंत्रण नहीं कर पा रहे थे। मैं उन्हें अनसुना करता था और ये उन्हें बहुत कुंठित करता था। हाँ अगर मैं कोई प्रतिक्रिया देता, तब जरूर उन्हें मुझसे लड़ने का मौका मिलता।

यहाँ तक कि मेरे ससुर का मेरे खिलाफ धारा 498–ए के तहत मुकदमा ठोकना इसी का एक उदाहरण है। उन्हें यह एक हथियार की तरह लगा जिससे वह मुझे काबू कर सकतें थे।

अखिल द्वारा सुबह 10:55 पर पोस्ट किया गया *7 प्रतिक्रियाएं*

रविवार,16 दिसम्बर 2007

यह सब पैसे का खेल है

यह अजीब है कि अपनी पत्नी के लिए सब तरह का प्रावधान करने के बाद भी मुझ पर दहेज सम्बन्धी आरोप हैं। मेरा मानना था कि उसे काम करना चाहिए पर उसके ऐसा न करने पर भी मैंने उसे कभी भी किसी तरह की पैसे की तंगी नहीं होने दी। शुरू से ही उसने अपना सारा सोना जो वह शादी में लायी थी अपने पास ही रखा। इसके अलावा मैंने उसे आईटी का प्रशिक्षण दिलवाया, उसके नाम पर शेयर खरीदे। और फिर शादी के 8 महीने के बाद मैंने उसके नाम पर 2000 रुपए हर महीने उसके निजी बैंक अकाउंट में डालने शुरू कर दिए। मैं आज भी उतने रुपए उसके अकाउंट में डालता हूँ और आज तक

काफी सारा पैसा जमा भी हो चुका है। मैंने उसके नाम पर सावधि जमा योजना भी ली है। असल में, मैं उसके लिए एक आर्थिक सुरक्षा तैयार कर रहा हूँ। बेशक, उसका मेरे पैसे पर हक है। वह मेरी जीवन बीमा पालिसी में नामाँकित भी है जिससे मेरी असामयिक मृत्यु होने पर उसे 9 लाख[1] रुपए भी मिलेंगे और साथ ही वह मेरी पेंशन योजना में भी नामाँकित है जिसमें उसे 11 लाख रुपए मिलेंगे। मैं अपनी माँ या भाई को भी नामाँकित कर सकता था पर मैंने उन्हें न चुन कर अपनी पत्नी को ही चुना।

मैं उसे घर चलाने के लिए हर महीने 4000 रुपए देता था। उसे यह राशि पर्याप्त लगती थी। जब भी उसे पैसों की जरूरत पड़ती, मैं उसे देता था। मैंने उससे ये भी पूछता था कि वह अपने लिए सिर्फ सस्ते कपड़े ही क्यों खरीदती है–उसे सिर्फ 300 या 400 रुपए के कपड़े खरीदने की जरूरत नहीं है, वह 1000 रुपए के भी कपड़े खरीद सकती है। मैं इतना खर्चा कर सकता हूँ। मैं उसे अपनी तनख्वाह का 20 प्रतिशत पैसा या संपत्ति भी देने को तैयार था। अभी भी मैं तलाक के आर्थिक दायित्व से पीछे नहीं हट रहा हूँ जबकि। दहेज से सम्बन्धित मुकदमे का मतलब है कि मुझे उसकी संपत्ति चाहिए। पर मेरी तो कभी भी उसकी संपत्ति को छूने की मंशा भी नहीं थी।

मेरी पत्नी शादी के समय जो भी लायी थी वह उसका स्त्रीधन था, दहेज नहीं। उनकी तरफ से हमें कोई उपहार जैसे फ्रिज, टीवी, स्कूटर या फिर एक कमीज भी नहीं मिली। दहेज तो कभी समस्या थी ही नहीं। मेरे ख्याल से पुलिस ने मेरी पत्नी के परिवार को उनके मुझ पर लगाये गए पारिवारिक हिंसा के आरोप के साथ दहेज के लिए परेशान करने वाली बात डालने को प्रोत्साहित किया पर इसके बीज तो पहले ही डल गए थे। लगभग एक साल पहले मेरे ससुर अपने कुछ वकील दोस्तों से मिले। मुझे पूरा यकीन है कि ये योजना तभी से बन रही थी। ऐसा कर के वे मुझे प्रताड़ित कर सकते थेय वे मुझे जेल भी भिजवा सकते थे ताकि मैं उनकी शर्तें मान लूं। मेरी पत्नी की 'प्रथम सूचना रिपोर्ट' *FIR* के अनुसार, 'मेरे दहेज के 2 लाख रुपए मेरे पति और सास-ससुर के पास हैं।' मेरे पास इस बात के सारे प्रमाण हैं कि ये दो लाख रुपए की बात नहीं है यह 4 लाख हैं जो उसी के नाम पर हैं। पर पुलिस ने प्रमाण जांचने के कोशिश भी नहीं की। उन्होंने कहा कि कानूनन उन्हें मुझे गिरफ्तार करना ही था।

---

[1]दक्षिणी एशिया में लाख 100,000 गिनती के बराबर होता है।

मेरे खिलाफ लगाये गए आरोप और भी बेबुनियाद साबित हो जायेंगे जब आप एक और चीज को मद्देनजर रखेंगे रू मेरी सास ने खुद ही मेरी माँ को बोला था कि चूंकि उनकी एक ही बेटी है, वे उसे दहेज में काफी धन देंगी। ये एक तरह का एक विज्ञापन था, जिससे हम उनकी बेटी को जल्दी पसंद कर लें। ये उनके लिए एक तरह का निवेश भी था जो उनके अनुसार उनकी बेटी को एक बढ़िया रहन सहन सुनिश्चित करने में मदद करता। ऐसी सोच मुझे और मेरे परिवार को बहुत बेकार लगी। हम लोगों का मानना है कि बिना मेहनत कमाया हुआ पैसा किसी काम नहीं आता और उलटे वह आपको नुकसान ही पहुंचाता है।

जिस तरह से मेरे माता-पिता ने मुझे बड़ा किया है, मेरा मानना है कि जो कुछ भी एक स्त्री का है, वह किसी परिवार का हिस्सा बनने के बाद भी उसी का रहता है। मेरे जहन में ये सिद्धांत बचपन से ही भरे गए थे और मेरी उसके परिवार से दहेज माँगने की न तो कोई मंशा थी और न ही उसके पिता द्वारा दी गयी किसी भी चीज को लेने का मन। पर मैंने उसे उसके पिता से खुद के लिए कोई चीज लेने से मना नहीं किया क्योंकि मैं ये नहीं सुनना चाहता था कि, 'मेरे पिता ने मेरे भाई को सब कुछ दिया पर तुमने मुझे पंगु कर दिया।' अगर उसे लगता था कि उसे अपनी जीवन शैली में कुछ और ऐशो आराम चाहिए था और मैं वह नहीं दे सकता था, तो उसका अपने पिता से माँगने का पूरा हक था। लेकिन मुझे ये एहसास था कि पढ़ी लिखी इंजिनियर होने के नाते वह नौकरी कर सकती थी और खुद भी कुछ कमा सकती थी।

शादी के वक्त मैंने अपनी पत्नी की जिम्मेदारी अपना धर्म समझ कर उठाई थी और मैं यहाँ सिर्फ आर्थिक जिम्मेदारी की बात नहीं कर रहा। बदले में मुझे उससे सिर्फ समझदारी की अपेक्षा थी। हमारे भारतीय समाज में आम विश्वास है कि पुरुष मेहनत मजदूरी करते हैं और औरतें घर पर परिपोषण करती हैं और परिवार के दुखों को कम करने में सहायता करती हैं। पर आजकल उल्टा ही हो रहा है–पुरुष पहले जा कर खून पसीना एक करे और फिर घर पर वह पत्नी की भावनाओं का भी ध्यान रखे। और तो और ये जिम्मेदारी आजकल बढ़ कर पत्नी के माता-पिता की भावनाओं को सँभालने तक भी पहुँच गयी है। अब ये कुछ ज्यादा ही हो गया है!

मेरी अपने वैवाहिक जीवन से एक ही अपेक्षा थी और वह थी मन की शान्ति। मैं एकदम साधारण जीवन जीना चाहता था। हो सकता है कि मेरे माता-पिता की अलग अपेक्षाएं रही हों पर मैं ऐसी पत्नी बिलकुल नहीं चाहता था जो मुझ पर ऐशो आराम के लिए बड़ी-बड़ी माँगें रखे जैसे कि कार। हमारी शादी होने के बाद मुझे पता चला मेरी पत्नी का जीने

का बहुत सीधा स्पष्ट तरीका था। मैं उसे पैसे देता था और वह स्वतंत्र रूप से घर चलाती थी।

इसका मतलब यह नहीं है कि मैं उससे ये अपेक्षा रखता था कि वह खाना बनाये और साफ-सफाई करे–उसने बिना कुछ कहे ही ये जिम्मेदारी खुद ले ली। वास्तव में मैं ये सोचता हूँ कि अगर उसने कुछ काम, कामवाली या मुझे भी दे दिए होते तो बेहतर होता। मैंने कई बार उसे ये बात बोली। अगर वह ऐसा करती तो वह कोई नौकरी कर पाती। जैसा कि मैंने बोला मैंने हमेशा सोचा था कि मेरी पत्नी काम करेगी। वह भी मेरी तरह ही इंजीनियर थी और मैं नहीं चाहता था कि वह किसी भी स्थिति में कोई समझौता करे, मेरे पिता की तबियत खराब होने के बावजूद भी (उन्हें बाइपोलर डिप्रेशन है)। मैं अपनी पत्नी के अपना जीवन जीने से खुश होता। उसे हमारे घर परिवार में पूरी तरह से सम्मिलित होने की भी कोई जरूरत नहीं थी। मैं उसे स्वतंत्र, स्वावलंबी, अपने काम पर ध्यान देते हुए, सक्रिय और सामाजिक कार्यों में संलग्न देखना चाहता था। मैंने कभी उससे, मेरे पिता की देखभाल की अपेक्षा नहीं की और मेरे अनुसार मेरे माता-पिता ने भी ऐसा कभी नहीं सोचा।

पर मेरी उम्मीदों के बावजूद मुझे बाद में समझ आया कि मेरी पत्नी को तो शादी के बाद काम ही नहीं करना था। एक चीज जो मैंने देखी है: जो औरतें घर पर रहती हैं वे अपने लक्ष्यों को अपने पति के माध्यम से पूरा करना चाहती हैं। उदाहरण के लिए अगर एक पुरुष की तरक्की होती है तो उसकी पत्नी का समाज में स्तर ऊँचा हो जाता है। मैं अपने घर में ऐसा बिलकुल नहीं चाहता था। मैं नहीं चाहता था कि मेरी पत्नी की उपलब्धियों को मेरी उपलब्धियों से नापा जाये। आपकी अपनी खुद की उपलब्धियां होनी चाहिए! मैं मानता हूँ हमने शादी के पहले इस विषय पर बात नहीं की थी। मैंने सीधा यही मान लिया था कि एक लड़की के लिए, जिसने इंजीनियरिंग की डिग्री हासिल की है, नौकरी करना बहुत स्वाभाविक-सी बात होगी। और मैं अपनी इच्छा उस पर नहीं थोपना चाहता था–मुझे लगा ये चुनाव उसका अपना होना चाहिए।

मुझे पता है कि मेरी पत्नी और उसके घर वाले क्या सोच रहे थे। आज कल कई लड़कियां सिर्फ इसलिए इंजीनियरिंग करतीं हैं क्योंकि इससे उनकी शादी के लिए लड़के ढूँढने आसान हो जाते हैं। मुझे ये बिलकुल पसंद नहीं है। एक कामकाजी महिला अपने परिवार की सुरक्षा में योगदान देती है। इससे पुरुष कुछ चिंता मुक्त महसूस कर सकता है। वह महिलाएं जो फिर भी गृहिणी बने रहना चाहतीं हैं, वह मुझे हैरान करतीं हैं–खासकर इस बढ़ती हुई अर्थव्यवस्था में जब इतने सारे मौके हैं और वह भी तब, जब वे इतना पढ़ी लिखी हैं।

मुझे मेरी पत्नी से धन सम्बन्धी कोई परेशानी नहीं होती अगर मेरे सास-ससुर बीच में दखलंदाजी नहीं करते। उदाहरण के लिए शेयर बाजार में निवेश की बजाय मेरे ससुर चाहते थे कि मैं घर खरीदूं। अन्य कई पुरुषों से, जो खुद ऐसे ही दहेज सम्बन्धित मुकदमे लड़ रहे हैं, बात करने पर मुझे पता चला कि लड़की के घर वालों की यह एक आम सोच है। बहुत बार लड़की के परिवार वाले लड़कों की धन संपत्ति को देखते हैं। वे ये गणित लगाने की कोशिश करते हैं कि लड़के वालों के पास कितना पैसा है (और अक्सर वे यह पता भी लगा लेते हैं) ताकि वे ये सुनिश्चित कर सकें कि उनके दामाद और बेटी को लड़के की माता-पिता की वसीयत में जायदाद का पूरा हिस्सा मिले। उन्हें लगता है वे खुद भी उस जायदाद के भागीदार हैं। मेरे मामले में पक्का यही स्थिति थी।

मेरी पत्नी के अनुसार, घर हमें एक तरह की सुरक्षा देगा, इसलिए वहघर खरीदना चाहती थी। पर मैं 40 का होने तक घर खरीदने की मनोस्थिति में नहीं था। मेरी आर्थिक स्थिति के अनुसार ये बहुत गलत निर्णय होता। पर समस्या यह थी कि मेरी पत्नी मेरी आर्थिक स्थिति से अवगत थी और उसने अपने माता-पिता को भी ये सब जानकारी दे दी। इस जानकारी के साथ उन्होंने मुझे बहुत सिखाने की कोशिश की कि किस तरह मैं अपने पैसे का प्रयोग कर सकता हूँ।

पैसे के बारे में कुछ कहने से पहले—चाहे वह अपने मन की हो या उसके माता-पिता की कही हुई बात—मुझे लगता था कि पहले उसे परिवार के लिए खुद कुछ योगदान देना चाहिए था। भारत में एक बार जब महिला माँ बन जाती है उसका दर्जा बढ़ जाता है। इसका कारण बहुत सीधा है, उसने परिवार के लिए योगदान दिया है। शादी के बाद एक पत्नी जो सिर्फ घर का काम कर रही है, नौकरी नहीं कर रही है और बच्चे भी नहीं है, उसके साथ मुझे लगता था कि उसके रक्षण और भरण पोषण में मेरे योगदान का पलड़ा भारी हो रहा है। घर का काम मेरे अनुसार पर्याप्त योगदान नहीं है। यहाँ और ज्यादा संतुलन होना चाहिए था। सिर्फ इसलिए कि वह मेरी पत्नी है, इसका मतलब ये नहीं कि उसका मेरी कमाई पर पूरा हक है। ये सही नहीं है, किसी भी तरीके से नहीं।

अखिल द्वारा शाम 7:45 पर पोस्ट किया गया *8 प्रतिक्रियाएं*

रविवार, 23 दिसंबर 2007

चलो, यौन सम्बन्धों के बारे में बात करें...

ठीक है, मैं खुल कर बात करता हूँ। मेरा बाकी का जीवन अब यहाँ इन्टरनेट पर ही है तो फिर ये भी क्यों नहीं?

हमारे विवाह में हमारे यौन सम्बन्ध सबसे बड़ी समस्या थे। कमाल की बात ये है कि मेरे ससुराल वाले–खासकर मेरी सास यहाँ भी दखलंदाजी करने में सफल हो गयीं। शायद उन्हें पता नहीं था कि यौन सम्बन्धों में कितनी बार और कितनी बारंबारता सही है इत्यादि। इस बारे में उनकी अपनी सोच थी और उन्हें लगा उन्हें अपनी सोच को हम पर थोपना चाहिए।

यह मेरे लिए बहुत ही मुश्किल था। पूरे जीवन काल में मेरे यौन सम्बन्ध केवल मेरी पत्नी के साथ हुए थे और मुझे कुछ पता नहीं चलता था कि मैंने पत्नी को संतुष्ट किया कि नहीं। जब मेरी पत्नी को इच्छानुसार कुछ नहीं मिलता था तो उसे अक्सर यही लगता था कि इसका सम्बन्ध हमारी शादी से है। वह हमेशा मुझे अपने करीब देखना चाहती थी और मुझसे भावात्मक और शारीरिक दोनों रूप में ज्यादा ध्यान देने की अपेक्षा रखती थी। इससे मैं मानसिक रूप से बहुत थकान महसूस करता था।

मेरी सास यौन सम्बन्धों की नियमितता को बहुत प्राथमिकता देती थीं। मेरी पत्नी को ऐसी कोई ललक नहीं थी लेकिन चूंकि उसकी माँ का यही सोचना था, उसके लिए भी यह होते रहना बहुत जरूरी था। शादी से पहले मेरी पत्नी को यौन सम्बन्धों के बारे में कुछ भी नहीं पता था, इसलिए वह मुझसे पहल करने की अपेक्षा रखती थी। यह सिलसिला हमारे यौन समबन्ध स्थापित करने के बाद भी कुछ समय तक जारी रहा। लेकिन उसे आभास नहीं था कि पुरुष ऐसी स्थिति में बहुत जल्दी ऊब जाते हैं। बेहतर होता कि हम बीच-बीच में कुछ अंतराल लेते और वह कुछ नया करने की कोशिश करने को तैयार होती। यह सम्बन्ध ही ऐसा है जिसमें सबको गतिशील रहना पड़ता है और कुछ नया करते रहना होता है।

मुझे यौन सम्बन्धों के बारे में भारतीय धारणा बहुत कुंठित और संकीर्ण लगती है। उदाहरण के लिए ज्यादातर लोग नहीं समझते कि संभोग के पहले की क्रियाएं (फोरप्ले) क्या होती है। ज्यादातर औरतें इसकी अहमियत नहीं समझतीं। और इन सब मामलों में सीख लेने को वे बहुत विकृत व्यवहार मानती हैं।

जब मेरी पत्नी गर्भवती थी तब हमारे बीच यौन सम्बन्ध कम हो गए। इसलिए नहीं कि मुझे उसका बदला हुआ आकार कम अच्छा लगता था, बल्कि इसलिए कि मुझे शिशु की सुरक्षा की चिंता थी। ऐसा कहने

के बावजूद मैं ये मानूंगा कि मुझे उसके गर्भवती होने से पहले भी, जब वह सही आकार में नहीं होती थी, उसके साथ सम्बन्ध बनाने का ज्यादा मन नहीं करता था। हालाँकि शारीरिक बनावट मेरे लिए बहुत ज्यादा मायने नहीं रखती थी, मैं फिर भी चाहता था कि वह व्यायामशाला जाये ताकि वह अपना वजन नियंत्रण में रख सके। वजन के मामले में हमेशा उसे समस्या थी। शादी से पहले वह इसका ध्यान रखती थी पर बाद में वह बिलकुल लापरवाह हो गयी। मुझे नहीं समझ आया कि मैं उससे ये माँग क्यों नहीं रख सकता था जबकि वह बिस्तर में मुझसे कई माँगें रखती थी।

उसकी गर्भावस्था के दौरान, मैंने उसकी माँ को यौन सम्बन्धों के मामले में बहुत मुखर पाया। उन्हें अपनी बेटी और मेरे यौन सम्बन्धों की पूरी जानकारी चाहिए थी। यह मेरी प्रकृति के विरुद्ध था और इसे स्वीकार कर पाना मेरे लिए बहुत ही कठिन था। वे मेरी पत्नी को, मेरे ससुर के साथ के उनके यौन सम्बन्धों के प्रसंगों के बारे में भी बताती थीं। इसीलिए मेरी पत्नी के दिमाग में यह धारणा घर कर गयी कि यौन सम्बन्ध हमारे बीच के सम्बन्धों में सर्वोपरि हैं। परिणामस्वरूप मेरी पत्नी की मुझसे यौन सम्बन्धों की माँग बढ़ती गयी। जब आप एक ही साथी के साथ सम्बन्ध रखते हैं तो नीरसता भी आ ही जाती है। मैं हफ्ते में दो बार सम्बन्ध स्थापित कर सकता हूँ या फिर यदा कदा थोड़ा और, पर हर रोज एक ही साथी के साथ ऐसा करना मेरे बस की बात नहीं है।

उसके गर्भवती होने के एक या दो महीने के बाद हमारे यौन सम्बन्धों का जोश कम होता गया क्योंकि मैं पहले जितना इच्छुक नहीं था। पर वह मुझसे सम्बन्ध बनाने की माँग रखती रही और जब भी मैं मना करता वह काफी नाराज हो जाती थी। वह बार-बार जोर दे कर कहती, 'मेरी माँ ने मुझे बताया था कि वे अपनी गर्भावस्था के आठवें महीने तक भी सम्बन्ध रखती थीं।'

'तुमको मुझसे जबरदस्ती करने का कोई अधिकार नहीं है।' मैं प्रतिवाद करता, पर फिर भी मुझे आखिरकार उसकी बात माननी ही पड़ती थी।

हालाँकि मेरी पत्नी यौन सम्बन्धों के मामले में काफी माँगें रखने वाली थी, फिर भी मैं यही कहूँगा कि मैं स्थिति को काबू करने वाला मैं ही था क्योंकि मैं खुद पर नियंत्रण रख सकता था। इस वजह से हमारा सेक्स का अनुभव काफी अच्छा था। और शायद इन्ही कारणों के वजह से वह हर बार मुझसे काफी ऊंचे मापदंड के अपेक्षा रखती थी। हम दोनों यौन सम्बन्धों में काफी अनुकूल थे। और अब जबकि वह मेरे खिलाफ मुकदमा लड़ रही है, उसने हमारे यौन सम्बन्धों के बारे में घटिया बातें कही हैं ताकि वह मुझे नीचा दिखा सके और मुझे सबक सिखा सके। आजकल औरतों की ये आदत बन

गयी है। कई मामलों में मैंने देखा है कि वे पुरुषों को नीचा दिखाने के लिए उन्हें नामर्द तक कह देती हैं।

अखिल द्वारा शाम 9:15 को पोस्ट किया गयाचउ *6 प्रतिक्रियाएं*

शुक्रवार, 4 जनवरी 2008

हाँ, मैंने उस पर हाथ उठाया। मैं इस आरोप को मानता हूँ।

मेरा पक्का अनुमान है कि मेरे ससुराल वाले चाहते थे कि मेरी तरफ से ऐसा कोई कदम उठाया जाए जिसके आधार पर वे मेरे खिलाफ कोई मुकदमा दायर कर सकें। मुझे लगातार उत्तेजित करने की कोशिशों के 6 महीनों से लम्बे दौर में मेरी स्थिति इतनी तनावपूर्ण हो गयी कि उसे बर्दाश्त कर पाना मेरे लिए असंभव हो गया। पहले ये धमकियाँ आनी शुरू हो गयीं कि अगर मैंने अपने ससुराल वालों का कहना नहीं माना और अपने परिवार की बागडोर उनके हांथों में नहीं दी तो मेरे लिए मुश्किल खड़ी हो जाएगी। उसके बाद अचानक मेरी पत्नी का रवैय्या काफी घमंड भरा हो गया। वह जानबूझ कर ऐसे काम करने लगी जिनसे मैं उत्तेजित हो जाऊं, जैसे अपराध और हिंसा वाले सीरियल देखना जो मुझे बिलकुल पसंद नहीं था। यह सब जान बूझ कर किया जाता था।

यह सब तब तक चला जब तक मेरा दम नहीं घुटने लगा। मुझे समझ में नहीं आ रहा था कि मैं क्या करूँ। हमारे देश में परामर्श पाने की कोई ठीक ठाक व्यवस्था नहीं है। हम पुलिस या कानून पर भरोसा नहीं कर सकते। तलाक भी कोई विकल्प नहीं है। स्त्रियाँ जानती हैं कि पुरुष को हिंसक आक्रमण के लिए उकसा कर उस पर काबू पाया जा सकता है। और अगर वह इसमें सफल हो जाएं तो फिर आगे उनको काबू करने के लिए उन्हें ब्लैकमेल करने की नीति अपनाई जा सकती है।

शादी के ढाई साल बाद मेरी पत्नी गर्भवती हुई। मैं इतनी जल्दी बच्चा नहीं चाहता था, लेकिन पता चलने पर मुझे लगा कि शायद बच्चे के बाद हमारी जिंदगी में कुछ स्थिरता आए। इसके महीने-दो महीने बाद मेरी पत्नी ने बहुत घमंड-भरा रवैय्या दिखाना शुरू कर दिया। शायद उसे पट्टी पढ़ाई गई थी। ।वैसे तो हमारे बीच सब कुछ ठीक चल रहा था लेकिन इसके पीछे बहुत कुछ हलचल थी।

मैं बताता हूँ कि कैसे मेरे धैर्य का बाँध यकायक टूट गया। एक दिन मैं घर में खाना बना रहा था। तभी मेरी पत्नी ने उलाहना दिया कि खाना तैयार होने में उसकी उम्मीद से दस मिनट की देर हो चुकी है। मैंने जवाब दिया कि मैंने खाना बनाना कुछ देर से इसलिए शुरू किया ताकि खाने के समय तक ठंडा न हो जाय। यहाँ तक कि मैंने उसे अपनी सफाई देने की भरपूर कोशिश की! दरअसल, हमारे घरों में यह रिवाज नहीं है कि पति को पत्नी की इस तरह की जवाबतलबी का सामना करना पड़े।

उस दिन कुछ और भी घटनाएं हुईं। शाम को मैं बहुत थका हुआ था, इसलिए मुझे नींद आ गयी। लेकिन उसने मुझे जगा कर हुकुम दिया कि मैं उसके लिए एक किताब ले कर आऊँ। मैंने लाख समझाया कि आज रविवार है लेकिन वह जिद पर कायम रही और मेरी एक न चली।

किताब ला कर देने के बाद मैंने बताया कि मैं बाल कटाने जा रहा हूँ। इस पर भी वह नाराज हुई और बोली कि यह तो आपको पहले ही कर लेना चाहिए था।

गर्मी का मौसम था और दोपहर में नाई के यहाँ बैठना बहुत कष्टदायक काम था। मैंने उसे अपनी मुश्किल बताई लेकिन वह मुझसे झगड़ा करने पर ही उतारू रही। आखिर मेरे लिए यह हद से बाहर हो गया। मैं तैश में चीख उठा, 'अब बहुत हुआ...' और मैंने उसके गाल पर एक झापड़ रसीद कर दिया।

वह इसको यूं ही सह जाने वाली औरत नहीं थी। वह भी अपनी कुर्सी से उठी और उसने मुझे नोचना-खरोचना शुरू कर दिया। मैंने उसे दीवार पर धकेल दिया और साथ ही उसे समझा बुझा कर शांत करने की कोशिश करने लगा।

मेरा विचार है कि इस दौरान उसका ध्यान अपनी शारीरिक या भावात्मक पीड़ा के प्रति उतना सचेत नहीं था, बल्कि वह यह सोच रही थी कि अगर उसके पेट में पल रहे बच्चे को कुछ हो गया तो वह मुझे किस तरह आरोप की गिरफ्त में ले सकती है। जैसा मुझे नजर आया, उस समय उसके चेहरे पर, उत्तेजना, क्रोध, भय या उल्लास के चिह्न नहीं थे, बल्कि उसका चेहरा बदमिजाजी और क्रूरता जैसे मनोभाव दर्शा रहा था। तभी मुझे समझ आया कि मुझे फंसाने की साजिश की सम्भावना काफी गंभीर है। मैं बराबर इस बात से डरता रहता था कि मैं दहेज प्रताड़ना के झूठे मामले में फंसाया जा सकता हूँ।

एक बार और ऐसा हुआ जब मैंने अपनी पत्नी को बुरी तरह पीटा था। मेरा भाई कोई जायदाद खरीदने की कोशिश कर रहा था। इसमें मेरी पत्नी का रुपए पैसे या किसी और मामले में कोई लेना देना नहीं था। फिर

भी उसके दिमाग में तमाम तरह के संदेह उठने लगे। मैंने उसे बार-बार समझाया कि उसका इस सौदे के कोई मतलब नहीं है, फिर भी वह इसमें कोई षड्यंत्र सूँघती रही और अपनी पूछताछ से बाज नहीं आई। जब मेरे लिए यह असह्य हो गया तो मैंने उसे बताया कि मेरा भाई कोई जायदाद खरीदना चाहता है और उसकी मर्जी है कि मेरी माँ को पॉवर ऑफ एटार्नी दे। इसके बावजूद वह सब कुछ जानने की जिद पकड़े बैठी रही। उसने कहा, 'मैं तुम्हारी बीवी हूँ, कोई वैश्या नहीं। अगर जो तुम कह रहे हो वह सच है तो ठीक है, नहीं तो तुम्हें तलाक मिल जायेगा।'

मैंने उसकी इस धमकी को बहुत गंभीरता से नहीं लिया, लेकिन उन दिनों उसके तेवर कुछ अजीब तो जरूर थे। मेरे लिए यह बहुत हैरत की बात थी कि गर्भवती होने के तुरंत बाद से उसका स्वर बहुत अजीब और तल्ख हो गया था। कभी-कभी मुझे धमकी देते हुए वह बहुत शांतचित्त बनी रहती थी, आत्मविश्वास से भरी हुई, जैसे कह रही हो, 'मैं तुम्हें यह सब सच कर के दिखा सकती हूँ।'

मुझे विश्वास है कि उस समय तक मेरे ससुराल वाले धारा 498–ए के बारे में सब जानकारी जमा कर चुके थे। ऐसा लग रहा था कि वे बस किसी मौके की ताक में थे कि कब वे मेरे खिलाफ इसका इस्तेमाल कर सकें। मेरी पत्नी का स्वर और उसकी तलाक की धमकी, ये सब इस रहस्य के बारे में मुझे संकेत दे रहे थे। मैंने उसे एक बार फिर झापड़ रसीद कर दिया। उस समय मेरा दिल बुरी तरह धड़क रहा था। डर और घबराहट की हालत ने मुझे चीर कर रख दिया था।

इस बार मेरी पत्नी ने मुझे कोसना शुरू कर दिया और बार-बार कहती रही कि अब बहुत हुआ... इस व्यवहार से मानो मेरे दिमाग ने काम करना ही बंद कर दिया।

अब मेरी स्थिति थी कि मैं सारी दुनिया की तरफ से बेपरवाह हो गया। मुझ पर चाहे जो भी बीते, सब कुछ चाहे जल कर खाक हो जाय....। मैंने मजबूती से अपनी पत्नी का हाथ अपनी गिरफ्त में लिया और उसके सिर पर अंधाधुंध मारना शुरू कर दिया। मैं चीख रहा था,' ये क्या हो रहा है? बहुत हो गया मुझ पर प्रभुत्व जमाना..!'

मैं उसे चुप करा देना चाहता था। मैं उसे अपने काबू में लाना चाहता था। मुझे थोड़ी सी शान्ति चाहिए थी बस।

मैं अपने बच्चे की सुरक्षा के प्रति आशंकित था क्योंकि मेरी बीवी बेहद गैर-जिम्मेदार ढंग से व्यवहार कर रही थी और मैं समझ नहीं पा रहा था कि मैं क्या करूँ। नतीजा कुछ भी हो, मुझे उसके व्यवहार पर रोक लगानी ही थी। यहाँ लड़ो या भागो वाली स्थिति थी। मेरे सामने

जैसे अँधेरा छा गया था। चाहे पुलिस आये या फौज, मेरे मन में कोई डर नहीं रह गया था। मेरे लिए यह बिलकुल बर्दाश्त के बाहर था और मुझे किसी भी कीमत पर उसे खामोश कर देना था।

वह पूरी तरह मेरी मुट्ठी में थी। मैंने उसे पकड़ कर करीब पांच–छः मुक्के मारे थे, हालांकि मैंने कोशिश की थी कि चोट बहुत घातक न हो। मैंने जहाँ अपनी पकड़ ढीली की, वह हमलावर हो गयी। उसने दोनों पैरों से मेरे पेट पर लातें जमानी शुरू कर दीं। वह बहुत दमदार थी और उसकी मार बहुत आक्रामक थी। मुझे समझ में आ गया था कि यहाँ से वापसी का कोई रास्ता नहीं है। उसका व्यवहार बहुत आवेगपूर्ण था और वह अपने शरीर को बहुत जोर से झटक रही थी। मुझे डर लगा कि यह बच्चे के लिए सुरक्षित स्थिति नहीं है। मुझे एहसास हुआ कि मुझे उसे निष्क्रिय करना ही पड़ेगा और मैंने उसकी नाक पर एक दमदार घूँसा मार दिया जिससे उसमें खून आने लगा।

मैं यहाँ घरेलू हिंसा की वकालत नहीं कर रहा हूँ। लेकिन मुझे लगता है कि लोगों को यह समझ में आना चाहिए कि आखिर पुरुष हिंसक क्यों हो जाता है, उसके बर्बर व्यवहार का बुनियादी कारण क्या है।

घटना के समय मैं बुरी तरह थका हुआ था। उस समय सुबह के डेढ़ बज रहे थे। उसने जैसे मुझे एक अंधे कुँए में घेर लिया था। अगर वह जोर से चिल्लाती तो सारे मोहल्ले में हमारी लड़ाई का शोर मच जाता। ऐसी हालत में मेरे पास उसे काबू करने का कोई और रास्ता नहीं सूझ रहा था और साफ था कि उससे उस समय किसी भी तरह की बातचीत कर पाना नामुमकिन था।

मेरा अंदाजा है कि मेरी पत्नी को मेरे आवेग का अनुमान हो गया था। उसके बाद वह शांत बनी रही। वह स्थिति का सबसे खतरनाक मोड़ था। वह इसका इस्तेमाल बहुत धीरे से बाजी पलट देने के लिए करना चाहती थी। हाथ उठा देने के बाद पुरुष को अपराधबोध होता है और वह डर भी जाता है। ऐसी स्थिति में स्त्रियाँ जानती हैं कि वह आगे अपनी बात को मनवाने के लिए मोल भाव कर सकतीं हैं।

उसको मारने के बाद थोड़ी देर तक मुझे कुछ एहसास नहीं हुआ। उसके बाद मुझे ज़रा डर लगा। ठीक उसी समय, जब मेरी बीवी ने मुझ पर लात चलानी शुरू की, मैंने देखा कि उसके चेहरे पर भय का कोई संकेत नहीं है। इस बार वह द्वेष और बदले की भावना से भरी हुईं थीं मुझे पूरा विश्वास हो गया कि उसके मन में बच्चे की हिफाजत की कोई चिंता नहीं है और इस बात से मेरा मन गहरी निराशा से भर गया।

उस घटना के बाद मेरी पत्नी ने अपने पिता को फोन लगाया। उन्होंने अपनी बेटी को हिदायत दी कि वह ट्रेन पकड़ कर अपने मायके

आ जाये। अपने माता-पिता के घर पहुँचने के बाद जल्दी ही उसने दावा किया कि उसका गर्भ गिर गया है, जब कि मुझे पूरा विश्वास है कि उसने गर्भपात कराया था।

मैं मानता हूँ कि मेरी पत्नी के मन में बच्चे की गहरी अभिलाषा थी, और वह गर्भपात के दौर से उस समय गुजरी जब प्रसव ज्यादा दूर नहीं था। ऐसे में गर्भपात की प्रक्रिया खतरनाक साबित हो सकती थी। लेकिन मैं इन लोगों को बहुत अच्छी तरह से जानता हूँ। वह दुर्भावनापूर्वक किसी भी हद तक जा सकते हैं। मैं यह कतई नहीं मानता की मारपीट की घटना के इतने दिनों बाद बच्चा गिर सकता है। इसके अतिरिक्त मेरी पत्नी ने और उसके परिवार वालों ने इस सम्बन्ध में कोई स्कैन या जांच रिपोर्ट भी सामने नहीं रखी।

मेरा विचार है कि उन लोगों ने बहुत पहले से ऐसी योजना बना रखी थी। मैंने अपनी पत्नी के चेहरे पर उसके पेट में पल रहे बच्चे के प्रति कोई भाव नहीं देखे। पिछले तीन महीनों से वह इस तरफ से पूरी तरह लापरवाह हो गई थी। जैसे कि, वह टेलीविजन पर सब तरह के खतरनाक और हिंसक कार्यक्रम देखने से परहेज नहीं करती थी। पहले उसका ऐसा हाल नहीं था। वह माँ बनने के प्रति बहुत उत्साहपूर्वक, नियम से रहती थी। मैं समझता हूँ कि बाद में उसके माता-पिता ने उसके दिमाग में उल्टा-सीधा भरना शुरू कर दिया था।

मुझे ऐसा लगता है कि वह लोग मुझ पर यह आरोप लगा कर कि मेरे द्वारा दिए गए मनोवैज्ञानिक दबाव के कारण ही मेरी पत्नी को अपना बच्चा खोना पड़ा है, अपना पक्ष मजबूत करना चाह रहे थे। यहाँ तक कि शायद मेरी पत्नी को भी इस बात की जानकारी नहीं थी। किसी स्त्री को, बिना उसकी जानकारी दिए गर्भपात के षड्यंत्र में फंसा लेना बहुत कठिन नहीं है, जब कि डॉक्टर भी मेरे ससुराल वालों के साथ मिले हुए हों। मुझे यह भी संदेह है कि मेरे ससुराल वालों ने जांच के जरिये यह पता लगा लिया हो कि गर्भ में पल रहा शिशु एक लड़की है। या शायद उन्होंने यह सोचा हो कि अगर यह शादी टूटती है तो लड़की होने पर वह उन्हीं लोगों की जिम्मेदारी बन जायेगी। इसके अतिरिक्त, बच्चे के साथ उनके लिए अपनी बेटी की दूसरी शादी करना उतना सरल नहीं होगा। मीडिया की वजह से भारत के शहरी क्षेत्रों में लोग लड़कियों को लेकर बहुत शंकालु रहते हैं और समाज की यह धारणा है कि स्त्रियाँ समाज की सुरक्षा हमेशा खतरा रहती है।

उसके थोड़े ही दिनों बाद मेरी पत्नी ने पुलिस में शिकायत दर्ज कराई। पुलिस स्टेशन में उसे बताया गया कि वह दहेज, हिंसात्मक प्रताड़ना,

के अलावा कई और आरोप लगाते हुए मेरे खिलाफ मुकदमा दाखिल कर सकती है। मैंने प्रतिवाद किया कि मैं बैंक में जमा राशि के प्रमाण दे सकता हूँ जो सिद्ध करेंगे कि यह दहेज का मामला हो ही नहीं सकता। तब पुलिस ने हमें सुझाव दिया कि हम आपस में बातचीत करके समझौते का रास्ता निकालें वर्ना मुकदमे के चलते जिन्दगी बर्बाद हो जायेगी ।

अखिल द्वारा रात 9:00 बजे पोस्ट किया गया *5 प्रतिक्रियाएं*

रविवार, 13 जनवरी 2008

'त' शब्द

एक तरफ मेरी पत्नी कभी भी हमारी शादी को तोड़ना नहीं चाहती थी और दूसरी तरफ उसके माता-पिता का रुख बिलकुल अलग था। हालाँकि उसे, उनके सही इरादों का अंदाजा नहीं था। उन्होंने उसे धमकी भी दी कि अगर उसने मेरा साथ नहीं छोड़ा तो वे उसे अपनी जिन्दगी से निकाल देंगे और फिर उसे उनकी तरफ से किसी तरह का संरक्षण या सुरक्षा की अपेक्षा नहीं रखनी होगी।

उनको पूरा विश्वास था कि उनकी बेटी का भविष्य मेरे साथ सुरक्षित नहीं था। उन्हें लगता था कि मैं उसे छोड़ कर चला जाऊंगा। आप सोच रहे होंगे कि उन्हें लग रहा होगा कि देर सबेर अगर ये होना ही है तो बेहतर है कि ये अभी ही हो जाये पर मुझे लगता है कि ऐसा वह पैसे के लालच की वजह से भी कर रहे थे। उन्हें मेरी तनख्वाह का एक तिहाई हिस्सा चाहिए था जो कुछ 15 से 20 हजार रुपए प्रतिमाह होता, जो कि उसके पिता की मासिक तनख्वाह से ज्यादा था।

मैं देख रहा था कि वे लगातार हमारी शादी को तोड़ने के तरीके ढूंढते रहते थे। जो भी घटनाएं हुईं, वे उकसाने के इरादे से जानबूझ कर की गयीं थी। वे सबूत पैदा करना चाहते थे। उनके अनुसार यही वांछित प्रयोजन था कि वे मुझसे मुआवजा ले कर अपनी बेटी का पुनर्विवाह करवा दें। वे हमेशा से मुझसे यही आशा रखते थे कि मैं उनकी बेटी को तलाक दे दूंगा।

कई बार मुझे बहुत कोफ़्त होती थी कि मेरे पास कितने कम विकल्प थे। मुझे कोई भी रास्ता नहीं सूझ रहा था। मुझे मालूम था कि मैं पुलिस

को तो जा कर नहीं बता सकता था। मैं कानून के पास भी नहीं जा सकता था क्योंकि मुझे यकीन था कि कानून मेरी नहीं सुनेगा। मुझे पता था कि भारत में तलाक मिलने में कई साल लग जातें हैं और मुझे किस तरह के भ्रष्टाचार का सामना करना पड़ेगा। तो मैं कहीं नहीं जा सकता था। मैं अपना डर किसे बताता? और मैं इस डर से कैसे निकलूँ? मैंने अपने सास-ससुर को यहाँ तक कहा कि उन्हें जो भी चाहिए, वह एक कागज पर लिख कर दे दें और मैं वह सब दे दूंगा। पर मुझे धीरे-धीरे घेरा जा रहा था ताकि मेरी शादी टूट जाए।

आजकल मुझे लगता है कि शादी नाम की संस्था काफी अप्राकृतिक है। आपको क्यों अनजाने लोगों को बंधन में बांधना है? ये बिलकुल दो कुत्तों को एक 3–मीटर रस्सी से बाँध कर उन्हें ये बताने के समान है कि वे हमेशा खुश रहेंगे। पर ऐसा होता नहीं है। जिस तरह जानवरों के साथ ऐसा नहीं होता बिलकुल वैसे ही ये इंसानों के साथ भी नहीं होता।

मैं अभी भी अपनी शादी के प्रति समर्पित हूँ और उसे बचाने और आजीवन अपनी पत्नी का भरण पोषण और जिम्मेदारी उठाने के लिए तैयार हूँ। सच ये है कि मैं चाहे जितना भी इससे बचने के कोशिश करूँ, मुझे फिर भी सीमित दायरे में ही रहना होगा। तलाक के साथ जुड़ा सामाजिक लांछन जितना औरतों के लिए भारी है उतना ही आदमियों के लिए भी। सिर्फ यही लांछन नहीं, एक सच्चाई भी है कि जैसे ही कोई पुरुष ये कहता है कि, 'मैं और मेंरी पत्नी अलग हो रहे हैं', लोग उसे बिलकुल अनदेखा करने लगेंगे या उसके साथ इस तरीके से व्यवहार करेंगे जो कतई अस्वीकार्य है।

लम्बे समय तक मुझे ऐसा लगा ही नहीं कि मैं तलाक का विकल्प लूं। पर 498–ए मुकदमा होने के 6 महीने से एक साल के भीतर ही मैं तलाक के बारे में सोचने लगा था। अब तो मेरा सोचना है कि आजकल शादी के कोई मायने नहीं है। पुराने समय में, हिन्दू प्रथा में ऐसा ही था। तब कई तरह के विवाह होते थे। यहाँ तक के प्रेम विवाह भी कई प्रकार के थे। उस समय शादी कभी भी इतनी औपचारिक नहीं थी।

अगर यही नियति है तो एक बार मेरा तलाक हो जाए, फिर मैं कोशिश करूंगा कि इस तंत्र का शिकार ना बनूँ। मैं अपने दोस्तों और सहकर्मियों को एक शानदार दावत दूंगा। जैसे शादी होने पर एक दावत होती है, वैसे ही तलाक होने पर भी दावत होनी चाहिए। इससे समाज को सही सन्देश मिलेगा कि तलाक इतना बुरा नहीं है। हम तलाक का

भी जश्न मना सकते हैं और खुश रह सकतें हैं। एक बहुत बुरा तथ्य मेरे सामने आया है कि तलाकशुदा पुरुषों द्वारा आत्महत्या औरतों के मुकाबले 4 गुना ज्यादा है। मैं इस विचारधारा को बदलना चाहूँगा।

अखिल द्वारा रात 10:20 पर पोस्ट किया गया *4 प्रतिक्रियाएं*

मंगलवार, 22 जनवरी 2008

कानूनी बिसात

इस कहानी ने मेरे खिलाफ चार फौजदारी के मुकदमे खड़े किये हैं। इसमें सदमे की बात यह है कि जहाँ एक पति को जेल भेजा जा सकता है, उसके पिता को इसी सदमें के कारण दिल का दौरा पड़ जाता है क्योंकि जेल और पुलिस के प्रसंग किसी की प्रतिष्ठा को दागदार बनाते हैं। शायद पुलिस के दिमाग में यही बात रही होगी जब उन्होंने धारा 498–ए और दहेज विरोधी कानून लगाने की राय दी। मेरे ससुराल वालों का अंदाजा रहा होगा कि मैं जेल के नाम से ठीक उसी तरह डर जाऊँगा जैसे फिल्मों में दिखाया जाता है, क्योंकि उनका अनुमान था कि जेल कैदियों को यातना देने की जगह होती है। उन्होंने सोचा था कि इस डर के चलते उनके सामने समर्पण कर दूंगा और वह लोग इसी बहाने मुझसे कुछ लिखवा लेने में कामयाब हो जायेंगे। लेकिन जब वह इस मंसूबे में कामयाब नहीं हुए तो वह घबरा गए और उन्होंने कहा कि वह समझौता चाहते हैं। शायद उनकी मर्जी इस मुकदमे से मुक्त होने की है। यह भी मुमकिन है कि इस बार वह मुकदमा वापस ले लेंगे और आगे भविष्य में वह मुझे धमकाते रहेंगे।

जिस तरह से यह मुकदमे आगे बढ़ते गये, मुझे यह महसूस होता रहा कि मैं एक दलदल में फंसता जा रहा हूँ। मैंने दूसरों के मामलों में भी ऐसा ही होता हुआ महसूस किया है। आदमी जितना हाथ पाँव मारता है, उतना ही भीतर धंसता जाता है। कोई पत्नी दहेज उत्पीडन का मामला दर्ज कराती है, उसके जवाब में पुरुष (पति) को भी अपने वैधानिक अधिकार का प्रयोग करते हुए अपना मुकदमा डालना पड़ता है। पति अगर जेल भेज भी दिया जाय, तब भी उसे यह कहना पड़ता है कि वह पत्नी को वापस लेने को तैयार है। यह एक रणनीति है और इसे शतरंज के खेल की तरह समझा जा सकता है।

मेरी पत्नी और उसके माता-पिता ने हमें धमकी दी कि वह हमारे बारे में पुलिस को बता देंगे और तब हम अदालतों के चक्कर काटते फिरेंगे। वह हमारे पड़ोसियों से हमारे बारे में उल्टा सीधा कहेंगे और इस तरह हमें पाठ पढ़ा कर ही रहेंगे। मैंने उनको जवाब दिया कि वह जो भी चाहे कर लें, मैं भी वैसा ही कर सकता हूँ। लेकिन जब मैंने अपना महत्त्वपूर्ण सामान और जरुरी दस्तावेज कहीं सुरक्षित स्थान पर पहुंचा दिया तो उन लोगों के पसीने छूट गए। हालांकि उनकी मर्जी उस समय हमारे खिलाफ मुकदमा दर्ज करने कि नहीं थी, फिर भी वह लोग पुलिस स्टेशन गए और हमारे खिलाफ दहेज उत्पीडन की शिकायत दर्ज की ताकि मैं गिरफ्तार कर लिया जाऊँ और मेरे खिलाफ गैर जमानती आरोप लग जायें।

जब मेरे ससुर ने यह बताया कि उनकी बेटी समझौता करना चाहती है, तब मेरे वकील और पुलिस के अधिकारी ने, जो वहां मौजूद थे, बताया कि अब शिकायत दर्ज हो चुकी है और आरोप लगाए जा चुके है, इसलिए उन्हें वापस लेना संभव नहीं है। इस मौके पर मेरे वकील ने मेरी पत्नी से यह पूछा, क्या तुम तलाक लेना चाहोगी? चूंकि अभी तुम्हारा पति जेल में है, तुम्हारा तलाक आधे घंटे में मंजूर हो जाएगा।'

इस पर उन लोगों के कान खड़े हो गए और उन्होंने जवाब दिया, 'नहीं-नहीं, हमें तलाक नहीं चाहिए, हम केवल उसे सजा दिलाना चाहते थे!'

जब मेरी पत्नी ने मेरे लिए जमानत का अनुरोध करना शुरू किया, तो उससे पूछा गया कि उसने पहले मामला क्यों दर्ज किया था?

उसके बाद मुझसे पूछा गया कि क्या मैं अपनी पत्नी को वापस लेने को तैयार हूँ? मैंने जवाब दिया कि मैं तैयार हूँ, लेकिन मुझे परामर्श और सहज होने के लिए एक महीने का समय चाहिए। मेरी पत्नी ने भी वापस आने में अपनी रजामंदी जाहिर की और इस तरह मेरी जमानत के कागज बनाए गए। बदले में मैंने एक शर्त और रखी कि मेरे ससुराल वाले मेरे घर नहीं आयेंगे। इसके बदले में मैं यह भरोसा दिलाने को तैयार था कि अगर ऐसा हुआ तो मेरे अपने माता-पिता भी मेरे घरेलू मामलों में दखल नहीं देंगे। इस बीच मैंने बैंक में अपनी पत्नी के नाम पैसा जमा करना जारी रखा।

हालांकि मैंने समय के साथ स्थिति सुधारने की पूरी कोशिश की, लेकिन वह लोग अपनी तरफ से ऐसा करने को इच्छुक नहीं थे। हमारे बीच नये झगड़े तब बढे जब मेरे ससुर ने मेरी बदनामी फैलानी शुरू की और मेरे खिलाफ कई और मुकदमे डालते हुए मुझे फिर से धमकी देने लगे। एक मामले में मुझ पर मकान बेचने पर निषेधाज्ञ लगा दी गई। दूसरा मामला मेरे अजन्मे बच्चे की मौत के सम्बन्ध में भारतीय दंड संहिता (आईपीसी) की धारा 315 के अंतर्गत बनाया। तीसरा केस आरसीआर इस

आधार पर बनाया कि मैं अपनी पत्नी को वापस नहीं ले रहा हूँ। यह केस डालने के पीछे उनका मानस यह था कि मैं अपनी पत्नी को वापस लेने से इनकार कर दूंगा और इस तरह उन्हें रख रखाव का खर्चा माँगने का बहाना मिल जाएगा। अंत में, चौथे केस के रूप में दहेज निर्ममता का मामला (आईपीसी की धारा 498–ए के तहत, धारा 3 और 4 के साथ जोड़ कर) दर्ज किया गया जिसमें उन्होंने छोटी-मोटी हिंसा तथा जानबूझ कर चोट पहुंचाने की शिकायत दर्ज कराई।

मेरी रणनीति थी कि उन पर दबाव बना कर उनको अपने सब आवेदन वापस लेने पर मजबूर करूं और वे यह स्वीकार करें कि जो कुछ भी घटा है उसमें उनका हाथ रहा है और वह उसके लिए जिम्मेदार हैं। इसके लिए मुझे अदालतों में भागादौड़ी करनी पड़ी जिसमें मेरा बहुत सा समय नष्ट हुआ। मैंने समझौते के लिए भी भरसक कोशिश की। लेकिन जहाँ मेरी पत्नी, यथा प्रतीत, वापस आने को तैयार थी, उसके माता-पिता उसे मुझसे, पैसे के लालच में दूर रखना चाहते थे।

जब मैंने लिखित में अपनी स्वीकृति दे दी कि मैं अपनी पत्नी को वापस लेने को तैयार हूँ, तो उन लोगों ने दूसरा रास्ता अपना लिया। जैसे कि वह लोक अदालत पहुँच गए। यह एक जन अदालत है जहाँ आपस में परामर्श तथा समझौते से मामले निपटाए जाते हैं। उन्होने एक बेहद अविश्वसनीय आरोप लगाया कि मैं कनाडा में किसी भारतीय स्त्री से शादी कर रहा हूँ, इसलिए मेरा विश्वास नहीं किया जाना चाहिए। उसके बाद उन्होंने आवेदन किया कि उन्हें अपने दर्ज कराये मामले वापस लेने की अनुमति दी जाये ताकि वे आर्थिक समझौता कर सकें।

मेरे ससुर हमारे वैवाहिक जीवन को अपने नियंत्रण में रखना चाहते थे। उन्होंने कभी सोचा भी नहीं होगा कि कानून उनके सिर उल्टा पड़ जाएगा। ऐसा इस वजह से संभव हो पाया कि मेरी पीठ पर एक गैर सरकारी संस्थान का हाथ था। मैंने कुछ समय इस एनजीओ संस्था के साथ बिताया था जो धारा 498–ए के दुरूपयोग तथा दहेज उत्पीडन कानून के सताए हुए लोगों की मदद करती थी। इस दौरान मैंने इस संस्था एनजीओ के साथ सक्रियता से काम किया था।

मेरे ससुर के साथ एक समस्या यह भी थी कि उन्हें पता नहीं था कि वह बिना मेरी सहमति के मामले वापस नहीं ले सकते हैं। मेरी रणनीति यह थी कि मैं दूसरे पक्ष का मनोबल तोड़ दूँ। मुझे पता था कि अगर एक बार उन लोगों ने इस कानून के आधार पर मामले दर्ज कर दिए, और एक बार मेरे मन से अदालत तथा पुलिस का खौफ खतम हो गया, तो वह मेरे ऊपर अपना कोई नियंत्रण नहीं चला सकते हैं। हर कदम पर

इस एनजीओ संस्था का साथ, तथा मेरे पैतृक स्थान पर रहने वाले एक न्यायाधीश के परामर्श मेरे लिए बहुत फायदेमंद साबित हुए। इस सब से मुझे गहरा आत्मविश्वास मिला और मैं वह कर पाया जो मैं अन्यथा कर सकने की कल्पना भी नहीं कर सकता था।

मुझे लगता है कि कानून और समाज के बीच का जुड़ाव खंडित है और असली समस्या यही है। कहा जाता है कि कानूनी भय दिखा कर अपराध के निवारण की व्यवस्था है। लेकिन क्या सचमुच ऐसा है? जब लोगों को कानून की जानकारी ही नहीं तो कानून निवारण की भूमिका कैसे अदा कर सकता है? आतंकवादी जो कुछ भी करते हैं, वह उसका डंका बजाते हैं और फिर लोगों में उसका भय पैदा करते हैं। यहाँ लोगों को पता ही नहीं है कि उनका दहेज सम्बन्धी कानून क्या कहता है। लोग बस अखबार पढ़ते हैं। लेकिन यह काफी नहीं है। मैं यह भी देखता हूँ कि लोग कानूनी व्यवस्था के प्रति उदासीन हैं। वह समझते हैं कि अगर उन्होंने अपने धार्मिक जिम्मेदारी निभा ली तो और कुछ जरुरी नहीं है। साथ ही वह दहेज सम्बन्धी मामलों की ओर गौर नहीं करते। क्योंकि उनको यह वहम है कि ऐसा कुछ हमारे साथ कैसे हो सकता है?

लगता है कि हम भारतीय लोग यह नहीं समझ पा रहे हैं कि कानून का दुरूपयोग समाज को मुसीबत देने के लिए भी किया जा सकता है। लगता है कि कानून ही एक बड़ी समस्या है। यह माना जा सकता है कि मेरे द्वारा किये गए हिंसक कृत्यों के लिए कोई दंड देना तर्क संगत हो। यदि वह चाहें तो ऐसा जरुर कर सकते हैं और उस दशा में मुझे कोई शिकायत नहीं होगी। लेकिन मैं भी जिस यातना से गुज़रा हूँ उसके लिए न्याय की माँग करूँगा। यह माँग सिर्फ मेरे लिए नहीं होगी बल्कि उन सब लोगों के लिए होगी जो मेरी ही तरह दुश्चक्र में फंस कर कहीं के नहीं रह गए हैं।

आरोप के आधार पर, हम अपराधी ठहराए गए, लेकिन यदि सच पूछा जाय, तो मैं तथा मेरा परिवार पीड़ा और अवमानना का शिकार हुआ। कानून में जो लिखा है उसे सामने रखते हुए देखें, तो जो भी व्यक्ति इसकी गिरफ्त में आ गया, उसे हमेशा अपने सिर पर तलवार लटकती महसूस होगी। ऐसी मानसिक यातना के चलते कुछ लोग तो आत्महत्या तक कर सकते हैं।

मेरे खिलाफ जो सबसे गंभीर आरोप लगाया गया, वह था कि मैंने अपनी पत्नी को मारने की कोशिश की। यह रसोई में गैस लीक होने के बाद की बात है। यह सच है कि वहां गैस की कुछ गंध आ रही होगी, लेकिन मेरी पत्नी ने इस स्थिति का नाजायज फायदा उठाने की कोशिश

की। घर की नौकरानी को गैस की गंध महसूस हुई और उसने मेरी पत्नी को बताया। यह खबर पाते ही मेरी पत्नी और उसके माता-पिता घर के बाहर सड़क की ओर भागे और शोर मचाने लगे कि मैं अपनी पत्नी को मारने की कोशिश कर रहा था। यही खबर अखबारों में भी छपी। लेकिन यह सच नहीं है बल्कि यह सब उन लोगों की गढ़ी हुई कहानी है।

मेरी राय तो है कि दुल्हन को जलाने की सारी घटनाएं केवल अफवाह हैं। सच पूछा जाय तो, जल गए मर्दों की गिनती उनके मुकाबले कहीं ज्यादा है। यहाँ प्रस्तुत सारे आंकड़े आँख बंद कर के वही रख दिए गए हैं जो के स्त्रीवादी साहित्य में छापे गए हैं। जैसा मैं सोचता हूँ, यह साधारण सी बात है कि कोई किसी को यूं ही इस तरह नहीं मार देता। भले ही मीडिया इस तरह की कहानियों को सामने रखता रहा है, लेकिन यह सच नहीं है।

जब मेरे ससुराल वालों ने मेरे मकान मालिक से मेरी शिकायत की तो उसने भी यही रुख अपनाया। उसने कहा, 'आप क्या बात करते हैं? आप जो कह रहे हैं वह बकवास बात है। जब कोई गुस्से में बौखलाया हुआ हो, भले ही यह दहेज प्रताड़ना का मामला हो, उसके पीछे कोई मकसद तो होना चाहिए न। अगर वहां सिर्फ कोई विवाद है, तो ऐसे में यह मतलब नहीं निकलता कि कोई किसी को जला कर मार देगा।'

अभी, कुछ ही दिन पहले हमारे बीच कुछ समझौता इस आधार पर हुआ है कि हमारे खिलाफ लगे सारे मुकदमे वापस ले लिए जायेंगे। मेरी सास की चिंता यह है कि अब उनकी बेटी से कौन शादी करेगा? वह तो तलाकशुदा कही जायेगी। उनकी चिंता का कारण है कि बेटी की दुबारा शादी में उन्हें काफी पैसा खर्च करना पड़ेगा। कितनी दुर्भाग्यपूर्ण सोच है। उन लोगों ने खुल कर कहा, हम आपसे पैसा इसलिए ले रहे हैं ताकि हम उसे आगे दहेज की तरह दे सकें।

उन्होंने इसके लिए 5.8 लाख रुपए की रकम की माँग की। मेरा अंदाजा है कि आगे बातचीत के बाद यह रकम पांच लाख तक आ जाएगी। मैं खुद इतना देने में संतुष्ट हूँ ताकि वह अपनी आगे की जिन्दगी ढंग से शुरू कर सके। इससे कम में मुझे खुद बुरा लगता। मेरी यह भावनाएं उस स्त्री के लिए हैं जो मेरी पत्नी थी, न कि उसके माता-पिता के लिए। और इस रकम का दहेज से कोई लेना देना नहीं है।

विवाद का यह हल मेरे माता-पिता को भी ठीक लग रहा है। जो होना था वह हुआ। लेकिन वह इस बात से बहुत परेशान थे कि मैं अपनी पत्नी को वापस इस घर में ले आऊंगा। उनका मुझसे सवाल होता था कि इस बात की क्या गारंटी है कि वह लोग फिर कोई नया आरोप नहीं

लगाएंगे। उनको बताया गया कि वह स्त्री मुझे जहर दे सकती है। इस बात से वह डरे हुए थे कि उसके माँ-बाप पागल हैं और किसी भी हद तक जा सकते हैं।

हालांकि मैं अपने माता-पिता से कुछ हद तक सहमत हूँ, लेकिन मैं सारा इल्जाम उन पर नहीं डालूँगा। लोग बुरे नहीं होते। किसी नदी या तालाब का उदाहरण लें। आप तालाब में कंकड़ फेंक कर एक तरंग पैदा करें तो देखेंगे कि उससे कई तरंगें बन जाती हैं। इसलिए मैं अपनी पत्नी या उसके माता-पिता को कोई दोष नहीं दूंगा। मैं व्यवस्था को दोषी ठहराऊंगा। वह व्यवस्था ही है जो हमें उँगलियों पर नचा रही है।

अखिल द्वारा रात 8:45 पर पोस्ट किया गया *6 प्रतिक्रियाएं*

चर्चा पर टिप्पणियां

व्यक्तिवाद बनाम वफादारी

ऐसे समाज में जहाँ ज्यादातर शादी अपेक्षित होती है, कई बार कुछ लोग इसके लिए तैयार नहीं होते। अखिल जैसे लोगों की संख्या बढ़ती जा रही है, जो अपनी वैयक्तिकता से कोई समझौता नहीं चाहते। दूसरी तरफ दोनों पक्षों के बीच निष्ठा एक बड़ा मुद्दा बन जाती है, जैसा कि हम अखिल के ससुराल वालों के साथ देख रहे हैं, जो उसकी पत्नी से, शादी के बाद भी अपने प्रति निष्ठा की अपेक्षा रखते थे। स्त्री का स्व-प्रतिनिधित्व की शक्ति जैसी विचारधारा के विकास के कारण, अन्तरंग, अंतर्वैयक्तिक सम्बन्धों को सँभालने के लिए और भी कौशल की जरूरत पैदा हो गयी है। इस कौशल का विकास न कर पाने की दशा में बहुत गंभीर समस्या पैदा हो सकती है।

अखिल के मामले से पता चलता है कि 'दहेज सम्बन्धी' कहे जाने वाले मामलों में अक्सर असल समस्या, किसी एक पक्ष की अपने बड़ों या रिश्तेदारों के बताए तरीके से न चल कर, अपने निजी, स्वतंत्र-ढंग से काम करने की चाहत होती है। सिर्फ पुरुष ही नहीं इस तरह से स्वतंत्रता चाह रहे हैं। हमने कई बहुओं को भी अपने पति के साथ अलग रहने की माँग करते हुए देखा है। जिस तरह अखिल, अपने ससुराल वालों की तरफ निष्ठावान नहीं होना चाहता, उसी तरह ये स्त्रियाँ भी अपनी निष्ठा, शादी के तुरंत बाद अपने ससुराल वालों की तरफ न करके अपने पति की तरफ करना चाहतीं हैं। यहाँ, अखिल की वफादारी किसी और की तरफ न हो कर मुख्यतः अपने लिए ही है और यह उसके ससुराल वालों को कुंठित करता है। यहाँ समस्या यह है कि परिवार वाले, खासकर माता-पिता, अक्सर भावनात्मक और कभी-कभी आर्थिक रूप से भी अपने बच्चों पर आश्रित होते हैं।

वफादारी पर अखिल के विचार बहुत साफ हैं। उसने हमें बताया कि उसकी पत्नी के माता-पिता को शुरू में ही पता चल गया था कि वह स्वावलंबी है और उनकी बात नहीं सुनेगा। उसने साफ साफ

कह दिया था कि उसे दोनों तरफ के माता-पिता से कोई दखलंदाजी नहीं चाहिए थी, पर उसे अपने ससुर काफी चालाक लगे। उसे समझ में आ गया कि वे चाहते थे कि वह उनके मामलों में भावनात्मक रूप से जुड़े। उसके इस कथन से–'मुझे लगा कि यह पूरे परिवार से शादी करने के सामान था', बहुत से भारतीय सहमत होंगे। यह कथन सारी स्थिति का निचोड़ है।

उसके ससुराल वालों के लिए 'सब अपने हाथ में रखने' का मतलब था कि वे अपनी बेटी के नजदीक रह सकते थे। लेकिन अखिल को यह अपनी निजता का हनन लगा और इसीलिए वह इस स्थिति से कुढ़ता था। इसके अलावा वह कहता है कि उन्हें लगा कि वह उन्हें आर्थिक सुरक्षा भी देगा। अखिल का कहना है कि वह समझता है कि बच्चों की अपने माता-पिता की तरफ जिम्मेदारियां होती हैं, पर उसने ये नहीं सोचा था कि उसके ससुराल वाले उसके आर्थिक मामलों में भी अपना प्रभुत्व चाहेंगे।

अखिल जानता है कि कई महिलाएं आज भी दहेज को पैतृक धन में अपना अधिकार मानती हैं। उसके अनुसार कानून यहाँ नाकाम रहा क्योंकि वह दोनों पक्षों में संतुलन नहीं बना पाया। उसके अनुसार, जब कोई पैतृक धन नहीं होता और लड़कियां स्वयं ही पैसा लेना चाहतीं हैं ...और बेटियां अपने मायके भी नहीं जा सकतीं, तब स्त्री के साथ अन्याय होता है।' चूंकि वह और उसकी पत्नी अलग घर में रहते थे, पर फिर भी वह अपने माता-पिता के करीब बनी रही, इससे अखिल के माता-पिता को लगा की (उसके शब्दों में) यह औरत उनकी सारी जायजाद पर कब्जा कर लेगी।' अखिल के अनुसार उसके माता-पिता की नाराजगी सही थी क्योंकि उनके साथ ऐसा कोई पारस्परिक सम्बन्ध नहीं था। वह उनसे उनकी जायजाद के मामले में, वफादारी चाहती थी पर खुद वह, जरूरत पड़ने पर उसके बीमार पिता की देखभाल करने से मना करती रही।

एक आदर्श भारतीय नारी से आज्ञाकारी, शांत, नम्र और मेहनती स्वभाव की अपेक्षा की जाती है। आदर्शवाद के इस आदर्श पर खरा उतरने के लिए कहा जाता है कि, उसकी कामुकता, भावनाओं और विचार-शक्ति जैसे खतरनाक गुणों पर स्वयं उसको, उसके माता-पिता को, उसके पति और ससुराल वालों को नियंत्रण में रखना चाहिए। जैसा कि अखिल को ज्ञान हुआ, जब स्त्री अपनी सीमा रेखाओं से बाहर निकल जाती है, तब गंभीर समस्या पैदा हो सकती है। उसके खुद के इरादे अपनी पत्नी को उसकी वैयक्तिकता की अभिव्यक्ति की पूरी आजादी देना था, पर उसके रिश्तेदारों ने उसे अपनी पत्नी को काबू में ना रख पाने के लिए लताड़ा और कारण दिया कि चूंकि तुमने उसे पूरी आजादी दी इसीलिए आज वह ऐसी है।'

अखिल के रिश्तेदारों के अनुसार, अखिल को अपनी पत्नी को, आदर्श पत्नी के दायरे से बाहर कदम निकालते ही, सबक सिखाना चाहिए था।

'उसे कई बार सुनना पड़ा कि, तुम्हें उसे हर महीने घर खर्च के लिए 4000 रुपए नहीं देने चाहिए थे, तुम्हें उसे काबू में रखना चाहिए था ...तुम्हें उसे जर्मनी (जहाँ वह काम कर रहा था) नहीं ले जाना चाहिए था। उनके अनुसार ये सब करने से सिर्फ समस्या ही पैदा होनी थी। 'अगर तुमने उसे जर्मनी 3 महीने के बाद बुलाया होता तो उसे तुम्हारी कीमत पता चल जाता।' अखिल कहता है कि इन सब बातों से उसने यही सबक सीखा है कि, 'चाहे भारत हो या कोई भी देश ...आदमी को औरत को काबू में रखना आना चाहिए।' जैसा कि वह खुद नहीं कर पाया और इस वजह से उसके

ससुराल वालों की उससे यह अपेक्षा बढ़ गयी कि वह उन्हें और उसकी पत्नी को ही घर में प्रभुत्व दे। इसलिए ज्यादातर यह सत्ता और नियंत्रण का खेल है और जिसका भी पलड़ा भारी हो जाता है वही सिकंदर बन जाता है।

इन परिस्थितियों में कोई भी, दोनों पक्षों से इतना तो अपेक्षा रखेगा ही कि वे एक दूसरे से सौहार्दपूर्ण व्यवहार करेंगे। लेकिन अखिल की पत्नी को, जो अक्सर अपने माता-पिता की कठपुतली बनी नज़र आती है, अखिल से शिकायत थी कि उसने उसके पिता का सम्मान नहीं किया। लेकिन अखिल इसका यह कहते हुए प्रतिवाद करता है कि, वह 'बराबरी' में विश्वास रखता हैय उसका पूछना है, 'अगर वे मेरा और मेरी माँ का अपमान कर रहे हैं, नियमित रूप से मुझ पर व्यक्तिगत अघात कर रहे हैं तो आप मुझसे कैसे उन्हें सम्मान देने की अपेक्षा कर सकते हैं?'

अंततः उसने माना कि अगर बदले में उसे भी उनसे सम्मान मिलेगा, तो वह अपनी पत्नी के माता-पिता को सम्मान देगा। 'मैंने कहा था कि यदि इस घर में मेरी और उसकी (पत्नी की) बात ही प्रधान हो तो न मेरे माता-पिता अपनी बात मनवा सकतें हैं और न ही उसके।'

परन्तु, यहाँ सम्बद्ध लोगों की प्रकृति देखते हुए इस उपाय के कारगर होने की काफी कम आशा थी और इस तरह घर में प्रभुता के लिए संघर्ष जारी रहा।

अपेक्षाएं

कोई गैर-भारतीय अगर तयशुदा शादी के बारे में विचार करे तो यही सोचेगा कि जो दो लोग शादी कर रहे हैं उनकी एक दूसरे से बहुत सीमित अपेक्षाएं होंगी। उन्हें ऐसा इसलिए लगेगा क्योंकि कि वे इस रिश्ते में एक रीति और अपने माता-पिता की इच्छा के तहत बंध रहे हैं, न कि अपने खुद के चुनाव या आपसी लगाव की वजह से। पर हमारे शोध में एकत्रित जानकारी के अनुसार ये अनुमान वास्तविकता से कोसों दूर हैं। वैवाहिक सम्बन्धों में जुड़े हर पक्ष ने अपनी अपेक्षाएं व्यक्त कीं और अक्सर वे सीधी सरल नहीं थीं। हालाँकि शुरुआत में सभी कहते हैं कि, 'हमें बस इतना ही चाहिए कि वह हमारी देखभाल करे, पर बाद में धीरे-धीरे एक के बाद एक अलग-अलग अपेक्षाएं बाहर आने लगती हैं।'

अखिल और उसकी पत्नी भी कोई अलग नहीं थे। असल में अखिल द्वारा अपनी वैयिक्तकता की खुल कर माँग करने की वजह से ही इस मामले में अपेक्षाओं सम्बन्धी समस्याएँ आने लगीं। ऊपर से केवल वही नहीं था जो अड़ियल था, उसके ससुर भी अपनी अपेक्षाओं के लिए हर मोड़ पर लड़ने को तैयार मालूम होते थे।

रिश्ता तय करने से पहले किसी भी मुद्दे पर ज्यादा विचार नहीं किया गया—इस से भी मुश्किलें बढ़ गईं। उसके परिवार वालों ने उसकी पत्नी के परिवार की पृष्ठभूमि की बहुत सीमित जांच की। बहुत सी धारणाएं कम जानकारी के आधार पर ही बना ली गयीं। ऐसी एक धारणा जो उसने हमें बताई वह थी कि जब वे लड़की ढूंढ रहे थे, उनकी तरफ के लोग इस विचारधारा को ले कर चल रहे थे कि सरकारी नौकरी वाला व्यक्ति, किसी व्यापारी से ज्यादा संतुलित होगा क्योंकि व्यापारी ज्यादा चालाक होते हैं और सिर्फ पैसे के बारे में सोचते हैं।

बहुत से परिवार काफी खुले विचारों वाले होते हैं और वे कोई भी फैसला लेने से पहले, होने वाले दूल्हा दुल्हन को आपस में मिलने देते हैं। इसका एक बड़ा कारण यह सुनिश्चित करना होता

है कि लड़का और लड़की जिन्दगी साथ बिताने के लिए एक दूसरे के अनुकूल हैं कि नहीं। यहाँ ऐसा लगता है कि अखिल ने शुरुआत से ही परखने में भारी गलतियाँ कर दीं। उसके अनुसार, जब वह और उसकी होने वाली पत्नी पहली बार मिले, उसे आपस में ताल मेल को लेकर ऐसी कोई समस्या नहीं दिखी। पर इसका मतलब यह नहीं है कि उसे दोनों के बीच कोई अंतर नहीं दिखे। वह याद करके बताता है कि उसने उससे ऐसे ही जिन्दगी के बारे में विचार पूछे तो उसे पता चला कि उसकी जिन्दगी से कोई खास अपेक्षाएं नहीं थीं। इसके अलावा वह बताता है कि 'हालाँकि उसके पास इंजीनियरिंग की डिग्री थी, वह संसार की खबरों या भूगोल के बारे में ज्यादा नहीं जानती थी'। यह उसे ठीक नहीं लगा। 'मैंने पाया कि उसका नजरिया उतना खुला नहीं है और वहीं मैं काफी जानकारी रखता था।' हालाँकि उसे नहीं लगा कि ताल मेल की कोई बड़ी समस्या होगी पर उसे अच्छे ताल मेल होने के संकेत भी कम ही मिले।

अखिल मानता है कि वह ये सब समस्याएँ शायद उस समय नहीं पहचान सकता था। उसके हिसाब से समस्या उसके खुद के लिए तय किये गए मानदंडों की वजह से थी। बराबरी में विश्वास रखने के कारण, उसे यह औरतों के प्रति असम्मान लगा कि पुरुष 10 लड़कियां देख कर एक लड़की को चुने।

ऐसी परिस्थितियों में एक स्त्री की आशाएं बढ़ सकतीं हैं और ऐसे में उस स्त्री को मना करना उसे अच्छा नहीं लगता। वह समझाता है। 'इसलिए मुझे लगा कि एक स्त्री के बारे में सभी तथ्य इत्यादि देख कर और उससे फोन पर बात करने के बाद ही, अगर उसे उससे मिलने का मन हुआ तभी मिलेगा। साथ ही अगर उस मुलाकात में साफ साफ कुछ गलत नहीं दिखता है तो मैं उसी से शादी भी कर लूँगा।

इन परिस्थितियों में यह तरीका वास्तव में कुछ ज्यादा ही सरल था।

अखिल के ब्लॉग से पता चलता है कि उसके और उसकी पत्नी के बीच की अपेक्षाएं बहुत बार विफल रहीं। वे उनके ससुराल वालों से सम्बन्धों से ले कर, उनकी खुद की निजी जिन्दगी और अपनी वैयक्तिकता प्रकट करने से ले कर, जीवनशैली की उनकी प्राथमिकतायें, काम, धन और यौनसम्बन्धों तक थी। विवादास्पद ही सही पर इन सब मुद्दों में टकराव की वजह से हुआ नुकसान किसी आशापूर्ण स्त्री को शादी से मना कर देने से तो कहीं ज्यादा गंभीर था।

रोज़गार

हमारे शोध से पता चला कि कई पुरुष अभी भी कामकाजी पत्नी नहीं चाहते हैं बल्कि ऐसी पत्नी चाहते हैं जो आर्थिक रूप से उन पर निर्भर रहे। ऐसी सोच के कई कारण हो सकते हैं। अक्सर लड़कों के दिमाग में बचपन से ही ये कूट कूट कर भरा जाता है कि अंततः उन्हें ही अपने परिवार का पालन पोषण करना है। इसके अलावा आर्थिक रूप से निर्भर साथी का मतलब है कि उस स्त्री के पास जरूरत से ज्यादा आर्थिक स्वतंत्रता नहीं होगी जिससे सम्बन्धों के तराजू में उसका पलड़ा हमेशा हल्का रहे।

अखिल हमें बताता है कि इतना सब होने पर भी वह अपनी शादी तोड़ना नहीं चाहता था। कि मुझे उसका ख्याल रखना था, हर हाल में सुरक्षित रखना था और उसका भरण पोषण करना था–वह

एक बड़ी जिम्मेदारी थी। वह पुष्टि करता है कि शादी के बारे में उसके विचार मनुस्मृति[2] से प्रेरित हैं जिसमें लिखा है कि स्त्री पहले अपने पिता की, फिर अपने पति और बाद में अपने बेटे की छाया होती है। पर फिर भी वह इस विषय पर काफी अंतर्विरोधी बातें करता है, जब वह अपनी इस सोच के बारे में बताता है कि स्त्रियों को नौकरी करनी चाहिए क्योंकि आजकल के जमाने में ऐसा करने के काफी मौके हैं। वह अपनी पत्नी के, इतने पढ़े लिखे होने के बावजूद, नौकरी न करने के फैसले से निराश है। उस पर से वह यह भी कहता है कि उसे आशा थी कि उसके ऊपर से पैसा कमाने का बोझा थोड़ा कम हो जाता।

अखिल अपनी पत्नी के गृहिणी होने के विकल्प के चुनाव को उसका, परिवार के लिए पर्याप्त योगदान नहीं मानता। वास्तव में, बहुत से घरों में, घर का काम आज भी अप्रत्यक्ष कामों में आता है जिसकी कोई गिनती नहीं होती। स्त्री हक के बारे में बात करने वाली विचारधारा इसे पितृसत्ता की सोच का दुष्परिणाम मानती है।

यौन सम्बन्ध

ज्यादातर विशेषज्ञ मानते हैं कि सुखद यौन सम्बन्ध एक संतोषप्रद वैवाहिक जीवन का जरूरी अंग है। यौन सम्बन्ध और भावनाएं आपस में गुंथे होते हैं और यौन सम्बन्धों में असंतोष न सिर्फ दोनों के बीच लैंगिक असामंजस्य की वजह से बल्कि भावनात्मक, मानसिक और यहाँ तक कि सांस्कृतिक भिन्नता की वजह से भी हो सकता है।

शोध के समय असंतोषजनक यौन सम्बन्ध की समस्या बार-बार सामने आई। हालाँकि ज्यादातर लोग रोजमर्रा की जिन्दगी में इस विषय पर मौन ही रहते हैं, पर कई लोग इस विषय में बोले और हमें बताया कि इसने उन्हें कैसे परेशान किया। अखिल उन लोगों में से था जिन्होंने अपनी यौन सम्बन्धी जीवन के बारे में खुल कर बात की। ये स्पष्ट था कि यह उसके लिए एक बड़ी परेशानी का कारण था। अखिल के ब्लॉग से पता चलता है कि उसके और उसकी पत्नी के यौन सम्बन्धों की आवृति और तरीके को लेकर अलग-अलग राय थी। अखिल को, अपनी सास के 'यौन सम्बन्धों को लेकर आवेश' से खास परेशानी थी क्योंकि यह उसकी निजता पर हमले के सामान था। ऐसे मामलों में अक्सर अपनी खीज किसी दूसरे तरीके से दिखाई जाती है और इन परिस्थितियों में वह बार-बार बड़े विनाशकारी रूप में निकल कर आती है।

हिंसा

60 मामलों में से हमने अखिल का मामला इसलिए चुना क्योंकि वह खुले आम ये स्वीकार करता है कि उसने अपनी पत्नी पर हाथ उठाया। इससे भी अधिक उसने इस बात पर काफी आत्ममंथन किया

[2]हालाँकि कुछ लोग इसे प्राचीन भारत का 'कॉर्पस जूरिस' (विधि समूह) कहते हैं, और ऐसा करने से उस वास्तविकता का गलत प्रस्तुतिकरण होता है जिसमें कोई औपचारिक कानूनी नियम नहीं बनाये गये थे। इसके स्थान पर मनुस्मृति को एक विशिष्ट प्राचीन हिन्दू सांस्कृतिक ग्रंथ के रूप में समझा जाना चाहिए।

है कि उसने आखिर ऐसा क्यों किया। इस केस में कई बार दोनों तरफ से हाथापाई हुई, जो कि महिलाओं के प्रति होने वाली पारिवारिक हिंसा की पारंपरिक विचारधारा के विरुद्ध साबित होता है।

जैसा की वह अपने ब्लॉग में लिखता है, बचपन में उसकी माँ जो शब्द उसे डांटने के लिए प्रयोग करती थीं, वे उसे बहुत चोट पहुँचाने वाले और भावात्मक अत्याचार जैसे लगते थे। वह यह भी कहता है कि वे बाद तक उसे याद आते रहे। उसका मानना है कि एक पति, जो बचपन में इस तरह का दुर्व्यवहार झेल चुका है, जब कमजोर स्थिति में होता है तो उसके विस्फोट करने की काफी सम्भावना होती है। अपने ब्लॉग में उसने अपनी पत्नी को काबू में करने के अपने निश्चय और अंततः अपने गुस्से से उत्पन्न हिंसा के बारे में भी लिखा है।

अखिल का मानना है कि जब तक उसने पहली बार अपना आपा खोया था, उसकी पत्नी के परिवार वाले उससे पहले ही समझ चुके थे कि धारा 498–ए आईपीसी का कैसे प्रयोग (या दुरूपयोग) करना है। उन्हें बता दिया गया था कि अगर उन्होंने 'क्रूरता' का आरोप लगाया तो उनको अपना मनचाहा निष्कर्ष मिलेगा। इसलिए अपनी पत्नी को चुप कराने और उसे नियंत्रित करने से मना करने की उसकी कोशिश, उसे भारी पड़ गयी। ऐसा लगता है कि उसकी पत्नी को अखिल के गुस्से का आभास हो गया था। वह अखिल की ग्लानि और डर का फायदा उठा कर उसके गुस्से को अपने लाभ के लिए प्रयोग करने की आशा करने लगी, ताकि उसका पलड़ा भारी हो सके। अखिल के अनुसार वह इस तरह उसको हिंसा के लिए भड़का कर, फिर ब्लैकमेल कर उसे नियंत्रित करना चाहती थी।

दूसरी जगह, अखिल अपनी पत्नी को न सिर्फ शांतचित्त रह कर बदतमीजी करने, बदले की भावना रखने वाली, दूसरों के कष्ट में आनंदित होने वाली महिला कहता है, बल्कि उसके साथ हिंसक होने की क्षमता रखने वाली भी कहता है। इस मामले में वह उस को इल्जाम नहीं देता बल्कि अपनी ही तरह बचपन में उसके भाई द्वारा किये गए दुर्व्यवहार को दोषी मानता है। कुछ लोग कहेंगे कि पितृसत्ता की वजह से ही औरत को अपनी शारीरिक शक्ति का इस तरह से इस्तेमाल करना पड़ता है। इस सोच के अनुसार हिंसा से सिर्फ हिंसा ही पनपती है और दबा हुआ पक्ष इसे तख्ता पलटने के लिए इस्तेमाल करता है। इस मामले में अखिल की पत्नी ने अपने भाई के खिलाफ अपनी शक्ति न प्रयोग कर के अखिल के खिलाफ की क्योंकि शायद उसे अखिल पर काबू करना ज्यादा आसान लगा।

तलाक की रणनीति के रूप में कानून का गलत इस्तेमाल

कानून के दुरूपयोग के खिलाफ खड़े संगठन, अखिल जिनका सक्रिय सदस्य है और कई कानूनी विशेषज्ञों और वकीलों का तर्क है कि धारा आईपीसी 498–ए और 'दहेज विरोधी कानून' के तहत अक्सर झूठे मुकदमे होते हैं। यहाँ तक कि यह तथ्य महिला संगठनों द्वारा भी स्वीकारा जा रहा है। ज्यादातर मामलों में यह तब होता है जब स्त्री शादी को तोडना चाहती है और पति इसके लिए राजी नहीं होता। तब ऐसा कोई कारण ढूंढना जरूरी होता है जिसके तहत गलती ढूंढी जा सके। इन कानून के 'स्त्री के पक्ष में झुकाव के कारण, 'जब तक साबित न हो जाये तब तक निर्दोश[3]' के सिद्धांत के

[3]सामान्य धरणा के विपरीत यह 498–ए में लागू नहीं होताकृअखिल , उसके ससुराल वालों और इन दोनों के वकीलों ने इसे गलत समझा।

विपरीत अपने को किसी तरह की क्रूरता के आरोप से छुड़ाना साबित करने की पूरी जिम्मेदारी बचाव पक्ष के ऊपर ही आ जाती है। कई वकील अपने मुवक्किल को इस तरह के मुकदमे करने की सलाह देते हैं जबकि उनके साथ किसी तरह की क्रूरता का प्रसंग भी नहीं हुआ होता।

अपने ब्लॉग में अखिल कहता है कि उसके ससुराल वालों ने इस कानून को प्रयोग करने की सम्भावना को अच्छे से जांचा था और वे इसे उसके साथ उन मामलों पर मोल भाव करने के लिए इस्तेमाल करना चाहते थे जो उन्हें पसंद नहीं थे। उन्हें पता था कि ये वह धाराएं हैं जिनके अंतर्गत दाखिल किये गए मामले वापस नहीं लिए जा सकते। इसका मतलब कम से कम नियमानुसार तो एक बार प्रक्रिया शुरू होने पर उसे रोकना मुश्किल था।

पर वास्तविकता में, इसका कोई मतलब नहीं है। इतने सारे 'पुलिस सलाह केंद्र' और जज, दम्पतियों को अक्सर किसी भी तरह आपस में सुलह करने की सलाह ही देते हैं। वैसे भी यह सोच हमारी कानून व्यवस्था के, परिवार को सर्वोपरि रखने के सिद्धांत के अनुसार है।

बाहरी सहायता

हमारे अध्ययन के दौरान हमने पाया कि परामर्श केन्द्रों की बेहद जरूरत है। ऐसी सुविधाएँ, एक अकेले पक्ष और दम्पति, दोनों को ही मुहैय्या होनी चाहिए और ये सिर्फ पुलिस थानों या अदालतों में ही स्थित नहीं होनी चाहिए। परामर्श एक ताकतवर अनुभव हो सकता है और उसका लक्ष्य सिर्फ किसी इंसान को 'ठीक करना' नहीं होना चाहिए बल्कि उन्हें एक भरोसेमंद और सुरक्षित माहौल मुहैय्या कराना होना चाहिए जिसमें वे बिना भावनाओं में उलझे, ठन्डे दिमाग से अपने विकल्प सोच सकें और अपना चुनाव करने की शक्ति रखें। पर सच यह है कि आम भारतीय अभी इसके लिए तैयार नहीं हैं। यह व्यवसाय अभी आम भारतीय के लिए काफी अनजाना है और सही तरीके से समझा नहीं गया है। अभी भी लोग यही समझते हैं कि ये उन्ही के लिए ठीक है जो गंभीर रूप से दिमागी या भावात्मक रूप से बीमार है।

हमें इस बात के भी प्रमाण मिले हैं कि इस विषय में सोच बदल रही है। कई लोगों ने, जिनसे हमने बात की, उन्होंने किसी तरह की सलाह मिलने के विचार को काफी सकारात्मक तरीके से समझा और उन्हें लगा कि उन्हें और उनके दांपत्य जीवन को अगर समय रहते सलाह मिली होती तो शायद परिस्थितियां इतनी नहीं बिगड़तीं। इन लोगों ने ऐसा नहीं दर्शाया कि सलाह से कोई चमत्कार हो जाता पर उन्होंने इसके संभावित फायदों को पहचाना और साथ ही यह भी कि इसकी वजह से उनमें और उनके साथी में एक दूसरे के अलग विचारों और आशाओं को समझने की काबिलियत पैदा की जा सकती थी।

उदाहरण के लिए अखिल, विकल्पों के अभाव पर अपने क्षोभ की बात करता है कि उसे पता ही नहीं था कि कहाँ जाए। आखिरकार वह एक गैर सरकारी संगठन से मिला जो इस कानून के शिकार लोगों, मुख्यतः पतियों के संपर्क में रहते हैं। वहाँ वह अपने अनुभव एक सहयोगी समूह को बता सकता था और साथ ही उनसे सलाह भी ले सकता था। अखिल हमें बताता है, की इससे वह अपनी शक्ति पहचान पाया और अपने जैसे दुखिया लोगों के साथ मिलकर समस्याओं से निपटने के तरीके सोच पाया। ऐसा करने से मुझमें पहले नामुमकिन कर पाने का विश्वास जगा।

सच्चाई का प्रतिनिधित्व

किसी भी कानूनी मुकदमे की तरह, ज्यादातर मामलों की सच्चाई पर प्रश्नचिह्न बने रहते हैं। यहाँ हम सिर्फ एकतरफा कहानी सुन रहे हैं रू अखिल की। ऐसा भी हो सकता है कि उसने हमें जो भी बताया है वह पूरा सच न हो और अपनी कहानी को विश्वसनीय बनाने के लिए उसमें कुछ तथ्य थोड़ मरोड़ दिए हों। जमीनी स्तर पर काम करते समय हमने खुद को किसी को भी 'दोषी' करार करने से रोका। इसकी बजाय हम बस दोनों पक्षों के बीच की अंतर्वैयक्तिक गति समझना चाहते थे। हम सच्चाई को बिलकुल एकतरफा नहीं देख सकते थे क्योंकि किसी भी तरफ ज़रा सा भी झुकाव हमारी उस अंतर्वैयक्तिक गतिशीलता की समझ पर पर्दा डाल सकता है।

हमने अखिल के साथ लगभग 9 घंटे कई मुलाकातों में बात की और यह कोई अचरज की बात नहीं है कि उसकी हर छोटी चीज को सही साबित करने की कोशिश में, उसकी कहानी में कई अनियमितताएं हैं। जैसे एक जगह वह कहता है कि वह अपने ससुराल वालों को किसी तरह की धन सम्बन्धी सहायता नहीं देना चाहता था पर दूसरी जगह उसका मानना है कि बुढ़ापे में और अभी भी, उनकी देखभाल करना, उसका कर्तव्य है। अखिल भारतीय परम्पराओं को जरूरत के हिसाब से अलग-अलग मोड़ पर इस्तेमाल करता है और वहीं दूसरी जगह उनसे अपना पल्ला झाड़ लेता है और पश्चिमी तौर तरीकों को बेहतर बताता है। यह ब्लॉग, जो उन 9 घंटों का सार है, पढ़ने पर कोई भी जल्द ही पहचान लेगा कि वह मूल्यों और स्व-विशिष्टता के बीच उलझा हुआ एक इंसान है।

सच्चाई को बताना कानूनी रूप से भी बहस का मुद्दा हो सकता है। जैसे कि अखिल कहता है कि उसके ससुराल वालों को पता था कि दहेज विरोधी कानून का इस्तेमाल करके उसे जेल में डालने की उनकी कोशिश सफल हो सकती है जिससे वे उसको 'उनकी शर्तें मानने' पर मजबूर कर सकते हैं। जबकि वह और उसकी पत्नी दोनों सुलह करने को तैयार थे, उसे लगता है कि दहेज का अंश ससुराल वालों का पक्ष मजबूत करने के लिए डाला गया था क्योंकि 'वे चाहते थे कि वह और उसकी पत्नी अलग हो जायें ...इससे उन्हें लगता था ...उन्हें काफी पैसा मिलेगा।' जब आखिर में उन्होंने कहा कि वे उसके खिलाफ सारे मुकदमे वापस लेने को तैयार हैं, तो यही समझा गया कि यह किसी तरह के आर्थिक समझौते के आधार पर होगा।

अखिल की अपने ससुराल वालों के लिए दी गयी प्रतिक्रियाएं, कि कैसे वे उसे ठीक करना चाहते थे और फिर कैसे पैसे के लालच में वे उन्हें अलग करना चाहते थे, इनके बीच सामंजस्य बैठाना मुश्किल है। हो सकता है कि इस बारे में उनकी राय समय के साथ बदलती गयी। पर ये दोनों वक्तव्य उस बिंदु की तरफ इशारा करते हैं जहा दहेज का पक्ष घुसाया गया, जो किसी विशिष्ट मामले में ही हो सकता है। यह अखिल के उन प्रयत्नों से सम्बन्धित भी हो सकता है जिनके द्वारा वह हमसे चर्चा के दौरान विभिन्न बिंदुओं पर 'सच' की अपनी असली राय ना बता कर, केवल अपनी दलील को मजबूत करना चाहता है।

3

मोहिनी और नरेश—साथ-साथ पर फिर भी अकेले

मोहिनी और नरेश से मैं सबसे पहले 2006 की गर्मियों में मिला था। उन्हें दो युवा शोधकर्ताओं ने मेरे पास भेजा था, जिनसे वे नई दिल्ली के राष्ट्रीय महिला आयोग (नेशनल कमीशन फॉर वुमेन-एनसीडब्ल्यू) के ऑफिस में मिले थे। उनसे मोहिनी और नरेश ने जाना कि मैं शादीशुदा लोगों की काउंसलिंग करता हूँ जिनके सम्बन्ध टूटने की कगार पर होते हैं। बातचीत के दौरान, मुझे लगा कि दोनों ही तलाक नहीं चाहते थे (हालांकि इस समय दोनों अलग हैं)। खासतौर पर इसलिए भी कि उनके एक छोटा बेटा था। वे अनेकों परस्पर-विरोधी मतभेदों का सामना कर रहे थे, इसलिए मोहिनी ने राष्ट्रीय महिला आयोग से संपर्क किया कि वे इस समस्या को सुलझाने में मदद कर सकें।

परन्तु मोहिनी का यह प्रयास व्यर्थ रहा। जब मैंने उनकी काउंसलिंग शुरू की तो मुझे लगा कि दहेज उत्पीड़न के अंतगर्त शिकायत दर्ज होकर मामला पुलिस तक जा सकता है। मैं बहुत सारे ऐसे मामले देख चुका हूँ जिनमें हालात काबू से बाहर हो जाते हैं। अधिकतर मामलों में, मुख्य समस्या दहेज से सम्बन्धित नहीं होती, बल्कि दूसरी तरह की समस्याओं से जो कि संसार में किसी भी विवाहित जीवन में आ सकती हैं। यहाँ मेरी सोच उन सलाहकारों से भिन्न है जो कानून के दायरे में रहकर पुलिस व पारिवारिक अदालतों में बैठकर कार्य करते हैं–इन लोगों के अनुसार वैवाहिक समस्याएं दहेज उत्पीड़न से शरू होती हैं; मगर मैं ऐसा नहीं सोचता हूँ।

जैसा कि अक्सर होता है, मोहिनी, ने हमारी बातचीत की शुरुआत दहेज से की। प्रत्यक्ष रूप से उसके विवाह के बारे में मध्यस्थ ने मोहिनी के पिता को बताया था कि लड़के वाले उसे पसंद करते हैं, पर

वे आश्वासन चाहते थे कि उन्हें क्या मिलेगा। जवाब में मोहिनी के पिता ने कहा, 'यह मेरी इकलौती बेटी है। अपनी हैसियत के अनुसार जितना मैं कर सकता हूँ, करूगां।'

शायद यह परेशानियाँ उनकी सगाई से ही शुरू हो गई थीं। वादों के अनुसार मोहिनी के माता-पिता ने वह सब देने की कोशिश की जो वो दे सकते थे। मोहिनी ने बताया, 'उन्होंने कार के लिए कहा–वह (मोहिनी की माँ) यह भी मान गईं। तब उन्होंने कहा, 'यदि आप कार दे ही रहे हैं, तो ए.सी. कार दें। तो हमने ए.सी. कार दी। फिर ननद के लिए सोने की चौन मांगी तो हमने उसका भी बंदोबस्त किया।'

मोहिनी के माता-पिता सोचते थे कि उन्हें लड़के वालों की मांगें पूरी करनी ही थीं। उन्हें भय था कि विवाह से मना करने पर लोग शक करेंगे कि मोहिनी ने कुछ गलत किया होगा। ऐसा होने पर वह दुबारा शादी करने के काबिल नहीं रहती। मोहिनी ने कहा, 'मैं किसी भी बात के लिए अपने माता-पिता को दोषी नहीं ठहरा सकती, क्योंकि कोई भी माता-पिता नहीं चाहेंगे कि उनकी बेटी के साथ बुरा हो। यह होना ही था।'

मोहिनी ने बताया कि विदाई के समय कि उसके ससुर ने 1.5 लाख रुपए की मांग की। मोहिनी के अनुसार, उन्होंने कहा, यदि आप रुपए दे रहे हैं, तो ठीक है। नहीं तो हमें आपकी लड़की नहीं चाहिए।'

जब मोहिनी के पिता गुजर गए प्रत्यक्ष रूप से मांगें बढ़ने लगीं (हृदयघात के कारण-मोहिनी के अनुसार यह उसके ससुराल वालों की मांगों व धमकियों के कारण था)।

उन्होंने कहा कि 'अब तुम्हारे पिता नहीं रहे, तुम्हारी माँ को सारा पैसा मिलेगा। अब वह कर्जा लेकर हमें यह दे सकती हैं और रुपए मिलने के बाद वह कर्जा चुका सकती हैं। तुम्हारी खुशियों के खातिर उनके लिए यह बहुत बड़ा सौदा नहीं है।

परन्तु, नरेश ने इस तरह के आरोपों से इनकार किया और मुझसे कहा कि उसके परिवार ने इस समय पर मोहिनी और उसके परिवार से काफी सहानुभूति रखी और मोहिनी और उसके परिवार को काफी समय दिया ताकि वे लोग अपने दुःख से उबर सकें।

मोहिनी ने कहा जबसे शादी हुई, तभी से लगातार एक ही अंतहीन राग अलापा गाया, 'या तो पैसा दो, नहीं तो हम तुम्हें छोड़ देंगे। इसी मुद्दे को उसके सास-ससुर ने समझौते के हथियार के रूप में इस्तेमाल किया जब दिल्ली में अपने सास-ससुर के घर से लुध्यिाना पंजाब अपने पति के घर जाने का समय आया। मोहिनी ने बताया की उसे दिल्ली में कई महीनों तक रहने के लिए विवश किया गया क्योंकि सारा पैसा नहीं दिया गया था।

जबकि, उसने मुझे यह तक कहा मोहिनी यह सोचती थी कि उसकी सास और ननद के पास उसके खिलाफ कई शिकायतें थीं जैसे वह खाना अच्छा नहीं बनाती थी (जिसमें प्रत्यक्ष रूप से उसके परिवार वालों को बुलाया जाता था और कहा जाता था कि इसे ले जाओ)–जोकि सही मायनों में पैसे से सम्बन्धित था। उसके लुधियाना जाने के बाद भी उसकी मकान मालकिन ने यह कहकर डराया कि जबतक वह अपने पति और ससुराल वालों को खुश नहीं करेगी तब तक वह परेशान रहेगी।

इस पर भी नरेश का नजरिया कुछ अलग था। उसके अनुसार दिल्ली से लुध्यिाना देर से आने का कारण बिलकुल साधारण था कि उसके पास मकान पूरी तरह से तैयार नहीं था कि वह उसको ले जाता। नरेश ने कहा कि शादी से पहले उसने मोहिनी से पूछा था कि वह उसके (नरेश) माता-पिता के साथ कितने समय तक रह सकती है, तो इस पर उसका जबाब था, 'एक साल'।

मजे की बात यह है कि मोहिनी ने दहेज सम्बन्धी आरोपों से अपने पति को अलग रखने की कोशिश की। मोहिनी के अनुसार उसकी ननद उसे दहेज लाने में नाकाम होने पर मारती थी। दूसरी तरफ उसने कहा कि नरेश उसे और कारणों से, झुंझलाहट के मारे शारीरिक चोट पहुंचाता था। उसने यह भी बताया कि जब उसने नरेश को बताया कि उसके परिवार ने कार की मांग की थी तो वह भौंचक्का रह गया।

एक अलग सेशन में नरेश ने इस वाकये का समर्थन किया। शगुन समारोह (यह एक परंपरागत पंजाबी शादी का रिवाज है जिसमें एक दूसरे को अंगूठी पहनाई जाती है) के समय कार का तोहफा उसके लिए बहुत अचरज की बात थी। इस घटना के बाद, नरेश ने कहा कि उसके पिता ने मध्यस्थ को साफ कह दिया था कि 'हमें कुछ नहीं चाहिए'। लेकिन उसे नहीं लगता कि यह सूचना उसके ससुराल वालों तक पहुंची थी। क्योंकि विदाई के समय मोहिनी के परिवार ने उसे अलमारी, टीवी, फ्रिज और भी कुछ सामान दिया। उसने याद किया, 'मेरे पिताजी नाराज हो गए।' उन्होंने कहा, 'इन सब चीजों की क्या जरुरत है? इसके बाबजूद अगर आप कुछ देना चाहते थे, तो इन सबकी जगह आप कुछ रुपए दे सकते थे। इन सबके लिए हमारे पास जगह नहीं है।'

जब मैंने मोहिनी से उसके स्त्रीधन के बारे में पूछा तो उसने कहा की उसे पैसे-रुपए की इन बातों से कोई मतलब नहीं है। उसे परवाह नहीं थी कि उसका क्या है और क्या सामान उसके सास-ससुर का था-वह बस शांति चाहती थी। 'बस यही एक कारण था की मैंने कभी विरोध नहीं किया', उसने स्पष्ट किया। 'एक हफ्ते के बाद मेरे सास-ससुर ने मेरे सारे गहनें ले लिए।' मैंने कहा, 'अगर आपको यह सब चीजें लेकर खुशी मिलती है तो बेशक लें और कम से कम हमें शांति से रहने दें।'

मोहिनी इस बात पर दृढ़ रही कि उसके पिता शायद वो सब दे देते जो माँगा गया था चाहे वह स्पष्ट रूप से माँगा गया था या नहीं। लेकिन यहाँ यह बात है कि इस तरह की मांग बिलकुल करनी ही नहीं चाहिए थी। फिर अगर आपने माँगा तो यह उपहार नहीं, दहेज है।

इसी बीच, नरेश ने बताया कि उसकी समझ से दहेज वह है जिसमें लड़की वालों को वह सब सामान देने के लिए बाध्य किया जाता है जो वे आसानी से नहीं दे सकते। बल्कि जो भी सामान दिया जाता है वह भी सिर्फ लड़की का ही होता है।

शुरुआत में मोहिनी ने दृढ़ता से कहा कि वह केवल दहेज–सम्बन्धी उत्पीड़न के कारण इस मुकाम पर पहुँची थी। परन्तु जैसे–जैसे हमारी मुलाकातें बढ़ने लगीं, उसकी सोच भी बदलने लगी।

नरेश का पक्ष हमेशा साफ था: यह मामला दहेज उत्पीड़न का नहीं था। उसकी पत्नी की 'दहेज–विरोधी कानूनों' को इस्तेमाल करने की धमकी केवल उसे तंग करने का जरिया थीं, क्योंकि यह सब कानून 'लड़की के पक्ष' में बनाये गए थे। उसके अनुसार उसके खिलाफ दहेज के आरोप कभी साफ नहीं थे और समय–समय पर बदलते रहते थे। कभी दो लाख, कभी चार लाख तो कभी 50,000 होते थे।

नरेश ने बताया कि, जब मोहिनी मानसिक यातना की शिकायत ले कर राष्ट्रीय महिला आयोग के पास गई तो दहेज उत्पीडन की कोई बात नहीं हुई–इन सबको एक घरेलू मामला समझा गया। इस कारण से नरेश चौंका जब उसे पता चला कि मोहिनी ने कमीशन में दहेज उत्पीडन की लिखित रूप में शिकायत दर्ज की।

नरेश ने बताया कि उसे डर था कि अगर वह दहेज उत्पीड़न कानून के तहत अपना पक्ष रखती तो उसका पक्ष कमजोर पड़ जाता। 'यद्यपि उसे कानून के बारे में पूरी तरह से पता नहीं था, उसे बहुत समय तक डर लगता रहा कि यह कानून उसके खिलाफ इस्तेमाल हो सकता था। बल्कि नरेश के सास–ससुर ने स्पष्ट चेतावनी दी थी कि 'अगर उसकी पत्नी खुश नहीं है तो वे कुछ भी कर सकते हैं। सचमुच हर झगडे में मोहिनी कानून का हवाला देती थी। नरेश ने कहा कि उसे डर रहता था कि अगर इन समस्याओं का समाधान नहीं हुआ, तो उसका अगला कदम यही होगा।

नरेश के अगले बयान कि 'मुझे नहीं लगता कि यह होगा क्योंकि मेरे माता–पिता कह चुके हैं वे किसी भी कीमत पर समझौता करने को तैयार हैं' से मुझे लगा कि इस तरह का डर समझौते के हथियार के रूप में प्रभावकारी है। ऐसा लगा कि वास्तव में उसे विश्वास था कि मोहिनी ने समझौता अपने पक्ष में करने के लिए राष्ट्रीय महिला आयोग में दहेज–सम्बन्धी अभियोग लगाया।

जैसा मैंने पहले भी कई बार देखा था, ऐसा लगने लगा था कि, मोहिनी एक मौकापरस्त की तरह दहेज उत्पीडन कानून का इस्तेमाल करना चाहती है। इसलिए मैं यह जानने को इच्छुक था कि यह जोड़ा और किन कारणों से संघर्ष कर रहा है।

उनके माहौल की बात करें तो, नरेश ने बताया कि वह और उसकी पत्नी दोनों मध्यम वर्ग से हैं। जबकि वह मोहिनी को उच्च मध्यम वर्ग से समझता था, वह खुद को निम्न मध्यम वर्ग का मानता था। उसके परिवार ने खुद बढ़ोतरी की थी, उसके पिताजी किसान परिवार के पहले ऐसे सदस्य थे जो उत्तर प्रदेश के छोटे से गाँव से बाहर आये। वह और मोहिनी दोनों अनुसूचित जनजाति के सदस्य हैं, जो पिछड़े स्थान से ऊपर उठे।

शादी के बाद ही नरेश को यह अहसास हुआ कि मोहिनी का परिवार उसके परिवार से ज्यादा संपन्न था। लेकिन मोहिनी का यह मानना था कि नरेश को यह बात पहले से ही पता थी। मोहिनी ने मुझे बताया कि वास्तव में इसी कारण से नरेश के परिवार वाले दहेज के भूखे थे।

रिश्ते के समय नरेश की उम्र 25 साल और मोहिनी की 22 साल थी। यह उन दोनों के लिए शादी का पहला प्रस्ताव था।

मोहिनी अपनी शादी का मामला अपने परिवार पर छोड़कर संतुष्ट थी। उसका मानना था कि उसके परिवार वाले उसके लिए सही ही सोचेंगे और उसे वह मंजूर था।

मैंने उससे पूछा, 'तुम शादी को दो-लोगों का गठबंधन मानती हो या दो परिवारों का?' उसका जबाब, 'दो लोगों का' चौकानें वाला था। उसने यह हक अपने माता-पिता को इसलिए दिया था क्योंकि उसको उनपर अपने से ज्यादा भरोसा था।

दूसरी तरफ, नरेश ने कहा उसके पास इस फैसले में ज्यादा स्वछंदता थी। उस समय वह माता-पिता के द्वारा तय किये गए विवाह के विचार से बहुत संतुष्ट था। परन्तु अब वह सोचता है कि 'यह ज्यादा अच्छा है कि किसी के साथ पूरी जिंदगी बिताने से पहले उस इंसान को अच्छे से परख लिया जाये।'

शादी कराने वाले मध्यस्थ से पहली मुलाकात के बाद नरेश ने अपने माता-पिता को बताया था की वह अभी शादी के लिए तैयार नहीं था और कुछ समय तक अपने काम पर ध्यान देना चाहता था। परन्तु उसके माता-पिता ने मोहिनी के परिवार को यह बात नहीं बताईय उन्हें यह उम्मीद थी की समय के साथ सब ठीक वह मान जायेगा। उनका कहना था कि लड़की ठीक है, परिवार भी ठीक है, तुम्हें शादी कर लेनी चाहिए।

5 महीनों के अंदर वह इस दबाव में आ गया।

शादी तय होने से पहले मोहिनी और नरेश कभी मिले नहीं थे। बल्कि, सारी मुलाकातें मध्यस्थ के साथ होती थीं।

'मेरे लिए यह ठीक था,' नरेश ने बताया। इस काम के लिए जिस व्यक्ति को उन्होंने नियुक्त किया था, उस पर, पारिवारिक मित्र होने के नाते उन्हें पूरा भरोसा था। उन्होंने हमें विश्वास दिलाया था कि वे बहुत अच्छे लोग हैं और कोई परेशानी नहीं होगी।

मोहिनी ने बताया कि अब उसे पछतावा था कि उस मध्यस्थ से उसके परिवार वालों ने खुल कर बात नहीं की। उसे लगा, 'यदि वे ऐसा करते तो उनके बारे में बहुत सारा सच पता चल जाता।'

मैंने कई अवसरों पर अपने मुवक्किल के साथ यह देखा है–किसी के माहौल के बारे में पता करना ही काफी नहीं है। सतही जानकारियों पर ही फैसला ले लिया जाता है।

नरेश पछताता है कि उसके परिवार ने मध्यस्थ पर विश्वास किया। उसने कहा कि शादी के बाद उसे पता चला कि यह बिचौलिया झूठ बोल रहा था, वह लड़की वालों से मिला ही नहीं था।

उसने बताया किया कि मैंने लोगो से सुना था की मेरे ससुर ने उसे लाखो में पैसे दिए थे–उसने स्पष्ट किया कि मोहिनी के पिता घूस देकर काम निकालने में माहिर थे।

मोहिनी के पिताजी की मृत्यु के बाद उस मध्यस्थ के पास पैसा कमाने का कोई जरिया नहीं बचा था और इस कारण से उसने इस रिश्ते में रुचि लेना बंद कर दिया था। नरेश ने इसे विश्वासघात समझा कि जिसे वह अपना इतना करीबी मानते थे उसने उनके साथ ऐसा किया। उसके विश्वास दिलाने पर कि यह परिवार बहुत अच्छा है उन्होंने मोहिनी के परिवार के बारे में किसी और से पूछना उचित नहीं समझा।

रिश्ते से पहले मोहिनी ने बताया कि उसके परिवार वाले नरेश के बारे में कुछ पता नहीं कर पाए थे। क्योंकि नरेश को उनकी इस योजना के बारे में पता चल गया था। मोहिनी ने बताया की नरेश ने उन्हें इन सब बातों से दूर रहने को कहा क्योंकि इससे एक दूसरे के प्रति अविश्वास झलकता है।

नरेश के अनुसार शादी के लिए विश्वास बहुत जरुरी है। नरेश ने बताया कि हमने वास्तव में कभी भी मेरी पत्नी, उसके माता–पिता या किसी और विषय के बारे में किसी से भी नहीं पूछा था, परन्तु मेरी पत्नी की तरफ से उन्होंने मेरे बारे में हरसंभव जानने का प्रयास किया।

मोहिनी को एक दूसरे के बारे में जानने की अहमियत के बारे में पता था, लेकिन उसने यह बताया कि उसके माता–पिता बहुत सीधे हैं और उन्हें नहीं पता था कि क्या सही है क्या गलत।' इसलिए उन्होंने नरेश की इच्छानुसार बात मान ली।

जबकि नरेश का कहना है कि उसने ज्योतिष शास्त्र के माध्यम से इस गठबंधन की उपयुक्तता की जाचं करवाई। जबकि उसे पता चला कि दोनों की कुंडली मिलती नहीं थी, पर उसने इस बात को ज्यादा महत्त्व नहीं दिया क्योंकि मोहिनी और उसके परिवार वाले भी इससे सहमत नहीं थे।

नरेश से मुलाकात के समय मोहिनी अंग्रेजी से एमए कर रही थी। पर वह अपनी डिग्री पूरी नहीं कर पाई क्योंकि उसकी अंतिम परीक्षा से पहले उसके पिताजी गुजर गए थे और वह परीक्षा देने के लिए अपने आप को संयत नहीं कर पाई। अपनी पढ़ाई के दौरान उसने कभी शादी सम्बन्धी अपनी अपेक्षाओं और किस तरह के व्यक्ति से वह शादी करना चाहती थी, इसके बारे में सोचा ही नहीं था।

'मै बस इतना चाहती थी कि मेरा पति लम्बा हो,' उसने बताया। एक सीधा इंसान हो, ना की तेज-तर्रार। शक्ल-सूरत इतनी मायने नहीं रखती थी। मैं सादा जीवन और सीधा परिवार चाहती थी। मैं बहुत दुनियावी चीजें नहीं चाहती थी। मुझे शांति चाहिए थी।'

जब हमने इस बारे में बात की तो और भी बातें सामने आयीं। उसने कहा उसे भावात्मक सहारे की उम्मीद थी। जैसे, यदि कोई उसे गलत आरोप लगाये, तो उसके पति को उसका पक्ष लेना चाहिए। वह यह भी उम्मीद करती थी कि वह ज्यादा से ज्यादा कमाए, और अपने परिवार को आर्थिक रूप से खुश रखे। इस दूसरी बात पर मोहिनी जैसा चाहती थी नरेश ने वैसा नहीं किया क्योंकि कथित रूप से उसने माँ और बहन पर खर्च किया।

नरेश ने भी ऐसा ही अनुभव बताया। उसने बताया कि शादी से पहले उसने शादी के बारे में बहुत कम बात की या शादी के बाद उसके या माता-पिता के बीच के रिश्ते में क्या प्रभाव होगा। स्कूल और कॉलेज में उसका ध्यान सिर्फ पढ़ाई पर था। और उसके बाद वह घर से बाहर रहने चला गया तो इस तरह के विषय पर कभी बात हुई ही नहीं।

जब मैंने उससे पूछा कि उसकी शादी से क्या उम्मीदें थी, नरेश ने कहा वह चाहता था कि दोनों परिवार खुश रहे। वह केवल यह नहीं चाहता था कि उसकी पत्नी खुश रहे, बल्कि उसके माता-पिता की इस उम्मीद पर खरे उतरे, कि नरेश और उसकी पत्नी उनकी देखभाल करें। उसने यह नहीं माना कि जब मोहिनी उसके माता-पिता के पास दिल्ली में रही थी और उनके बीच कोई अनबन हुई थी। उसे आशा थी कि समय के साथ सब ठीक हो जायेगा, लेकिन हालत बद से बदतर ही हुए।

नरेश को विश्वास था कि उसने अपनी पत्नी को खुश रखने के लिए जो बन पड़ता था वो सब किया। उसके अनुसार मोहिनी भी इस बात को सराहती थी, बस उसका यह विचार था कि वह आर्थिक रूप से कमी रखता था। नरेश के लिए बस कमी इस बात की थी कि वह अपनी पत्नी को, अपने माता-पिता का आदर जिसके वे हकदार थे, तैयार नहीं कर पाया।

नरेश के अनुसार, उसके माता-पिता बस चाहते थे कि वह उनका सम्मान करे, लेकिन कुछ दिनों बाद मोहिनी ने वह सब करना बंद कर दिया था जिससे यह लगे कि वह उनका सम्मान करती है, जैसे कि उनकी उपस्थिति में पल्लू डालना (यह स्त्री की साडी का बाहर का हिस्सा होता है जो बाहर की तरफ डाला जाता है जिससे कि डिजाइन दिखे। ऐसे मामलों में उससे उम्मीद की जाती थी की वह सर पर पल्लू ओढ़ कर सम्मान प्रकट करे) मोहिनी को लगता था कि नरेश के माता-पिता उससे ढंग से बात नहीं करते थे, यद्यपि नरेश इस बात से सहमत नहीं था। उसने बताया कि, कभी-कभी मोहिनी बहुत ज्यादा अपेक्षा रखती थी।

मोहिनी के लिए, पत्नी के रूप में उसकी भूमिका पति और उसके परिवार की देखभाल करना था। जैसा उसे लगता था, उसका मुख्य उद्देश्य, उसके पति और सास-ससुर को भावात्मक सहारा देना था। फिर

भी, वह भी अपने मूल परिवार को आर्थिक योगदान देना चाहती थी और उसका यह भी मानना था कि उसे शादी के बाद काम करना चाहिये था।

फिर भी मोहिनी का यह मानना था कि अगर कोई उससे पढ़ाई छोड़ कर घर का काम करने को कहता तो वह कर देती। अगर उसे चुनाव करने को मिलता तो उसकी अभिलाषा प्रोफेसर बनने की थी (अभी वह पीएचडी करने की सोच रही थी) लेकिन वह अपने पति और उनके परिवार की खुशियों के ऊपर अपनी महत्वाकांक्षाएं नहीं रखना चाहती थी।

उसने इस बात पर जोर दिया कि अंत में वह खुशी चाहती थी, और इसके लिए वह पूरी तरह से सांमजस्य बनाने के लिए इच्छुक थी। उसने बताया, मैं वक्ता बनना चाहती थी, लेकिन साथ ही मैं एक अच्छी पत्नी व अच्छी बहू भी बनना चाहती थी। मैं एक सम्पूर्ण, खुशहाल परिवार चाहती थी।'

नरेश ने बताया कि उसे लगता था कि उसकी पत्नी का प्रमुख कर्तव्य उसको खुश रखना था। उसके मन में मोहिनी के लिए कोई जिम्मेदारियां नहीं थीं, लेकिन वह उससे सहानुभूतिशील और करुणामयी होने उम्मीद करता था। उसी तरह से मोहिनी भी उम्मीद करती थी कि उसके पति उसकी परवाह करने वाला हो। शुरुआत से ही वह खुश थी कि नरेश वैसा ही सहयोग देने वाला और संवेदनशील था जैसा कि वह चाहती थी।

शादी से पहले जब मोहिनी के पिता का देहांत हुआ था, शुरुआत से ही एक सकारात्मक बात निकल कर आई। उसने बताया कि, वास्तव में नरेश ने बहुत सहयोग दिया। अगर वह नहीं होते तो शायद वे अपने दुःख से शीघ्र बाहर नहीं आ पाते। उसने मुझे और मेरी माँ को बहुत सहयोग दिया। मेरी माँ के लिए वह दूसरे बेटे की तरह थे।'

जैसे शादी में समय व्यतीत हुआ, मोहिनी ने कहा, उसे लगा उसका पति वैसा नहीं था जैसा वह चाहती थी और जैसा कि वह शुरुआत में था। उसने बताया, 'मैं चाहती थी कि वह मेरे साथ, चाहे थोड़ा ही सही, कुछ समय व्यतीत करे।' लेकिन यह नहीं हुआ, सिवाय सोने के समय के। उस समय भी हम तुरंत सो जाते थे।'

उसे यह महसूस हुआ कि दोनों के बीच में बातचीत की कमी थी। मोहिनी ने उससे बात करने की कोशिश की, लेकिन मोहिनी के अनुसार, नरेश उससे यह उम्मीद करता था कि वह बिना बोले उसकी बात समझ जाये।

मोहिनी ने कहा कि वह यह भी उम्मीद करती थी कि उसका पति एक पिता की भूमिका भी निभाए। लेकिन उनके बेटे के जन्म के बाद, उसने स्पष्ट रूप से पाया कि वह अलग थलग रहता था और सहयोग नहीं करता था, क्योंकि वह उम्मीद करता था कि बेटे की सारी जिम्मेदारी वह ही उठाये। इसके बावजूद भी हमारी बातचीत में उसने बताया कि वह नरेश को एक पिता की भावना जागृत करने का एक ओर मौका देना चाहती थी, जबकि उसे पता था कि नरेश में उसके प्रति एक पति की भावना उत्पन्न होने का कोई माध्यम नहीं था।

मोहिनी के साथ मेरे सेशन की शुरुआत से ही मुझे उसकी कहानी अन्य दहेज सम्बन्धित मामलों से अलग नहीं लगी। उसने बताया कि उसके सास-ससुर उसे कोई न कोई दोष लगाकर उसे उसके माता-पिता के पास भेज देते थे। मतलब साफ होता था–कि वह और दहेज के साथ ही वापस आये। उदाहरण के लिए उसने मुझे एक घटना बताई जब उसके परिवार को बोला गया कि, 'इसे ले जाओ, हमें यह यहाँ नहीं चाहिए, यह खाना बनाना नहीं जानती।' दूसरी घटना में, उसने बताया कि उसके ससुर ने उस पर इल्जाम लगाया कि वह बर्तन चुरा कर अपनी माँ को देती थी। इसके बाद उन्होंने मेरे पति को मुझे मेरे मायके छोड़ आने के लिए कहा। समय समय पर मेरी सास और मेरी ननद किसी न किसी बहाने से मुझे मेरी माँ के घर भेज देते, और उसके पति कुछ नहीं कहते थे' उसने यह शिकायत की।

परन्तु मजेदार बात यह है, जो कि यहाँ बहुत महत्त्वपूर्ण है कि मोहिनी ने इन घर वापस भेजने वाली घटनाओं को केवल एक बार, शुरुआती बैठक में बताया। फिर हमारी बातचीत के दौरान जैसे-जैसे अन्य समस्याएं सामने आईं, जो कि दहेज से सम्बन्धित नहीं थीं, वह शायद इन बातों को भूल गयी।

बल्कि, नरेश ने बताया कि उसकी पत्नी अपने माता-पिता के घर तभी जाती थी जब वह जाने की हठ करती थी। इन बातों ने मुझे यह सोचने पर मजबूर किया कि कहीं वह दहेज से सम्बन्धित आरोपों को मजबूत करने के लिए यह आरोप तो नहीं लगाती थे। जो उसने आरोप लगाये थे जरुरी नहीं वे वास्तव में हुए ही हों।

जब मैंने नरेश से उसकी शादी के शुरुआती दिनों के बारे में पूछा, उसने बताया कि वह पहले महीने दिल्ली में मोहिनी के साथ रहा, और उसके बाद उसे अपने माता-पिता के पास छोड़ गया। इस एक महीने में उनके अच्छे सम्बन्ध बन गए थे। उनमें एक दूसरे के प्रति इतना प्यार हो गया कि उसके लिए मोहिनी के बिना लुधियाना जाना मुश्किल हो गया।

पर वह दोनों स्वभाव से बिलकुल अलग थे। नरेश के शब्दों में मोहिनी 'तेज' थी जबकि वह खुद बहुत 'शांत' था। मगर, उसने बताया कि दोनों की पसंद एक जैसी थी, जैसे संगीत में और घूमना आदि और इसका उन्होंने लाभ भी उठाया। जब वह लुधिआना में दूध के कारखाने में नौकरी करता था तब उसके मैनेजर ने उसकी कार्यपाली दिन में लगा दी, ताकि वह दोनों शाम साथ में बिता सके। नरेश ने बताया कि कैसे वे बहुत सारी चीजों के बारे में बाते करते थे, अपनी जिंदगी के बारे में, अपनी पसंद और अपने परिवारों और भविष्य के बारे में।

नरेश ने बताया कि पहले जब मोहिनी दिल्ली में थी, उसे उसकी पत्नी व् उसके परिवार दोनों से एक दूसरे के प्रति शिकायतें मिलती थीं। उसकी माताजी की शिकायत थी कि मोहिनी अपने सास-ससुर के साथ आदर पूर्वक व्यव्हार नहीं करती थी। नरेश का विचार था कि उसकी पत्नी को कुछ बातों में परिवार की उम्मीदों को पूरा करने की कोशिश करनी चाहिए थी और तालमेल रखना चाहिए था क्योंकि यह बहुत बड़ी चीजें नहीं थी।

नरेश ने बताया कि उसके माता-पिता मोहिनी के साथ तालमेल बना कर रखते थे, लेकिन, उसे यह सब तब पता चला जब मोहिनी और उसके माता-पिता की लड़ाई उसके सामने हुई। उसने बताया कि कई बार उसने दोनों पक्षों को सांमजस्य बनाये रखने को कहा।'

तब ही नरेश ने जाना कि मोहिनी उससे बहुत कुछ छुपा कर रखती थी। उसने जाना जब वह अकेले होती थी, बाहर छत्त के टेरस पर बहुत रोती थी। उसने बताया कि चार महीने बाद, वह चीजों को गंभीरता से लेने लगी।' फिर, उसके साथ लुधियाना आने के बाद, वह उसके परिवार को देखना भी नहीं चाहती थी, जबकि वास्तविकता यह थी कि उसके साथ प्रगाढ़ प्रेम के कारण उसके पास कोई और रास्ता नहीं था।

नरेश ने दृढ़ता से कहा कि शादी से पहले, न तो उसका और न ही उसकी पत्नी का कोई रिश्ता और प्यार था। उसने कहा कि, मोहिनी ने उसे स्कूल के किसी सीनियर के बारे में बताया था जिस पर वह मोहित थी पर उसने कभी अपनी भावनाओं को जाहिर नहीं किया, लेंकिन इससे ज्यादा कुछ नहीं था।

नरेश के महिला और पुरुष दोनों ही तरह के मित्र थे, इसलिए उसे महिलाओं के साथ व्यव्हार करना आता था। लेकिन नरेश ने कबूला कि अपने सहपाठिनों के अलावा वह लड़कियों के साथ शर्मीला था। उसे पता था कि उसकी शादी माता-पिता द्वारा ही तय होगी, इसलिए किसी भी तरह के प्रेम सम्बन्ध में लिप्त होना उसे सही नहीं लगा। बल्कि, उसके अनुसार, उसने कभी किसी में रुचि भी नहीं ली, क्योंकि उसके माता-पिता इस बात को कभी स्वीकार नहीं करते और इस कारण उसकी हिम्मत भी नहीं थी।

उसने बताया, 'मैं बहुत आज्ञाकारी व्यक्ति था। अपने परिवार में सबसे ज्यादा आज्ञाकारी व्यक्ति।' उसने अपने आपको भी इसी तर्क से समझाया कि, 'मैं जो भी करूँगा, अपनी पत्नी के साथ करूँगा।'

अपने बारे में बताते हुए मोहिनी ने कहा कि सह-शिक्षा स्कूल में पढ़ने के बावजूद, नरेश ही पहला व्यक्ति था जिससे उसे प्रगाढ़ लगाव हुआ। नरेश ने जो मुझे बताया था उसके विपरीत उसने कहा कि, 'मेरे जीवन में मेरा कोई 'पहला आकर्षण' नहीं था।' उसके लिए इसका मतलब था कि वह जो भी 'नरेश के लिए महसूस करती थी वह बहुत अदुभुत था।' उसके लिए यह सब बिलकुल नया था। तब से, उसने मुझे बताया कि, चाहे वह नरेश से कितना भी गुस्सा हो, 'मैंने उससे प्यार करना बंद नहीं किया, मैं अब भी बहुत प्यार करती हूँ।'

ऐसा लगता है कि, मोहिनी को नरेश से उसी पल प्यार हो गया था जब उसने उसे पहली बार देखा था। उसे बताया 'वह देखने में बहुत सीधा-सादा और पारिवारिक था।'

नरेश के परिवार से उसको ऐसी भावना मिली कि उसको वाहन सम्पूर्ण सहयोग मिलेगा। 'वह एक आदर्श परिवार लग रहा था। मैं इन सब बातो से आकर्षित हो गई थी। तब, सगाई के बाद, जब मैं उससे से मिली, मुझे उससे प्यार हो गया।'

मोहिनी ने बताया कि उसे नरेश की हर बात प्यारी लगती थी, विशेषकर उसका (मोहिनी) का ध्यान रखना। उसने बताया कि शादी से पहले का उनका मिलना जुलना बहुत 'अदुभुत' था। विशेषकर

वह इस बात की आभारी थी कि नरेश अपनी बहन के हस्तक्षेप को कम करने की कोशिश करता था। मोहिनी ने बताया कि 'वह मुझे कॉल करता, मेल भेजता, प्यारे प्यारे पैगाम भेजता और 'मुझे माफ कर दो' और 'मैं तुम्हारी कमी महसूस करता हूँ' जैसे ई-कार्ड भेजता।'

असलियत में, मोहिनी उनके प्यार भरे दिनों को मूल्यवान मानती थी, और अब उसे शिकायत थी कि 'शादी के बाद वो सब बातें हवा में गायब हो गई।'

मोहिनी ने बताया कि वह प्यार को एक जिम्मेदारी के रूप में देखती थी। उसने यह भी बताया कि यह कुछ पल का या शारीरिक, हार्मोनल असंतुलन या कुछ और नहीं होता। एक इंसान दूसरे के कुशलमंगल के लिए जिम्मेदार था।

वह आश्वस्त नहीं थी कि नरेश भी उससे प्यार करता था–शादी के कुछ समय बाद उसने उससे यह प्रश्न पूछना बंद कर दिया था। उनकी सगाई के बाद मिलने-जुलने के दौरान, नरेश ने उसे बताया था कि वह उससे प्यार करता था। लेकिन जब उसने नरेश से प्यार को परिभाषित करने को कहा (क्योंकि वह उसकी भावनाओं की गहराई जानना चाहती थी), वह नहीं कर सका।

मोहिनी के इस सन्दर्भ को नरेश ने एक नाजुक-सी हँसी से पुष्टि की। हकीकत में, उसके लिए प्यार को परिभाषित करने के इस प्रश्न का उत्तर देना मुश्किल था।

मेरे हिसाब से, यह मुश्किल इस बात से उत्पन हुई कि 'प्यार' ऐसी अनुभूति थी जिसे नरेश महसूस करता था, पर उसके बारे में सोचता नहीं। नरेश ने सोचते हुए जबाब दिया, 'ऐसा हो सकता है, एक व्यक्ति जो आपकी परवाह करता है, आपके बारे में सोचता है और जो आपके लिए सबकुछ है, इसका मतलब लड़का भी प्यार में हैं या लड़की भी प्यार में हैं।' उसने बताया, 'यह वही व्यक्ति होता है 'जिसे आप प्यार करते हैं और उसके साथ पूरी जिंदगी बिताना चाहते हैं।'

मोहिनी के उसके लिए प्यार को याद करते हुए, नरेश ने मुझे बताया कि उसकी शादी से उसे इस बात की सबसे ज्यादा खुशी की थी कि उसकी पत्नी उसकी बहुत परवाह करती थी। उसके अनुसार श्उसका सबकुछ मैं ही था।'

मोहिनी की तरह ही, सगाई के बाद मिलने जुलने के दौरान उसे भी मोहिनी से प्यार हो गया था। उसने बताया, 'ऐसा इसलिये हुआ क्योंकि मैं जानता था कि वह बहुत परवाह करने वाली है।' मैं जानता था कि वह मुझे, मेरे स्वयं के लिए, वह मुझे बहुत प्यार करती है।' उसे पता था कि जब वह मुझसे मिलने आई, तब भी वह उससे प्यार करती थी।

फिर भी, मोहिनी ने आगाह किया कि, 'मैं यह नहीं कहूँगी कि हम प्रेमी पंछी थे और यह भी कि नरेश हमेशा उससे चाहता था कि वह माता-पिता व बहन की सारी बातें बर्दाश्त करे। परन्तु उसके लिए इसकी एक सीमा थी। यद्यपि, उसने कहा कि वह जितना बर्दाश्त कर सकती थी, करती रही, पर अब नहीं कर सकती।'

मोहिनी और नरेश ने अपने शारीरिक रिश्ते की गुणवत्ता के बारे में अलग-अलग राय बताई।

नरेश ने बताया कि उन दोनों के बीच सबकुछ ठीक था, शारीरिक सम्बन्धों में दोनों में से किसी को शिकायत नहीं थी। उसने कहा, शुरू में, मोहिनी के शर्मीला होने की वजह से थोड़ी सी मुश्किल हुई थी। लेकिन उन्होंने धीरे-धीरे कामुकता के सभी आयाम परखे।

नरेश ने मुझे बताया कि मोहिनी का गर्भवती होना एक दुर्घटना थी। फिर भी यह उसके लिए राहत की बात थी क्योंकि उसे लगा कि इससे मोहिनी का ध्यान उसकी माता और बहन से हट कर बच्चे पर रहेगा।

मोहिनी ने एक अलग ही कहानी सुनाई। उसके अनुसार, 'पहले ही दिन से शारीरिक सम्बन्ध नहीं के बराबर थे।' मोहिनी ने यह आरोप लगाया कि, उसकी सास और ननद ने नरेश को चेतावनी दी कि उसके ज्यादा करीब न जाये, नहीं तो वह कमजोर हो जायेगा। इसी कारण से शादी के दो-ढाई साल बाद वो गर्भवती हुई–उसने कहा उसी समय उन्होंने शारीरिक सम्बन्ध बनाये थे। उसने शिकायत की कि 'बच्चे के लिए कोई इतना ज्यादा समय इंतजार नहीं करेगा।'

दोनों के बीच ज्यादा बातचीत न होने के कारण, मोहिनी और नरेश ने वास्तव में शारीरिक सम्बन्धों के बारे में बात नहीं की। अपने आप को सही बताते हुए मोहिनी ने मुझे कहा कि हमारे भारतीय समाज में लड़की आसानी से इस तरह की बातें नहीं कर सकती।

यद्यपि उसे इस विषय पर चर्चा करना मुश्किल लगा, उसने कहा कि इसका मतलब यह नहीं कि उसने शुरुआत करने की कोशिश नहीं की। लेकिन नरेश की इस चर्चा में कोई रुचि नहीं थी, उसने मुझे बताया। उसने उलाहना दिया कि 'उसकी बहन जो भी कहती थी वही सही माना जाता था।'

मोहिनी ने मुझे बताया कि, 'उनकी शादी में सिर्फ शारीरिक सबंधो की ही कमी नहीं थी। मिलने जुलने के दौरान उनके सम्बन्ध चाहे जैसे भी थे, उसने बताया कि शादी के बाद मुझे हम दोनों के बीच कोई प्यार भरे पल या कोई आत्मीयता के पल याद नहीं थे, न तो भावात्मक, न ही शारीरिक।'

जब मोहिनी की शादी हुई थी उस दौरान उसके परिवार के लिए मुश्किल समय था। उसके अनुसार, ये मुश्किलें उसके ससुराल के व्यवहार के कारण थीं, और उनके अनुचित डर और मांगो की वजह से उसके पिता का हृदयघात से देहांत हुआ। इन परिस्थितियों में, मोहिनी ने बताया उसे ऐसा लगा कि उसकी निष्ठा पहले अपने मायके के लिए थी, चाहे सामाजिक नियमों के अनुसार उसे अपनी निष्ठा अपने ससुराल की तरफ करनी चाहिए थी।

वास्तव में, उन दोनों की सगाई के दौरान, निष्ठा एक विवादित मामला हो गया था। मोहिनी ने मुझे एक उदाहरण देने के लिए याद किया, 'जब हम पहली बार बाहर के लिए निकले, उसकी बहन ने जोर देकर उसे (नरेश) को वापस बुला लिया कि उसे खरीदारी करने जाना था।'

शुरुआत से ही, मोहिनी को लगा कि नरेश की बहन नहीं चाहती थी कि वह दोनों एक दूसरे के करीब आयें। बड़ी बहन और डॉक्टर होने के नाते, वह चाहती थी कि लोग उसके ओहदे से डर कर उसका आदर करें। इसके अलावा, क्योंकि उसके अपने पति से सम्बन्ध खराब थे, ऐसा लगा कि वह नरेश से ज्यादा लगाव रखती थी और उसे मोहिनी के घर आने से ईर्ष्या थी।

संभवतः नरेश की भी पहली निष्ठा अपने परिवार के प्रति थी। मोहिनी ने मुझे बताया कि, 'जब भी वह अपने परिवार के व्यव्हार के प्रति कुछ करने की कोशिश करता था, वो नाकाम हो जाता था।' 'वह बहुत भावुक था और बर्दाश्त नहीं कर सकता था कि उसकी माँ या बहन के साथ कुछ गलत हो।'

नरेश की बहन चालाकी से हालात को संभालती थी और नरेश को उसके पति की याद दिलाते हुए उससे निवेदन करती थी कि अगर वह उसका ध्यान नहीं रखेगा तो, उसका और उसके बेटे का क्या होगा। मुझे बताया गया कि उसने उन मामलों पर जो मोहिनी से सम्बन्धित होते थे नरेश के निर्णय पर अपना प्रभाव शुरू कर दिया। उदाहरण के लिए, जब मोहिनी होटल में काम करती थी, उसने कहा कि नरेश की बहन सलाह देती थी कि उसके पास बेवफाई करने के बहुत मौके हैं। इस प्रकार, भले ही नरेश को शुरू में मोहिनी के काम वाली जगह से कोई समस्या नहीं थी, इस घटना के बाद उसके पास यही विकल्प था कि उसने नौकरी छोड़ दी।

मोहिनी ने जोर देकर यह भी बताया कि नरेश की निष्ठा उसके परिवार के प्रति ज्यादा थी, क्योंकि वह कभी भी फोन कर उनके बेटे के बारे में नहीं पूछता था। 'उसके लिए, जिम्मेदारी का मतलब केवल उसकी बहन और उसका बेटा था।' वह कहता था, 'मोहिनी अपने बेटे का ध्यान रखेगी।'

उसने बताया कि कुछ हद तक, वह अपनी सास और ननद की ईर्ष्या को समझ सकती थी। 'जैसे आप जब किसी बच्चे को नया खिलौना देते हो, तो वह उसके प्रति ज्यादा आकर्षित होगा और उसके साथ ज्यादा खेलेगा। कुछ लोग इसे संभालना जानते हैं, लेकिन मेरे ससुराल वाले नहीं कर पाए।' 'जब उसके दहेज सम्बन्धित आरोपों पर दोबारा विचार करना शुरू किया तब, उसने अपना विचार व्यक्त किया कि यह असुरक्षा की भावना संभल जाती अगर वह उनकी (अपने ससुराल वालों) इच्छानुसार उन्हें रुपए दे देती। तब उन्हें यह लगता कि उन्हें कुछ तो मिला।'

मोहिनी को आभास था कि वह अकेली नहीं प्रयास कर रही थी। उसने बताया, 'वह अब भी मेरी परवाह करता है चाहे दिखाता नहीं है।' उसने जोर देकर कहा कि समस्या उसके ससुराल वालों के साथ थी जो नहीं चाहते थे कि नरेश उसके और उसके बेटे के साथ शांति से रहे और एक आदर्श परिवार बनाये। बल्कि, उसने आरोप लगाया कि अगर नरेश उसे गर्भवती होने के दौरान उसका हाल जानने के लिए कॉल करने की कोशिश करता था तो उसकी सास अक्सर आत्महत्या की धमकी देकर डराती थी। मोहिनी ने बताया, अगर उसके माता-पिता उसको रोज यह कहकर न भरते कि, 'तुम उसे छोड़ दो, तब वह अपनी शादी को कामयाब बनाने के लिए कुछ न कुछ करता।'

उस समय, उसने यह भी स्वीकार किया कि वह नरेश के लिए सब कुछ नहीं हो सकती। 'मैं उसकी पत्नी हूँ–मैं उसकी माँ या बहन नहीं हो सकती,' उसने बताया। उसी तरह से वे दोनों उसकी पत्नी नहीं हो सकती,' उसने यह भी बताया। उसे (नरेश को) सबको उनका स्थान देना चाहिए। इस तरह नहीं कि केवल पत्नी की परवाह करो, और दूसरों को भूल जाओ। न ही दूसरों की परवाह करने के कारण अपनी पत्नी को भूल जाओ।'

ज्यादातर उसे लगा कि नरेश संतुलन बनाये रखने में असमर्थ था। उसने कहा कि शादी के थोड़े दिनों बाद ही यह अहसास हो गया जब उसने कहा कि वह उसकी माँ और बहन के कारण हो रही समस्याओं के लिए कुछ नहीं कर सकता। कैसा व्यक्ति है! मोहिनी को कोफ्त हुई कि 'अगर तुम कुछ नहीं कर सकते, तो तुमने शादी ही क्यों की थी? तुम्हें जिम्मेदार होना चाहिए। मैंने तुम्हारे लिए अपना घर छोड़ा था ना कि तुम्हारे परिवार के लिए!'

मुझे ऐसा भी लगा कि मोहिनी ने 'पराया धन' की धारणा कुछ मायने में आत्मसात कर ली थी (यह धारणा कि एक लड़की, अपने पैत्रिक घर में, दूसरे की संपत्ति होती है)। उसके अनुसार, अपने ससुराल वालों को खुश रखना और उनके अनुकूल रहना पत्नी की जिम्मेदारी होती है। इसके साथ उसने कहा कि वह अपनी माँ और भाई के साथ की अपेक्षा भी नहीं करती क्योंकि उसके भाई का विवाह होने जा रहा था और उनकी जिम्मेदारी अब नई बहू के प्रति थी न कि मोहिनी के प्रति। इससे स्पष्ट था कि उसके 'पराया धन' की धारणा में यह भी निहित था कि कोई उसका भी ध्यान रखे। 'मेरा स्थान मेरे पति के साथ है। वह मेरे लिए जिम्मेदार है।'

उसने जोर देकर यह भी कहा कि, मैं किसी की संपत्ति नहीं हूँ, कि शादी के बाद मेरे माता-पिता का मुझ पर कोई जोर नहीं है। वे मेरे किसी भी काम में दखल नहीं देते। शादी से पहले मैं अपने माता-पिता की संपत्ति नहीं थी और शादी के बाद अब मैं अपने पति या ससुराल वालों की संपत्ति नहीं हूँ। मेरा अपना वजूद है।'

मोहिनी ने कहा कि उसकी सास के दुर्व्यवहार के बाद भी वह उनके प्रति निष्ठावान ही रही। एक दिन तो हद ही हो गई जब उसकी सास ने उसके ऊपर खौलते हुए पानी की बाल्टी उलटने की कोशिश की। लेकिन ऐसा करने में उसकी सास के ऊपर ही पानी गिर गया और वह बुरी तरह से जल गई। इसके बावजूद उसने अपनी सास को नहलाने, कप्स बदलवाने आदि रोज-मर्रा के कामों को करने में मदद जारी रखी। मोहिनी ने समझाया कि, उसने ऐसा घर में अपनी जगह बनाने के लिए किया; साथ ही वह किसी को तकलीफ में नहीं देख सकती थी, चाहे वे कोई भी हों।

मोहिनी ने बताया कि जितना भी समय उसने अपने ससुराल मे बिताया उसकी ननद ने उसके साथ एक बंधुवा मजदूर की तरह व्यवहार किया।

मोहिनी ने स्मरण करते हुए कहा कि जब वह कपड़े धोती थी तो उसकी ननद बाहर खड़ी हो कर उसे टोकती रहती कि ठीक से कपड़े धोओ। यह सही तरीका नहीं है। घर ठीक से साफ करो; यह कोई काम करने का तरीका नहीं है।

पहल करने की हमेशा सजा मिलती थी। मोहिनी ने बताया कि एक दिन उसने रसोई में फेर-बदल किया तो उसकी सास को अच्छा तो लगा लेकिन फिर भी उन्होंने उसकी ननद को आगाह किया

कि, 'अगर हमने सावधानी नहीं बरती तो यह कल की आई लड़की हम पर राज करेगी।' मोहिनी ने बताया कि यह बात भी दहेज से जुडी हुई थी, जैसे कि उसकी सास ने कहा कि यदि वह इस घर में राज करना चाहती थी तो उसे उन्हें और पैसे लाकर देने होंगे।

नरेश समझ चुका था कि उसकी माँ, बहन और मोहिनी के बीच मे यकीनन समस्याएं थीं। उसको समझ आने लगा था कि वे लोग जान बूझ कर मोहिनी को तंग करने वाली बातें कहती थीं। हालांकि नरेश के विचार से इन झडपों का कारण मोहिनी का उसके प्रति अपना हक समझना था। यह बात, मोहिनी की धारणा से कि, उसके ससुराल वाले नरेश पर अपना हक समझते थे, से बिलकुल विपरीत थी।

शादी के चार पांच महीनों के बाद नरेश को यह बात भली-भांति दिखने लगी थी कि क्या चल रहा है। जब मोहिनी सबसे पहले उसके पास लुध्यिाना आई, तब उसे पहली बार यह बात समझ में आई। उसकी बहन अक्सर लुध्यिाना में उनके पास आने लगी। वह अक्सर, ऐसे मजाक करती थी जो मोहिनी को बुरे लगते थे, और मोहिनी ने यह मान लिया कि उसकी ननद उसे नीचा दिखाने की कोशिश कर रही है।

यहाँ पर फिर, इन तनावों की नरेश की समझ, मोहिनी से अलग थी। उदाहरण के तौर पर उसने बताया कि मोहिनी अपनी ननद की दखल-अंदाजी की शिकायत करती थी। नरेश के अनुसार, मोहिनी अब चाहती थी कि, उसकी सास घरेलू मुद्दों पर उससे राय लें, क्योंकि उसकी ननद तो अब घर से जा चुकी थी–और इसीलिए उसे अपनी ननद का दखल पसंद नहीं था।

नरेश के अनुसार उसके, उसकी पत्नी, माँ व बहन के बीच जो भी समस्याएं थीं, सब गलतफहमियों के कारण थीं। नरेश ने माना कि न केवल उसकी पत्नी अपने ससुराल वालों को समझने में गलती करती थी, बल्कि दोनों तरफ से गलतफहमी थीं।

काफी समय तक मोहिनी अपने साथ हुये दुर्व्यवहार के किये माफी की अपेक्षा करती रही। लेकिन नरेश का मानना था कि बहुत-सी बातें जिनके लिए मोहिनी माफी चाहती थी, वे या तो हुई नहीं थीं, या फिर मोहिनी के कहे अनुसार नहीं हुई थीं।

मोहिनी के लुधियाना आ जाने के महीनों बाद तक नरेश का परिवार उन दोनों के बीच लड़ाई का कारण बना रहा। नरेश के अनुसार, उसका परिवार, मोहिनी के पुलिस में शिकायत करने की वजह से नाराज था, जो घटनाएं कभी हुई ही नहीं थीं। वे लोग नरेश से भी नाराज थे कि उसने अपनी पत्नी को ऐसा करने से नहीं रोका।

नरेश के अनुसार उसने अपने माता-पिता को, मोहिनी के दिल्ली मे रहते हुए ही समझौते के लिए मनाने की बहुत कोशिश की।

लेकिन उन्होंने मोहिनी को सर पर पल्लू रखने के तरीके में छूट दे दी क्योंकि उसको सर पर आगे की तरफ पल्लू लेना पसन्द नहीं था। इसमें नरेश का भी मानना था कि यह तौर-तरीके शहरों के लिए नहीं थे। पर अंत में मोहिनी ने ही उसे इसे बात पर ज्यादा तूल देने से रोका।

मोहिनी के अनुसार, नरेश का अपने परिवार के प्रति ध्यान न देने का सबसे बड़ा उदाहरण तब सामने आया जब उसके परिवार के पैसे के लालच की वजह से नरेश ने अपने चार-दिन के बेटे को पीलिया होने पर भी ध्यान नहीं दिया। दहेज-सम्बन्धी अपनी शिकायतों से जोड़ते हुए मोहिनी ने कहा कि, यह साफ था कि वे लोग सब कुछ पैसे के लिए कर रहे थे, क्योंकि इतने छोटे बच्चे से कोई दुश्मनी नहीं निकालता।

उसी समय मोहिनी को यह भी आभास हुआ कि उसकी सास और ननद उनकी शादी खत्म करना चाहती थीं। इसीलिए उन्होंने उसे एक साल के लिए अकेला छोड़ दिया तकी वे अलगाव दिखा कर तलाक ले सकें। मोहिनी ने कहा, कि 'केवल अपनी शादी बचाने के लिए वह महिला आयोग गई।'

दोनों ही पक्षों को बेवफाई का शक था। मोहिनी के गर्भवती होने पर उसकी सास ने शक जाहिर किया था कि, 'हमें क्या पता बच्चा किस का है?' मोहिनी के अनुसार, उनका इरादा उसके चरित्र पर लांछन लगा कर और उसे तंग कर, उसे घर से जाने के लिए मजबूर कर दें, ताकि वे नरेश की दूसरी शादी कर सकें।

लेकिन बेवफाई का आरोप मोहिनी की तरफ से ज्यादा बढ़ चढ़ कर आया। उसके अनुसार, नरेश का किसी सहकर्मी के साथ नाजायज सम्बन्ध थे। इस बात को उसने अपनी सास के उनकी शादी तुडवाने के इरादे से जोड़ा।

मोहिनी ने नरेश के फोन में कुछ आपत्तिजनक सन्देश भी देखे। उनमें से एक सन्देश था, 'में तुम्हारी कमी महसूस करता हूँ।' कुछ चित्र सन्देश भी थे जिनमें लिखा था, 'में तुम्हें चुम्बन देता हूँ', 'मैं तुम्हारी कमी महसूस करता हूँ', 'मैं तुमसे प्रेम करता हूँ'। कुछेक फोन देर रात को किये गए थे। सारी बातें एक ही नंबर से होती थीं। सीधी-सादी दोस्ती में इतनी रात तक कोई बात नहीं करता, उसने विरोध करते हुए कहा था।

जब उसने नरेश से सफाई माँगी तो वह बोला कि यह उसके सन्देश नहीं हैं। बल्कि उसने बताया कि वह एक महिला के लिए बिचौलिया जिसका किसी और के साथ चक्कर था। लेकिन मोहिनी को विश्वास था कि नरेश झूठ बोल रहा था।

जब मैने नरेश से इस बारे मे पूछा तो उसने अपनी पत्नी के हक जताने के स्वभाव की तरफ इशारा किया। उसने बताया कि, 'वह मुझे किसी और स्त्री से बात करते हुए नहीं देख सकती। इससे वह बहुत परेशान हो जाती है।'

मोहिनी ने उसके ऑफिस के एक दोस्त के मेसेज को गलत तरीके से ले लिया और काफी परेशान हो गयी। नरेश ने माना कि वे सिर्फ दोस्त थे, पर ऐसा कुछ नहीं था कि कहा जा सके कि उनके बीच प्यार था या शारीरिक सम्बन्ध थे।' पर मोहिनी उसकी बात पर विश्वास करने के लिए तैयार नहीं थी। वह उसके रात की ड्यूटी जाने पर भी शक करने लगी।

इस बीच ऐसा लगा कि वह महिला नरेश को ज्यादा चाहने लगी। तब नरेश ने उनके सम्बन्ध खत्म कर दिए।

जब मोहिनी को उसके प्रेम सम्बन्ध के बारे में शक हुआ, तो मोहिनी ने खुद इस बात की तहकीकात करने का निश्चय किया। वह नरेश के ऑफिस से उस महिला का पता लेने गयी। फिर उसने अपनी माँ और भाई को उस महिला के घर भेजा। घर पर उस वक्त, केवल उस लड़की की आंटी थीं, इसलिए वे लोग ज्यादा कुछ मालूम नहीं कर पाए। पर मोहिनी ने दावा किया कि यह सब उसकी सास और ननद की चाल थी ताकि वे दोनों शादी कर पाएं। यह सब बातें नरेश की जानकारी में नहीं हुईं।

मोहिनी के विचार से इस रिश्ते में शारीरिक सम्बन्ध नहीं बने, पर वह लड़की नरेश को बहुत अधिक चाहने लगी थी। साथ ही उसे विश्वास था कि नरेश के लिए यह केवल दोस्ती मात्र थी, और वह भावनात्मक रूप से इस रिश्ते में नहीं जुड़ा था। कई लोग इसे 'प्रेम सम्बन्ध' भी नहीं कहते, पर मोहिनी के अनुसार यह प्रेमसम्बन्ध थे क्योंकि 'कोई भी शादी-शुदा आदमी ऐसी बातें नहीं करता।' अगर नरेश भावनात्मक रूप से इस रिश्ते में जुड़ा होता और यदि उस लड़की ने हाँ कह दिया होता तो वह निशित रूप से उससे शादी कर लेता, क्योंकि 'नरेश को केवल शादी के सम्बन्ध में ही भावनात्मक रिश्ते समझ आते हैं।'

बल्कि, हमारी बातचीत के दौरान भी मोहिनी को विश्वास था नरेश इस सम्बन्ध में तब भी जुड़ा हुआ था। उसने तर्क दिया कि इसी वजह से नरेश ने उसे दोबारा छोड़ दिया। अगर नरेश माफी मांगता तो मोहिनी उसे वापस लेने के लिय तैयार थी, पर साथ ही उसने मुझे बताया कि, वह भविष्य में ज्यादा निगरानी रखती। उसने कहा कि यह सम्बन्ध उसकी बर्दाश्त करने की हद था–इसके बाद वह बर्दाश्त नहीं करती। लेकिन इसका यह मतलब नहीं था कि वह तलाक पर विचार करती।

मोहिनी के अनुसार, नरेश ने महिला आयोग में इन आरोपों को माना था। पर माफी मांगने के बजाय, जैसा कि उसकी अपेक्षा थी, उसने कुछ शर्तें सामने रख दीं थीं: 'अगर मुझे वहाँ रहना था, तो मुझे उसकी माँ और बहन की बातें माननी पड़ेंगी, नहीं तो वह जा सकती है।'

लेकिन नरेश ने इस बात का खंडन किया।

मोहिनी का मानना था कि नरेश के परिवार वाले उनकी शादी तोड़ना चाहते थे। नरेश ने कहा कि, 'वह हमेशा उससे कहती रहती थी कि वे उन दोनों में तलाक चाहते थे।'

मोहिनी का विश्वास था कि उसके ससुराल वाले हमेशा इसी फेर में रहते थे। यह बात नरेश को दुखी कर देती थी और वह उससे बार-बार कहता रहता था कि उससे उसका (मोहिनी का) यह शक्की स्वभाव पसंद नहीं है। लेकिन फिर भी वह अपनी नापसंदगी को काबू में रखने की कोशिश

करता था–उसके तरफ से किसी भी प्रतिक्रिया से वह गुस्सा हो जाती थी और उन दोनों की लड़ाई हो जाती थी, जिससे वह हर कीमत पर बचने की कोशिश करता रहता था।

मोहिनी के हक जमाने वाले स्वाभाव की वजह से नरेश का किसी महिला से बात करना भी मुश्किल था। इस बात पर लड़ाई से बचने के लिए, कभी-कभी वह झूठ भी बोलता था।

अपनी अप्रसन्नता को व्यक्त करते हुए मोहिनी ने कहा कि 'उनकी शादी के बाद भी नरेश ने अपना सारा पैसा अपनी माँ और बहन पर लगाया जिससे घर में पैसा नहीं था।'

मोहिनी अपने पति से अपेक्षा करती थी कि वह पैसे के मामले में अपने सीमित परिवार पर ही ध्यान दे। लेकिन उसने आरोप लगाया कि वह अपने पैतृक परिवार से अपनी जिम्मेदारी हटा नहीं पाया। बदले में, वह चाहता था कि 'उसका' (मोहिनी का) पैतृक परिवार मोहिनी पर खर्चा करे ताकि उनके पैसे की कमी पूरी हो सके। मोहिनी ने विओध किया कि, 'जब भी नरेश पैसे मांगता था, उसकी माँ दे देती थी–यहाँ तक कि उनके घर के परदे भी उसकी माँ के दिए हुए थे।'

'वह कितना कमाता है?', मैंने उससे पूछा। 'बहुत थोड़ा,' मोहिनी का जवाब था। पर यह शायद मोहिनी की अपेक्षाओं को दर्शाता था। जबकि नरेश ने 10,000 रुपए प्रति माह कमाने की बात बताई थी। जितना वह अपने घर वालों पर खर्चा करता था, उससे मोहिनी को लगता था कि वह उससे कहीं ज्यादा कमाता था। 'केवल मुझे ही ऐसे रहना पड़ता है', उसने रोष में कहा। महिला आयोग में जाने के बाद उसने हर महीने 5000 रुपए देने का वायदा किया पर ऐसा उसने केवल एक महीना ही किया।

यह सब तब हो गया जबकि शादी के लिए अपने पति की आमदनी मोहिनी के लिए एक बहुत बड़ा मुद्दा था। वह चाहती थी कि उसका पति और परिवार अच्छे खाते-पीते हों ताकि वे उसकी पैसे की जरूरत पूरा कर सकें।

इसके अलावा वह चाहती थी कि वे अच्छे पढ़े-लिखें हों। जबकि वे स्कूल और पढ़ाई के मामले में खरा उतरते थे, पैसे के प्रति उनका नजरिया बिलकुल गलत था–जोकि कोई भी कोर्स सिखा नहीं सकता। उसने कहा, 'पैसा ही उनके लिए सब कुछ है,' और उसे लगता था कि नरेश की कमाई का ठीक हिस्सा उसे नहीं मिलता था।

मोहिनी को लगा कि शादी के समय उसका परिवार आर्थिक स्थिति से ज्यादा अच्छा था। पर उन्हें लगा था कि नरेश एक नेक इंसान है। क्योंकि उसने उन्हें बताया था कि उसकी आमदनी 15,000 रुपए महीना थी (उसने सोचा था कि उसकी आमदनी इससे दोगुनी होगी और पर्याप्त रहेगी), इसलिए वे इस रिश्ते के लिए तैयार हो गए थे।

आखिर में मोहिनी चाहती थी कि, उसका पति परिवार की जरूरत पूरी करने लायक कमाए–'मैं नहीं कहती कि 50,000 कमाओ, पर अगर 10,000 कमाते हो तो उतना तो अपने परिवार को दो।'

मोहिनी ने कहा कि उसने शादी के पहले जैसे रहन-सहन की अपेक्षा नहीं की थी–उसे पूरा पता था कि वह कैसे परिवार में जा रही है। मुझे समझौता करना होगा और मैंने इसके लिए खुद को

तैयार भी कर लिया था। साथ ही यह भी जोड़ा कि, मेरे माँ-बाप ने मुझे गरीबी और बहुलता, दोनों में ही रहना सिखाया है। मैं किन्ही भी हालातों में रह सकती हूँ।' उसकी सिर्फ एक शर्त थी कि उसे सहारा मिले। 'ऐसा नहीं होना चाहिए कि आप तो खूब मजे करो, लड़की-बाजी करो और मुझे इस हाल में छोड़ दो।'

नरेश ने माना कि उसकी पत्नी ने कई बार शिकायत की थी कि वह कम पैसे कमाता था और उसकी देखभाल नहीं कर पाता था। मैंने उसके घर में जो देखा था, 'वह अपने माँ-बाप से जो भी मांगती थी, वह उसे मिल जाता था।' 'पर शादी के बाद मैं उसकी पैसे-रुपए की मांग को पूरा नहीं कर पाता था। साथ ही उसने यह भी बोला कि, 'वह कभी यह नहीं बता पाई कि वह उसकी 12,000 रुपए की तनख्वाह से कितना ज्यादा चाहती थी।'

नरेश ने शुरू में ही कह दिया था कि उसे मोहिनी की आर्थिक अपेक्षाओं के बारे में पता नहीं था। जब वह लुधियाना रहने लगे, तब उसे एहसास हुआ कि खुशी-से रहने के लिए कितने पैसों की जरूरत होगी। इस बात पर उसने मुझे बताया कि उसने (मोहिनी को) सुझाव दिया कि वह नौकरी कर ले। इस बात पर वह भी राजी हो गयी, क्योंकि उसे घर पर अकेला लगता था और वह ज्यादा आर्थिक स्वतंत्रता चाहती थी। इसके चार-पांच महीने बाद मोहिनी नौकरी करने लगी, पर उसे जल्द ही छोडना पड़ा, जैसा कि मैं पहले ही बता चुकी हूँ।

नरेश ने कहा कि, आखिरकार मोहिनी महिला आयोग इस बहाने से गयी 'कि उसे (मोहिनी को) पैसा देना पड़े। अर्थात वह उससे आर्थिक बंदोबस्त करवा सके। हमारी मुलाकात होने तक नरेश अपनी पत्नी की इच्छानुसार कमाने लगा था। और शायद इसी वजह से हालात काफी कुछ बदल गए थे, उसने बताया।

अब जब भी वह उससे पैसा मांगती, वह उसे दे देता था। हालाँकि इसके बाद उसके पास महीने के आखिर में कुछ भी नहीं बचता था, और कभी-कभी वह उसे खुश करने के लिए, बिना बताए, अपने भाई से उधार लेता था। उसने बताया कि, 'वह हफ्ते में कम-से-कम 3–4 दिन बाहर खाना खाती थी,' जैसे वह यह साबित करना चाह रहा हो कि उसकी बड़ी-बड़ी महत्वाकांक्षाएं थीं, जिन्हें उसे (नरेश को) पूरा करना ही था। यह मोहिनी के दिए विवरण से बिलकुल अलग था।

मोहिनी की नाराजगी का एक और कारण था कि, उसके माँ-बाप ने शादी का सारा खर्चा उठाया था, जबकि नरेश पक्ष ने कुछ भी खर्च नहीं किया। उन्होंने सगाई में भी कुछ नहीं खर्च किया (कम-से-कम उसके अनुसार)। उसने कहा कि उन्होंने (वर पक्ष) ने केवल 'टिक्का' समारोह का खर्च उठाया और इसमें भी एक लोच था। इस मौके पर, परम्परानुसार, उसके घर वालों को मौके पर मौजूद सभी लोगों को मिलाई के वक्त पैसे देने थे। मोहिनी के अनुसार यह काम शादी के बाद होता है, पर नरेश के घर वालों की जिद थी कि यह पहले किया जाए। वास्तव में, उसकी माँ को हरेक व्यक्ति को 500 रुपए देने पड़े, चाहे वे दूर के रिश्तेदार या केवल पडोसी ही क्यों न थे।

इससे मोहिनी को लगता था कि शुरू से ही आर्थिक निष्ठा की अपेक्षा एक-तरफा थीं और उसका अक्सर दुरूपयोग किया गया।

मोहिनी ने विश्वास प्रकट किया कि, यदि उनकी शादी टूट भी जाती तो, जरूरत पड़ने पर वह अपना और अपने बेटे का ध्यान रख सकने में सक्षम थी। नरेश को भी इस बात का विश्वास था क्योंकि वह काम कर लेती थी और इसकी इच्छुक भी थी। इसका यह अर्थ नहीं था कि उसकी माँ और भाई उसका साथ नहीं देते, हालाँकि उसकी माँ हमेशा उसे समन्वय बनाये रखने को कहती थी।

नरेश के माँ-बाप ने ठाना हुआ था कि अगर वह अपने पत्नी के साथ का विवाद न सुलझा पा रहा हो तो उनके पास मदद के लिए न आये। बल्कि वे चाहते थे की वह अपना प्रयास जारी रखे। उसके अनुसार, वह हमेशा से यही चाहता था-लेकिन मोहिनी ही इस बात के लिए राजी नहीं होती थी, उसने बताया।

एक चरम सीमा यह भी थी कि मोहिनी को कभी-कभी लगता था कि यदि वह इस शादी में टिकी रहेगी तो उसका जीवन भी खतरा में पड़ सकता है। जबकि उसे नरेश से कोई डर नहीं था, उसका मानना था कि उसके ससुराल वालों के लिए यह कोई बड़ी बात नहीं होती कि वे किसी से उसे कुछ करवा देते। उसे शक था कि तब उसका पति इसे चुप-चाप मान लेता। यदि उसे कुछ हो जाता तो उसकी माँ और भाई उसे ढूँढने में नाकाम रहते।

ऐसा लगता था कि, नरेश और उसकी बहन, दोनों ने मोहिनी को मारा था। उसके सास-ससुर ने तो नहीं, पर वे हमेशा अपने बच्चों का पक्ष लेते थे। मोहिनी ने मुझे बताया कि, एक बार जब उसने उस औरत का नरेश से पता माँगा, जिससे उसे लगता था कि नरेश के प्रेम-सम्बन्ध थे, नरेश ने उसे गर्दन से दबोच कर दीवार पर धक्का दे दिया था, यह धमकाते हुए कि, तुम जो चाहे वो करो या घर से निकल जाओ।'

मोहिनी ने स्वीकार किया कि वह कभी-कभी बहुत कुंठित महसूस करती थी और नरेश पर भड़क जाती थी। उसने कहा, 'अगर मैं कहूँ कि, सब परेशानियों के बावजूद, मेरा नरेश से कोई झगड़ा नहीं था, यह झूठ बोलना होगा।'

'जब आप अपनी सारी कमाई अपनी बहन को दे दोगे तो परिस्थिति तो बिगड़ेंगी ही। जब आप किसी के साथ नाजायज प्रेम-सम्बन्ध बनाओगे और उसके बारे में झूठ बोलोगे तो मुश्किलें तो आएँगी ही। अगर आप अपनी गर्भवती पत्नी को छोड़कर अपनी बहन के पास रहने लगोगे तो परेशानियां होंगी ही।'

जब मैंने नरेश से इन सब बातों के बारे में पूछा, तो उसने कहा कि कभी-कभी मोहिनी अपना आपा खो देती थी और फिर बात आई-गयी हो जाती थी। पर उस दौरान वह बहुत आग-बबूला

हो जाती थी। 'तब अगर मैं कोई साधारण-सी बात भी बोलता जो उसे नापसंद होती, तो वह बहुत गुस्सा हो जाती और कुछ भी कर सकती थी। वह खुद को या मुझे भी नुकसान पहुंचा सकती थी।'

जैसे, कभी-कभी मोहिनी अपनी छाती पीटने लगती थी। नरेश ने माना कि अन्य कुछ वाकियों में उसने मोहिनी को मारा था, लेकिन यह तभी होता था जब वह इतना परेशान कर देती थी कि न चाहते हुए भी वह उसको मार देता था। उसने याद किया, 'एक बार वह बहुत गुस्सा थी।' 'घर में तोड़-फोड़ कर रही थी। उसने हमारा घर का मंदिर भी तोड़ डाला। मैंने उसे जोर से झकझोरा। ऐसे में वह अलमारी से जाकर टकराई और उसे कुछ चोट आयी।

प्रत्यक्ष रूप से मोहिनी ने इस बात का, नरेश से बदला लेने के लिए इस्तेमाल किया, जब उसने यह आरोप लगाया कि नरेश ने उसे नुकसान पहुँचाया।

नरेश ने एक और वाकया याद किया जब उनका बेटा रो रहा था। उसने विवरण दिया किस तरह से मोहिनी ने बच्चा उस के हाथ से छीना और चुप कराने की कोशिश की। बच्चा जब रोता ही रहा तो उसने बच्चे को इतनी जोर से थप्पड़ मारा कि उसके गाल पर सारी उंगलियां छप गईं। 'तब मैंने उसे धक्का दिया,' नरेश ने बताया।

'वह बिस्तर पर लेटी हुई थी और गोद में बच्चा ले रखा था, जब उसने मेरा हाथ अपनी गर्दन पर महसूस किया। अब वह कहती है कि मैंने उसका दम घोंटने की कोशिश की। जबकि मेरा ऐसा इरादा बिलकुल नहीं था। मैं तो उससे सिर्फ बच्चा लेने की कोशिश कर रहा था क्योंकि वह बच्चे को मार रही थी। उसे चोट पहुँचाने का मेरा कोई इरादा नहीं था।'

बल्कि, किसी भी लड़ाई-झगड़े की स्थिति से वह बचने की ही कोशिश करता था।

नरेश ने कहा कि उसने अपनी माँ और पत्नी के बीच केवल एक ही लड़ाई देखी थी, जिसमें उसके अनुसार दोनों की जिम्मेदारी थी। पर फिर भी दोनों ने इस बात को बहुत गंभीरता से लिया क्योंकि वे दोनों ही बहुत गरम-मिजाज थीं। इसके बाद मोहिनी ने उन सब झगडों के बारे में भी बताया जो कि उसके सामने नहीं हुए थे, हालांकि वे केवल वाक्-युद्ध थे।

एक बार एक बहुत बुरी लड़ाई के बाद, नरेश की सास लड़ाई के बारे में पूछने आईं। शायद मोहिनी उन्हें घर की सारी बातें बताती थी। मोहिनी के लिए उसकी माँ ही उसका मुख्य सहारा थीं। परन्तु नरेश के पिता को यह बात पसंद नहीं थी क्योंकि उन्हें लगता था कि वह (मोहिनी की माँ) घरेलू मामलों में दखलंदाजी करती थीं। मोहिनी ने बताया कि वह और ज्यादा चिढने लगे जब वह उनका कहा अनसुना करने लगी। वे बहुत ही नाराज हुए जब उन्हें पता चला कि मोहिनी ने महिला आयोग में उसके साथ हुई घटनाओं के बारे में शिकायत की–उनमें वे घटनाएं भी शामिल थीं जो कि उनके विचार से घटी ही नहीं थीं। उन्हें बहुत बुरा लगा कि मोहिनी ने घरेलू समस्याओं को जग उजागर कर दिया।

नरेश और मोहिनी, दोनों ने मुझे विश्वास दिलाया कि वे दोनों एक दूसरे से अभी भी प्यार करते हैं, चाहे उनके बीच कुछ भी घटित हुआ हो। उन दोनों को ही खुद के लिए एक दूसरे के प्रेम का भी

आभास था। परन्तु नरेश ने कहा कि, 'प्रेम अब गौण हो गया था, क्योंकि मोहिनी अब उससे तलाक लेना चाहती थी।'

नरेश ने बताया कि मोहिनी ने पहले भी कई बार तलाक की मांग की थी। जब उनके बीच ज्यादा कलह हो जाता था तब वह उसे कहती थी, 'मुझे छोड़ दो, तलाक दे दो।' नरेश का हमेशा एक ही उत्तर होता था कि उसे तलाक नहीं चाहिए।

ठंडा होने के बाद मोहिनी ऐसी बातें कहना छोड़ देती थी।

मोहिनी ने मुझे बताया कि, वह अभी भी अपने पति के साथ रहना चाहती थी। उसका कहना था कि, 'मैं क्या करूंगी? एक बच्चे के साथ मैं कहाँ जाऊंगी?'

पर एक बार, एक संजीदा समय में मोहिनी ने मुझे बताया कि, यदि तलाक हो ही जाता है, तो भी वह अपना और अपने बेटे का ध्यान रख सकती है, खासकर क्योंकि उसे अपनी माँ और भाई के सहयोग पर पूर्ण विश्वास था। उसे भरण-भत्ता कानून और अपने हक के बारे में तो ज्यादा नहीं पता था, पर उसकी बातों से मुझे लगा कि वह इस परिस्थिति में नरेश से कोई भत्ता नहीं लेगी। फिर भी वह यही दोहराती रही कि, वह उसे (नरेश को) छोड़ना नहीं चाहती थी क्योंकि उसके बच्चे को 'माँ-बाप दोनों की जरूरत थी।'

मोहिनी की माँ उसे किसी भी दिशा का रुख नहीं करवाती थी। मोहिनी ने बताया कि उसकी माँ का यही कहना था, 'तुम उसके साथ रहना चाहो या नहीं, यह सिर्फ तुम्हारा निर्णय है; जो भी निर्णय तुम लोगी, मैं उसमें तुम्हारा समर्थन करूँगी।'

मोहिनी ने बताया कि वह वह सब करने के लिए तैयार थी जिससे उसके बच्चे का उपयुक्त पालन-पोषण हो सके। उसकी माँ का भी यही विचार था कि उसका बेटा उसकी प्राथमिकता होना चाहिए। मोहिनी के अनुसार इस बात में नरेश का समर्थन मिल सकता था क्योंकि उसमें अपने बेटे के करीब होने और एक अच्छा पिता बनने की क्षमता थी। जब मैंने उससे पूछा कि नरेश में पिता-स्वरूप भावनाएं पैदा होने की क्या सम्भावना थी, तो उसने विश्वास के साथ कहा, '99.99 प्रतिशत'।

नरेश ने भी इस भावना का समर्थन किया और कहा कि वह अपने बेटे का अभाव बहुत महसूस करता था और उसके लिए कुछ भी करने को तैयार था।

नरेश ने बल देकर कहा कि शादी किसी भी व्यक्ति के लिए जरूरी होती है—और वह किसी भी परिस्थिति में तलाक के बारे में नहीं सोच सकता है। इसके विपरीत, मोहिनी ने कहा कि वह कुछ हद तक ही मानती है कि एक लड़की के लिए शादी करना जरूरी है। उसने स्पष्ट किया कि, 'हमारा समाज इतना उदार नहीं है कि एक लड़की अकेली रह सके।'

'कुछ हद तक मैं अपने पति के साथ ही रहना चाहती हूँ और चाहती हूँ कि, चाहे जो हो, हमारा विवाह सफल हो। पर यदि दूसरा व्यक्ति जरा भी सामंजस्य न बनाना चाहे तो फिर यही बेहतर होगा कि दोनों अपने अपने रास्ते जायें।'

जबकि मोहिनी को सांत्वना थी कि उसका बेटा उसके साथ है, नरेश ने कहा कि वह तलाक नहीं होने देगा क्योंकि वह नहीं चाहता कि उसके बेटे का जीवन नष्ट हो जाये। इसी वजह से वह अपनी पत्नी के प्रति गुस्सा नहीं होना चाहता, कि कहीं तलाक के प्रति उसका नजरिया बदल न जाये।

मेरे पास आने से पहले, मोहिनी ने, परिवार से बाहर, पहली बार महिला आयोग से संपर्क साधा। उसे अपेक्षा थी कि वहाँ उसकी बात सहानुभूतिपूर्वक सुनी जायेगी। उसने कहा कि वह अपनी समस्या का हल चाहती थी, तलाक नहीं।

उसने अखबारों के माध्यम से महिला आयोग के बारे में जो भी जाना था उससे उसे विश्वास था कि वे यह काम कर पाएंगे। इसलिए, उसने उन्हें अपनी सारी वैवाहिक समस्याएं लिखित में दी थीं। प्रत्यक्षत: उनमें दहेज सम्बन्धी समस्याएं भी थीं, क्योंकि दहेज ही उसकी मौजूदा परेशानियों कि जड़ था। परन्तु नरेश के अनुसार, महिला आयोग इस विषय पर ज्यादा ध्यान नहीं दे रहा था।

उसने बताया, कि महिला आयोग में पहली सुनवाई में उन्हें अपने मतभेद सुलझाने के लिए दो महीने का समय दिया गया। पहले महीने में उसकी, उसकी पत्नी और परिवार के बीच कि समस्याएं चलती रहीं, पर दूसरे महीने से मामले कुछ सुलझते से मालूम हुए। लेकिन, आयोग के परामर्शदाता ने जिन शोध कर्ताओं से उनकी भेंट करवाई थी, उनके अनुसार उनकी (मोहिनी और नरेश कि) समस्याएं ज्यों कि त्यों बनी हुई थीं।

बल्कि मोहिनी ने शिकायत की कि महिला आयोग में जाने के बावजूद उसे अपनी सास से धमकियां मिलती थीं। उनका कहना था कि उनके ससुर पुलिस से सेवा-निवृत्त उप महानिदेशक थे और इस वजह से उनको (सास को) इन छोटे मामलों की परवाह नहीं थी।

मोहिनी, आयोग द्वारा निर्धारित परामर्शदाता से भी नाखुश थी कि उसने इसकी बातों को ध्यान से नहीं सुना और न ही उन पर उपयुक्त कार्यवाही की। उसने शिकायत की कि जब नरेश ने उसके सामने कबूला कि 'उसका प्रेम सम्बन्ध था', 'उसने मुझे मारा भी था' और 'उसके माँ-बाप ने मुझे दहेज के लिए प्रताड़ित भी किया था', उसने (परामर्शदाता ने) इन बातों को लिखा ही नहीं और न ही नरेश से लिखित में कोई बयान लिया। उसके विचार से उसके सास-ससुर उस परामर्शदाता को जरूर घूस देते थे।

यह भी हो सकता है कि परामर्शदाता ने मोहिनी की दहेज-सम्बन्धी शिकायतों के पीछे का असली मंतव्य भांप लिया था, जैसा कि आजकल कई व्यवसायी करते हैं।

ऐसा लगता था कि नरेश अपनी पत्नी की अपेक्षाओं से चकरा गया था। वह मेरे उस सवाल का जवाब नहीं दे पाया कि मोहिनी को वास्तव में क्या चीज खुश कर देगी। उसने बताया कि कई बार वह कहती थी कि वह उसके साथ रहना चाहती है और कई बार कहती थी कि उसकी माँ और ननद को अपने किये की माफी मांगनी होगी।

इस तरह से यह मेरी जिम्मेदारी बन गयी कि इस दम्पति को उनके सवालों के जवाब खोजने में मदद करूँ।

चर्चा पर टिप्पणियां

प्रेम

कई व्यवसायियों ने, जिन्हें हमने अपने शोध के अंतर्गत समपर्क किया, हमें बताया कि दहेज-सम्बन्धी मुद्दों में, पति-पत्नी आज की सबसे बड़ी और मुख्य समस्या पति-पत्नी के बीच कोई भी सामंजस्य

का अभाव था। जबकि अन्य कई संस्कृतियों में, प्रेम सम्बन्ध बनने के उपरान्त होने वाला कदम था, नौजवान भारतीयों को सिखाया जाता है कि शादी से ही प्रेम उत्पन्न होता है। इससे सबसे पहला सवाल उठता है कि लोग प्रेम किसे कहते हैं, दूसरे, उनके अनुसार प्रेम कितना जरूरी है और तीसरा कि क्या वे इसे हासिल कर पाते हैं। निश्चय ही, एक प्रेम-भरा सौहार्दपूर्ण सम्बन्ध, सफल यौन सम्बन्धों के साथ, दो साथियों के बीच गोंद का काम करता है, और इससे उन्हें अपने झगड़े शिष्टता से सुलझाने का मौका मिलता है।

नरेश और मोहिनी, दोनों ने, पाश्चात्य संस्कृति से प्रभावित प्रेम के बारे में बात की। उनके अनुसार प्रेम शादी का अभिन्न हिस्सा है। दोनों ने कहा कि वे दोनों एक दूसरे से बेहद प्रेम करते हैं, चाहे उनके बीच जो भी मतभेद और कडुवाहट रही हो। दोनों ने याद किया कि किस तरह से सगाई के बाद कि मुलाक़ात से उनके बीच यह प्रेम उपजा। मोहिनी के लिए उनके बीच का प्रेमालाप बहुत महत्त्वपूर्ण था। हालाँकि रोमांस की यह भावना धीरे-धीरे कम होती गयी, यह फिर भी उनमें मौजूद रही और उनके सम्बन्ध जोड़े रखने में सफल रही। ऐसा भी लगता है कि लड़ाई के दौरान दोनों ही पक्ष पीछे नहीं हटना चाहते थे और इस वजह से उनके सम्बन्ध लंबे समय तक खराब रहे।

ताल-मेल

हम यह कह सकते हैं, जिस किसी भी रिश्ते में अपने स्वभाव व व्यक्तित्व के अनुसार चलने की गुंजाइश होती है, वहाँ परस्पर सामंजस्य बैठाना कठिन होता है। मोहिनी ऐसा ही एक दमदार व्यक्तित्व है। जब उससे *'पराया धन'* के बारे में बात की गई, तो उसने जोर देकर कहा कि वह किसी की जायदाद नहीं थी-उसका अपना भी वजूद था। इसी वजह से उसका मानना था कि उसके ससुराल वालों को उसके जीवन में दखल देने का कोई हक नहीं था और इसलिए उनमें कभी-कभी वाक्-युद्ध और हाथा-पाई कि नौबत आ जाती थी।

बल्कि, नरेश और मोहिनी के सम्बन्धों में मुख्य समस्या आपसी ताल-मेल न होनी थी। दोनों परिवारों को खुश रखने के लिए, उसकी पत्नी को अपने सास-ससुर कि अपेक्षाओं को पूरा करना चाहिए, ऐसा नरेश का मानना था। इसमें प्रमुख थ कि वह उन्हें इज्जत दे।

परन्तु मोहिनी के लिए इसकी एक सीमा थी। 'मैं जितना बर्दाश्त कर सकती थी, मैंने किया, अब नहीं कर सकती,' उसने कहा।

जब मोहिनी अपने ससुराल में ताल-मेल बैठाने का प्रयास कर रही थी, तब नरेश वहाँ उसके साथ नहीं था। उसमें भी उसे जितना पता था, उसे समझ नहीं आता था कि मोहिनी को इतनी दिक्कतें क्यों होती थीं। उसका विश्वास था कि वक्त के साथ धीरे-धीरे सब ठीक हो जायेगा, पर ऐसा नहीं हुआ।

नरेश ने कभी भी मोहिनी को आर-या-पार जैसी परिस्थिति में नहीं पहुँचने दिया। लेकिन मोहिनी का कहना था कि जब उसने महिला आयोग में अपनी शिकायतें लिख कर दीं, नरेश ने उसे कहा कि यदि वह उसके साथ रहना चाहती है तो उसे सब कुछ बर्दाश्त करना होगा। नहीं तो वह घर छोड़ सकती है।

मोहिनी के ससुराल वालों की अपनी बहू से जो अपेक्षाएं थीं, वे एक पारंपरिक, 'आदर्श बहू' के लिए मापदंड के अनुसार थीं। और यह मापदंड आदर्श परिवार का हिस्सा थे। जब तक एक औरत से

अपेक्षा की जाती थी कि वह दब कर रहे और आज्ञा माने, आज के परिवेश में यह संभव नहीं है जब महिलाएं अपनी स्वतंत्र विचारधारा रखती हैं–ऐसी अपेक्षा असंभव है।

आजकल भी केवल कुछ ही परिवार सही मायने में आधुनिक हैं। परन्तु वे पूरी तरह से परम्परावादी भी नहीं हैं। उनमें पीढ़ी-गत अंतर साफ दिखाई देते हैं। पारंपरिक और आधुनिक होने की चाह में कई महिलाएं खुद को बहुत फंसा हुआ पाती हैं जिसमें वे खुद को पूरी तरह से व्यक्त नहीं कर पाती हैं। एक तरफ, सामाजीकरण के तहत, समाज में उनका स्थान निर्धारित किया जाता है, वहीं दूसरी तरफ, आधुनिक शिक्षा उन्हें आत्म-निर्भर होने की सीख देती है। ऐसे में, मोहिनी जैसी अवस्था में महिला खुद को फंसा हुआ महसूस कर सकती है। इस परिवेश में, अलग-अलग विचारधाराओं की वजह से परिवार में मतभेद पैदा हो सकता है।

शक्ति, नियंत्रण और भावनात्मक वफादारी

मोहिनी जैसे अपने ससुराल वालों से अलग रहने की इच्छा रखना आजकल शहरों में एक आम बात है। मोहिनी जैसी महिलाओं के लिए, शादी के तुरंत बाद अपनी निष्ठा अपने ससुराल वालों की तरफ मोड़ देना, बहुत मुश्किल होता है। यदि उनसे अपने माता-पिता के अलावा किसी अन्य से निष्ठा बनाये रखनी हो, तो वे अपने पति के प्रति निष्ठावान होना पसंद करेंगी। ऐसे में एक समस्या उत्पन्न हो जाती है कि, बहुधा लड़के के माता-पिता लड़के पर, भावनात्मक और आर्थिक रूप से निर्भर होते हैं, जिससे कि निष्ठाएं परस्पर विरोधी हो जाती हैं।

यह मुद्दा आजकल के शहरी वैवाहिक जीवन में इतना तूल पकड़ चूका है कि दम्पतियों के एक-दूसरे के साथ सम्बन्ध बनाने की प्रक्रिया में बाधा पहुँचती है।

मोहिनी को भी शादी के शुरू में ही, अपनी सास के साथ, सास-बहू के परंपरगत अशांत रिश्ते को झेलना पड़ा। इसके अनुसार सास, बहू पर, रौब जमा सकती हैं और बहुओं को यह सब चुप-चाप मान लेना होता है।

यहाँ पर, हालाँकि मोहिनी की सास ऐसे नियम का पालन करने में बहुत इच्छुक थीं, मोहिनी स्वयं ऐसा नहीं करना चाहती थी। इसका एक उदाहरण तब सामने आया जब उसने रसोई में बर्तन रखने के तरीके में फेर-बदल कर दिया। हालाँकि उसकी सास को यह नया तरीका पसंद आया, फिर भी वे अपनी बेटी से कहते सुनी गईं कि इस तरह तो मोहिनी पूरे घर पर अधिपत्य जमा लेगी। ऐसा मालूम होता था कि वे अपने 'साम्राज्य' के छिन जाने की आशंका से भयभीत थीं।

जैसा कि अगले अध्याय में नीति के साथ हुआ, यहाँ भी उसकी सास उसे पारिवारिक अनुक्रम में सबसे नीचे रखना चाहती थीं। परिणामस्वरूप, वे उसके पति की निष्ठा हथियाने का प्रयास करती थीं ताकि वह (मोहिनी) घर के तारतम्य में कोई बदलाव न ला सके। यहाँ नरेश के अनुसार, उसका परिवार उससे क्षुब्ध था कि वह अपनी पत्नी को काबू करने में नाकामयाब था, हालाँकि मोहिनी का कहना था कि उसके ससुराल वाले इस स्थिति से समझौता कर लेते यदि वह उन्हें दहेज में 1.5 लाख रुपए और ला देती (इस बारे में आगे चर्चा की गई है)।

हमारे शोध के अनुसार, जब परिवार अपने स्थान के बारे में शंकालु होते हैं, यह निष्ठा का मुद्दा बहुत महत्त्वपूर्ण हो जाता है। यहाँ पर भी, जबकि हमें, 'उसका' और 'उसकी' स्थिति के बारे में कई संकेत

मिले, हम सोचते ही रह गए कि क्या उनके बीच 'उनके' वाली कोई अवस्था भी थी। कई लोगों को यह 'उनके' वाली भावना जागृत करने में बहुत मुश्किल होती है क्योंकि वे अन्य लोगों से बहुत जुड़े रहते हैं। नरेश और मोहिनी की अपेक्षा, ज्यादा आधुनिक, पाश्चात्य सम्बन्ध रखने वाले दम्पतियों को ऐसा करने में ज्यादा आसानी होती है।

अपनी ननद के व्यवहार के बारे में बताते हुए मोहिनी ने कहा कि यह निष्ठा का मुद्दा उनकी शादी होने के पहले ही उठ चुका था। इसमें सबसे बड़ा नुकसान था कि मोहिनी भी नरेश से वैसी ही निष्ठा की अपेक्षा करती थी। नरेश ने बताया कि वास्तव में मोहिनी भी अपनी सास और ननद से बुत विचलित हो जाती थी यदि वे कोई भी बात करें जो कि उससे सम्बन्ध भी नहीं रखती थी।

जहाँ तक मोहिनी का इस बारे में नजरिया था, नरेश इन परिस्थितियों को संभाल नहीं पाया। नरेश का कहना था कि वह शुरू से ही बहुत आज्ञाकारी थी। इससे वह शायद यह दर्शाना चाहता था कि यदि उससे अपने माँ-बाप और पत्नी के बीच में चुनना पड़े तो वह अपने माँ-बाप को ही चुनेगा। जबकि मोहिनी का यह मानना था कि वह बहुत भावुक था और अपनी माँ और बहन की बातों में आसानी से आ जाता था। इसलिए, जब भी ऐसी बातें कहतीं जैसे, 'हम तो मर जायेंगे, हमारा कोई भी नहीं है,' आदि से मोहिनी बहुत खीज उठती थी। उसके अनुसार नरेश को ज्यादा जिम्मेदार होना चाहिए था, क्योंकि उसने भी तो उसके (नरेश के) लिए अपना घर-परिवार छोड़ा था।

इन सब बर्तावों के बावजूद, मोहिनी ने अपनी निष्ठा अपने ससुरालवालों के प्रति मोड़ने की भरसक कोशिश की। यह प्रयास उसने तब भी जारी रखा जब उसकी सास ने उस (मोहिनी) पर उबलता पानी उंडेलने की कोशिश की। परिवार में अपना स्थान बनाने के लिए उसने ऐसा किया। लेकिन नरेश का कहना था कि उसके क्रियाकलाप दर्शाते थे कि वह इसकी हकदार नहीं थी। दहेज-विरोधी कानूनों की आड़ लेकर मोहिनी ने उनके वैवाहिक सम्बन्धों पर आंच डाल दी थी।

इन टिप्पणियों में यौन सम्बन्धों की बात करना भी उचित होगा। महिला की कामवासना पर नियंत्रण रखना और यह अपेक्षा करना कि, आजीवन महिलाओं-पुरुषों का केवल एक ही यौन साथी होना चाहिए, खासकर जब तक वे वैवाहिक बंधन में बंधे हुए हों—ये मुझे बार-बार हमारे शोध में सामने आये। हमने पाया कि ये सवाल दोनों ही पक्षों से आता था और इससे क्रूरता और अन्य समस्याएं पैदा होती थीं।

हालाँकि मोहिनी ने स्वीकारा कि नरेश और दूसरी महिला कभी भावनात्मक-रूप से जुड़े नहीं थे, फिर भी वह इसे एक नाजायज सम्बन्ध मानती थी क्योंकि नरेश ने कुछ ऐसी बातें बोलीं जो कि एक शादी-शुदा आदमी को नहीं कहनी चाहिए। उसके अनुसार, इस बिंदु पर नरेश ने उसके साथ धोखा किया था। और उसने इसी वजह से हर अपेक्षा से समझौता न करने का निर्णय लिया।

आर्थिक वफादारी और अपेक्षाएं

हमने पाया कि निष्ठा न केवल भावनात्मक होती है बल्कि आर्थिक और साधनों के प्रति भी होती है। बल्कि यह सबसे ज्यादा विवाद का मुद्दा नजर आया। ज्यादातर मामलों में जवाब देने वाले इसे 'दहेज की समस्या' मानते थे।

जबकि यह एक साधारण-सी बात थी कि एक पति अपनी पत्नी से पैसा मांगे, दूसरी तरफ यह अपेक्षा की जाती थी कि महिला का दायित्व था कि वह अपने पति की हर संभव सहायता करे। पर

जब विवाह में दरार पड़नी लगती हैं, तब महिलाएं इस विषय पर कठोर हो जाती हैं। तब वे इन मुद्दों को दहेज प्रताडना का नाम दे देती हैं।

यह तर्क पूरे शोध में ही सामने आया। दबाव का मुद्दा बेवफाई का शक, या अधूरी अपेक्षाएं या अन्य कोई भी कारण हो सकता है, पर जब एक महिला और उसका परिवार, दूसरे पक्ष को पैसा देता रहा हो, तो इसे अक्सर दहेज का नाम दे दिया जाता है।

हमारे शोध में यह निश्चित रूप से सामने आया कि चाहे शुरू में लड़की और उसके घर वालों के मन में दहेज के सम्बन्ध में कोई विचार नहीं होता, किसी समय पर, पुलिस, या वकील या इस विषय पर जानकारी रखने वाला कोई भी दूसरा व्यक्ति उन्हें दहेज को मुद्दा बनाने के लिए प्रेरित करता है ताकि पति व उसके घर वालों से वे मोल-भाव कर सकें।

हालाँकि अभी तक दहेज को मुद्दा नहीं बनाया गया था, नरेश को पूरा विश्वास था कि यह मुद्दा आते ही उसकी पत्नी का पक्ष उससे भारी पड़ जायेगा। जबकि ज्यादातर पति इस परिस्थिति से शुरू में अनभिज्ञ रहते हैं, नरेश को पूरा पता था कि इसे प्रताडना के लांछन में इस्तेमाल किया जा सकता है।

शादी से पहले ही यह तय हो जाना चाहिए कि शादी के बाद कौन सा पक्ष क्या खर्च करेगा। मोहिनी को हमेशा यही शिकायत रही कि उसका पति अपनी माँ और बहन पर ज्यादा खर्च करता था जिससे उनके अपने परिवार के लिए कुछ नहीं बचता था। ऐसे में उसे अपनी माँ से मदद मांगनी पड़ती थी। उसने शिकायत की कि उसके घर के परदे भी उसकी माँ के दिए हुए थे।

पैसे के मुद्दे पर मोहिनी ने स्पष्ट किया कि वह यह नहीं कहती थी कि उसका पति बहुत ज्यादा कमा कर लाए। परन्तु वह यह जरूर चाहती थी कि वह जो भी कमाए, उसे ईमानदारी से घर में ही खर्च करे। उसे यहाँ सबसे ज्यादा बुरा इस बात का लगता था कि वह दूसरी औरत पर भी पैसा लुटाता था और उसे आभाव में रखता था।

स्वतंत्र, आत्मविश्वासी महिलाएं, जिन्हें अपने जीवन-साथी के चयन की स्वतंत्रता होती है, उनके लिए अपने पति की आमदनी से ज्यादा आपस का तारतम्य ज्यादा महत्त्वपूर्ण होता है। लेकिन यह भी एक तथ्य है कि बहुत सारी महिलाएं केवल आमदनी के आधार पर अपने जीवन-साथी का चुनाव कर लेती हैं। हमारे शोध में सामने आया कि ऐसी महिलाएं आर्थिक और शारीरिक सम्पन्नता को भावनात्मक रिश्ते और प्रेम से ज्यादा तरजीह देती हैं।

पहली नजर में यह बिलकुल इस धारणा का विपरीत लगता है कि पुरुष अपनी आर्थिक स्थिति सुधारने के लिए ही शादी करते हैं। पत्नियाँ और उनके परिवार वाले भी अपनी आर्थिक स्थिति मजबूत करने के लिए ऐसे रिश्तों का चुनाव करते हैं।

पुरुष के नजरिये से इसमें एक बहुत बड़ा खतरा निहित होता है कि उसके द्वारा चुनी गई महिला का मुख्य आकर्षण उसकी आर्थिक स्थिति हो सकती है। ऐसे में पुरुष को धोखा महसूस हो सकता है। नरेश को भी मोहिनी अक्सर उलाहना देती थी कि उसकी तनख्वाह मोहिनी के लिये पूरी नहीं पड़ती थी। उसकी पारिवारिक स्थिति से नरेश ने अंदाजा लगाया था कि मोहिनी अपने माँ-बाप से जो मांग करती थी, उसे वह मिल जाता था। दूसरी तरफ, शादी के बाद वह उसकी आर्थिक जरूरतों को नहीं पूरा कर पाता था। उसने माना कि मोहिनी की जीवन-शैली ज्यादा खर्चीली थी और वह बहुत ज्यादा मांगें रखती थी जबकि उसने ही महिला आयोग में नरेश के विरुद्ध दहेज सम्बन्धी शिकायत दर्ज कराई थी।

▮▮▮

मोहिनी की सास की आर्थिक अपेक्षाओं की बात करें तो यह सामने आता है कि बहुधा महिलाएं बुढ़ापे में आर्थिक विपन्नता के डर से अपने बेटे-बहू में पैसे को लेकर निष्ठा बढ़ाना चाहती हैं। जिस घर में आमदनी और घर के काम-काज दोनों ही घर के सदस्यों पर निर्भर करते हैं, बुजुर्ग महिलाओं को अपनी और अपने पति की बढ़ती आर्थिक और शारीरिक तंगी को मिटने के लिए नए नए प्रयास करने पड़ते हैं। बेटे के सहारे के बिना बुढ़ापा काटना बुजुर्गों को बहुत भारी पड़ता है। शादी के तुरंत बाद ही लुधियाना में अपना परिवार बसाने की नरेश के इरादे की वजह से भी नरेश की माँ डर गई होंगी और इसी डर की वजह से उन्होंने इसमें देरी करने की कोशिश की।

ज्यादातर माँ-बाप खून के रिश्तों को भावनात्मक सहारे के लिए इस्तेमाल करते हैं। यदि वे अपने बेटों पर सिर्फ बुढ़ापे में जीवनयापन के लिए निर्भर हैं तो इसमें थोड़ी आसानी हो जाती है। दूसरी तरफ, अमीर परिवार, जायदाद का लालच देकर अपने बेटों को परिवार से जोड़े रखते हैं। ऐसा भी संभव है कि बेटों को लेकर अपने भविष्य की आशंकाएं भी दहेज-प्रथा या हमारे शब्दों में कहें आर्थिक निष्ठा को बढ़ावा देने के लिए जिम्मेदार हो सकती हैं।

मोहिनी ने इसका अच्छा उदाहरण दिया कि नरेश के माँ-बाप को, शादी के बाद, नरेश की जीवन में कोई और अहमियत अख्तियार कर ले, ऐसा मंजूर नहीं था। परन्तु उसे विश्वास था कि यदि वह उन्हें पर्याप्त पैसे दे देती और उनकी इच्छाएं पूरी कर देती तो वे असुरक्षा को संभाला जा सकता था।

कई दहेज सम्बन्धी मामलों में कहा जा सकता है कि महिलाएँ भी अपने ससुराल वालों के जितना ही जिम्मेदार होती हैं। आजकल कई महिलाओं की धारणा होती है कि शादी के बाद उनके पति और उसके संसाधनों में केवल उन्हीं का अधिकार होता है। बाकि लोगों को इसकी अपेक्षा नहीं करनी चाहिए और उन्हें नकारा जा सकता है। इस धारणा से देखें तो हम कह सकते हैं कि दहेज की समस्या का सम्बन्ध काफी हद तक माता-पिता की जरूरतें पूरी न हो पाने की असुरक्षा से भी सम्बन्धित हो सकती हैं।

शायद इसे 'दोषारोपण' कहना गलत होगा। बल्कि इसे निष्ठा, सामर्थ्य और आदर-सत्कार के नजरिये से आँका जा सकता है। दोनों ही पक्ष इसी रस्साकशी में जुटे होते हैं और पति अक्सर बीच में फँस जाता है।

4

नीति—जब सत्ता के खेल जला देते हैं*

के 3 हालली पुलिस चौकी
मुंबई

19 मई, 2002

एफआईआर नं:– एन/001376/02

नीति पुत्री वी कुमारास्वामी, सेक्शन 302, 304–बी आईपीसी, दहेज अधिनियम के साथ पढ़ें।

सिपाही एम. कपिल द्वारा अभिलिखित।

वर्ष 1999 में अपनी शादी के एक सप्ताह बाद मेरी बेटी नीति मुंबई गयी और नेवी क्वार्टर में अपने पति और परिवार के अन्य सदस्यों (सास, ससुर, जेठ, जेठानी) के साथ रहने लगी। वह वहाँ सात महीने रही। हर सप्ताह वह वहाँ से हमसे फोन पर बात करती थी। यह सोच कर कि वह वहाँ खुश और सुरक्षित है, हम भी शांति से रहते थे।

शादी के बाद, कुछ महीनों तक तो सुशील ने उसका बहुत ध्यान रखा। पर कुछ महीनों बाद अपने माता-पिता के बहकावे में आ कर सुशील उसके साथ दुर्व्यवहार करने लगा। मेरी बेटी ने हमें फोन पर बताया कि उसके सास-ससुर और पति उसे लगातार परेशान करते हैं। उसके सास-ससुर उसे हमेशा और पैसा व गहने लाने के लिये कहते और उसे मोटा कहकर दुर्व्यवहार करते। मेरी बेटी ने मुझसे शिकायत की कि कभी-कभी उसके सास-ससुर उसे खाना भी नहीं देते थे। और दहेज लाने के लिए भी वह उसे परेशान करते।

शादी के सात महीनों बाद वह गर्भवती हो गयी। नीति ने हमें बताया कि उसके सास-ससुर ने उसे इस हालत में भी मारा। चूंकि नौंवे महीने में उसके लिए यात्रा करना मुश्किल और खतरनाक होता, हम सातवें महीने में ही मुंबई जाकर, कुछ अनुष्ठान कर, उसे अपने साथ यहाँ ले आए। उस

*यह अध्याय नाजिया मसूद ने लिखा है

समय भी हमने उसके सास-ससुर को बहुत सारे उपहार और मिठाई दिए जो हम अपने साथ ले गए थे। दो महीनों बाद 23 दिसंबर 2000 को उसने एक लड़के को जन्म दिया। हमने फोन करके उसके पति को सूचित किया। वह एक महीने बाद मेरी बेटी और अपने बेटे से मिलने बेंगलुरु आया। जब मेरी बेटी ने एक महीने बाद आने का कारण पूछा, तो उसने बताया कि उसके माता-पिता के अनुसार बच्चे का जन्म अशुभ समय पर हुआ था जो कि उसके लिये भी खतरनाक सिद्ध हो सकता था। इसी कारण वह तीन दिन बेंगलुरु रहकर मुंबई वापस चला गया। उस समय वह नीति के साथ बहुत अच्छे से रहा। उसने बच्चे को भी बहुत प्यार और स्नेह दिया और बच्चे को बहुत चाहने लगा।

नीति की सास बहुत खुश नहीं थीं। वह इसलिए नाखुश थीं क्योंकि उनका बेटा उन्हें लिए बिना अकेला ही अपनी बीवी और बच्चे से मिलने चला गया। जब वह पहली बार बच्चे से मिलने आयीं, उन्होंने इस बात को मुद्दा बना लिया। उन्होंने कहा कि उनके बेटे ने बच्चे के जन्म की उन्हें सूचना तक नहीं दी और सीधा बेंगलुरु आ गया।

हमने बताया कि इसमें हमारी कोई गलती नहीं थी क्योंकि हमने उसके ऑफिस में फोन कर उसे सूचित कर दिया था। अगर उसने अपने माता-पिता की तरफ अपना कर्तव्य पूरा नहीं किया तो हम इसमें कुछ नहीं कर सकते थे।

वह आखरी बार थी जब उसने अपने बच्चे को देखा। वह समय हमारे लिए बहुत सुखद था। उसके बाद वह मुंबई वापस चला गया और फोन द्वारा हमें सही-सलामत पहुँचने की सूचना दी। उसके बाद उसने एक भी फोन नहीं किया और न ही उसे लिखे गये पत्रों का कोई जवाब दिया। जितनी बार भी हमने फोन किया उतनी बार उसने या उसकी माँ ने कोई बहाना बना दिया: उसकी तबीयत ठीक नहीं है या उसके काम में कुछ परेशानियां चल रही हैं इत्यादि।

जब बच्चा पाँच महीने का हो गया, तब सुशील और उसके माता-पिता ने फोन करके नीति और बच्चे को मुंबई भेजने को कहा। फोन आने के बाद मैंने इस बारे में अपनी बड़ी बेटी और बेटे से बात करके नीति और उसके बच्चे को मुंबई भेजने का फैसला किया। इसलिये हम बच्चे के लिए बहुत सारा सामान जैसे सोने की चैन, अँगूठी आदि ले आए और दोनों को ले कर मुंबई आ गये।

सुशील हमें लेने स्टेशन नहीं आया। उसके परिवार वालों ने हमसे ठीक से बात नहीं की और एक कप चाय तक के लिए नहीं पूछा।

जब हमने सुशील से फोन न करने और पत्रों का जवाब न देने का कारण पूछा, उसने कहा कि वह उस समय बहुत परेशान था क्योंकि उसे नीति के बारे में परिवार वालों से काफी शिकायतें मिल रहीं थीं। नीति की सास ने उसे काफी उकसाया और उसके मन में संदेह पैदा कर दिया था। हम सबने उन दोनों को दूसरों के विचारों और राय पर ध्यान न देकर एक दूसरे को समझने और साथ रहने की सलाह दी। हमने उसे यह भी कहा कि अगर उसकी तबीयत ठीक नहीं थी, वह बेंगलुरु आ सकता था जहाँ हम उसका इलाज करवा देते। चार दिन बाद हम मुंबई से वापस बेंगलुरु आ गये।

लेकिन समस्या हल नहीं हुई। एक महीने के अन्दर ही मेरी बेटी ने रोते हुए फोन किया। उसके ससुराल वाले उसे बहुत कष्ट दे रहे थे और उसके साथ दुर्व्यवहार कर रहे थे। वह और सुशील हमेशा लड़ते रहते थे। नीति को यह भी पता चला कि सुशील का किसी लड़की के साथ प्रेम सम्बन्ध भी चल रहा था (लगभग 5–6 साल से) जो शायद एक नृत्यांगना थी। नीति के सास-ससुर और पति ने उसे

धमकी दी कि अगर वह हमें इस बारे में कुछ बतायेगी तो वह उसे तलाक दे देगा। नीति की सास ने उससे कहा कि अगर वह हम से और पैसा नहीं लायेगी, तो वो अपने बेटे की शादी उस नृत्यांगना से करवा देंगी और नीति को वापस बेंगलुरु भेज देगी।

सुशील भी अपनी माँ से काफी प्रभावित था और उसने बच्चे को भी नुकसान पहुचाने की कोशिश की। उसे ऐसा लगता था कि बच्चा उसका नहीं है। उसकी माँ ने उसके दिमाग में शक भर दिया था। एक बार उसने बच्चे को फ्रिज में रखकर मारने की कोशिश की। दूसरी बार रात दो बजे के करीब उसने बच्चे को समुद्र में फेंकने की कोशिश की। इस बात पर उन दोनों में काफी लड़ाई भी हुई। इस समय पर बच्चे को काफी तेज बुखार भी हो गया, नीति उसे अकेले ही अस्पताल ले कर गयी। उसके पास पैसे न होने के कारण उसने अपने जेवर गिरवी रख कर पैसे का इंतजाम किया। नीति का दूध बच्चे के लिये काफी नहीं था, इसलिए उसने अपने पति को सेरेलाक लाने को कहा पर वह नहीं ले कर आया। परेशान होकर उसने फोन कर हमें ये सब बातें बतायीं। उसने यह भी बताया कि उसके सास-ससुर और पति उसे घर से बाहर भी नहीं जाने देते थे, हमें फोन करने के लिये भी नहीं। उसे घर में नजरबंद कर दिया गया था। एक बार उसने चोरी छिपे बाहर आकर हमें फोन किया और उसे बेंगलुरु ले जाने के लिए कहा क्योंकि उसे डर था कि वे लोग उसे और उसके बच्चे को मार देंगे।

नीति का फोन आने के बाद हम मुंबई गये। हमने वहाँ जाकर उसके घर वालों से लड़ाई की और पूछा कि वह हमारी बेटी को बार-बार यातना क्यों देते हैं, क्यों दहेज को लेकर उसे बार-बार परेशान करते हैं, जबकि हम पहले ही बहुत कुछ दे चुके हैं। चूंकि उनके पास कोई जवाब नहीं था हमने नीति और उसके बच्चे को वहाँ न छोड़ने का फैसला किया। मेरा बड़ा बेटा शंकर सुशील के ऑफिस गया और उसके बड़े अधिकारी से सुशील के मद्रास या कोयम्बटूर में तबादले की बात की। उसने तबादले के लिए निवेदन किया कि शायद जगह के बदलाव से उसकी जिंदगी में शांति और खुशी आ जाये। लेकिन उसके अधिकारी ने कहा कि उस समय तबादले की कोई गुंजाईश नहीं थी। इसलिए हम सबने यह निर्णय लिया कि नीति और उसके बच्चे को, सुशील और उसके परिवार के साथ मुंबई में न छोड़ा जाए क्योंकि हमें उन लोगों पर विश्वास नहीं था।

हम अपनी बेटी और उसके बच्चे को अपने साथ ले आये। वह हमारे साथ बेंगलुरु में 7–8 महीने रही। इस दौरान उसके पति या उसके ससुराल वालों की तरफ से एक फोन भी नहीं आया, बच्चे के पहले जन्मदिन पर भी नहीं। नीति के सास ने उसकी शादी से पहले ही बेंगलुरु में एक घर किराये पर ले लिया था। एक बार वह बेंगलुरु आईं भी लेकिन अपने बहू और पोते से मिलने तक नहीं आईं। जिस दिन उन्हें मुंबई वापस जाना था वह मेरी बेटी से मिलने घर आईं। उन्होंने सबके सामने मेरी बेटी को बुरा-भला सुनाया और कहा कि वह उनके बेटे के लिए योग्य नहीं है।

यह सब बातें सुनकर मेरी पत्नी ने उस महिला को डाँटा। नीति ने मुझे कहा कि उसे डर है कि अगर वह उनके साथ मुंबई गयी तो वह उस के साथ ऐसा ही व्यव्हार करेंगी। उसे डर था कि वह उसे या उसके बेटे को कुछ कर देंगी। इसलिए हमने नीति की सास को बता दिया कि हम अपनी बेटी को उनके साथ तभी वापस भेजेंगे जब वह उसके साथ ठीक तरह से पेश आयेंगे।

सुशील ने हमें सात महीने बाद फोन किया और मिलने बेंगलुरु आया। वह हमारे साथ 8 अप्रैल से 14 अप्रैल, 2002 तक एक हफ्ता रहा। उसने कहा कि उसे अपनी दोष और गलती का एहसास है।

उसने यह माना कि उसने नीति के साथ बहुत गलत किया, अपने माता-पिता के बहकावे में आकर अपनी जिंदगी बर्बाद कर दी। उसने हमें यकीन दिलाया और वादा किया की भविष्य में वह नीति को परेशान नहीं करेगा और अपनी गलती की माफी माँगी। उसने हमें बताया कि वह अपनी पत्नी और बच्चे का ध्यान रखेगा और कुछ महीनों बाद उसका स्थानांतरण मद्रास/कोयम्बटूर हो जाएगा। यह निस्संदेह उनकी योजना का हिस्सा था। पर मेरी बेटी बहुत खुश थी क्योंकि उसे लगा कि उसका पति एक अच्छे इंसान के रूप में बदल चुका है, जो उसकी अच्छी देखभाल करेगा। उसने नीति को यह भी बताया कि वे अपने परिवार से अलग रहेंगे। उसने नयी साड़ियां, जेवर और घर का सामान खरीदा और अपने पति के साथ वापस चली गयी। हम भी उसके लिए खुश थे और उसे अपने पति के साथ वापस जाने दिया।

हमने उन दोनों को सलाह दी कि वह आपस में एक दूसरे को समझें एवं सुख-शांतिपूर्वक जीवन व्यतीत करें। हमने नीति को करीब 1000 रुपए दिये ताकि वह हमें बेंगलुरु फोन कर सके। 15 अप्रैल 2002 को वे दोपहर बाद मुंबई चले गये। वे अगले दिन दोपहर वहाँ पहुच गये, उसने हमें फोन किया और सकुशल पहुँचने की जानकारी दी। हम निश्चिन्त हो गये और उसे अगले हफ्ते फोन करने के लिए कहा।

एक हफ्ते बाद, फोन न आने पर हमने सुशील को फोन किया और उससे कहा कि वह नीति को बेंगलुरु फोन करने के लिए बोले लेकिन नीति का कोई फोन नहीं आया। हमने इंतजार किया लेकिन हमें तीन हफ्ते तक उसके बारे में कुछ पता नहीं चला। इसके बाद हमें चिंता होनी शुरू हो गई। हमें शक होने लगा कि वे लोग उसे और दहेज के लिए प्रताड़ित कर रहे थे। अतः हमने नीति से मिलने जाने का निर्णय लिया। हमने 15 से 26 मई 2002 तक तीन सदस्यों का मुंबई के लिए रेल से आरक्षण करवा लिया। हमने उसके सास-ससुर को यह बताने के लिये फोन किया कि हम आ रहे हैं और नीति को हमें फोन करने के लिये कहा। 12 मई 2002 को लगभग 8 से 8.15 रात्रि के बीच मुंबई से एक फोन आया। नीति की सास ने हमें बताया कि नीति ने अपने ऊपर तेल छिडक लिया है और जल गयी है। सुशील को भी कुछ चोट आयी है और दोनों अस्पताल में भर्ती हैं। नीति की हालत बहुत गंभीर थी और हम जल्दी से वहाँ पहुँच जाएँ। लेकिन उन्होंने उस अस्पताल का नाम और फोन नंबर नहीं दिया। हम नहीं जानते थे कि नीति किस अस्पताल में भर्ती थी, हमने सुशील के दफ्तर में फोन किया लेकिन इस समय तक मेरी बेटी को एक अस्पताल से दूसरे अस्पताल तीन बार बदला जा चुका था और अंत में वह जे.जे अस्पताल में भर्ती थी। हमने जे.जे अस्पताल में फोन किया और पूछा की क्या कोई नीति नाम की कोई मरीज भर्ती है। उन्होंने बताया की वह वार्ड न० 35 में हैं और 88% जल चुकी है। उसका पति केवल 3% जला है। हमने पूछा कि क्या वह बात करने की स्थिति में है, परंतु वह बात करने की हालत में नहीं थी।

13 मई 2002 को, हमारे परिवार के 12 सदस्य बेंगलुरु से मुंबई के लिए कुरला रेल से रवाना हुए। हमारे जाने के बाद मेरा बड़ा दामाद लगातार अस्पताल में फोन कर नीति की हालत की जानकारी लेता रहा। नर्स ने उसे बताया की नीति की हालत बहुत खराब है और उसका ध्यान रखने के लिए भी कोई उसके पास नहीं है। हम असहाय थे। मेरे दामाद ने नर्स को नीति का ठीक से ध्यान रखने के लिए कहा और आग्रह किया कि उसका इलाज ठीक से करते रहे, हम अस्पताल का सारा खर्चा दे देंगे।

हम सब 14 मई की दोपहर को मुंबई रेल्वे स्टेशन पहुंचे और वहाँ से जे.जे अस्पताल फोन किया लेकिन उन्होंने बताया की नीति का देहांत 13 को दोपहर में ही हो चुका है। यह खबर सुन कर हम सब स्तंभित रह गए।

हम अनुरोध करते हैं कि मेरी बेटी नीति के पति और घर वालों के खिलाफ रिपोर्ट दर्ज की जाए क्योंकि हमें विश्वास है कि दहेज के कारण उस पर अत्याचार किया गया और अंत में मार दी गई। वे सब उसकी मृत्यु के लिए जिम्मेदार हैं।

कृपया हमें न्याय दीजिये।

वी. कुमारास्वामी
(मृतक का पिता)

यह उस एफआईआर का अनुवाद है जो नीति की बड़ी बहन शिल्पा ने मुझे दिया। जब मैं अपने रिसर्च प्रोजेक्ट 'वधु दहन' के लिए जानकारी एकत्रित कर रही थी, मेरे सामने यह मामला बेंगलुरु की एक कैथोलिक मिशनरी एनजीओ से आया। इस एनजीओ ने शिल्पा के साथ मेरी मुलाकात निश्चित की ताकि मैं उसकी बहन के बारे में जानकारी ले सकूं। यह लोग शिल्पा की अनौपचारिक रूप से मदद कर रहे थे ताकि वह न्याय के लिए लड़ सके। जब मैं उससे मिली वह कुछ महीनों से कानूनी सलाह और पैसों की मदद के लिए यहाँ आ रही थी।

मैंने शिल्पा से तमिल में साक्षात्कार किया और बाद में उसका अंग्रेजी में अनुवाद किया। इस बारे में पूरी जानकारी एकत्रित करने के लिए मैंने उससे चार बार मुलाकात की।

नीति के परिवार ने उसके पति, सास-ससुर और जेठ के खिलाफ दहेज मृत्यु का केस रजिस्टर किया था। एफआईआर ने मुझे नीति के साथ हुए अत्याचार के बारे में अधिकतर जानकारी दे दी थी लेकिन बहुत महत्त्वपूर्ण विषयों के बारे में उसमें कोई चर्चा नहीं थी, खास कर मृत्यु के अंतिम समय तक उसके पारस्परिक रिश्तों के बारे में।

शिल्पा ने बताया कि उसके पिता ने मौखिक रूप से ड्यूटी पर तैनात सिपाही को नीति की मृत्यु के बारे में बताया जिसने बताये गए तथ्यों के अनुसार एफआईआर दर्ज की। चूंकि इसे मराठी में प्रस्तुत किया जाना था जो कि एक बहुत बड़ा अवरोध था, इस समस्या से निपटने के लिए एक और सिपाही ने, जो कि तमिल जानता था, अनुवादक का काम किया।

इसके बाद शिल्पा और उसके परिवार को बताया गया कि इसे 'दहेज मृत्यु' के रूप में दर्ज किया जा चुका था। पुलिस ने उन्हें आश्वत किया कि उनका केस मजबूत है और उन्हें न्याय मिलेगा। उस समय नीति के परिवार जनों को इसी की आशा थी।

मेरे साक्षात्कारों में ये साफ हो गया था कि इस परिवार को कानूनों की न्यूनतम जानकारी थी इसलिए वे दहेज सम्बन्धित प्रावधानों का इस्तेमाल नहीं कर सके। आज भी वे अपनी बहन के हत्यारों को उसकी मौत की सजा दिलाने की कोशिश में लगे है, न कि दहेज सम्बन्धित अपराध की सजा दिलवाने में।

नीति की जिन्दगी और उसके विवाह के लिए समाजीकरण को समझने के लिए यह जानना जरुरी था कि वह किस परिवेश से आयी थी और उसका बचपन और किशोरावस्था कैसा था। मैंने उसकी बहन से यह पूछना शुरू किया और इस कार्यवाही के दौरान उसने नीति और उसके परिवार के बारे में गहराई से बताया।

नीति अपने सात भाई-बहनों में सबसे छोटी थी। उसके तीन भाई और तीन बहनें थीं। उसने अपनी बारहवीं की पढ़ाई बेंगलुरु से पूरी की थी और इसके बाद वह एक छोटी फोटोकॉपी की दुकान में काम करने लगी थी। वह अंग्रेजी माध्यम के विद्यालय से पढ़ी थी और अंग्रेजी लिख-पढ़ सकती थी जिससे उसके काम की संभावनाएं बढ़ गईं।

नीति जो कमाती थी उस पर उसे थोड़ी स्वतंत्रता थी। शिल्पा के अनुसार 'वह अपनी कमाई को मेरे पिताजी को देती थी और यदि उसे कुछ चाहिए होता था–जैसे कपड़ा या और कुछ–तो वह इसमें से कुछ पैसे ले लेती थी।'

नीति शर्मीली और डरपोक थी पर वह खुद की देखभाल करने में सक्षम भी थी। वह काम करने के लिए रोज अकेले बस से सफर करती थी और आर्थिक रूप से स्वतंत्र थी क्योंकि अपनी शादी के प्रस्ताव आने से पहले वह दो साल तक काम कर चुकी थी। वह अच्छे भोजन की शौकीन थी और और थोड़ी मोटी थी। उसे अच्छे कपड़े पहनने पसंद थे जिस पर कभी-कभी वह अपनी कमाई का कुछ भाग खर्च कर देती थी।

घर में सबके सम्बन्ध एक-दूसरे से सामंजस्यपूर्ण थे। घर का बड़ा होने के नाते नीति के पिताजी की बात का सब आदर करते थे। लेकिन घर के ज्यादातर निर्णय घर के सभी सदस्यों के परामर्श से लिए जाते थे। शिल्पा ने परिवार में किसी भी समस्या की बात को अस्वीकार किया। उसने मुझे बताया कि, 'कोई समस्या नहीं थी।' 'कोई प्रतिबन्ध और समस्या नहीं थी।' हम सब खुशी से रह रहे थे। नीति के विवाह के बाद ही समस्याएं शुरू हुईं। बल्कि उसके अन्य किसी भाई बहन के वैवाहिक सम्बन्धों में कोई मतभेद नहीं था।

नीति का परिवार, एक मध्यम वर्गीय परिवार होने के बावजूद, एक संगठित, खुश और संतुष्ट परिवार था जो लगातार मुश्किलों से झूझता रहता था। नीति एक साधारण लड़की थी जिसका जीवन अपने परिवार और अपने काम के इर्द गिर्द घूमता था।

नीति, जैसा कि मैंने पहले ही बताया है, शर्मीली और डरपोक थी। शादी के बाद अपने सास-ससुर से लगातार डर कर जीती थी। उसे यह भय क्यों मह्सूस होता था? क्या उसके सास-ससुर ने जानबूझकर डर को बढ़ावा दिया था? जैसे-जैसे कहानी आगे बढ़ी, मुझे इन प्रश्नों के उतर मिले।

शिल्पा, मदद माँगने से पहले नीति की अपने ससुराल में झेली गयी दिक्कतों को दोहराते हुए बहुत भावुक हो गयी। जब उसने सहायता माँगी तब भी वह अपने ससुराल वालों के खिलाफ, प्रतिशोध के डर से औपचारिक तौर पर शिकायत नहीं दर्ज करना चाहती थी। 'वह बहुत डरी हुई थी', शिल्पा ने मुझे बताया। 'वह अपनी सास को या उनके खिलाफ कभी भी कुछ नहीं बोलती थी। वह उस घर

में, इस डर से कुछ नहीं कहती थी, क्योंकि उसे लगता था कि यदि वह कुछ भी कहेगी तो उसके वैवाहिक जीवन में विनाश हो जाएगा।'

यह नीति के आशंकित स्वभाव को दर्शाता है, लेकिन यह भी दर्शाता है कि टूटने से पहले उसने कितना धैर्य रखा।

नीति का जब रिश्ता आया तब वह केवल 20 साल की थी और 23 साल में उसकी शादी हो गयी। उसके होने वाले सास-ससुर ने उसे उसकी बड़ी बहन शिल्पा की शादी में देखा था और उन्हें वह इतनी पसंद आयी कि उन्होंने उसका हाथ माँग लिया।

नीति के बारे में उन्हें क्या अच्छा लगा? नीति के घर वाले नहीं कह पाए। उन्होंने न तो इसके बारे में ज्यादा सोचा और न ही पूछा। उनके लिए यही काफी था कि शादी के बाजार में नीति को पसंद कर लिया गया था लेकिन उनका तुरंत शादी करने का कोई इरादा नहीं था। परन्तु नीति की होने वाली सास ने नीति पर शादी के लिए काफी जोर देना शुरू कर दिया था ताकि यह रिश्ता पक्का हो।

नीति के परिवार ने शुरू में तो शादी का प्रस्ताव अस्वीकार किया। उनके अनुसार मुंबई, जहां वह लोग रहते थे और जहाँ शादी के बाद नीति को जाना पड़ेगा, बहुत दूर है। उन्हें अपनी बेटी का बेंगलुरु से इतनी दूर जाकर बसने का विचार ठीक नहीं लग रहा था। खास तौर पर नीति के पिता इस कारण से इस रिश्ते से नाखुश थे। वह लोग अभी ही परिवार में एक शादी से निपटे थे (यह प्रस्ताव शिल्पा की शादी के एक दिन बाद ही आया था और उसी परिवार से था) और उन्हें लग रहा था कि उनका परिवार तुरंत दूसरी बेटी की शादी करने की स्थिति में नहीं है।

जब मैंने उससे दहेज लेने और देने के रिवाज के प्रचलन के बारे में पूछा तो शिल्पा ने मुझे बताया कि यह तो उनके समाज की शादियों की प्रमुख विशेषता है। नीति के परिवार को यह गलत लगता था। वह इस बात के पक्ष में थे कि उनकी बेटी को वही उपहार दिये जायें जो वह देने में समर्थ हों। लेकिन लड़के वालों की तरफ से माँग के वह बिलकुल खिलाफ थे।

मुझे भी यह बताया गया था कि लड़के वालों ने शादी से पहले कुछ भी माँग नहीं रखी थी क्योंकि उन्हें यह डर था की नीति का परिवार इसके लिए मना कर देगा। 'मेरी बहन की सास ने केवल यह पूछा था कि, 'हम उसे शादी में क्या देंगे, कितने गहने देंगे,' शिल्पा ने याद करते हुए बताया।

> हमने उन्हें बता दिया। उसकी सास ने कहा, 'आप जो चाहे वो दें।' उन्हें डर था की हम पहले ही इस शादी से नाखुश थे। उन्होंने सोचा कि, अगर वह और गहने या कुछ और दहेज की माँग करेंगी, शायद हम शादी से मना कर देंगे इसलिए उन्होंने चुपचाप हमारी बात मान ली।

दहेज के बारे में तो घर में कभी चर्चा भी नहीं हुई थी जब नीति का परिवार शुरू से ही रिश्ते के खिलाफ था। उनके अनुसार दहेज क मुददा कोई ऐसा जरुरी मुददा नहीं था जिससे शादी के समय

इतना महत्त्व दिया जाए। न ही वह उस समय इतना जरुरी था जब यह तय किया जा रहा था कि रिशता स्वीकार किया जाये या मना किया जाये। लेकिन यह नीति की मौत का यह अहम हिस्सा बना कयोंकि इसे उस एफआईआर से जोड़ा गया जो कि उसके पिता ने दर्ज करवाई थी।

नीति का परिवार उस समय उसकी शादी के बारे में नहीं सोच रहा था। क्योंकि वह उस समय उसके बड़े भाइयों के लिए लड़कियाँ देख रहे थे। चूंकि नीति अभी काफी छोटी थी, उन्हें उसकी शादी की कोई जल्दी नहीं थी।

जबकि नीति के पिता इस शादी के पक्ष में नहीं थे, लड़के की माँ परिवार से जान-पहचान बढ़ाने के लिए घर आती-जाती रहती थीं। इन्ही मुलाकातों में से किसी एक मुलाकात में उन्होंने नीति को यह कहकर कि, वह उसका बहुत ध्यान रखेंगी और उनका बेटा उसे बहुत पसंद करता है, इस शादी के लिए राजी कर लिया। शिल्पा ने, याद करते हुए कि यह सब कैसे हुआ था मुझे बताया कि, 'नीति ने उन्हें बताया कि कैसे उस औरत ने उससे बात की और उससे एक अच्छी जिंदगी का वादा किया।'

> नीति ने कहा-'कौन सी सास मेरे लिए यह सब करेगी?' वह मेरी मदद करने के लिए तैयार हैं, वह मेरा इतना ध्यान रखती हैं, मुझे लगता है कि मैं वहाँ खुश रहूंगी।' तब भी हम सब ने यही कहा, 'मुंबई बहुत दूर है, मत जाओ।' सबने एक ही बात कही कि, 'अगर तुम्हारी शादी इतनी दूर कर देंगे तो तुम्हें बार-बार मिलना मुश्किल हो जाएगा।' मेरे माता-पिता इसके बिलकुल खिलाफ थे।

उस महिला ने नीति को यह भी लालच दिया था कि वह उसके लिए बहुत सारे सोने के गहने बनवाएंगी, शिल्पा ने आगे कहा।

> जैसे कि सोने की चौन और वो जो भी चाहेगी। यह सब हुआ, लेकिन, हम उस लड़के के बारे में बहुत कम जानते थे। इसके बाद उन्होंने नीति को अपने बेटे की फोटो दिखाई। उन्होंने हमसे कहा कि वह हमारे परिवार में ही अपने बेटे की शादी करना चाहती हैं। वह महिला इतने प्यार से बातें करती थीं कि हम सबको लगने लगा कि वह नीति का पूरा ध्यान रखेंगी। अंत में हम सब इस शादी के लिए तैयार हो गये क्योंकि मेरी बहन इस शादी के लिए अड़ गयी थी। उन्होंने उससे कहा कि 'उनका बेटा उससे बहुत प्यार करता है।' किस लड़की को यह अच्छा नहीं लगेगा?

क्या सच में उस समय वह लड़का नीति से प्यार करता था? इस प्यार का क्या मतलब था? नीति और उसके परिवार ने शायद आशा की थी कि वह उसे वित्तीय सुरक्षा प्रदान करेगा और आरामदायक जिंदगी और बच्चे देगा। मुझे आश्चर्य था कि, 'क्या सच में वह लड़का नीति को इतना जान पाया था कि वह यह कह सके कि वह उससे प्यार करता है?' क्या नीति के दिमाग में वह प्यार था जो हम फिल्मों में देखते हैं?

बात कुछ भी हो नीति ने उसके प्यार पर विश्वास कर लिया था और अपने परिवार पर जोर दिया की वह यह रिश्ता मान लें। यह कोई अनहोनी बात नहीं थी, लेकिन यह नीति और सुशील की जिंदगी में कई झगड़ों का कारण बना।

उसी समय के आस-पास नीति के परिवार को उसके लिए एक और रिश्ता आया। उसके परिवार वालों को दूसरा रिश्ता ज्यादा पसंद था क्योंकि वह लड़का बेंगलुरु में ही रहता था। लेकिन उसके संभावित सास-ससुर ने उसका पीछा नहीं छोड़ा। उन्होंने जोर दिया कि उन्हें नीति ही चाहिए और यह रिश्ता उसके लिए भी अच्छा रहेगा। उन्होंने सन्देश भी भेजे की वह एक 'अच्छे लड़के' से शादी करेगी जो न पीता था, न धूम्रपान करता था और सरकारी नौकरी करता था।

यह खबर सत्य थी और इतने महत्त्वपूर्ण फैसले पर इससे कोई फर्क नहीं पड़ना चाहिए था। फिर भी, इसे एक सकारात्मक रूप में स्वीकार किया गया। वास्तव में, बहुत से लोग इस प्रकार के साधारण से मानदंड को मार्गदर्शक मान कर विवाह जैसी परिस्थितियों में फैसला ले लेते हैं।

शिल्पा को अब यह लग रहा था कि उन्होंने रिश्ता लेने से पहले अच्छे से लड़के की जाँच-पड़ताल नहीं की; यही उनकी सबसे बड़ी गलती थी। उसने यह भी कहा कि लड़के की माँ ने शुरू में नीति की फोटो माँगी थी और उसके परिवार वालों ने बिना किसी शक के वह तस्वीर दे भी दी। यह बात औपचारिक रूप से रिश्ता आने से पहले की बात है, और उन्होंने तस्वीर देना कोई बड़ी बात नहीं समझा। पर उन्हें अब ऐसा लगता है कि लड़के की माँ ने, नीति को अपने बेटे के समीप लाने के लिए और उसे शादी के लिए राजी करने के लिए उस पर काला जादू कर दिया था।

शिल्पा को अपनी बहन की शादी का समर्थन करने के लिए अब पछतावा हो रहा था। इस बात का ब्यौरा देते हुए उसने बताया कि कैसे वे सब लोग उसकी सास की मीठी बातों में आ गए। 'हमने उस औरत द्वारा कही गयी सारी बातों पर विश्वास कर लिया, यह हमारी सबसे बड़ी गलती थी। हमने लड़के को देखा नहीं था, हम केवल उसके बारे में अच्छी बातें सुन रहे थे, इसलिए हमने 'हाँ' कर दी। मुंबई में हम किस से इस बारे में पूछते?' वे खुद को कई मामलों में असहाय महसूस कर रहे थे।

मैं यहाँ इस बात पर ध्यान दिलाना चाहूंगी कि सास के बारे में पूर्व-कल्पित धारणा भारतीय समाज का एक बहुत प्रचलित तथ्य है। उन्हें (सास को) वैवाहिक जीवन में दरार का मुख्य कारण माना जाता है। घर में दोनों महिलाओं के बीच के सम्बन्ध अक्सर विवाहित युगल के रिश्तों को प्रभावित करते हैं। गुट और निष्ठा के बीच मामला ठन जाता है और पुरुष अक्सर अपनी माँ और पत्नी के बीच खुद को फंसा पाते हैं। यहाँ इस बात पर ध्यान देना जरूरी है कि नीति जैसे विवाहों के लिए

यह स्पष्टीकरण बहुत ही सरल है–वास्तविकता इससे कहीं ज्यादा जटिल है। हर प्रकार की परिस्थिति का अलग-अलग परिपेक्ष में विश्लेषण करना जरूरी है।

इस शादी को कार्यान्वित होने में करीब 3 साल लग गये। चूँकि सब इस रिश्ते से खुश नहीं थे, रिश्ते आने से शादी तक काफी समय लग गया। अंत में नीति क परिवार इस रिश्ते के लिए तैयार हो गया लेकिन उनके रिश्तेदार न तो इस रिश्ते के लिए राजी थे और न ही खुश थे। उनकी चिंता का कारण यह अंधविश्वास था कि दो बहनों की शादी एक परिवार में नहीं होनी चाहिए। बहुत से रिश्तेदारों ने इस शादी का बहिष्कार भी किया और उन्होंने शिल्पा पर भी शादी में न जाने के लिए जोर डाला। ज्योतिष विद्या के अनुसार भी यह मिलाप लाभप्रद नहीं था, अतः यह तय किया गया कि दोनों की कोर्ट मैरिज करवा दी जाए।

भारतीय शादियों की एक और असाधारण विशेषता यह है कि इतने बड़े परिवार को हर छोटी बात के लिए तैयार करना पड़ता है जिसमें से कुछ लोगों का तो उससे शायद कुछ लेना देना भी न हो। जब नीति के परिवार वाले उनके रिश्तेदारों के खिलाफ गए तो उन्हें उसकी कीमत चुकानी पड़ी।

समाज द्वारा इस शादी का बहिष्कार किया गया। जब यह कहानी अपने अंत पर पहुंची, बहुत सारे लोगों ने कहा, 'हमने तो पहले ही कहा था, हमने पहले ही इस शादी के लिए आगाह किया था।' पर यह सब चेतावनियाँ लड़के या लड़के के परिवार वालों के बारे में नहीं थीं। वास्तव में लड़के के बारे में तो सब अच्छी बातें ही कह रहे थे। शिल्पा ने बताया की उसकी सास के बारे में जरूर कहा जा रहा था कि 'वह बहुत चिल्लाती हैं', पर इससे ज्यादा और कुछ नहीं। बाकी रिश्तेदार सिर्फ इसलिए नाखुश थे क्योंकि उनको यह मेल पसंद नहीं था।

नीति की शादी बहुत ही तनावपूर्ण परिस्थितियों में हुई। जो चहल-पहल भारतीय शादियों की विशेषता है इस शादी में नजर नहीं आ रही थी। क्या यह रिश्ता शुरू से ही बर्बाद होने के लिए बना था?

शिल्पा ने मुझे उन परिस्थितियों के बारे में बताया जिनमें यह शादी हुई।

> क्योंकि हिन्दू कलेंडर के अनुसार यह महीना शादियों के लिए अशुभ माना जाता था हमारे पास कोर्ट मैरिज के अलावा कोई विकल्प नहीं था। इसलिए यह तय हुआ कि हम अदालत में *ताली* (वर-माला) पहना देंगे और दोनों पक्ष इसके लिए तैयार भी थे। शादी में कोई भी रिश्तेदार नहीं आये। इसके बाद हमने बेंगलुरु में एक रिसेप्शन किया। यह समारोह दोनों पक्षों ने मिलकर किया था और इसका खर्चा दोनों ने बराबर बाँट लिया था। उस समय तक कोई समस्या नहीं थी।

कानूनी रूप से निषिद्ध होने के बाद भी शादी में दहेज का लेन-देन भारत में आम बात है और सांस्कृतिक रूप से स्वीकृत भी है। लेकिन जैसा कि नीति का परिवार स्वयं यह स्वीकार करता है, शादी के समय यह मुद्दा कभी सामने आया ही नहीं। पैसे से सम्बन्धित कोई विवाद था ही नहीं।

जब हम इस मुददे के बारे में चर्चा कर रहे थे, शिल्पा ने मुझे दहेज कि माँगों के बारे में कुछ भी नहीं बताया जब तक कि मैंने खुद उससे नहीं पूछा। इससे मेरा ध्यान इस मुददे पर ज्यादा गया।

अगर दहेज इस केस का सबसे महत्त्वपूर्ण मुददा था तो उसने इसके बारे में कोई चर्चा भी क्यों नहीं की जब तक कि मैंने पूछा नहीं?

इसके बाद शिल्पा ने मुझे बताया की उसकी सास ने शादी के तुरंत बाद और गहनों की माँग की थी।

> वह बोलीं, 'मेरे बेटे के पास सरकारी नौकरी है। आप लोगों को अपनी बेटी को और जेवर देना चाहिए।' हमने कहा, 'नहीं, इस समय हमारे लिए यह संभव नहीं है। जितना हम दे सकते थे हमने पहले ही दे दिया।' उसके बाद वह हमसे बहस करने लगीं कि, 'अगर मैंने अपने बेटे की शादी कहीं और की होती तो मुझे इससे कहीं ज्यादा जेवर मिलता। आखिर उसके पास सरकारी नौकरी है।' उन्होंने यह सब शादी होने के बाद कहा। इससे पहले तक तो वह यही कहती थीं, 'आप जितना चाहते हैं, उतना दीजिये।' उन्होंने शादी के दौरान और उसके बाद ही और सामान और खास करके और गहने माँगने शुरू किये।

नीति के परिवार का यह मानना था की उसकी सास को यह पता था की एक बार जब शादी विधिपूर्वक संपन्न हो जाएगी तो उनकी माँगो के आगे हमें झुकना ही पड़ेगा। उनकी माँगे और उत्पीड़न शादी के बाद ही शुरू हुआ।

लड़के और लड़की के परिवार के बीच का समीकरण इस स्थिति में बिलकुल स्पष्ट होता है। भारतीय समाज का एक बड़ा भाग अभी भी अत्यधिक रूप से पुरुष प्रधान है और लड़कियों को *'पराया धन'* समझा जाता है, जिसे न्यायपूर्ण तरीके से शादी में दे दिया जाता है। दूसरी ओर तलाक एक सामाजिक दाग है जिसे भारतीय समाज में स्वीकार नहीं किया जाता। तलाकशुदा औरतों का बहिष्कार किया जाता है। इन परिस्थितियों में तलाकशुदा औरतें और उनका परिवार, लड़के के परिवार के दबाव में आ जाता है और उनकी गलत माँगो को भी मान लेता है। कई बार उनको लगता है कि लड़के वालों की माँगे मानने के अलावा उनके पास और कोई विकल्प नहीं है।

नीति शादी के कुछ सप्ताह बाद अपने ससुराल चली गयी। शुरू में तो वह सप्ताह या दस दिन में अपने परिवार को फोन कर लेती थी। उन्हें लगता था कि वह ससुराल में खुश है। उसके परिवार वाले इस बात से संतुष्ट थे कि वहाँ सब उसका बहुत ध्यान रखते थे। पर यह स्थिति बहुत दिनों तक नहीं चली। जल्द ही उसकी सास के भावनात्मक और मौखिक दुर्वचन शुरू हो गये।

शिल्पा ने मुझे बताया की इस बीच दहेज का मसला उनके घर में लगातार उठता रहता था।

> मेरी बहन ने शादी के बाद जब अपनी सास के साथ रहना आरम्भ किया उन्होंने उस पर बहुत सी चीजों के लिए जोर देना शुरू किया। जब भी उनकी लड़ाई होती वह कहतीं, 'तुम्हारे घर वालों ने तुम्हें क्या दिया है? उन्होंने तुम्हें मुश्किल से कुछ दिया है। वापस जाओ और उनसे और माँगो। उन्हें कुछ और सामान देने के लिए कहो।

शिल्पा के अनुसार ऐसा होने पर भी दहेज इन लड़ाईयों और उत्पीड़न का मुख्य कारण नहीं था। हालाँकि इसके कारण उसके सास-ससुर कई बार उसके साथ गलत व्यव्हार करते थे। यह सब मुझे बहुत कुतूहल उत्पन्न करने वाला लग रहा था। मेरे सामने यह केस एक दहेज मृत्यु के रूप में प्रस्तुत

किया गया था पर अब उसकी एक नजदीकी रिश्तेदार यह कह रही थी कि यह मृत्यु दहेज के कारण नहीं हुई थी। बल्कि ईर्ष्या, द्वेष और प्रभुत्व से सम्बन्धित अन्य मुद्दे थे जो प्रताड़ना की वजह बने और संभवतः मृत्यु का कारण बने।

अब मेरे दिमाग में यह सवाल उठा–इस घटनाक्रम में यदि दहेज एक मुद्दा था तो किस समय मुद्दा बना? नीति की मृत्यु में दहेज की कितनी बड़ी भूमिका रही? घटनाओं को एक नए आयाम से प्रस्तुत करने से मेरा यह अर्थ नहीं था कि नीति को जो भी उत्पीड़न या प्रताड़ना सहनी पड़ी वह कुछ कम थी और न ही मेरी मंशा उसके साथ हुये दुर्व्यवहार को दर-किनार करना था कि शायद यह सब घटनाएं दहेज के कारण नहीं हुईं थीं। बल्कि इस सब से आज के भारतीय शहरी परिवेश में दहेज सम्बन्धी हिंसा के बदलते हुए स्वरूप को समझने में मदद मिलती है। इससे आज भी महिलाओं द्वारा सामना की जा रही समस्याओं का व्यापक पैमाने पर विश्लेषण करने में मदद मिलती है। और इससे भारतीय कानूनविदों और पुलिस की भूमिका पर ध्यान केंद्रित होता है।

यदापि ऐसा नहीं लगता था दहेज का मुद्दा शादी के तुरंत बाद उभर कर आया था, नीति के सास-ससुर इसका प्रयोग नीति को दूसरे कारणों से नीचा दिखाने के लिए करते थे। उन्होंने नीति को नीचा दिखाने के लिए और अपनी प्रभुता बनाये रखने के लिए दहेज को एक कारण बना लिया। खास कर उसकी सास को इस बात से डर लगता था की नीति अपने पति का प्यार पा लेगी और धीरे-धीरे घर में एक मजबूत जगह बना लेगी। उन्हें यह मंजूर नहीं था और उनके लिए यह बहुत जरूरी था कि उनके बेटे की निष्ठा अपनी पत्नी की तरफ न हो जाए। यह नीति के जीवन की सबसे बड़ी भावनात्मक और मानसिक परेशानियाँ थी।

नीति के ससुराल वाले उसे कम काम करने के लिए या फिर उनकी संतुष्टि के अनुसार काम न करने के लिए हर समय ताना दिया करते थे। वह उसे उसके रंग-रूप के बारे में उसका मजाक उड़ाते थे और अधिक वजन होने के कारण भी तिरस्कृत करते थे। शिल्पा ने एक विशेष घटना को, जिसका नीति ने उल्लेख किया था, याद करते हुए मुझे बताया, 'विवाह के बाद यह जोड़ा घूमने के लिए जाता था।'

> वे साथ में समय बिताते थे और उसका पति उसे सारा शहर घुमाता था। लेकिन उसकी सास को यह पसंद नहीं था और एक दिन उन्होंने नीति से कहा कि, 'अगर तुम इसी तरह बाहर जाती रहोगी तो घर के काम-काज कौन करेगा? खाने में देर हो जाती है, इसलिए यदि आगे से वह तुम्हें बाहर जाने के लिए कहे तो मत जाना। कहना तुम्हें घर पर काम है और तुम उसे छोड़ नहीं सकती।'
>
> नीति ने यह बात जब अपने पति को बतायी तो वह बोला, 'मैं तुम्हें शादी करके यहाँ लाया हूँ। तुम मेरी सुनोगी या मेरी माँ की। तुम वही करो जो मैं कहता हूँ। अगर तुम उनकी सुनना चाहती हो तो जाओ रहो उनके जैसे, फिर मेरे पास मत आना।' इसलिए नीति अपने पति के साथ बाहर चली गयी। जब वह वापस आयी तो उसकी सास उसपर चिल्लाने लगी। उस समय के बाद से नीति की सास को लगा कि नीति ने उसके बेटे पर अधिकार जमा लिया है।

इस मामले में, नीति की सास की अपेक्षाएं नीति और उसके पति से बिलकुल अलग थीं। उसे अपने घर के काम काज में दो और हाथों की जरूरत थी जो, वह सोचती थी, कि बेटे की शादी से पूरी हो जाएगी लेकिन जब उसकी अपेक्षाएं उसकी उम्मीद पर खरी नहीं उतरीं, जैसा कि वह चाहती थी तब उसने इसका दोष अपनी बहू के कंधो पर डाल दिया और उस पर जबरदस्ती नियंत्रण करने की कोशिश की। माँ और बेटे के बीच में नीति अपने को फंसा महसूस करती थी, उसे समझ नहीं आ रहा था कि किसे खुश रखे और अपना अधिकार कैसे पाए।

उससे सभी काम करने की उम्मीद की जाती थी, शिल्पा ने आगे कहा।

> खाना बनाना, कपड़े धोना, बर्तन साफ करना आदि। उसकी सास केवल चाय और चपाती बनाती थीं, वह भी सिर्फ इसलिए क्योंकि नीति का बनाया उन्हें पसंद नहीं था। जब नीति गर्भवती हुई और सुबह उसका जी मचलता तो वह ज्यादा खा नहीं पाती थी, इसलिए उसका पति उसके लिए जूस और अन्य चीजें ले आता था। इस वजह से उसकी सास परेशान हो जातीं। वह कहतीं, 'ये देखो, वह इसके लिए ये सब विशेष पेय लाता है और ये उन्हें पी-पी कर मोटी हो रही है। देखो कितना सिर चढ़ा कर बिगाड़ रहा है?

शिल्पा ने जोर देकर बताया कि हर अवस्था में नीति को भावनात्मक आघात सहने के लिए मजबूर किया गया। शुरू से अंत तक हमने देखा कि सास और बहू के रिश्ते में एक खिंचाव-सा था जिसका केवल एक ही कारण था: नीति की सास की ईर्ष्या।

'अगर दोनों में कभी लड़ाई हो जाती, तो नीति का पति उसे मारता था', शिल्पा ने मुझे बताया।

> मुझे नहीं लगता कि उसकी सास ने कभी उसे मारा, पर उसके पति को उकसाने में उसकी मुख्य भूमिका थी। यह एक इंजेक्शन लगाने जैसा था–वह समय समय पर उसे उसके खिलाफ भर्ती रहती थीं। वह वहाँ केवल सात महीने रही। उसमें उनका व्यवहार बहुत ही दुःखदायी था। वह इस शादी के लिए बहुत खुश थी पर उसकी सास ने सब बिगाड़ दिया।

ऐसा प्रतीत होता था कि जैसे उसकी ईर्ष्यालु सास इस बात पर अड़ गयीं थीं कि वह बेटे को वापस उस स्थिति में लाना छाती थीं जहां वह किसी और से पहले उनका आदर-सत्कार करे, जैसा कि वह पहले करता था जब उसकी जिन्दगी में कोई दूसरी औरत नहीं थी। उन्हें इस बात का पागलपन सवार था कि नयी बहू के आते ही उनकी अहमियत कम हो जाएगी। उन्हें लगता था कि वह अपनी अहमियत तभी प्राप्त कर पाएंगी जब उनका बेटा अपनी पत्नी के खिलाफ हो जायेगा। इसके लिए वे, उसे काम न करने के लिए दोषी ठहराना, मोटापे के करण सबके सामने अपने पति को शर्मिंदा करने के लिए डांटना, कम दहेज लाने के लिए ताने देना, और यहाँ तक कि उसके पति के दिमाग में उसकी निष्ठा के बारे में शक पैदा करने जैसे हथकंडे अपनातीं।

निष्ठा सर्वोपरि मुद्दा बन गया था। नीति की सास चाहती थीं कि उनका बेटा उनकी तरफ ही रहे जैसे कि वह शादी से पहले रहता था। जैसे ही उन्होंने उसकी निष्ठा में बदलाव होते देखा, उन्होंने सारा दोष अपनी बहू पर डाल दिया और दुर्व्यवहार से स्थिति बदलने की कोशिश की। थोड़े समय बाद उन्होंने अपने बेटे पर पुनः काबू पा लिया और उसे अपनी पत्नी के खिलाफ इतना भड़का दिया कि वह भी उसके साथ बुरा बर्ताव और मार-पीट करने लगा।

शादी के कुछ महीनों बाद नीति गर्भवती हो गयी। इसके बाद उसकी सास का मानसिक यंत्रणा का दौर और बढ़ गया। शायद उनकी यह आशंका थी कि नीति के माँ बनने के बाद घर में उसकी अहमियत बढ़ जाएगी। आखिर में यह सब इतना बढ़ गया कि नीति के लिए सहना मुश्किल हो गया और उसने यह सब अपने परिवार वालों को बता दिया। पता चलते ही वह लोग डिलीवरी के बहाने से उसे मुंबई लेने आ गये और कहने लगे कि इस हालत में बाद में उसके लिए सफर करना मुश्किल होगा।

जब नीति अपने माता-पिता के साथ अपने मायके आ गई, तब अकसर उसका पति उसे फोन कर उसका हालचाल लेता रहता था, लेकिन नीति की सास ने कभी नीति का हाल पूछने की कोशिश भी नहीं की। बच्चे के जन्म के बाद कलह से जुड़े मुद्दों ने और विकराल शक्ल ले ली। शिल्पा बताती है कि, 'नीति के प्रसव के बाद, हमने नीति के पति को ऑफिस में फोन कर उसके पिता बनने की सूचना दी।' नीति के पति ने यह खबर अपने परिवार वालों को दी और कहा कि वह अगले ही दिन बच्चे को देखने के लिए बेंगलुरु रवाना हो जाएगा। वह जब घर से निकल रहा था, उस समय उसकी माँ सो रही थीं, इसलिए वह अपनी माँ को बता नहीं पाया कि वह बेंगलुरु जा रहा है।

शिल्पा ने बताया कि, 'इस बात को लेकर भी नीति की सास ने बहुत हंगामा खड़ा किया।'

> नीति की सास अपने बेटे को सुनाया, 'देखो जरा, तुम हमें यहाँ छोड़ कर खुद अपनी बीवी को देखने चला गए। वे लोग हमसे ज्यादा प्यारे हो गए, हम कुछ भी न रहे।' इस प्रसंग को ले कर उन्होंने अपने बेटे से खूब झगड़ा किया। बाद में जब हमने फोन किया तो हमसे भी लड़ाई की। हमें सुनाने लगीं, 'इसे अपनी माँ का कोई ख्याल नहीं है, इसे बस अपनी बीवी की ही ध्यान रहता है।' 'अगर उनके बेटे ने घर से निकलते समय उन्हें नहीं बताया तो उसमें हमारा क्या कसूर है?'

बात यह थी कि नीति की सास को अपने प्रति बेटे का प्यार और सम्मान कम होता महसूस हो रहा था। और वह इसके लिए नीति को जिम्मेदार ठहरा रही थीं। इस समय ईर्ष्या और वफादारी की समस्याएं और गहराने लगीं। शिल्पा ने खुलासा किया कि, 'हालाँकि नीति की सास लगातार नीति के खिलाफ अपने बेटे के कान भरती थीं, उनका बेटे का झुकाव शुरू में नीति की तरफ ही था और इससे नीति की सास बहुत चिढती थीं।'

अपने बेटे के पाँच महीने का होने तक नीति अपने माता-पिता के घर ही रही। उसका पति प्रसव के बाद ही एक बार नीति और अपने बेटे से मिलने आया था, लेकिन उसके बाद उसका आना नहीं हुआ। शिल्पा को खूब पता था कि उसके पीछे क्या वजह है।

> नीति की सास ने लौटते ही अपने बेटे के दिमाग में जहर घोलना शुरू किया, 'यह बच्चा शुभ समय में पैदा नहीं हुआ है, इसका जन्म तुम्हारे लिए हितकर नहीं है।' साथ ही उन्होंने नीति के पति के मन में एक और शक डाल दिया, 'क्या तुम्हें पूरा भरोसा है कि वह तुम्हारा ही बच्चा है? उन दिनों तो तुम आयुर्वेदिक उपचार पर थे, तो यह तुम्हारा बच्चा कैसे हो सकता है?' उन्होंने अपने बेटे के मन यह सब भर दिया। इससे उसको शक होने लगा। इसके बाद उसने फोन करना बंद कर दिया। नीति अगर फोन करने की कोशिश भी करती थी तो वह तबियत ठीक न होने का बहाना कर के टाल देता था।

इस तरह से नीति के पति ने अपनी पत्नी से मिलना जुलना, यहाँ तक कि बात भी करना छोड़ दिया। अपनी माँ की वजह से उसे अपनी पत्नी पर शक होने लगा, जबकि उसके पास इसका कोई सबूत नहीं था।

ऐसे में यह कहा जा सकता है कि वफादारी की इस लड़ाई में नीति की सास का पलड़ा भारी हो रहा था।

आखिर में पाँच महीने बाद नीति के पति ने फोन किया और कहा कि वह बीमार है और नीति से मुंबई आने के लिए कहा। नीति के समाज में प्रसव के बाद अकेले वापस जाना अच्छा नहीं माना जाता है। एक महिला के पति को उसे आकर लिवा ले जाना होता है। पर नीति के घर वालों ने यह बात मान ली और कहा कि वे उसे पहुंचा देंगे।

शिल्पा ने कहा कि, 'हमने समझा कि जरूर उसकी तबियत ज्यादा ही खराब होगी।'

> हम यह नहीं समझ पाए कि उसके दिमाग में क्या चल रहा है। इसलिए हमने सोचा, 'ठीक है, वह पाँच महीने हमारे साथ रह चुकी है, अब इसे वापस जाना चाहिए। शायद अब हालत में कुछ सुधार आ जाये।' इस आधार पर हम नीति को भेजने के लिए, बिना ज्यादा इस बात पर ज्यादा ध्यान नहीं दिया कि इसका पति इसे लेने क्यों नहीं आया, तैयार हो गए।'

अपने बच्चे के साथ मुंबई पहुँचने के बाद नीति की यंत्रणा का सिलसिला और बढ़ गया। अब अपनी सास के तानों के साथ उसे अपने पति की शक भरी निगाह का सामना भी करना पड़ रहा था। नीति के पति ने कभी उस बच्चे को एक पिता की तरह नहीं अपनाया। शिल्पा का कहना था कि कई बार उसने उस शिशु को चोट पहुंचाने की कोशिश की, और कई बार बच्चे को जान से मार डालने की कोशिश भी की।

नीति को अपनी खराब स्थिति का एहसास था लेकिन उसने मन में यह उम्मीद बनाए रखी कि शायद हालात बदल जाएँ। वक्त के साथ वह और ज्यादा डरने लगी कि उसके बच्चे का क्या होगा। हार कर उसने अपने कुछ गहने भी बेचे ताकि वह अपनी और अपने बच्चे की देखभाल कर सके। जब हालात सचमुच उसके लिए असहाय हो गए तो उसने अपने माता-पिता को फोन किया।

शिल्पा का कहना है कि जब उसने फोन किया तो उन्हें ऐसा लगा कि वह न केवल बच्चे के लिए बल्कि अपनी जिंदगी के लिए भी आशंकित थी। नीति को अपने पति या ससुराल वालों से डर था, वह उनके किसी अत्याचार का विरोध नहीं करती थी और न ही उनके खिलाफ कभी पुलिस या कानूनी तौर पर कोई कार्यवाही करनी चाही। अब उसे सिर्फ एक ही बात सूझती थी कि, जब तक परिस्थिति न बदले, वह कुछ दिनों के लिए अपने पति से अलग हो जाये।

नीति को शक था कि उसका पति उसे तलाक देने की योजना बना रहा है। इस बात से उसके मन में भय और असुरक्षा का भाव और गहरा हो गया। तलाक की धमकी उसकी सास ने दी थी और इस वजह से वह और भी चिंतित थी क्योंकि उसका यह मानना था कि उसकी सास अपने बेटे से कुछ भी करा लेने में समर्थ है। सच पूछा जाय तो अब तक नीति को यह लगने लगा था कि उसकी सास काले जादू के सहारे उसके पति को वश में किये हुए है। उसका यह डर इतना समा गया था कि उसके मन में अपनी शादी के साथ अपनी जिंदगी खोने का भी डर था।

जैसा शिल्पा ने बताया, 'नीति बहुत इतना डरी हुई थी। वह अपनी सास के आगे या उसके बारे में कभी कुछ नहीं बोलती थी। उसकी सास ने उसे चतावनी दे रखी थी कि उसका पति उसे तलाक दे देगा। ऐसी हालत में कोई भी लड़की अपना मुहं कैसे खोल सकती है?'

इस तमाम तकलीफ के बावजूद नीति के दिमाग में तलाक का विचार भी नहीं आया। वह तलाक के बाद की बदनामी और उसके कलंक को बर्दाश्त नहीं करना चाहती थी। साथ ही, वह अपने माता-पिता पर बोझ नहीं बनना चाहती थी। पिता के घर में कुछ समय के लिए रहना एक बात है, लेकिन एक तलाकशुदा बेटी की तरह उम्र भर रहना उसे मंजूर नहीं था।

इन सब परेशानियों के दौरान ही नीति को पता चला कि उसका पति का मुंबई की एक बदनाम 'बार डांसर' के साथ प्रेम-सम्बन्ध था। शिल्पा ने बताया कि उसके परिवार में किसी को नहीं पता कि यह खबर सच्ची थी या नीति पर दबाव में लाने के लिए गढ़ी गयी थी।

> नीति को यह खबर पहले अपनी पड़ोसिन से मिली। फिर उसकी सास ने भी उसे यही बताया और कहा कि अगर वह अपने घर से और अधिक दहेज नहीं लाएगी तो उसका पति उस बार डांसर से शादी कर लेगा। नीति असहाय, अकेली थी और उसे डर था की उसका पति उसे तलाक दे देगा। नीति ने इस बात को लेकर अपने पति से कुछ नहीं पूछा। अगर उठाती तो वह उसे और भी मारता।

अंत तक, नीति अपने विवाह को बचाए रखने के लिए जूझती रही। इसके लिए वह ऐसे बेवफा आदमी के साथ भी रहने को तैयार थी।

इतनी प्रताड़ना होने पर नीति को फिर अपने पिता के घर बेंगलुरु आना पड़ा। लेकिन इस बार कुछ महीनों बाद नीति का पति उसे लेने आया। उसने अपने व्यवहार के लिए माफी माँगी और वादा किया कि अब वह बदल गया है। उसने भरोसा दिलाया कि अब वह अच्छी जिंदगी बिताएंगे।

जब नीति के पति ने यह बात कही तो नीति और उसके माता-पिता को विश्वास हो गया। उन्हें इसी की आशा थी। उन्हें विश्वास हुआ कि अब उनकी बेटी अपने पति के साथ खुशहाल जिंदगी जियेगी। उन्हें लगा कि अब नीति को अब अपने पति के घर में हक मिलेगा।

पहले की घटनाओं के बावजूद नीति के माता-पिता ने कभी सपने में भी नहीं सोचा कि स्थितियां उनके अंदाजे के एकदम विपरीत हो जाएंगी। परिस्थितियों और नीति के तंग वैवाहिक जीवन के बावजूद नीति के मायके वाले नादान बने रहे। शायद उन्हें विश्वास था कि अब उनकी बेटी की मुसीबतें खत्म हो जाएँगी और इस लिए वे उन दोनों को सावधान करके उनकी परेशानी बढ़ाना नहीं चाहते थे। नीति भी अपने पति के साथ मुंबई लौटने में बहुत खुश थी। सामाजिक मूल्यों तथा परिवार की परिपाटी ने स्त्रियों को सिखाया है कि इन परिस्थितयों में यही सही रास्ता था।

शिल्पा ने याद किया, 'आखिरी बार जब नीति मुंबई वापस गयी,'

> हमने नीति को कुछ ज्यादा पैसा दिया ताकि वह वहां हमें ज्यादा फोन कर सके। हम थोड़ा घबराए हुए भी थे, लेकिन किया ही क्या जा सकता था? नीति का पति हमारे यहाँ आया, खुशी-खुशी रहा और बच्चे के साथ खूब खेला। उसके व्यवहार से ऐसा लगा जैसा सब कुछ एकदम सामान्य है। उसने कहा कि, मैंने अब तक जो कुछ भी किया वह माँ के कहने पर किया। मैंने गलत किया और उसका मुझे अफसोस है। अब मैं तुम्हारी अच्छी देखभाल करूँगा। अब हम माँ के साथ नहीं रहेंगे, अलग रहेंगे। मुझे अपनी माँ के बहकावे में आकर तुम्हारे साथ ऐसा नहीं करना चाहिए था।

शिल्पा ने विश्वासपूर्वक कहा, 'नीति सचमुच बहुत खुश थी।' उसने कहा, 'उसका मन अब बदल गया है और अब वह सचमुच मुझे प्यार करता है।' हम उनके बीच कोई दीवार नहीं खड़ी करना चाहते थे। हम उसके लिए खुश थे।'

अब पीछे मुड़ कर देखने पर नीति के परिवार को यह विश्वास है कि यह सब उसे रास्ते से हटाने के लिए किया गया एक छल था। नीति का पति आखिर इस हद तक क्यों जाना चाहता था? इस सवाल का उनके पास जवाब नहीं था।

मेरे मन में एक प्रश्न उठा कि क्या वाकई नीति के पति के मन में उसके प्रति अपने व्यवहार का अफसोस था? अगर ऐसा नहीं था तो क्या वह कह अपनी माँ के दुर्व्यवहार को जानने की बात कह पाता? इस स्थिति में शायद वह नीति के साथ एक नई जिंदगी की शुरुआत करने की आशा ले कर बेंगलुरु आया था। तब नीति की मृत्यु शायद उसके सास के इस बात पर हंगामा खड़ा करने की वजह से हुई हो, जब उन्हें यह अह्सास हुआ हो कि उनका बेटा उनके हाथ से निकल गया है।

या, यह सचमुच आत्महत्या का ही मामला था?

जो भी हो, तलाक एक रास्ता क्यों नहीं था? क्या होता अगर नीति के तलाकशुदा हो जाने का अंदेशा सच हो जाता? परिवेश और उसके परिवार वाले इस सामाजिक रूप से निषिद्ध घटना के घटने पर क्या करते? इन परिस्थितियों में मैं इन सवालों पर केवल अनुमान ही लगा सकती हूँ।

इस सन्दर्भ में मुझे केवल इस बात का विश्वास है कि सारी समस्या नीति की सास की ईर्ष्या और अपने बेटे की निष्ठा पाने के संघर्ष की वजह से थी।

नीति के परिवार वालों का यह दृढ़ विश्वास है कि नीति की यह दर्दनाक मौत कोई दुर्घटना या आत्महत्या का मामला नहीं है, बल्कि एक नृशंस हत्या है।

चर्चा पर टिप्पणियां

वफादारी और सत्ता

रूढ़िवादी धारणाओं के अनुसार, ज्यादातर सताई हुई पत्नी के मामले में, सास ही फसाद की जड़ होती हैं। कहानी ज्यादातर इसी तरह होती है किरू सास, जिसका सिक्का पूरे घर में चलता था, बहू के आ जाने से, बेटे के साथ उसका रिश्ता बिगड़ जाता है और वह अपनी बहू को नापसंद करती है। यह मामला इसलिए भी गहरा जाता है क्योंकि सास को भी ऐसी ही परिस्थतियों का सामना करना पड़ा था जब वह खुद बहू बन कर आई थी। उसे अच्छी तरह याद रहता है कि घर में अपना पद हासिल करने के लिए लम्बे समय तक बहुत संघर्ष करना पड़ा था। अब उसे लगता है कि अपने पद का अधिकार जताने का उसे पूरा हक है।

एक तरफ यह ईर्ष्या से जुड़ी समस्या है। दूसरी तरफ एक पति की निष्ठा का भी मामला है। हमारे शोध में हमने देखा कि बहुत से पुरुषों को इस प्रश्न से जूझना पड़ता है कि उनकी प्राथमिक प्रतिबद्धता उनकी पत्नी की तरफ होनी चाहिए या फिर माँ की तरफ।

इस तरह की परंपरागत रूढ़ियों में हमें बहुत से ऐसे उदहारण मिले जहाँ बहुओं और उनके परिवार वालों ने सासों को ही उनकी शादी टूटने, आत्महत्या के लिए उन्हें उकसाने या फिर वास्तव में अपनी बहुओं की हत्या करने का दोषी ठहराया। जिन परिवारों में इस हद तक कोई घटना नहीं हुई है, वहां भी इन दोनों स्त्रियों के बीच के होड़ की चर्चा होती है।

इन दावों की नियमितताओं की वजह से हमने इन रिश्तों के सम्बन्धों का गहन अध्ययन किया और पाया कि यह एक प्रक्रिया है। यह 'दहेज सम्बन्धी' स्थिति केवल लड़के वालों की तरफ से आर्थिक माँग की वजह से ही नहीं होती है। सिर्फ ऐसी माँगें ही नयी दुल्हनों की मृत्यु का या तलाक का कारण नहीं होतीं हैं। 'दहेज की समस्या' का मुद्दा जितना बाहर दिखता है उससे कहीं ज्यादा गहरा है। हमारे अनुसार, वास्तव में इसका ज्यादातर सम्बन्ध सत्ता और आपसी निष्ठा की वजह से है।

एक संयुक्त परिवार में, जिनका आज भी भारत में चलन है, घर के मामलों में सत्ता का स्थानांतरण, सास के लिए बहुत कठिन अनुभव होता है, जिनको अपनी बहू के लिए जगह बनानी पड़ती है। इस सन्दर्भ में हमें सोचना होगा कि आखिर स्त्री को अपना स्थान कहाँ से मिलता है। भारतीय परिवार के परिवेश में, एक लड़की का शादी तक कोई वजूद नहीं होता। शादी से उसको समाज में स्थान और सम्मान मिलता है। लेकिन अपने नये परिवार में भी उसका स्थान सबसे नीचे होता है जब तक वह एक बच्चे को (खासकर एक लड़के को) जन्म नहीं दे देती। उसके लिए एक माँ बनना बहुत जरूरी होता है और बच्चा न होने पर घर में शर्मिंदगी और समाज में ताना सहना पड़ता है।

यदि स्त्री बच्चा पैदा करने में सफल हो जाती है, तो अपनी गृहस्थी और बच्चों के ऊपर उसकी पकड़ मजबूत हो जाती है। लेकिन यह स्थिति अधिक देर तक नहीं रहती है, क्योंकि जब बच्चों की शादी हो जाती है, परिवार में उनका अपना स्थान बन जाता है। इस स्थिति में कुछ हद तक उनकी निष्ठा अपने पति या पत्नी की तरफ हो जाती है। ऐसा खास तौर से लड़कों की माँओं के साथ होता है, जिन्हें अपने बेटों पर अपना नियंत्रण उनकी पत्नियों को सौंपना मुश्किल लगता है, खासकर उन्हें जिनकी, बेटा होने की वजह से, स्थिति मजबूत हुई हो और इस वजह से वे अपने बेटे से अत्यधिक प्रेम करती हों। ऐसी कई महिलाएं अपनी बदली परिस्थिति को स्वीकार नहीं कर पाती हैं और न ही अपनी बहुओं को भावनात्मक और पारिवारिक स्थान दे पाती हैं।

ऐसी स्त्रियाँ अपने बेटों की बजाय अपनी बहुओं को, अपनी हैसियत और बेटे के साथ बदले हुए सम्बन्धों के लिए दोषी ठहराने लगती हैं। वे तब भी अपने बेटे से निष्ठा की अपेक्षा करती हैं और अपने बेटे के अपने प्रति स्नेह को बनाए रखने के लिए, बेटों को बहुओं के खिलाफ करने में कोई कसर नहीं छोडती हैं। परिणाम स्वरूप बहुओं के साथ घर में दुर्व्यवहार होता है।

नीति को भी अपनी सास के तानों और उसके व्यंगपूर्ण खिल्ली उड़ाने जैसे व्यवहार का सामना करना पड़ा और अंत में उसकी निष्ठा पर भी प्रश्न चिह्न लगा। नीति को पहली बार अपनी सास के कड़वे बोलों का सामना तब करना पड़ा, जब उन्होंने अपने बेटे को अपनी पत्नी से घुल-मिल कर हँसते-बोलते देखा। उसे आइसक्रीम और कोल्ड ड्रिंक वगैरह दिलाने को, जो उनके स्तर के समाज

में विलास और फिजूलखर्ची की श्रेणी में लिया जाता था, अपने बेटे की फिजूलखर्ची मानी। इस पर नीति की सास ने उसके अपने पति के साथ बाहर जाने पर बंदिश लगा दी, क्योंकि उन्हें लगा कि इससे उसके बेटे और उसकी पत्नी के बीच जुड़ाव गहरा होता जा रहा है और उनके बेटे के मन में माँ के लिए जगह कम हो रही है। इससे नीति की सास को अपना स्थान खतरे में लगने लगा था।

यह गौर करने वाली बात है कि नीति की सास ने अपनी बहू को तो अपने पति के साथ घूमने जाने के लिए मना किया, लेकिन उसने इस बारे में अपने बेटे से कुछ नहीं कहा। उन्हें यह भी लगा कि उनकी बहू ने उनके बेटे को उनसे छीन लिया है। बहुत से ऐसे मामलों में, जिनमें ईर्ष्या तथा निष्ठा के पहलुओं पर बहू को सास की प्रताड़ना झेलनी पड़ती है, पुलिस स्टेशन और वकीलों द्वारा 'दहेज प्रताड़ना' के नाम दे दिया जाता है, जबकि ससुराल वालों की ओर से कभी भी दहेज जैसी माँग सामने नहीं आई होती है।

नीति के मामले में एक और प्रसंग निष्ठा से सम्बन्धित है: वह है, शारीरिक सम्बन्धों में निष्ठा, जिससे पति पत्नी के सम्बन्धों में निष्ठा के प्रश्न खड़े हो जाते हैं। नीति को संदेह था कि उसके पति के किसी दूसरी महिला से शारीरिक सम्बन्ध हैं, लेकिन ससुराल वालों से शारीरिक मानसिक यातनाओं के डर से वह इस बारे में चुप थी।

इससे उलट, नीति का पति अपनी पत्नी से पूरी निष्ठा की उम्मीद रखता था। जब उसे नीति पर शक हुआ, उसने भी उसे यातना देना शुरू कर दिया। जाहिर है कि नीति की सास ने अपने बेटे के कान खूब भरे जिससे उसके मन में सवाल उठ खड़ा हुए। ऐसा लगता है कि नीति की सास की पूरी कोशिश थी कि वह अपनी बहू और बेटे, दोनों पर बराबर अपना अंकुश बनाए रखे। जब तक उसे यह तसल्ली रहती कि वफादारी की यह लड़ाई वह जीत रही है, वह शांत रहती, लेकिन जैसे ही उसे पराजय जैसा एहसास होता, उसका कहर अपनी बहू नीति पर टूटने लगता।

तलाक

भारतीय समाज में आज भी तलाक अस्वीकृत है। बहुत से लोग अभी भी विवाह विच्छेद की घटनाओं को शर्मनाक मानते हैं। ऐसा विचार रखने वालों की मान्यता है कि तलाक के बाद स्त्री के पास अपनी कोई पहचान, हैसियत तथा कोई अधिकार नहीं रह जाता। वास्तव में बहुत से लोग एक तलाकशुदा स्त्री को एक विधवा स्त्री से भी ज्यादा नीच मानते हैं।

तलाक को नीति भी शर्मनाक तथा भयावह मानती थी। उसका मानना था कि अगर उसका तलाक हो गया तो उसे सामाजिक तिरस्कार और अस्वीकृति झेलनी पड़ेगी। नीति को उसकी सास ने स्पष्ट रूप से तलाक की धमकी दी थी जिसकी वजह से वह भयभीत थी। उसने यह दिखा दिया था कि वह एक निर्दयी पति, जिसके दूसरी महिला के साथ प्रेम-सम्बन्ध थे, के साथ भी रहने को तैयार थी। नीति के लिए विवाह के बंधन के बाहर जीवन की कल्पना भी असंभव थी।

अपने मायके की कमजोर आर्थिक-सामजिक स्थिति को देखते हुए नीति का यह सोच समझा जा सकता है कि अगर उसका तलाक हो गया तो वह अपने पिता व परिवार के लिए एक बोझ बन जायेगी। एक स्त्री के एक आदर्श पत्नी रूप में उसका सामाजीकरण नीति पर हावी था। हम अंदाजा

लगा रहे हैं कि शायद इसी कारण से उसने अपनी शिक्षा और योग्यता के सहारे अपने पैरों पर खुद खड़े हो कर जीवन निर्वाह करने का नहीं सोचा।

नीति अपने बेटे के प्रति अपनी जिम्मेदारियों के लिए सचेत थी। शायद इस वजह से भी वह तलाक के बारे में नहीं सोच पा रही थी क्योंकि वह अपने बेटे को छोड़ना नहीं चाहती थी और न ही उसे विश्वास था कि वह अकेले उसका पालन-पोषण कर पायेगी।

नीति का धार्मिक विश्वास, जिसके अनुसार दाम्पत्य सम्बन्ध सात जन्मों तक अटूट रहना चाहिए, भी उसके लिए तलाक के बारे में न सोचने का कारण बना। विवाह के इस चिरस्थायी विशवास के सामने, तलाक की वास्तविकता बहुत भयावह होती है। इसके कारण, सभी समस्याओं के अंत होने और खुशहाल वैवाहिक जीवन की संभावनाओं का खात्मा हो जाता है। इन्हीं कारणों से आज भी तलाक को, वैवाहिक समस्याओं से झूझने का तरीका नहीं समझा जाता है। आज भी इस कहावत अनुसार, 'आसमान से गिरे, खजूर में अटके।'

कानून तथा तथ्यों की प्रस्तुति

कानून की समझ अधिकतर सम्बन्धित व्यक्ति के निजी अनुभवों पर निर्भर करती है। नीति के परिवार को, पुलिस के पास जाने से पहले, कानून के बारे में कुछ भी जानकारी नहीं थी। परिणाम स्वरूप उन्हें प्राथमिक रिपोर्ट (*FIR*) को मजबूत करने वाले तथ्यों के बारे में कोई जानकारी नहीं थी।

अपने शोध के दौरान किसी भी केस में हमने कौन दोषी और सजा का हकदार है और कौन निर्दोष और छोड़ दिया जाना चाहिए पर विचार नहीं किया। हमने सभी मामलों की जांच उनकी असलियत जानने के लिए की।

इस मामले में यह निर्विवाद है कि नीति के परिवार वालों ने कभी भी दहेज सम्बन्धी शिकायत दर्ज नहीं कराई। लेकिन उनकी प्राथमिक रिपोर्ट (एफआईआर) में दहेज की माँग का विवरण दिया गया जिससे यह मामला 'दहेज प्रताड़ना' का केस बन गया। इसमें यह मान लिया गया कि दहेज की माँग ही मुख्य मुद्दा है। यह विचार करने योग्य है कि ऐसी परिस्थिति कैसे बनी?

बहुत से वकीलों, पुलिस, गैर-सरकारी संस्थाओं का मानना है कि केवल दहेज-विरोधी कानून ही उन्हें प्रताड़ना और मृत्यु के केस में न्याय दिला सकता है। इस कानून में अगर शिकायत की गयी है तो आरोपी को फौरन गिरफ्तार किया जाना होता है। दहेज मामले में मौत एक गैर जमानती अपराध है और खुद को निर्दोष सिद्ध करने की जिम्मेदारी आरोपियों की होती है।

इस तथ्य की लोगों को व्यापक जानकारी होने की वजह से, महिला के घरवाले, शायद अपने कानूनी सलाहकार के बताए अनुसार, दहेज का मामला ही दर्ज कराने के इच्छुक होते हैं, ताकि 'न्याय' पाने की बेहतर संभावना बने। देश के आपराधिक न्याय व्यवस्था पर कम भरोसा होने की वजह से इसके अलावा न्याय पाने का अन्य कोई रास्ता नजर नहीं आता है।

चूंकि नीति के परिवार वालों को इस कानून के बारे में बहुत कम जानकारी थी और हम यह जानते हैं कि उन्होंने खासतौर पर दहेज प्रताड़ना का मामला दर्ज नहीं कराया था, इसलिए ऐसा लगता है कि इसमें पुलिस का हाथ था। पुलिस अधिकारी, केस पर होने वाले प्रभाव पर विचार किये बिना, अक्सर प्रताड़ित तथा मृत स्त्री जैसे मामलों में इसी कानून के तहत शिकायत दर्ज कराने का सुझाव देते हैं।

नीति के मामले में पीड़ित पक्ष तथा पुलिस के बीच भाषा का फर्क होने के कारण भी कुछ गलतफमी हो गई। चूंकि यहाँ भी अन्य दहेज मामलों की तरह कई घटनाएं हुई थीं (जैसे एक महिला कि शादी के सात साल के भीतर ही जलने से मृत्यु हो गई थी), पुलिस ने इसे भी दहेज का केस बना दिया।

यह बात पर स्पष्ट है कि न केवल जनता को बल्कि आपराधिक न्याय व्यवस्था के लिए भी कानून सम्बन्धी बेहतर जागरूकता की आवश्यकता है।

स्त्री शक्ति

स्त्री शक्ति और सशक्तिकरण जैसी व्यवस्था का एक स्त्री के लिए क्या अर्थ होता है और इसको कैसे प्राप्त और उपयोग किया जा सकता है, इस सब की इस पुस्तक से कहीं ज्यादा विचार-विमर्श की आवश्यकता है। महिलाओं-सम्बन्धी गैर-सरकारी संगठन (**NGOs**) और सहायता समूह, स्त्री सशक्तिकरण की दिशा में कई अलग-अलग तरीकों से काम करते हैं। इनमें स्त्रियों को कानून की और उनके हकों की जानकारी देना शामिल हैं। कुछ अन्य संगठन स्त्रियों के स्वत्व के विकास में मदद करते हैं। इसमें स्त्रियों को अपने जीवन की बागडोर सँभालने में मदद करना भी शामिल है।

एक स्त्री को बेटी, बहन, पत्नी, फिर माँ का कर्तव्य निभाने के लिए हर दौर में अनेक चुनौतियों का सामना करना पड़ता है। इसके लिए उसे साहस, दृढ़ संकल्प तथा सशक्तिकरण की जरूरत होती है। नीति ने भी अपने संघर्ष में आत्म निर्भरता के कई प्रयास किये, जैसे उसने अपने माता-पिता से अपना संपर्क बनाए रखा, अपने गहने बेचे ताकि वह अपने पास कुछ धन राशि रख सके और अपने बच्चे को अस्पताल ले जा सके।

नीति के मायके वालों ने भी उस के ससुराल वालों से उस पर हो रहे अत्याचार के बारे में सवाल कर नीति को सबल बनाने में अपना योगदान दिया। नीति की तरफ से, उसके परिवार ने, विशेष रूप से शिल्पा ने, पुलिस तथा अदालत तक मामला ले जाकर अपनी शक्ति का परिचय दिया। लेकिन, जैसा कि अधिकतर मामलों में होता है, यह सब बहुत देर से, नीति की मृत्यु के बाद ही हुआ।

प्रताड़ित स्त्रियाँ अक्सर अपनी सहायता के लिए हाथ पाँव तब मारना शुरू करती हैं, जब उन्हें एहसास होता है कि अगर उन्होंने खुद कोई कदम नहीं उठाया तो कोई दूसरा उनकी सहायता नहीं कर सकता है। स्व-सशक्तिकरण की दिशा में, अपने निर्णय स्वयं लेना सीखना, सबसे बड़ी चुनौती होती है। नीति ने कई अवसरों पर यह प्रदर्शित किया कि वह अपने महत्त्वपूर्ण निर्णय खुद ले सकती है, जैसे उसने अपने जीवनसाथी का चुनाव स्वयं किया और परिस्थिति असह्य हो जाने पर ससुराल छोड़ कर अपने माता-पिता के घर आने का फैसला लिया।

यदि नीति, पति के आश्वासन देने पर भी कि वह बदल गया है, अपने निर्णय पर अडिग रहती तो शायद आज वह जीवित होती।

5

गगन—कथित विकल्पहीनता का अत्याचार

गगन पर भारतीय दंड संहिता 304–बी (दहेज उत्पीड़न के कारण मृत्यु), 306 (आत्महत्या के लिए उकसाना) और 498–ए (वैवाहिक क्रूरता) के तहत मुकदमा चल रहा है। उसने अपने को बेगुनाह बताते हुए हर एक आरोप का खंडन किया है।

गगन से हमारा संपर्क एक गैर–सरकारी संस्था (एनजीओ) के माध्यम से हुआ (हम एनजीओ का नाम उस व्यक्ति के नाम को गोपनीय रखने के लिए नहीं बता रहे जिसे हम 'गगन' नाम से संबोधित कर रहे हैं) जो ऐसे लोगों पर अपना ध्यान केन्द्रित करते हैं जिन्हें लगता है कि कानून के कुछ नियमों के कारण उनके साथ अन्याय हुआ है। इस संस्था, जिसके बारे में उसे इन्टरनेट पर खोज करने पर पता चला था, से संपर्क होने के बाद उसे थोड़ी सांत्वना मिली। इस संस्था ने उसे कानूनी सलाह, एक बचाव पक्ष समूह की सदस्यता और परामर्श सेवा देने का प्रस्ताव रखा। इससे भी महत्त्वपूर्ण बात है कि संस्था ने उसे अपनी भावनात्मक लड़ाई से बाहर निकलने में मदद की।

हमारे शोधकार्य में एक बात साफ हुई: परामर्श सेवा के बारे में भारत में लोगों की अजीब धारणाएं हैं। इस पर लोगों का मानना है कि 'जिनको सलाह दी जाती है उनमें कुछ कमी है।' इसके अलावा, अपने व्यक्तिगत मामलों को स्वेच्छा से किसी अजनबी को बता पाना बहुत ही कम पाया जाता है। फिर भी, यह संस्था, सक्रिय रूप से परामर्श सेवा के लिए प्रोत्साहित करती है।

निम्नलिखित प्रतिलिपि संस्था के सलाहकार (स) और गगन (ग) की पहली मुलाकात की है। यह, गगन के साथ हुए हमारे साक्षात्कार की प्रतिलिपि से ली हुई है। गगन के साथ इन साक्षात्कारों को हमने संस्था के मुंबई कोऑर्डिनेटर, जो कि मुंबई उपनगर के अपने फ्लैट में जहां वह अपने माता–पिता के साथ रहता है और जहाँ वह परामर्श सेवा देता है, की दी हुई व्यवस्था (सेटिंग) में प्रतिस्थापित की है।

हमारे साक्षात्कार के पूरे समय हमने पाया कि, अक्सर उत्तर देने वाले प्रायः शुरुआत में खुलने में हिचकिचाते थे, लेकिन जब उन्हें महसूस होता था कि वे एक सुरक्षित जगह में हैं तो वे खुल कर व्यक्त करने लगते थे। बहुतों ने हमें बाद में बताया कि हमारे साथ बातचीत में अपनी भावनाओं और उमंगों को व्यक्त करना उनके लिए परामर्श सेवा में भाग लेने जैसा था। यहाँ यद्यपि गगन ने शुरू में खुलने में समय लिया, पर जल्द ही वह तनावमुक्त होकर अपनी भावनाओं को गहराई से व्यक्त करने लगा। इस प्रक्रिया में उसने आशा और आश्वासन का अनुभव किया।

स: स्वागत है गगन। आओ, बैठो। तुम चाय लोगे?

ग: हां, चाय तो हमेशा चलती है।

स: (अपनी माँ को चाय लाने के लिए कहा) क्यों न तुम मुझे अपने बारे में थोड़ा बताते हुए शुरुआत करते? यकीनन मैं यह जानना चाहता हूँ कि तुम्हारी पत्नी के साथ क्या हुआ, लेकिन तुम्हारे बारे में जानने से उस प्रसंग को जानने में मदद होगी।

ग: मैं कितने पीछे से शुरुआत करूं? मैंने अपनी स्कूली शिक्षा मुंबई में की और उसमें काफी अच्छा किया। आठवीं या शायद नौवी कक्षा में, मेरा परिवार पुणे में स्थानांतरित हो गया था और मैंने अपनी पढ़ाई वहीं पर पूरी की। उसके बाद मैंने पेट्रोकेमिकल इंजिनियरिंग में पूर्वस्नातक की पढ़ाई की।

स: उसको करने का कोई खास कारण था?

ग: शायद मैंने वही किया जो लोगों ने कहा। तुम दसवीं पास करो, बाहरवीं पास करो, और फिर इंजीनियरिंग को लक्ष्य बनाओ, ऐसा ही कुछ।

स: तुम्हारे मित्र कौन थे जिनके साथ तुम बड़े हुए?

ग: मुंबई में मैं सहशिक्षा विद्यालय में पढ़ा और कॉलेज में भी सहशिक्षा थी, लेकिन पुणे में मैं केवल लड़कों के स्कूल में गया। इसलिए लड़के-लड़कियां दोनों मेरे मित्र थे, हालाँकि ज्यादातर लड़के मित्र थे, खासकर पुणे में।

स: जब तुम बड़े हो रहे थे क्या तुम्हारा कोई प्रेमसम्बन्ध था?

ग: नहीं, मेरा किसी स्त्री के साथ कोई सम्बन्ध नहीं था और ऐसा ही मेरी पत्नी के साथ भी था। मेरे विचार से यह काफी साधारण बात है।

स: ठीक है। तुम्हारा पारिवारिक जीवन कैसा था?

ग: बहुत अच्छा था, मेरे परिवार में कोई समस्या नहीं थी।

स: तो उसके बाद तुमने नौकरी करनी शरू की?

ग: हां, मैंने नौकरी करना शुरू कर दिया था। और मुझे लगता था कि मैं बहुत अच्छा कर रहा था। कंपनी में उचित पद मिलने के बाद, मैंने निश्चय किया कि अब मैं जीवन में अगली जिम्मेदारियों को लेने की सोच सकता था।

स: क्या तुम कह रहे हो कि तब तुमने शादी करने का निश्चय किया?

ग: हाँ, सही है। यह पूरी तरह से मेरा फैसला था। लेकिन मेरी पत्नी का चयन माता-पिता द्वारा शादी की प्रक्रिया में हुआ।

स: क्या तुम उस स्त्री से पहली मुलाकात के बारे में थोड़ा बता सकते हो?

ग: ठीक है। हमने उसके परिवार के साथ थोड़ी देर बातचीत की। तब वे हमें 10–15 मिनट के लिए अकेला छोड़ गए। वह मुझे बहुत खुबसूरत लगी। उसकी खूबसूरती के बारे में कोई शक नहीं था। लेकिन यह हमारे परिवार वालों की उपस्थिति में, घर में ही एक छोटी-सी मुलाकात थी।
असल में किसी व्यक्ति के बारे में इस तरह अनुमान नहीं लगाया जा सकता। रंग-रूप? अच्छा ठीक है। सबलोग रंग-रूप के बारे में जानते हैं। कुछ दिनों, महीनों, सालों बाद इस बात से कोई फर्क नहीं पड़ता। फर्क व्यक्ति के स्वभाव से पड़ता है। और वैसे भी, दोनों पक्ष ऐसी मुलाकातों में अच्छा ही प्रदर्शन करते हैं, इस से भविष्य के बारे में नहीं पता चलता। इसलिए आपसी फैसले से हमारी सगाई हो गई। हम छ-सात महीने तक सगाई के बंधन में रहे।

स: उस समय तुम दोनों एक दूसरे से बात कैसे करते थे?

ग: हम फोन पर बात करते थे और यदि हर हफ्ते के अंत में नहीं मिल पाते तो हम कम-से-कम हर दूसरे सप्ताह में मिलते थे। शुरू में आसान था, बहुत हल्का-फुल्का। हम जिंदगी के बारे में बात करते थे। इससे पहले हम अपने स्कूल या दूसरे अनुभवों के बारे में बात करते थे।
हमने अपनी पिकनिक, अपने मित्रों, इस सब के बारे में अपने अनुभव बाटें। अब, पीछे मुड़कर देखने पर लगता है कि यह बहुत सतही बातें थीं। जीवन के दर्शनशास्त्र और ऐसी गहरी बातें नहीं। बस हम अपने अच्छे, बुरे अनुभव बांटे।

स: तुमने अपनी इमेल में कहा कि तुम दहेज उत्पीड़न के मामले में फंसे हो। क्या तुम इस बारे में मुझे थोड़ा बताना पसंद करोगे?

ग: देखो, बात यह है, कि केवल परंपरागत उपहारों का लेन-देन हुआ था। वाशिंग मशीन की मांग मेरी पत्नी ने खुद की थी, तो वह भी दहेज का हिस्सा थी। नहीं तो, छोटी-छोटी, सामान्य चीजें दी गई थीं। आप अलमारी देते हो। गद्दों के साथ बेड और कुछ बर्तन। जो चीजें साधारणतया शादी में दी जाती हैं। इसके पीछे मूल तर्क यह है कि आप यह सब नए घर ले कर जा रहे हैं। तो आप उसे रोजमर्रा की जरूरतों की चीजें देते हैं। जब वह अपनी बेटी से अलग होते हैं तो उसे यह सब चीजें देते हैं।

स: और शादी में हुए खर्चे के बारे में क्या कहना चाहते हो?

ग: हर एक पक्ष ने अपना-अपना खर्चा वहन किया। लेकिन मैं यह नहीं समझ पा रहा कि मुझ पर दहेज का मामला क्यों लगाया गया। मेरी शादी में दहेज, शादी के उपहार और पैसे के लेन-देन का मुद्दा कभी था ही नहीं।

स: अच्छा, ठीक है। चलो इस बात पर बाद में बात करते हैं। पहले तुम मुझे बताओ कि तुम्हें अपनी शादी से क्या उम्मीदें थीं?

ग: मेरे लिए अपनी पत्नी से कुछ मापदंड थे। मैं एक ध्यान रखने वाली, समझदार और जिम्मेदार लड़की चाहता था। मैं बहुत गरीब या बहुत अमीर लड़की नहीं चाहता था। और तीसरी बात

कि वह कम-से-कम स्नातक होनी चाहिए; ऐसी पढ़ी-लिखी लड़की जो अंग्रेजी में बात कर पाए, ताकि जब हमारा पहला बच्चा पढ़ने लायक हो, तो केवल मुझे ही उस बच्चे को पढ़ाना न पड़े।

स: क्या तुम्हें ऐसा लगा कि तुम्हारी पत्नी इन तीनों-चारों बातों पर खरी उतरी?

ग: काफी हद तक। कम से कम उस समय तो मुझे ऐसा ही लगता था। लेकिन अब मैं जब पीछे मुड़कर देखता हूँ, मुझे लगता है कि प्रारंभिक आशायें और उम्मीदें अच्छी होती हैं, लेकिन वे भविष्य की घटनाओं के बारे में कोई संकेत नहीं दे पातीं।

स: तुम मुझे इसके बारे में थोड़ा और क्यों नहीं बताते?

ग: हालाँकि हम दोनों के बीच अंतर थे, मैं यह नहीं कहूँगा कि हमारे बीच वैरभाव था। हमें कभी ऐसा नहीं लगा कि, 'तुम विश्वास के पात्र नहीं हो।' लेकिन हां, हम दोनों की एक दूसरे से अलग-अलग उम्मीदें थीं। हमें लगा कि वे परस्पर विरोधी थीं। पर समय के साथ सब ठीक होता जा रहा था। जिम्मेदारी लेने के अलावा मेरी उम्मीदें ज्यादातर पूरी हो गई थीं। लेकिन यह एक बात मेरे लिए बहुत निराशाजनक थी। उसे कुछ जिम्मेदारियाँ लेनी चाहिए थीं जो मैं काम की वजह से नहीं ले पाता था। जैसे हमारे बच्चे की अच्छी परवरिश करना। इस बात की मैंने उसमें कमी पाई। वह अपनी जिम्मेदारियों का सामना करने के बजाय, उनसे भागना ज्यादा पसंद करती थी।

स: तुम मुझे उन समस्याओं के बारे में थोड़ा और बताना चाहोगे जो उसके साथ इन जिम्मेदारियों को निभाने के बारे में तुमने देखीं?

ग: हां। उस समय वह 26–27 की रही होगी। उसने कहा, 'जब मैं 30 साल की हो जाऊंगी, तब शायद ये जिम्मेदारियाँ लूंगी। पर तब तक ये समय जिंदगी का मजा लेने के लिए होता है। यह समय, बच्चे पालने, घर सँभालने, पैसे की चिंता करने आदि के बारे में नहीं।'

मूलतः उसकी सोच थी कि वैवाहिक जीवन में भी हमें अपनी जिंदगी अपनी शर्तों पर जीनी चाहिए। लेकिन मैं इस पर एक सीमित हद तक ही सहमत था। मुझे लगा, ठीक है, अपनी शर्तों पर जीना अच्छा है, लेकिन जिम्मेदारियाँ उठाना *भी* इस का एक भाग है। कहीं तो तुम्हें त्याग करना *ही* होगा।' लेकिन वह सहमत नहीं थी।

स: तुमने पहले से इन जिम्मेदारियों के बारे में चर्चा की थी?

ग: बहुत ज्यादा नहीं। धारणा यह थी कि तुम्हें खुद को ढालना होगा। हम में से एक को तो अपने आप को परिस्थितियों के हिसाब से ढलना ही था। *किसी* एक को तो पीछे हटना ही था।

स: तुम दोनों एक दूसरे के कितने अनुकूल थे?

ग: एक सामान्य पति-पत्नी के सम्बन्ध की तरह। यह स्वाभाविक है कि एक दम्पति की कभी-कभी लड़ाई हो। तो हम में बहस होती थी कि कितना और कब खर्च करना है और हम कौन-सी फिल्म देखें। कोई अजीबोगरीब और बड़ी समस्याएं नहीं थीं। लेकिन शायद मुझे पता नहीं था कि हम एक-दूसरे के अनुकूल थे या नहीं। मैंने पाया की वह एक आम लड़की थी। न तो बहुत शर्मीली और न ही बहुत दबंग। इसलिए ठीक था।

स: अपने माहौल के बारे में क्या कहना चाहोगे?

ग: हां, हमारे पालन-पोषण में कुछ मूल अंतर जरूर थे। उसने बहुत सरल जिंदगी बिताई थी। अगर मुझे उसकी पृष्ठभूमि का मूल्यांकन करना हो तो मैं उन्हें उच्च वर्ग की श्रेणी में करूँगा और खुद को

निम्न वर्ग में। मैं नहीं कहूँगा कि वह बिगड़ैल थी, हालाँकि उसने वह संघर्ष नहीं किया था जो मैंने किया था। उसे बहुत लाड़-प्यार मिला था। उसे जिंदगी की मुश्किलों का कोई अंदाजा नहीं था।

स: तो उसने अपने से नीचे स्तर की शादी क्यों की?

ग: अच्छा, कम-से-कम मैंने इस बात को कभी इस तरह से नहीं देखा। देखो, पैसे के मामले में, तुम कह सकते हो, कि जब वह मेरे पास रहने आई तो मुझ से ज्यादा संपन्न थी, इसीलिए इस मामले को दहेज का केस बनाना बहुत उटपटांग था। शादी के बाद उसके पास, शादी के पहले से कहीं ज्यादा पैसा था। मैं अपनी तनख्वाह में ही गुजारा करता था। मेरे घर में उसे पहले से ज्यादा खरीददारी की स्वतंत्रता थी।

स: तुम कह रहे थे कि तुम्हें उम्मीद थी की तुम दोनों को सामंजस्य हो। क्या यह बात बनी?

ग: हां, मैं इसकी उम्मीद करता था। लेकिन तुलना करूं तो कहा जा सकता है कि मेरी पत्नी ने मुझसे कहीं ज्यादा सामंजस्य किया। और यह मुझसे ज्यादा उसके लिए मुश्किल था। नई जगह, नया माहौल, नए लोग। देखो, मुझे लगता है कि एक लड़की के लिए शादी में यह बहुत मुश्किल होता है। एक लड़के की अपेक्षा कहीं ज्यादा। मैं व्यक्तिगत रूप से अपने माँ-बाप से दूर रहने को कोई बहुत बड़ी बात नहीं समझता। मैंने खुद इस बात का आसानी से सामना किया है। मूल बात है कि आप किसी के जबाबदार हो जाते हो। शादी के बाद, बात करना, चर्चा करना, एक-दूसरे की पसंद-नापसंद के बारे में जानना और फिर आपसी सहमति होना। हमारे लिए सहमति बनाना आसान नहीं था। हमारी रुचि अलग थीं। विचार अलग थे। मुझे लगता था कि मैं ज्यादा बलिदान कर रहा था, उसे लगता था कि *वह* कर रही थी।

स: तुम्हारी शादी के शुरुआती दिन कैसे थे?

ग: शुरू में सब ठीक था। मुझे नहीं पता कि हमें कब प्यार हो गया। जैसा फिल्मों में देखा जाता है, ऐसा कुछ नहीं था। लेकिन अब जब वह मेरे साथ नहीं है, मुझे एहसास होता है कि यह प्यार *ही* था। हम में हमेशा एक दूसरे के लिए भावनाएं थीं। और मुझे लगता है कि यह प्यार ही था।

स: अगर तुम मेरे पूछने पर बुरा न मानों तो तुम दोनों के बीच शारीरिक सम्बन्ध कैसे थे?

ग: मेरे ख्याल से दम्पति के रूप में हम दोनों एक दूसरे के अनुकूल थे। यह अच्छा था या बुरा, यह मैं नहीं बता सकता। 'अच्छा' और 'बुरा' दोनों तुलनात्मक होते हैं। मेरे पास तुलना करने के लिए कुछ नहीं है, इसलिए मैं नहीं कह सकता। लेकिन हमारे बीच कोई समस्या नहीं थी।

स: तो दूसरी तरह की वैवाहिक समस्याएं कब शुरू हुई?

ग: डेढ़ साल तक हम दोनों के बीच सब कुछ ठीक चल रहा था, लेकिन हमारे बेटे के होने के बाद स्थिति बदलने लगी।

स: क्या निश्चित कर के बच्चा किया था?

ग: मैं यह नहीं कहूँगा। लेकिन ऐसा भी नहीं था जो हम नहीं चाहते थे।

स: तो जन्म के बाद समस्याएं क्यों शुरू हुई?

ग: जब आपको बच्चा होत्ता है तो जिम्मेदारियाँ बढ़ जाती हैं। मेरी पत्नी को यह कुछ ज्यादा लगीं।

स: क्या तुम लड़ते थे?

ग: हाँ, जब-तब हम लड़ते थे। यह कभी शारीरिक लड़ाई नहीं थी, केवल शाब्दिक। जैसा मैंने कहा, यह एक साधारण शादी थी। हकीकत में, हम बहुत लड़ते थे। बहुत सारी मामूली बातों पर। मेरा पहनावा उसे पसंद नहीं था। उसने मेरे पहनने-ओढने के ढंग को बदल दिया। और यह होता था। वह कान के झुमके खरीदना चाहती थी और मैं उसे कुछ और लेने की सलाह देता था। तब हमारा इस पर झगड़ा होता था। किस दुकान से सामान लेंगे इस पर हमारा झगड़ा होता था। या उसके मोलभाव करने के तरीके से। इन सब बातों पर हम झगड़ते थे। हम एक दूसरे से ऊंची आवाज में बात करते थे। हम एक घंटे या शायद एक दिन तक बात नहीं करते थे। ज्यादा से ज्यादा हम दोनों एक दूसरे से लगभग दो दिन तक बात नहीं करते थे। लेकिन ऐसा अक्सर नहीं होता था। *बहुत* असाधारण या *बहुत* नाटकीय बात हमारे बीच में कभी नहीं हुई। पैसे पर भी अक्सर हमारी बहस होती थी।

स: मुझे लगा कि तुमने कहा था की तुम्हारी शादी में पैसा समस्या नहीं था?

ग: दहेज के मायने में नहीं। इसलिए भी नहीं कि *वह* मेरे लिए कमाए। मैं सरकारी नौकरी में इंजिनियर था। अच्छी तनख्वाह तो नहीं थी। उसे लगता था कि या तो मुझे अपनी नौकरी बदलनी चाहिए या कोई व्यापार करना चाहिए। लेकिन उस समय मुझे व्यापार करना, जिसके बारे में मैं कम जानता था, विवेकपूर्ण नहीं लगा। मैंने कहा, 'ठीक है, पहले हम कुछ धन इकठ्ठा कर लें, ताकि हमारे पास अपने बुरे वक्त के लिए कुछ हो।' असल में समस्या यह थी कि मेरी पत्नी की मुझसे कुछ ज्यादा ही आर्थिक उम्मीदें थीं। ऐसा नहीं था की हमारे पास पैसा नहीं था।

बात बस इतनी-सी थी कि हम फिजूलखर्ची नहीं कर सकते थे। पैसे के मामले में मेरी पत्नी परस्पर विरोधी बातें किया करती थी। जैसे उदहारण के लिए, वह कभी कैफे कॉफी डे जैसे कॉफी शॉप नहीं जाती थी। वह कहती थी, 'नहीं मुझे ऐसी जगह अच्छी नहीं लगती जहाँ कॉफी के लिए 40 रुपए देने हों।' लेकिन साथ ही वह मुझसे अक्सर कहती कि मुझे कुछ चीजें जैसे कपड़े, एक्सेसरीज, फिल्मों आदि पर ज्यादा खर्च करना चाहिए... यह कुछ चीजें थीं जो *मुझे* नहीं पसंद थीं। घर सजाने में भी वह फिजूलखर्ची करती थी। मुझे यह भी पसंद नहीं आता था। यहीं हमारे मतभेद होते थे। हमारी बहुत लड़ाई होती थी। लेकिन शायद एक आदमी के लिए अपनी पत्नी से अलग सोचना सामान्य है।

स: तुम्हारी पत्नी काम करती थी?

ग: शादी के पहले एक कंप्यूटर सेंटर में लोगों को उनके विकल्प बताने की नौकरी करती थी। लेकिन बाद में उसने यह नौकरी छोड़ दी क्योंकि उसे बहुत थकाने वाली लगती थी। हमारी शादी के बाद, उसे लगा कि वह कुछ ज्यादा ही घरेलू होती जा रही है। इसलिए वह फिर से काम करने के लिए सोचने लगी। यह हमारे बच्चे के जन्म के बाद की बात है। इस पर मेरी प्रतिकिया थी, 'ठीक है, लेकिन बच्चे का क्या होगा?' मैं इसे बहुत व्यावहारिक तरीके से देखता था। मैं जानता था कि हमें बच्चे को डे-केयर सेण्टर या क्रेच में रखना पड़ेगा। उसकी कीमत 1000–2000 रुपए हर महीने होगी। उस पर, मुझे लगा कि अगर हम दोनों काम करेंगे तो घर का काम करने के लिए एक पूरे दिन की नौकरानी लगानी पड़ेगी क्योंकि हमारे पास यह सब करने का समय नहीं होगा। इसलिए मैंने उससे कहा, 'अगर तुम्हें नौकरी मिलती है तो कम-से-कम ऐसी हो जो हमारे मूल खर्चों को पूरा कर सके।' वह इस पर मान गई, लेकिन हम दोनों, ऐसी नौकरी जो हमारी सभी शर्तें पूरी करती

हो, पर सहमत नहीं हो पा रहे थे। हमें केवल टेलीफोन ऑपरेटर या ऐसी ही नौकरी मिल रही थी। कोई बहुत अच्छी नहीं। तब उसने फिर सोचना शुरू किया कि नहीं, उसे मुंबई में काम नहीं मिलेगा। उसे पुणे में कुछ करना होगा। तो उसने मुझे सलाह दी कि हम वहाँ चलते हैं। मैंने उसे कहा कि मेरा काम यहाँ मुंबई में है, तो यह संभव नहीं होगा। जहाँ तक उसकी सोच थी, यदि मैं उसे पुणे में काम करने की छूट नहीं दे सकता था तो हमारे लिए अलग होना ही बेहतर होगा। मैंने उससे बोला कि अगर उसके माता-पिता इसके लिए सहमत थे, मुझे कोई आपत्ति नहीं होगी। मेरे लिए, यह बहुत सरल था। वह कोई जिम्मेदारी नहीं चाहती थी। बल्कि वह जिम्मेदारी से भागना चाहती थी। इसमें *मैं* कुछ नहीं कर सकता था। मुझे लगता था कि मेरी पत्नी बहुत महत्त्वकांक्षी नहीं थी या कोई ऐसी जो अपने काम में मेहनत करे। वह आराम की जिंदगी चाहती थी। कुछ हद तक वह आलसी थी। वह अपने लिए समय निकालना पसंद करती थी। जोकि नौकरी में संभव नहीं था। शादी से पहले भी, जब भी उसके पास नौकरी होती थी, वह छोड़ देती थी। इस्तीफा दिया और चली गई।

स: संभवतः यह उसके पालन पोषण से सम्बन्धित था? तुम मुझे अपने-अपने परिवारों के बारे में थोड़ा और बताओगे?

ग: सही में, मेरी तरफ, जब हम साथ रहते थे, हम एक दूसरे की समस्याओं को अच्छी तरह समझते थे और लगभग सभी पर चर्चा करते थे। जो कुछ भी हमारे साथ हुआ रहता, हम अपने माता-पिता को बताते थे। हम बहुत घनिष्टता से एक दूसरे से जुड़े हुए थे। मेरी पत्नी के परिवार से यह बिलकुल अलग था। मैं यह नहीं कहूँगा यह गलत था, लेकिन यह उससे भिन्न था जिसका मैं आदी था। उसके परिवार में अगर आप किसी से उसी परिवार के किसी दूसरे सदस्य के बारे में पूछें तो उन्हें नहीं पता होता था। एक परिवार कैसे हो सकता है जब आपको एक दूसरे के बारे में पता ही नहीं है? इसलिए मुझे हमेशा लगता था कि यह परिवार नहीं था, बल्कि एक ऐसा समूह था जो इसलिए साथ रह रहा था, क्योंकि वे एक दूसरे से सम्बन्धित थे। मुझे इससे कोई फर्क नहीं पड़ता था क्योंकि यह मेरा अपना परिवार नहीं था। मुझे उसके साथ कुछ लेना-देना नहीं था। अधिक-से-अधिक मैं वहाँ एक या दो दिन रुकता था क्योंकि हमें पारिवारिक समारोहों में भाग लेना होता था। तब मुझे उन लोगों से बातचीत करनी पड़ती थी। लेकिन मेरे लिए समस्या तब शुरू हुई जब मेरी पत्नी को मेरे परिवार में घुलना-मिलना मुश्किल लगा।

स: शादी के बाद सास-ससुर कैसे थे?

ग: सामान्यतः हम दोनों के ही सास-ससुर हमारी शादीशुदा जिंदगी में दखल नहीं देते थे। हमारे बीच एक अलिखित करारनामा था कि, 'तुम अपने परिवार की देखभाल करो और मैं अपने की। अधिकांशतः हमारे सास-ससुर हमारे रिश्ते का हिस्सा नहीं होंगे।' लेकिन यह कहा जा सकता है कि इस नियम में एक अपवाद मेरी पत्नी के अंतिम समय में आया। मेरे ख्याल से यह एक नाजुक पल था। उसके माता-पिता ने दखल दिया और उसे कुछ निर्णय लेने के लिए बाध्य किया जोकि वह लेना नहीं चाहती थी। क्योंकि शायद उसके माता-पिता को लगा कि, 'वह अपने दायरे से बाहर जा रही थी। उसे जिम्मेदारी लेनी चाहिए थी।' इस बारे में मैं बाद में तुम्हें और भी कुछ बताऊंगा।

स: अच्छा, ठीक है तो तुम्हारी शादी के अच्छे पल कब थे और स्थिति खराब होना कब शुरू हुई?

ग: मेरे ख्याल से, शुरुआती कुछ महीने बहुत अच्छे थे। शायद, मेरे बेटे के होने के छह या सात महीने बाद स्थिति खराब होने लगी। मेरी पत्नी का गर्भवती होना पूर्वनियोजित नहीं था। पर ऐसा भी नहीं था कि हम बच्चा नहीं चाहते थे। उसके पैदा होने के बाद, हमारे बेटे ने हमें काफी हद तक व्यस्त रखा। हमारे पास लड़ने के लिए भी समय नहीं था (दबी हँसी)। निःस्संदेह, हर समय हम यही सोचते रहते कि उसकी बेहतरी के लिए क्या करें–इससे हम दोनों करीब हो गए–हम दोनों के बीच कोई तनाव नहीं था। हम एक जैसा ही सोचते थे। हम हमेशा अपने बच्चे का भला चाहते थे। मुझे लगने लगा कि उसके पैदा होने के बाद हमारे रिश्ते में बदलाव आया, विशेष रूप से, हमारे दोनों के साथ के समय में। पहले जब हम बात करते थे तो बातें हम दोनों के बारे में होतीं थीं। अब कोई तीसरा था जो कि हमारे बीच अहम् स्थान ले रहा था। जाहिर है आठ–नौ घंटे की नौकरी के बाद, उस दौरान मैं रोज अपने बच्चे की जिम्मेदारी नहीं ले पा रहा था। इसमें कोई शक नहीं कि वह मुझ से ज्यादा कर रही थी। जो भी समय मैं घर पर होता था, मैं उसका हाथ बंटाता था। ऐसा भी नहीं था कि मैं घर आने पर कहीं बाहर चला जाता था और अपना निजी समय बिताता था। लेकिन, फिर भी मेरी पत्नी को लगता था कि मुझे हमारे बेटे की और जिम्मेदारी लेनी चाहिए थी। उसकी शिकायत थी कि इस सबमें उसका योगदान ज्यादा था। ऐसा नहीं था कि मैं करने का इच्छुक नहीं था। लेकिन मैं *कर* नहीं पा रहा था। कम–से–कम जब वह अपने माँ–बाप के घर जाती थी, वे उसका यह बोझ बाँट लेते थे। हमारे बच्चे से सम्बन्धित समस्याएं उस समय और भी बिगड़ गईं जब यह पता चला कि हमारे बच्चे को एक मेडिकल परेशानी थी, यानि वह धीमी गति से सीखता था। पैदा होने के एक साल बाद भी वह चल या घुटनों के बल घिसट नहीं पाता था। हर एक महीने, वह थोड़ा पीछे रह जाता था। उदाहरण के लिए, 12–14 महीने की उम्र में वह सिर्फ 8 महीने की उम्र के बच्चे तक पहुंचा था। 5 साल की उम्र में जब उसने स्कूल जाना शुरू किया, हमें वहां से शिकायत मिली की उसका उचित ढंग से ध्यान नहीं लगता था। इसके बाद, हमें पता चला कि उसे सीखने की समस्या थी, जिसे 'अति–सक्रियता' (हाईपरएक्टिविटी) कहते हैं। इसका मतलब था कि वह किसी एक चीज पर ज्यादा देर ध्यान नहीं लगा सकता था। मुझे लगता है कि इस स्थिति से मेरी पत्नी खुद को फंसा हुआ महसूस करने लगी। वह इसके बारे में बहुत पहले से ही सोच रही थी, 'यह क्या जिंदगी है? यहाँ बहुत सारी जिम्मेदारियाँ हैं।' हमारी शादी के दो साल बाद एक समय आया जब मैंने उसे सलाह दी कि वह अपने माता–पिता के घर जाकर कुछ दिनों के लिए विश्राम कर ले और फिर वापस आ जाये। उसने यह एक महीने किया और फिर वापस आ गई। लेकिन वही परिस्थिति दोबारा होने लगी। हमरे बेटे को बहुत सारा गृहकार्य करने को दिया जाता था, सो उसे बेटे को पढ़ाना पड़ता था। यह तो *करना ही* था। इसलिए उसे बच्चे के साथ यह करने में मुश्किल आ रही थी। एक और बात जो मुझे तुम्हें बतानी चाहिए कि हमारे बेटे के जन्म के ढाई साल बाद वह दुबारा गर्भवती हुई। लेकिन जिन परेशानियों से वह गुजर रही थी, उसने मुझे बोला कि इस समय वह यह जिम्मेदारी लेने के लिए तैयार नहीं थी। हालाँकि इस बात से मुझे निराशा हुई, लेकिन मुझे गर्भ गिराने के लिए उसकी बात माननी पड़ी। मैं नहीं चाहता था की स्थितियां और खराब हो जाएँ। वह भी इस बात की इच्छुक नहीं थी, उसे ऐसा लग रहा था कि जैसे वह अपने बच्चे को मार रही थी। लेकिन उसे कोई और रास्ता नजर

नहीं आ रहा था। पर ऐसा नहीं है कि गर्भपात से उसकी परिस्थिति और खराब हुई। बल्कि हम दोनों के माँ-बाप ने हमारे इस निर्णय का समर्थन किया।

स: इससे पहले तुमने बताया था कि तुमने अलग होने की बात कही थी। इस बारे में थोड़ा और बताना चाहोगे?

ग: मेरा विचार था कि जीवन में कुछ बलिदान करने पड़ते हैं। लेकिन मैं अपनी पत्नी को यह बात नहीं समझा पाया और अंत में मुझे एहसास हुआ कि इस बारे में सौदेबाजी करने का कोई फायदा नहीं था। जब मेरी पत्नी ने आखिर में अलग होने की बात की, मेरी प्रतिक्रिया थी, 'ठीक है, आपसी सहमति से अलग हो जाते हैं, यह उसका फैसला था।' लेकिन उसके माता-पिता बिलकुल भी सहमत नहीं थे। इसका एक कारण यह भी था कि उनकी एक और बेटी थी जो उससे छोटी थी और अविवाहित थी। एक कारण, जिसकी वजह से मैंने तलाक के लिए सीधे दर्ज नहीं किया वह यह था कि, मुझे लगता था कि समय के साथ ये समस्याएं खत्म हो जाएँगी। शायद उसके माता-पिता उसे समझायेंगे। वे शादी में जिम्मेदारियों को संभालने और बलिदान करने का महत्त्व समझायेंगे। मैं अलग होना नहीं *चाहता* था। लेकिन मैं उसे साथ रहने के लिए बाध्य भी नहीं करना चाहता था। मेरा विश्वास है कि जब आप शादी करते हैं, तो वह जीवन भर के लिए होती है। यह रिश्ता हमेशा के लिए होता है। सिर्फ इसलिए कि आप में कुछ मतभेद हैं, इसका मतलब यह नहीं कि आप कोई दूसरा साथी खोज लें। ऐसी स्थिति उस दूसरे साथी के साथ भी हो सकती है। यह जीवन का एक भाग है।

स: क्या जब तलाक की सम्भावना दिमाग में उठी थी उस समय कोई विशेष बात थी?

ग: वास्तव में यह किसी एक दिन या किसी एक महीने की बात नहीं थी। यह बहुत धीरे-धीरे आगे बढ़ी। लेकिन मेरी पत्नी की मांग बहुत भारी थी। हमें नहीं पता कि हमें अपना रिश्ता खत्म करना चाहिए था या कोई और भी रास्ता था। मुझे लगता था कि दूसरे विकल्प भी आजमाने चाहिए थे। मुझे लगता था कि मूल समस्या मेरी पत्नी के घर में हमारे बेटे की जिम्मेदारियों की वजह से फंसे रहने से थी। वह अपना खुद का काम करना चाहती थी, मैं भी राजी था कि वह घर से ही कुछ शुरू करे। उसने कंप्यूटर का छोटा-सा कोर्स किया था। मैंने कहा, 'तुम्हारे लिए कंप्यूटर खरीद सकते हैं, तुम उससे डिजाईनिंग का काम या जो चाहती हो करो।' मैंने यह भी सलाह दी कि वह एक क्रेच भी खोल सकती है। हमने बहुत सारे विकल्पों के बारे में चर्चा भी की, लेकिन उसे उनमें से कोई भी पसंद नहीं आया। लेकिन वह यह भी नहीं समझ पा रही थी कि समस्या क्या है? जहाँ तक मैं देख पा रहा था, जब तक वह यह नहीं पता कर पाती कि क्या समस्या है और वह क्या चाहती है, कोई समाधान संभव नहीं था।

स: जब विकल्प के रूप में तलाक की बात सामने आई, तो आर्थिक मामले किस हद तक महत्त्वपूर्ण थे?

ग: स्पष्ट कहूँ तो हमें इस प्रकार की कोई समस्या नहीं थी। मैंने कहा, 'तुम्हें महीने के जितने भी रूपयों की जरुरत है, तुम मुझसे ले सकती हो।' उसने कहा, 'मुझे नौकरी मिल सकती है, मैं अपने लिए कमा सकती हूँ।' हमने रख-रखाव के पैसों के बारे में भी कभी बात नहीं की और मुझे खुशी है कि मेरी पत्नी लालची नहीं थी। वह समझती थी कि मैं उसे क्या दे सकता हूँ। न ही वह अपनी चीजों के लिए मुझ पर निर्भर थी। फिर भी मैं अपने बेटे की जिम्मेदारी लेने को तैयार

था हालाँकि मुझे नहीं लगता था कि इतने छोटे बच्चे की सुपुर्दगी मुझे मिलने की कोई आशा थी। मेरे विचार से कोर्ट स्वाभाविक तौर पर उसके लिए उसकी माँ के पास जगह निश्चित करेगी।

स: क्या आपको तलाक होने की सम्भावना से किसी प्रकार के कलंक का एहसास हुआ?

ग: मुझे ऐसा नहीं लगता। हकीकत में, न मैंने न मेरी बीवी ने ऐसा सोचा। मैं ऐसा नहीं सोचता की दोबारा शादी करने से कोई कलंकित होता है। हमारे माता-पिता को जरूर कलंक की भावना लगी, लेकिन मुझे लगा कि मैं उन्हें समझा सकता हूँ। मैंने कहा, 'सवाल यह है कि या तो हम समाज की वजह से साथ रहें या अलग हो कर रहें और अपनी शर्तों पर जीवन जियें। कम-से-कम हम झगड़ेंगे तो नहीं।' लेकिन हमारे बेटे की भलाई के लिए मेरे विचार से हमारे लिए बेहतर होगा कि हम साथ रहें। दो-तीन बार मेरे सास-ससुर ने मेरी पत्नी को समझाया कि तलाक लेना ठीक नहीं होगा। और उसे यकीन दिलाने की कोशिश की कि स्थिति ठीक हो जाएगी। जब उसे महसूस होने लगा कि उसके माता-पिता उसकी मदद नहीं कर रहे थे और मैं तलाक देने के लिए सीधे तौर तैयार नहीं था, उसे समझ नहीं आ रहा था कि वह क्या करे। यदि हम तलाक के लिए मामला दर्ज कर देते, मुझे लगता है कि संभवतः वह आत्महत्या नहीं करती। मेरे लिए यह ज्यादा महत्त्वपूर्ण विषय है बजाय इसके कि मुझ पर इसका आरोप लगता या नहीं। मैंने अपनी पत्नी से कहा कि मुझे एक और रास्ता नजर आ रहा है। मैंने कहा, 'हम यह कर सकते हैं कि, कुछ समय के लिए, जैसे 6 महीने के लिए, तलाक के लिए आधिकारिक तौर पर मामला दर्ज किये बिना तुम अपने माता-पिता के साथ रहो.... हम यह रास्ता अपनातें हैं और देखते हैं कि तुम्हें अच्छा लगता है या नहीं।' मुझे यकीन था कि अकेले रहने पर उसे समझ आएगा कि अकेले रहना ज्यादा कठिन है। तब शायद वह वापस आ जायेगी। मुझे इस बारे में पूरा विश्वास था। हकीकत में, वह इस बात के लिए सहमत भी हो गई थी। तब मैंने अपने माता-पिता से स्पष्ट रूप से बोला कि 'यह मेरी जिंदगी है। पहले, मुझे और मेरी पत्नी को फैसला करने दो कि इस बारे में क्या करना है। जबरदस्ती साथ रहने से कोई फायदा नहीं होगा।' जब मैंने उन्हें यह कहा, वे दखल नहीं देने के लिए सहमत हो गए। तब मेरी पत्नी अपने माता-पिता के घर चली गई और जल्द ही उसने काम ढूँढना शुरू कर दिया। लेकिन ऐसा करने में वह पूरा दिन घर से बाहर व्यतीत करती थी और इससे उसके माता-पिता डर गए। उन्हें लगा कि यह उसके लिए मुश्किल होगा। उनके विचार से यह बहुत अजीब लगता था। वे सोचने लगे कि वह यहाँ मजे करने के लिए आई है और *हमें* बच्चे की देखभाल करनी पड़ती है।

स: तो क्या तुम्हारे सास-ससुर ने तुम दोनों पर अतिरिक्त दबाव डाला?

ग: हाँ, क्योंकि वे जानते थे कि उसे नौकरी मिलना मुश्किल होगा। उनका दबाव मुझसे से ज्यादा मेरी पत्नी पर पड़ा, क्योंकि वे सोचते थे कि मैं उनकी मदद नहीं करूँगा। मैं उसकी कमी महसूस करता था लेकिन मुझे लगने लगा कि वह उसके लिए मेरे प्यार को नहीं समझती थी। वह यह नहीं समझती थी कि मैं उसके साथ रहने के लिए कितना इच्छुक था। अंत में, मुझे लगा मेरे पास आने का फैसला उसी को लेना था। उस समय मैंने उससे से एक या दो बार बात की और वह भी बहुत कम। वास्तव में, मेरा मुख्य कारण अपने बेटे से बात करना होता था। तब उसके माता-पिता ने यह रुख अख्तियार किया यह कहकर कि, 'तुम इसे घर ले जाओ, यह अवसाद

ग्रस्त है। उसे जल्दी गुस्सा आने लगा था।' वह वैसे ही क्रोधी स्वभाव की थी। लेकिन इस समय के दौरान हालात और भी खराब हो गई। उसके माता-पिता ने उसका चिड़चिड़ापन महसूस किया और अपने कुछ रिश्तेदारों को हमें साथ रहने के लिए दबाव डालने के लिए इकठ्ठा कर लिया। मुझे लगा कि वह मुझ से उतनी क्रोधित नहीं थी, लेकिन वह उस स्थिति, उन चीजों से क्रोधित थी जो उसके साथ हो रही थीं। मुझे लगा कि वह परेशान थी कि लोग उसे मेरे पास वापस आने के लिए प्रेरित कर रहे थे, जिस तरह से सब उसकी सोच को गलत ठहराने की कोशिश कर रहे थे।

स: क्या तुम्हें लगता है कि उस समय तुम्हारी पत्नी की भावनायें चरम पर थीं?

ग: वास्तव में मुझे लगता था है कि उसे खुद नहीं पता था कि वह क्या चाहती थी। अगर मैं एक शब्द में कहूँ कि हमारी शादी में क्या समस्या थी, तो मैं कहूँगा कि उसका मोहभंग था। उसने सोचा था कि वह मुंबई आएगी, जो बॉलीवुड के सितारों की जगह है। मुंबई को मजे करने का शहर माना जाता है। उसे लगा कि मुंबई की जिंदगी कुछ अलग होगी। मुंबई की *हकीकत* उसकी *धारणा* से बिलकुल अलग थी। यह एक गन्दा और भीड़-भाड़ से भरा शहर था। इतनी भीड़-भाड़ कि आप ट्रेन में ढंग से घुस भी नहीं सकते थे। मैं बिलकुल मध्यम वर्ग का व्यक्ति हूँ। मेरी पास अपनी कार नहीं है। मेरे पास बस एक मोटरबाइक है। तो जब भी उसे कुछ खरीदना या कहीं और जाना होता था, वह बस या लोकल ट्रेन में जाती थी। मुंबई में जिंदगी कठिन थी। यह उससे बिलकुल भिन्न थी जिसकी वह पुणे में आदी थी, जहां जिंदगी बहुत आसान है।

स: लेकिन उन बातों के बारे में बताओ जो उस माहौल से हटकर थीं?

ग: मैं कहना चाहूँगा कि मेरी पत्नी परिपक्व नहीं थी। जब आप एक रिश्ते से जुड़े होते हैं आपको उसके लिए कदम उठाने पड़ते हैं। जैसा मैंने आपको बताया, जिम्मेदारियाँ लेनी पड़ती हैं। वह उन्हें नहीं लेना चाहती थी। मुझे यह भी याद है कि दो स्त्रियां उसकी दोस्त थीं, जो तलाकशुदा थीं। उसे यह लगता था कि वह दोनों मजे कर रहीं थीं, वे अपनी चुनी हुई नौकरी करने के लिए स्वतंत्र थीं और किसी का एहसान लिए बिना वे अपना फैसला खुद लेती थीं। उसी समय हमारे कुछ दूर के रिश्तेदार हमें साथ लाने की कोशिश कर रहे थे। वह परेशान थी। जब भी हम बातचीत करते थे, मुझे एहसास होता था कि मैं इस सम्बन्ध में कुछ भी करने में असमर्थ था। मैं एक मध्यम वर्ग का व्यक्ति हूँ। यदि वह चाहती थी कि अचानक मैं अपनी नौकरी बदल दूं, व्यापार शुरू करूं और खूब पैसे कमाऊँ, मैं यह नहीं कर सकता हूँ।

स: अखिरकार तुम इस फैसले पर कैसे आए कि क्या करना चाहिए?

ग: आखिर में हमने अपने बेटे के लिए साथ रहने का फैसला लिया, जो कि साढ़े चार साल का था। हम चाहते थे कि वह सामान्य जीवन जिए। लेकिन अब मेरी पत्नी दुविधा में थी। यह उसके लिए अच्छा विकल्प नहीं था। जल्दी ही उसे लगने लगा कि स्थिति को संभालना अत्यंत कठिन था। यह सब टूटने में ज्यादा समय नहीं लगा। एक दिन, उसके और उसके पिता में बहुत झगड़ा हुआ, उस समय मैं कुछ नहीं जानता था। गुस्से में, उसने अपनी कलाई काट ली, अपने को मारने की कोशिश की। जब उसके माता-पिता ने उसे इस परिस्थिति में पाया, उन्होंने उसे अस्पताल में भर्ती करवाया और उसको टांके लगे। इससे स्वस्थ होने में उसे कुछ समय लगा और तब उसके पिता ने उससे कहा, 'या तो तुम अपने पति के साथ अपने घर जाओ, या मैं तुम्हें छोड़ दूंगा। हम साथ

नहीं रह सकते। मैं भी यहाँ बहुत तनाव संभालता हूँ। और हम चिंतित हैं कि तुम अपनी जिंदगी के साथ क्या करने जा रही हो। क्योंकि तुम भी बहुत निश्चित नहीं हो, हम कुछ मदद नहीं कर सकते। और इस घर में अगर तुम्हारे साथ कुछ हो गया तो हम पर आरोप लगाया जायेगा।'

स: उसके पिता के बयान ने उस पर कैसा प्रभाव डाला?

ग: वह हमेशा अपने पिता पर उसका समर्थन करने के लिए भरोसा करती थी। जब उसने यह सुना, उसकी प्रतिक्रिया कुछ ऐसी थी कि, 'अगर आप लोग मुझे नहीं चाहते, मैं भी आपकी शक्ल दोबारा नहीं देखना चाहती।' तब उसने मुझे कॉल किया और कहा वह वापस आना चाहती थी। मैंने कहा कि ठीक है, लेकिन मैं जानना चाहता था कि किस बात से उसमें परिवर्तन आया। मुझे नहीं पता कि क्या हुआ था। जब वह लौटी, मैंने पाया कि वह बिलकुल अलग व्यव्हार कर रही थी। वह बिलकुल एकांतप्रिय हो गई थी। वह बात नहीं कर रही थी। तब मुझे लगा कि उसमें कुछ अवसाद घर कर रहा था। वह कुछ भी नहीं कहती थी। मैंने उसकी मनोदशा को हल्का करने के लिए बहुत कुछ किया। लगभग एक हफ्ते तक कुछ नहीं हुआ। इस समय तक मैं बिलकुल अनजान था कि उसकी कलाई में कुछ निशान थे। अगर मैं उन्हें देख लेता तो मुझे पहले ही पता चल जाता कि क्या हुआ था। आखिर जब मेरा ध्यान गया, तो उसने बोला वह इस बारे में बात नहीं करना चाहती। मुझे लगा कि पता नहीं क्यों, कोई बात थी जो उसे परेशान कर रही थी। न तो वह मेरे साथ रहना चाहती थी न ही अपने माता-पिता के घर जाना चाहती थी। और वह निःस्संदेह खुश नहीं थी। दूसरा कोई विकल्प नहीं था। मुझे आशंका होने लगी थी कि क्या हो सकता है। इस बात पर मैंने अपने रिश्तेदारों को फोन किया और बोला, 'हमें इस बारे में कुछ करना पड़ेगा।' हालाँकि मैं डरा हुआ था कि वह कुछ कठोर कदम उठा सकती है, मुझे डर था कि अगर उसे मैं यह बता देता तो वास्तव में वह उसे करने के लिए उकसा सकता था। तो मैं हमेशा ऐसे व्यव्हार करता था जैसे कि सब कुछ ठीक था। हम रोज शाम को बाहर जाते थे। वह मुझसे ज्यादा बातचीत नहीं करती थी। वह अक्सर अपने कमरे में जाकर रोती थी। तो मैंने उसके माता-पिता को, यह बताने के लिए की स्थिति बेहतर नहीं हो रही थी, फोन किया। मैंने उन्हें समझाया कि वह उसे वापस घर ले जाये और उसे शांत होने दें। मैंने उन्हें बोला कि मुझे पता है कि उन्होंने उसे मेरे साथ रहने के लिए बाध्य किया था, लेकिन यह काम नहीं कर रहा था। उसके पिता की प्रतिक्रिया थी कि, उन्होंने अपनी बेटी को, जो वह कह सकते थे, सब कह दिया था, तो मुझे चिंतित नहीं होना चाहिए और उसे घर वापस नहीं भेजना चाहिए। उस समय, उन्होंने मुझे यकीन दिलाया कि समय के साथ उसे एहसास हो जायेगा। मैं इस बारे में बिलकुल भी आश्वश्त नहीं था। तो भी मुझे कभी नहीं लगा कि वह *ऐसा* चरम कदम ले सकती है। मुझे लगता था कि वह कुछ नासमझी कर सकती है। वह अपने को नुकसान पंहुचा सकती है। अंत में, मैंने पुलिस के अपर आयुक्त से सलाह ली जो मेरे रिश्तेदार के बहुत अच्छे दोस्त थे। उन्होंने सलाह दी कि मैं एक शिकायत दर्ज करूं यह कहकर कि मुझे डर है कि मेरी पत्नी अपने साथ कुछ कर सकती है और यदि ऐसा कुछ होता है तब मुझे जिम्मेदार नहीं ठहराया जाना चाहिए। इसके बाद उन्होंने कहा कि दो स्त्री कांस्टबल उसे मार्गदर्शन या समझाने के लिए भेज देंगे। लेकिन मैंने मना कर दिया। मुझे लगता था इससे बात को बढ़ावा मिलेगा। मेरे विचार से एक

कारण यह था कि मेरी पत्नी को बुरा लगा कि उसके माता-पिता ने उसे निराश किया कि उसकी आत्महत्या की कोशिश के बाद भी उन्होंने उसे मेरे पास भेज दिया। पहले भी वे उसे दो-तीन बार मेरे पास भेज चुके थे। मुझे हमेशा लगता था कि जब भी वह वापस आती थी, वह शुरू के कुछ दिन बहुत विचलित और उग्र रहती थी। उसे संयत होने में कुछ दिन लगते थे। उसे लगता था कि उसका कोई नहीं था, कहीं जाने की जगह नहीं थी। इससे *कहीं* ज्यादा, उसे लगता था कि उसके साथ धोखा हुआ था। उसके माता-पिता उसके बजाय, मेरी तरफदारी करते थे। उसे हमेशा लगता था की यह उसका अधिकार है: वे उसके माता-पिता थे, उन्हें उसका साथ देना चाहिए था भले ही यह सही हो या गलत।

स: क्या तुम्हें ऐसा लगा कि कोई बाहर का व्यक्ति तुम्हारी बेहतर मदद कर सकता था?

ग: हां, मुझे दिखता था कि वह बहुत ज्यादा अकेलापन महसूस करती थी, इसलिए मुझे समझ आया कि उसे मनोवैज्ञानिक मदद की जरुरत थी। लेकिन मैं जानता था कि जैसे ही मैं यह उसे कहता, उसे लगता कि मैं उसे या तो पागल या मानसिक विकलांग या कुछ करार देने की कोशिश कर रहा था। और मैं इस तरह की परेशानी नहीं चाहता था। वह इस प्रकार की थी जो अपनी बातें अपने अंदर रखती थी या अधिक से अधिक अपने माता-पिता से बांटती थी। फिर भी मैं आखिरी घटना पर आता हूँ। एक दिन, आखिर में मेरी पत्नी ने मुझे बोला कि वह बात करना चाहती थी। उसने कहा, 'मुझे जाना है। कृपया हमारे बेटे का ध्यान रखना। कोई उसका ध्यान नहीं रखेगा। मैं अपने माता-पिता के पास नहीं जा रही हूँ। वे मुझसे पहले ही मुंह मोड़ चुके हैं। वे मुझे जाने नहीं देते।' मैंने उससे पूछा, 'कुछ तो बताओ, कहाँ जाना चाह रही हो?' लेकिन उसने कहा कि मुझे इसकी चिंता करने की जरुरत नहीं है। मैं चिंतित था; मुझे लगा कि मैंने कुछ गलत कर दिया था। तब वह तैयार होने के लिए कमरे में चली गई। या मुझे ऐसा लगा। कुछ देर बाद मैं भी कमरे की तरफ गया। लेकिन मैंने पाया कि वह अंदर से बंद था। यह सामान्य नहीं था। मैंने दरवाजा खटखटाया। दरवाजे पर 10 मिनट दस्तक देने के बाद मुझे नहीं पता था कि मैं क्या करूं। तो मैं अपने पड़ोस में गया। पडोसी की पत्नी मेरी पत्नी की दोस्त थी। उसने कहा, 'ठीक है, मैं दरवाजा खटखटाती हूँ।' फिर जब वह खटखटा रही थी और उसे बाहर बुला रही थी, मैंने दोबारा उसके माता-पिता को फोन किया और उनसे बोला, 'यहाँ पर उससे सम्बन्धित कुछ गंभीर बात है। वह क्रोधित है। अच्छा होगा अगर आप आ जायें।' वे सहमत हो गए। तब मैंने पुलिस को बुलाया। तब मेरी पड़ोसन ने बोला, 'वह दरवाजे पर जबाब नहीं दे रही है, इसे खोलने के लिए तोड़ना पड़ेगा।' जब हमने यही किया, हमें वह अपने *दुपट्टे* से छत के पंखे से लटकती हुई मिली। मैं उसे अस्पताल ले गया। लेकिन जब हम वहा पहुंचे, उसे मरा हुआ घोषित कर दिया गया। मैं समझ नहीं सका कि यह सब क्या हो गया था। मैं यह नहीं देख पा रहा था कि क्यों उसे यह लगा कि उसे अपनी जिंदगी खत्म कर लेनी चाहिए थी। वह एक पढ़ी-लिखी लड़की थी। ऐसा नहीं था की वह किसी बात से डरी हुई थी। ऐसा भी नहीं था कि वह अकेली थी। न ही ऐसा था कि मैं उसे सहारा नहीं देता था या उसे पैसे की कमी थी। मैं सिर्फ अनुमान लगा सकता हूँ कि कमजोरी में वह एक ऐसी जगह फँस गई थी जहां से उसे वापस आने का रास्ता नहीं सूझ रहा था।

स: यह सब मामला तुम्हारे विरुद्ध कैसे तब्दील हुआ?

ग: जब कुछ बुरा होता है, हमें किसी पर आरोप लगाना ही होता है। तो मेरे ससुर ने यह निष्कर्ष निकाला कि मैंने उनकी बेटी को मार दिया था। उन्होंने मेरे विरुद्ध पुलिस में शिकायत दर्ज कर दी। मैं भी संभवतः यही काम करता। मुझे यकीन नहीं है, क्योंकि मेरे पास यह सब सोचने का समय नहीं था। लेकिन मैंने निश्चित रूप से यह एहसास किया कि वह उसकी मृत्यु के लिए जिम्मेदार थे। यहाँ तक कि मुझे शिकायत करनी चाहिए थी, कि '*वह* मेरी पत्नी की मृत्यु के लिए जिम्मेदार हैं और जिस नुकसान का मैं अब सामना कर रहा हूँ, उसके लिए उन्हें सजा मिलनी चाहिए।' 'इसलिए मैं अपने ससुर से, जो मैं इस मामले में झेल रहा था, उसके लिए क्रोधित नहीं था। मैं भी देख सकता था कि मेरे ससुर को कहीं लगता था कि मैंने उनकी बेटी को उनसे छीन लिया था।' उसने उनसे बोला था, 'आपके मुकाबले, मेरा पति ज्यादा बेहतर है। हालाँकि वह मुझ से असहमत हैं, लेकिन कम-से-कम उनके पास दिल तो है मुझे मेरी मर्जी से कुछ भी करने की स्वतंत्रता देने की।' एक पिता होने के नाते, मैं यह समझ सकता हूँ। आपको लगता है कि आप हमेशा अपने बच्चे की आँखों में हीरो ही रहने चाहिए। लेकिन अंतिम पलों में, उसको स्वतंत्रता देने के मेरे फैसले से उन्होंने उसकी जिंदगी में हीरो वाली भूमिका खो दी थी। अब मेरे ससुर इस बात पर दृढ हैं कि वह उसकी मृत्यु के लिए जिम्मेदार नहीं थे। वह अटल हैं कि यह मेरे किया हुआ था। आपको पता है, आखिरी दो बार जब मैं अपने बेटे से मिला, उसने मुझसे पूछा, 'क्या आपने मेरी माँ को मारा?' उसने कहा कि, उसके नाना ने बताया कि 'मैंने ऐसा किया है।'

स: क्या तुम्हें लगता है कि तुम्हारे ससुर को एहसास है कि जो भी हुआ उसके लिए वह भी कुछ हद तक जिम्मेदार थे?

ग: हां, मुझे ऐसा लगता है। वह पुलिस लेकर सीधे घर गए थे। उन्होंने इस बात के लिए जोर डाला कि धारा 302 का मामला दर्ज हो: कि उसका कत्ल किया गया है। पुलिस ने स्थिति को देखा था, उन्हें पता था कि क्या हुआ था, उन्होंने उनसे बोला कि, 'यह मामला नहीं है, तुम अच्छे से देख सकते हो कि दरवाजा खोलने के लिए तोड़ा गया था।' तो उन्होंने कहा, 'तुम उसके विरुद्ध हत्या का मामला दर्ज नहीं कर सकते, लेकिन हां हम क्रूरता का मामला दर्ज कर सकते हैं।' मेरे ससुर के एफआईआर में लिखा था कि मैं अपनी पत्नी को बहुत परेशान करता था और उसके चरित्र पर शक करता था। वह धारा 306 के अंतगर्त आत्महत्या के लिए उकसाने का मामला दर्ज करना चाहते थे और 304–बी दहेज के कारण मृत्यु के लिए। इसलिए ऐसा हुआ। लेकिन मुझे नहीं पता कि कैसे उनकी शिकायत में उल्लिखित घटनाएँ मेरे खिलाफ अभियोग बन गईं। उन्होंने कुछ काल्पनिक घटनाओं का उल्लेख किया। उनमें से एक यह थी कि फिल्म देखते समय मैंने कुछ गन्दी भाषा का इस्तेमाल किया। दूसरी घटना यह थी जिसमें उन्होंने कहा कि मैंने उसे मारने की धमकी दी थी। दहेज उत्पीड़न कहीं नहीं लिखा था, इसलिए वास्तव में मुझे समझ नहीं आया कि 304–बी के अंतगर्त मामला कैसे बना।

स: क्या उस समय तुम्हें अपने अधिकारों के बारे में पता था?

ग: नहीं, नहीं पता था। मुझे कानून के बारे में जरा भी ज्ञात नहीं था। बल्कि मुझे 498–ए के बारे में भी नहीं पता था। मुझे बस इतना पता था की दहेज सम्बन्धित कुछ कानून हैं। मुझे इसके बारे में कोई जानकारी नहीं थी। मुझे अभी तक पता नहीं चला की 304–बी के क्या मायने है।

मैंने खुद को पुलिस को सौंप दिया। मुझे काफी समय तक गिरफ्तार नहीं किया गया था। तब भी मैंने निश्चय किया की मैं पुलिस स्टेशन में रहूँगा। कुछ समय बाद, नियम अनुसार, एक बड़ी गाड़ी मेरे घर सारा सामान लेने के लिए आई। तुम *स्त्रीधन* ले जा सकते हो। वे सारे गहने ले गए, सारा फर्नीचर, यहाँ तक कि घरेलू सामान। सारी क्रोकरी, सारे बर्तन जो शादी में दिए थे। वे वह सारे गहने भी ले गए जो कि शादी का हिस्सा *नहीं* थे। मैंने आपत्ति नहीं की। जो भी उन्होंने माँगा मैं सहमत था। बल्कि वह मेरे बेटे की साईकिल भी ले गए। जबकि शादी के समय मेरा बेटा *पैदा* भी नहीं हुआ था!

स: तो तुम यह कहना चाह रहे हो कि यह सब *स्त्रीधन* के लिए नहीं था?

ग: हां, बिलकुल सही।

स: लेकिन ईमानदारी से बताओ: शादी के दौरान तुम्हें क्या उपहार मिले?

ग: बिलकुल मैं तुम्हें ईमानदारी से बताऊंगा, मेरे पास छुपाने के लिए कुछ नहीं है। गहने इस का एक महत्त्वपूर्ण हिस्सा थे। वह मैंने शादी की रीति-रिवाज के अनुसार देखा था। एक अंगूठी मुझे दी गई थी, लेकिन लगभग 90% सामान मेरी पत्नी के पास था। इन गहनों के अलावा केवल एक वाशिंग मशीन थी। मैं इन सबको 'दहेज' भी नहीं मानता था। बल्कि हमने इसके बारे में चर्चा भी नहीं की, न ही इस बारे में कि वे क्या और कितना दे रहे थे। उसे मालूम था कि मेरे पास वाशिंग मशीन नहीं थी और वह यह चाहती थी। कुछ मांग नहीं की गई थी। मेरी पत्नी की तरफ के लोगों ने बाद में आधा पेज का बयान दिया जिसमें उन्होंने कहा कि वह यह बताना भूल गए थे कि मैंने दहेज के रूप में घर और गाड़ी के लिए बोला था। तब, उसके मरने के चार-पांच दिन बाद, मेरे खिलाफ 498-ए का अभियोग मुझ पर लगाया था। मैं बहुत सदमे में था। लेकिन तब उन्होंने जो भी कहा मैंने उसे हंसी में उड़ा दिया। क्योंकि, अरे दहेज? वह क्या बात कर रहे हैं? ऐसी कोई बात थी ही नहीं। मैंने यह नहीं सोचा था कि इस अभियोग का कोई महत्त्व होगा। लेकिन इसका बहुत महत्त्व *था*। मुझे एहसास नहीं था कि 498-ए नियम मुझ पर थोपने की वजह से इस भयंकर स्थिति में आ जाऊंगा। मुझे इस बात का एहसास तब हुआ जब मैंने अग्रिम जमानत के लिए आवेदन किया, जो कि सत्र न्यायालय में अस्वीकार कर दी गई और उच्च न्यायालय में भी। मुझे निचली अदालत में वापस जाना पड़ा और खुद को पुलिस हिरासत में सौंपा। तब मुझे नियमित जमानत मिली। मेरे ससुर मेरे पत्नी के मरने वाले दिन ही मेरे बेटे को ले गए थे। दो-तीन महीने तक मैंने कई बिचौलियों के माध्यम से उन्हें मनाने की कोशिश की कि कम-से-कम वह मेरे बेटे को मुझे दे दें। मेरे कुछ रिश्तेदारों ने मुझे सलाह दी कि मैं उनसे कहूँ कि उन्होंने जो अभियोग दर्ज किये हैं वह सब वापस ले लें और आपसी समझौता कर लें। लेकिन इस मुकदमे को लड़ने के लिए मुझे अपने ऊपर पूरा विश्वास था क्योंकि मैंने कुछ गलत नहीं किया था। मुझे पूरा विश्वास था कि फैसला मेरे ही हक में होगा। उन्होंने जोर डाला कि, 'वह मुझे अदालत तक ले कर जायेंगे और खत्म कर देंगे।'

स: तुम्हारी पत्नी की तरफ के लोगों ने किस प्रकार के बयान दिए?

ग: ज्यादातर लोगों ने कहा कि मैं उन्हें बहुत परेशान करता था। लेकिन उनके किसी बयान में, दहेज सम्बन्धित आरोपों को लगाने के बाद भी, खासतौर पर किसी ने यह नहीं कहा कि, 'मैंने दहेज

कि मांग की थी।' उन्होंने यह नहीं कहा कि कब माँगा था, किस तरह का इंतजाम उन्होंने देखा था, किस तारीख को कहा था, कब से चल रहा था।

स: इस स्तर पर तुम्हें अपनी क्या संभावनाएं लग रही हैं?

ग: यद्यपि पहले मुझे अपने आप पर आत्मविश्वास था, अब मैं अत्यधिक चिंतित हूँ। अब मैंने देखा है कि इस बारे में कोई सबूत नहीं भी है, तब भी अगर कोई दो-चार दहेज के आरोपों के बारे में लिखता है तब उसे सच मान लिया जाता है। इस बात ने मुझे बहुत हानि पहुंचाई। पहला: मुझे अग्रिम जमानत नहीं मिली। मुझे पुलिस हिरासत में 48 घंटो से ज्यादा रहना पड़ा। दूसरा: सरकारी नौकर होने के कारण, मुझे नौकरी से निलंबित कर दिया गया। लेकिन पुलिस हिरासत में मेरे साथ अच्छा बर्ताव किया गया, क्योंकि पुलिस मेरे हालात के बारे में जानती थी, जोकि मैंने कुछ दिन पहले ही उन्हें स्थिति के बारे में बता दिया था। लेकिन पता होने के बावजूद भी कि इस मुकदमे में वजन नहीं था और आरोप भी सही नहीं थे, तब भी उन्होंने यह केस अदालत में भेज दिया। मैं अपने ससुर के दिमाग में क्या है यह समझने में असमर्थ हूँ। वह जानते थे कि उन्होंने जो भी कदम उठाये थे, ये सब उसी का नतीजा था। जब उन्होंने मेरी पत्नी को घर से निकल जाने को कहा तब भी हमारे बीच में कोई लड़ाई झगड़ा नहीं था। इससे एकदम पहले जो घटना हुई थी वह *उन्हीं* के किये से सम्बन्धित थी।

स: लेकिन कानून इस बारे में उनसे कुछ नहीं कहेगा।

ग: हां। यह बात उनकी अंतरात्मा पर हमेशा रहेगी। तुम्हें पता है, इन सब में मुझे दिखता है कि जब शादी में कुछ गलत हो जाता है तो इसका हमेशा यह मतलब नहीं होता कि पति ही दोषी है। अब जबकि मेरी पत्नी मर गई है, मैं बहुत ज्यादा लांछित महसूस करता हूँ। और जो लोग यह सब जानते हैं, जो लोग मेरी मदद कर सकते हैं, वे मेरी मदद करना नहीं *चाहते*। न्याय पाने का मौका अब बहुत कम हो गया है। अच्छा, मेरा करीबी परिवार वाले अलग हैं और मेरी मदद करना चाहते हैं, लेकिन न्यायालय में उनके शब्दों को ठोस सबूत नहीं माना जा सकता। लेकिन आज तुम्हारे पास आने के बाद, किसी सहानुभूतिपूर्ण व्यक्ति से इस बारे में बात करके, मैं पहले से ज्यादा हल्का महसूस कर रहा हूँ। मुझे लगता है कि जिससे कोई व्यक्ति सबसे पहले मदद मांगता है उसमें यह बहुत जरूरी है। तो तुम्हारा धन्यवाद।

स: तुम्हारा स्वागत है। मेरी कामना है कि ज्यादा लोग परामर्श सेवा के महत्त्व को समझें। तुम हमारे साथ सम्बन्ध में रहना। हम यहाँ तुम्हें सहारा देने के लिए हैं। न केवल कानूनी तौर पर, बल्कि भावनात्मक तौर पर भी।

चर्चा पर टिप्पणियां

अपेक्षाएं और 'जिम्मेदारी लेना'

जिन स्थितियों में जहाँ युगल में से एक ने शादी से पहले बहुत आजादी पाई हो और दूसरे ने अपने माता-पिता के साथ बहुत ही सुरक्षित जीवन जिया हो, ऐसे में उस युगल के बीच अक्सर गलतफहमियां हो जाती हैं। हमारे शोधकार्य ने इस तथ्य पर प्रकाश डाला। गगन के विवाह में कुछ ऐसा ही मामला

था। वह अपने सास-ससुर को उच्च मध्यम वर्ग और अपने माता-पिता को निम्न वर्ग में आँक रहा है, जिससे ऐसा लगता है कि उसकी पत्नी, बचपन में उसके मुकाबले ज्यादा लाड़-प्यार से पली और 'उसे जीवन की कठिनाईयों के बारे नहीं पता था।' यह समस्या का कारण बना जब वह उसके साथ रहने आई, क्योंकि उसको अपने पति से उस तरीके का सहारा नहीं मिल रहा था जिस तरह से वह चाहती थी, जैसा सहारा उसे अपने मायके में मिलता था।

इस शादी में एक और समस्या यह भी थी कि गगन की पत्नी का शादीशुदा जिंदगी और मुंबई में रहने के बारे में मोहभंग हो गया था। मुंबई के बारे में उसने जो सोचा था, वास्तविकता में उसने मुंबई को बिलकुल उससे अलग पाया। ऐसा लगता है कि उसे पुणे से ज्यादा एक 'चमक-धमक' वाली जिंदगी की अपेक्षा थी। शायद हम उसे 'ब्राइट लाइट सिंड्रोम' से पीड़ित व्यक्ति बुला सकते थे जिसे बाद में निराशा होती है।

दूसरी तरफ, गगन, ने व्यावहारिक तरीके से इस बात पर जोर दिया कि शादी के साथ जिम्मेदारियाँ आती हैं जैसे दम्पति के भरण-पोषण के लिए कमाना, उनके लिए घर बसाना और बच्चे के लिए उपलब्ध कराना। यद्यपि उसका कहना था कि उसकी पत्नी 'जिम्मेदारियाँ' लेने की इच्छुक नहीं थी, यह कहना उचित होगा (चूंकि हमने एकतरफा कहानी सुनी थी) कि वे अपनी जिम्मेदारियों को बराबर बाँट नहीं पाए। वह उम्मीद करता था कि वह कमाए और उसकी पत्नी गृहिणी रहे, जबकि उसकी पत्नी नौकरी करना चाहती थी और अपने बेटे के पालन-पोषण में गगन से बराबर का साथ चाहती थी।

दूसरे मामलो में भी, हमने पाया कि इन मुद्दों पर अपेक्षाओं की अनियमितता से परिस्थितियां बिगड़ जाती हैं। असंतुष्ट पतियों और सास-ससुरों ने कई मौकों पर हमें बताया कि गावों और छोटे शहरों की लड़कियां शहरों का मजा लेने के लिए वहाँ बसे हुए परिवारों में शादी करती हैं। वे परांपरगत जगहों की लड़कियों से जो उम्मीद करते हैं, कि वे उनके शहरी जीवन की तनावों में कुछ आराम देंगी, यह उससे बिलकुल विपरीत होता है। जबकि शुरू में परंपरागत और आधुनिक तरीकों के बीच टकराव हो सकता है, जब तनाव सामने आते हैं, आपसी सम्बन्धों में हर जगह कमी मिलने लगती हैं।

गगन के मामले में एक दूसरा महत्त्वपूर्ण मुद्दा यह था कि दोनों साथियों के पालन-पोषण में भावनाओं को संभालने का तरीका फर्क था। गगन के परिवार में, सब एक-दूसरे की समस्या के बारे में खुल कर चर्चा करते थे और एक दूसरे की मदद करते थे। इसके विपरीत, उसकी पत्नी के परिवार वाले एक दूसरे से खुले हुए नहीं थे। 'मुझे हमेशा लगता था कि यह एक परिवार नहीं था, केवल एक समूह था जो साथ रह रहा था क्योंकि वे एक दूसरे से सम्बन्धित थे,' गगन ने मुझे बताया था।

इस तरह के पालन-पोषण में, गगन की पत्नी को गगन के परिवार को अपनाने में मुश्किल हुई और वह अपनी समस्याएं अपने भीतर ही रखती रही। दूसरी तरफ हो सकता है कि, अपने खुलेपन के कारण, गगन को अपनी पत्नी के अंतमुर्खी स्वभाव का सामना करने में मुश्किल हुई हो। उसे शक है कि उसकी पत्नी का अपने दुःख को अंदर ही आत्मसात करने और कोई रास्ता न दिखने के कारण उसने खुद को मार डाला।

भारतीय विवाहों में कुछ अपेक्षाओं पर ज्यादा जोर दिया जाता है, जैसे कि 'समझौता' करना चाहिए और गगन की स्थिति भी ऐसी ही थी। हमने कहीं और भी यह बताया था कि विशेषरूप से औरतों को कम उम्र से ही इस धारणा के साथ बड़ा किया जाता है कि उन्हें सास-ससुर या पति के

घर में सामंजस्य बैठाना होगा। लेकिन आज यह भी स्वीकार करना चाहिए कि अब आदमियों को भी यह कहा जाता है कि उन्हें भी अपने साथी के साथ समकूल रिश्ता बनाने की कोशिश करनी चाहिए। गगन को पता था कि उसे और उसकी पत्नी को समझौता करने के लिए प्रयास करना चाहिए था, लेकिन वे असहमत थे कि कौन ज्यादा प्रयास कर रहा था। दोनों को ही यह लगता था कि वह दूसरे से ज्यादा बलिदान कर रहा था, इस वजह से दोनों के बीच परेशानी खड़ी हुई।

अक्सर, यह देखा गया है कि इंसान का व्यक्तित्व उनके समझौते में दीवार बनता है। व्यक्तिगत आजादी और पहचान के बढ़ते महत्त्व, खासकर बड़े शहरों में, की वजह से समझौता करना और भी मुश्किल हो गया है। स्पष्ट है कि गगन की पत्नी के लिए इस आजादी और अपनी पहचान का बहुत महत्त्व था। गगन ने इसे कम करने की कोशिश नहीं की, बशर्ते कि वह अपनी जिम्मेदारियाँ भी निभाए जिनकी गगन उससे उम्मीद करता था। परन्तु ऐसा लगता है कि उनके पालन-पोषण में भिन्नता का प्रभाव उनके व्यक्तित्व पर इस तरह पड़ा कि वे, गगन के अनुसार, छोटी-छोटी बातों पर भी लड़ा करते थे। उसके अनुसार, वैवाहिक जीवन में इस तरह की लड़ाईयां सामान्य थीं, लेकिन ऐसा हो सकता है कि उसकी पत्नी इनका तनाव न झेल पाई, जितना कि गगन को अपेक्षा थी।

गगन ने इस तथ्य को अलग किया कि उसके बेटे के होने पर उसके और उसकी पत्नी के बीच स्थिति बिगड़ी। उसने कहा, 'जब आपका बच्चा होता है तो आपकी जिम्मेदारियाँ बढ़ जाती हैं।' 'मेरी पत्नी को यह जिम्मेदारियाँ ज्यादा लगीं।' जब यह स्पष्ट हुआ कि लड़का अतिसक्रिय था तो उसे और भी मुश्किल हुई। माँ होने के नाते जो उसकी अतिरिक्त जिम्मेदारियाँ थीं, उसने उस के जीवन के तरीके पर एक प्रश्नचिह्न लगा दिया। ऐसा लगा कि उसके लिए यह असहनीय हो गया जब अंत में उसे एहसास हुआ कि वह 'केवल एक गृहिणी' बन कर रह गई थी।

जैसे गगन पर अपने परिवार के भरण-पोषण की जिम्मेदारी थी, गगन को लगता था कि उसकी पत्नी को 'गृहिणी' की जिम्मेदारियों को समझने की जरुरत थी। गगन को ऐसा लगता था कि उसकी पत्नी को काम नहीं करना चाहिए था जब तक वह खर्चे से ज्यादा न कमा सके, खासकर जब उनके बच्चे को देखभाल की ज्यादा जरूरत थी। इसमें जहाँ एक तरफ, उसकी पत्नी ने सोचा कि वह एक संतोषप्रद जिंदगी जीने का प्रयास कर रही थी, दूसरी तरफ गगन को लगा कि वह अपनी जिम्मेदारियों से भाग रही थी। वहीं, उसकी पत्नी को लगता था कि गगन बच्चे की देखभाल में ज्यादा हाथ नहीं बंटाता था, और गगन का यह मानना था कि, एक कामकाजी आदमी होने की वजह से, वह जितना कर सकता था उतना वह कर रहा था। उसकी पत्नी का तात्पर्य यह था कि वे दोनों ही कमाने और बच्चे की जिम्मेदारियों को बाँट सकते थे, लेकिन ज्यादातर भारतीय परिवारों में काफी हद तक, अभी भी यह एक क्रांतिकारी विचार है, मुंबई में भी।

उम्मीदों की भूमिका के बारे में इन गलतफहमियों ने सम्बन्धों पर अवश्य अतिरिक्त तनाव डाला था और उसके और उसके माँ-बाप की उम्मीदों के बेमेल होने के कारण यह परेशानी और बढ़ गई। उन के लिए, यह मायने नहीं रखता था कि उसको कितनी मुश्किल हो रही थी, उनके लिए यह महत्त्वपूर्ण था कि अंततः उसे अपने पति के घर जाने का रास्ता खोजना चाहिए था। जब कि गगन के अनुसार, 'उसके माता-पिता को उसको सहारा देना चाहिए था चाहे वह सही है या

गलत,' हम यह कह सकते हैं कि यह मामला गलत और सही का नहीं था बल्कि अलग-अलग दृष्टिकोणों के बारे में था।

कथित रूप से विकल्प न दिखाई देना

जैसा कि हमने देखा, गगन के अनुसार स्थिति यह थी कि शादी के बाद से उसकी पत्नी जिम्मेदारियों से भाग रही थी, विशेषकर उनके बच्चे के लालन-पोषण को लेकर। इससे पहले के अनुभाग में हमने शादी से युगल की उम्मीदों के बारे में चर्चा की थी और शादी के विषय में उनके विश्वास से सम्बन्धित था। हालाँकि तलाक एक विकल्प के रूप में कई मौकों पर सामने आया लेकिन असल में यह हो नहीं पाया और अंततः गगन की पत्नी ने आत्महत्या करके अपनी जिंदगी गँवा दी।

गगन और उसकी पत्नी दोनों के लिए तलाक एक समस्यात्मक विचार था। गगन ने स्पष्ट किया है कि उसके विचार से शादी जिंदगी मे सिर्फ 'एक बार' होती है। दूसरी तरफ, उसकी पत्नी को तलाक के लिए अपने परिवार से सख्त प्रतिरोध का सामना करना पड़ा। इस बात ने उसे असमंजस में डाल दिया, जब उसे लगा कि वह गगन की पत्नी के रूप में उससे जो उम्मीद की गई थी उससे वह समझौता न कर सकी, जिसमें उसे अपने घर और बच्चे को प्राथमिकता देनी चाहिए थी। वह अपने माता-पिता के पास भी लम्बे समय के लिए रहने के लिए न जा सकी। वह इन सब में अपने आप को गंभीर रूप से फंसा हुआ देखती थी, कम से कम गगन के वृतांत के अनुसार, और इस वजह से उसकी जान भी चली गई।

यहाँ एक सवाल उठता है: यदि गगन की पत्नी को लगा कि न तो वह गगन के साथ रह सकती थी और न ही अपने माँ-बाप के घर जा सकती थी, तो अपने लिए एक स्वतंत्र जिंदगी की कोशिश को प्राथमिकता देने के बजाय उसने आत्महत्या को क्यों चुना? बल्कि, गगन ने बताया कि गगन की पत्नी को विश्वास था कि वह अपनी और अपने बच्चे की देखभाल अपनी कमाई से बिना किसी परेशानी के कर सकती थी और इस कारण से वह रखरखाव के लिए पैसे नहीं चाहती थी (जब कि गगन मानता था कि वह अपने बेटे की परवरिश के लिए पैसे देगा)।

जो जानकारी हमें मिली, उससे हम केवल अनुमान लगा सकते हैं। लेकिन ऐसा लगता है कि एक कारण, जिसकी वजह से गगन की पत्नी ने तलाक लेने की कोशिश नहीं की, यह भी था कि जहाँ एक तरफ वह गगन पर आश्रित नहीं रहना चाहती थी दूसरी तरफ उसे अपनी आदत अनुसार से कम आमदनी में गुजारा करना भी ठीक नहीं लग रहा था। हम जानते हैं कि वह ऐसे उच्च मध्यम वर्ग से आई थी जहां उसका पालन पोषण बहुत प्यार से किया गया था और गगन की आमदनी भी उसको अपनी आदत अनुसार जीवनशैली में रखने में असमर्थ थी। इसके अलावा, जबकि वह अपनी जिंदगी को सही दिशा में लाने के लिए पुणे में नौकरी तलाश कर रही थी, जो उसके और उसके बेटे के लिए सहारा बनती, जब तक वह इसे पा नहीं लेती उसे किसी के सहारे की जरुरत थी। लेकिन उसके माता-पिता ने उसे इसके लिए मना कर दिया और पति उसके इस दृष्टिकोण को नहीं समझ पाया। इस बात से शायद वह खुद को भावनात्मक ही नहीं बल्कि आर्थिक रूप से भी असुरक्षित महसूस करने लगी थी और उसे ऐसा लगा होगा कि उसके सामने कोई विकल्प नहीं था।

हमारे शोधकार्य ने दिखाया है कि कुछ ही स्त्रियाँ शादी के बाद अपनी जीवनशैली में कमी को खुशी-खुशी स्वीकार करती हैं। ज्यादातर महिलायें अपने वैवाहिक जीवन में अपनी जीवनशैली से बेहतर जीवन जीने की अपेक्षा करती हैं। यद्यपि आर्थिक सुरक्षा, स्वस्थ व सफल वैवाहिक जीवन के लिए एक महत्त्वपूर्ण विशेषता है, इसे शादी का मुख्य वजह बनाना, पैसे को खुशियों के बराबर मानना हो सकता है, जो कि हमेशा सफल नहीं होता। यह मामला खासकर ऐसे परिवारों में होता है जहां पर औरतें जिस परिवार में शादी करती है वहाँ उनको आर्थिक स्वतंत्रता और उनसे आर्थिक मदद की अपेक्षा नहीं की जाती। हम यह अनुमान लगा सकते हैं कि गगन की पत्नी खुशहाल जीवन की कल्पना नहीं कर सकी, यदि उसे उस प्रकार का आर्थिक संसाधन नहीं मिला जिसकी उसे चाह थी। लेकिन दूसरी तरफ, अगर वह खुद अपनी देखभाल करना चाहती तो जिस तरह के काम के लिए वह योग्य थी, उसकी आमदनी, गगन के साथ रहते हुए जो आमदनी उसे मिलती थी, से कम होती।

हमारे शोधकार्य में यह बात बिलकुल साफ है कि दो लोग, जो एक दूसरे से विवाह करते हैं, उनके मूल व्यक्तिगत सम्बन्ध और उनके निकटतम रिश्तेदारों और सामाजिक समूह से सम्बन्धों को हम नजरअंदाज नहीं कर सकते। जबकि कुछ लोग व्यक्तिवाद और स्वायतत्ता पर जोर देते हैं, आज कल के विवाहों में पारस्परिक सम्बन्धों या संयुक्त परिवारों की आज भी अपनी पहचान है। दूसरे शब्दों में कहा जा सकता है कि कोई भी पूरी तरह से स्वायत्त नहीं है। जहाँ आप परस्पर विरोधी शक्तियों का सामना नहीं कर पाते, उसका नतीजा बहुत भयानक हो सकता है।

हालाँकि ऐसा प्रतीत होता था कि दोनों ही पूर्ण रूप से उसको जंच नहीं रहे थे, गगन की पत्नी न तो खुद को अपने माता-पिता से अलग कर पाई न ही गगन से। ऐसा मालूम हुआ, कि अंत समय में उसने अपने पिता को बोला था कि, 'आपकी अपेक्षा मेरे पति ज्यादा अच्छे हैं', क्योंकि गगन चाहता था कि वह अपने जीवन के मूल निर्णय खुद ले। फिर भी उसके नजरिये से, गगन के पास वापस जाना भी उसकी समस्याओं का समाधान नहीं था। इसका वास्तविक नतीजा यह निकला कि, जैसा गगन ने हमें बताया, न केवल उसने अपनी पत्नी को खोया, उसके ससुर को भी लगा कि, 'मैंने उनसे उनकी बेटी को छीन लिया था।' शायद इसी नाराजगी की वजह से उस पर हत्या का झूठा केस लगा।

गगन के शादी के बारे में इस विचार, कि शादी एक बार ही होती है, के बारे में यह कहना जरूरी है कि हिंदुओं में शादी एक संस्कार के रूप में देखी जाती है। यद्यपि गगन इसे आदर्श मानता था, उसने इसकी मांग नहीं की। वास्तव में उसकी बात से लगा कि यदि उसकी पत्नी जोर देती तो वह तलाक के लिए तैयार था। हालाँकि हमारे हिन्दू समाज की यह सोच है कि जिससे आपने एक बार शादी कर ली उसके साथ हर परिस्थिति में निष्ठा जरुरी है। इस सोच के अनुसार शादियां हमेशा के लिए होती हैं। जैसा कि हमने पहले भी कहा है, शायद इसी वजह से तलाक को इतना बड़ा सामाजिक कलंक माना जाता है। यह सामाजिक मान्यताएं बदल रही हैं, लेकिन यह बदलाव भौतिक बदलाव के मुकाबले में बहुत धीमा है, जिसकी वजह से लोगों के जीवन में द्वंद्व पैदा होता है। गगन के सास-ससुर के साथ ऐसा ही था।

कुछ लोगों के अनुसार, बहुत से माता-पिता ऐसे हैं जो अपनी बेटी का मर जाना पसंद करेंगे बजाय इसके कि वह तलाक लेकर अपने मायके वापस आ जाये। हमने ऐसे कठोर विचारों की प्रमुखता पर प्रशन उठाये हैं (अगर ये कभी प्रभावशाली थे भी)। हमारे मामलों के आंकड़े यह दर्शाते हैं कि

हालाँकि जिन माता–पिता से हम मिले उनकी यह कोशिश थी कि उनकी बेटियां अपने मरने के दिन तक अपने ससुराल रहे, वह यह नहीं सोचते थे कि उनकी बेटी की अप्राकृतिक मृत्यु भी हो सकती है और जब ऐसा घट जाता था तो उन्हें बहुत आघात पहुँचता था।

इससे मुख्य बात सामने आती है, जैसा की गगन के मामले में बिलकुल साफ है, कि इन परिस्थितियों में जिन महिलाओं को अपने माता–पिता का सहारा नहीं मिलता, वे अंत में अपनी जान से हाथ धो सकती हैं। तलाक और उसकी उलझनों से सम्बन्धित परंपरागत सोच के कारण, माता–पिता और बाकि परिवार और दोस्तों से भी, अक्सर सहारा नहीं मिलता। इस तरह की मृत्यु के मामलों में पहले शोधों ने दिखाया है कि प्रभावित औरतें कम–से–कम एक बार अपने माता–पिता के घर जाने की कोशिश करती हैं, लेकिन उन्हें उनकी ससुराल वापस भेज दिया जाता है। यह विचार–धारा आज भी शायद इसलिए प्रबल है क्योंकि औरतों को अभी भी यह सिखाया जाता है कि वे *पराया धन* हैं और इसलिए वे अक्सर, बदलाव की आशा लिए, परिस्थितियों को सहन करती रहती हैं।

अंत में, कम से कम गगन के अनुसार, उसकी पत्नी इस नित्कर्ष पर पहुंची कि आत्महत्या ही उसके लिए बेहतर विकल्प होगा। उसने गगन के साथ रहने की कोशिश भी की, लेकिन इस पर डटे नहीं रहना चाहती थी। वह अपने माता–पिता के पास वापस जाना चाहती थी, लेकिन उसके पिता ने अंततः उससे कह दिया कि, 'हम साथ नहीं रह सकते', जबकि उस समय उसे उनकी सबसे ज्यादा जरुरत थी। गगन ने जोर दे कर कहा कि उसकी पत्नी हमेशा अपने पिता पर सहारे के लिए निर्भर थी और यह सुनकर उसे घोर निराशा हुई।

पीछे मुड़कर देखने पर गगन को समझ आता है कि उसकी पत्नी ने मृत्यु को क्यों चुनाः 'न तो वह मेरे पास रहना चाहती थी और न ही अपने माता–पिता के पास वापस जाना चाहती थी। और वह बिलकुल खुश नहीं थी। उसके लिए दूसरा कोई विकल्प नहीं था।' अभी तक उसे लगता था कि उसके माता–पिता के घर में उसके लिए भी स्थान था और वे किसी भी स्थिति में उसे सहारा देंगे। लेकिन अब यह बात नहीं रही थी।

इस तरह के मामलों में, ऐसा लगता है कि औरतों के परिवारों का ज्यादा कसूर होता है क्योंकि वह अपनी बेटी को ऐसे समय पर छोड़ देते हैं, जब उन्हें उनकी सबसे ज्यादा जरुरत होती है। गगन का खुद का ऐसा मानना था कि यदि उस के सास–ससुर तलाक के विषय में अपनी बेटी को सहारा देते, तो यह उसके जीवन को बचा सकता थाः

> जब उसे लगने लगा कि उसके माता–पिता उसकी मदद नहीं कर रहे थे और मैं तलाक देने के लिए तैयार नहीं था, उसे नहीं समझ में आया कि वह क्या करे। यदि हम तलाक के लिए आवेदन कर देते, तो मुझे लगता है कि वह शायद आत्महत्या नहीं करती। मेरे लिए, यह ज्यादा महत्त्वपूर्ण मुद्दा है, बजाय इसके कि मुझ पर आरोप लगता है या नहीं।

गगन की पत्नी का अवसाद भी ध्यान देने वाली बात है। हालाँकि वह उसके दिमागी हालत से अवगत था, उसने अपनी पत्नी के माता–पिता के अलावा किसी और से कोई मदद नहीं ली। वह बताता है,

> यह मेरे दिमाग में था कि उसे कुछ मनोवैज्ञानिक मदद की जरुरत थी। लेकिन मैं यह भी जानता था की जैसे ही मैं इस बारे में उसे कहता, उसे यह लग सकता था कि मैं उसे पागल या मानसिक विकलांग या ऐसा ही कुछ समझने की कोशिश कर रहा था। और मैं ऐसी कोई परेशानी नहीं चाहता था।

यहाँ एक सवाल बनता है कि क्या वास्तव में परामर्श सेवा की मदद लेने से उसकी जान बच सकती थी।

परामर्श सेवा हमारे यहाँ पूरी तरह से स्वीकृत नहीं है। फिर भी हमारे बहुत सारे उत्तरदाताओं ने हमारे साथ उनके साक्षात्कार के अनुभवों के बारे में सकारात्मक बोला क्योंकि–अक्सर पहली बार–उन्हें अपनी भावनाओं और जज्बातों के बारे में बात करने का मौका मिलता है। उनकी सकारात्मकता यह दर्शाती है कि ऐसा करने से उन्हें उनके जज्बातों और भावनाओं को सुलझाने में मदद मिली थी और वे स्थितियों को बेहतर ढंग से संभाल पाते हैं। परिणामस्वरूप, इससे उन्हें अपनी शक्ति पर भरोसा होता है और उन्हें आशा बंधती है कि उनके पास 'दूसरे रास्ते' भी हैं, कि उनके पास और विकल्प हैं।

दहेज के मामलों में

गगन को विश्वास नहीं होता कि उस पर दहेज का आरोप लगाया गया है। जहां तक वह देख सकता है, 'केवल परंपरागत विशिष्ट उपहार लिए–दिए गए थे।' उसके अनुसार यह दहेज के लेन–देन से सम्बन्धित नहीं था जो कि कानूनी तौर पर प्रतिबंधित है। 'ज्यादातर शादियों में यह सब चीजें सामान्यतया दी जाती हैं,' उसने बताया। 'इसके पीछे मूल तर्क यह है कि आप नए घर के लिए यह सब ले जा रहे हो, तो आप उसे उसकी जरुरत की चीजें दे रहे हो।' कहा जा सकता है कि यह चीजें उसकी पत्नी के लिए थीं, उसने मांगी नहीं थीं।

यह बिलकुल सच है कि आज भी भारत में रहने वाले करोड़ों लोगों में, सभी सामाजिक और आर्थिक वर्गों में, इस तरह उपहार लिए और दिए जाते हैं और ऐसा करने में उन्हें गलत नहीं लगता है। गगन और उसकी पत्नी के घरवाले कुछ अलग नहीं थे। बल्कि वे इसे सकारात्मक मानते हैं, जब तक कि उनसे जबरदस्ती न हो। हमारे शोधकार्य में यह देखा गया कि उपहार लेना और देना तब समस्या बन जाता है जब शादी में कोई अड़चन आती है या कोई बुरी घटना हो या कानूनी मामला उत्पन्न हो। तब यह प्रश्न बन जाता है कि कैसे निश्चित करें कि क्या उपहार है और क्या दहेज।

कई स्त्रियां और उनके परिवार दूसरे अपराधों के लिए भी दहेज उत्पीड़न कानूनों का इस्तेमाल करते हैं क्योंकि यह एक धारणा है कि अन्य अपराधों के कानूनों में उन्हें न्याय नहीं मिलेगा, क्योंकि वे कानून कमजोर हैं। यहाँ हमने दोनों तरफ की कहानी नहीं सुनी और संभवतः ऐसा हो कि वास्तव में गगन आत्महत्या के लिए उकसाने का दोषी पाया जाये। दहेज के विषय को बीच में लाकर, जबकि इससे पहले इससे कोई समस्या नहीं थी, पुलिस, वकीलों और संस्थाओं द्वारा मुकदमा मजबूत करने का तरीका बन जाता है। इससे संबद्ध व्यवसायों में एक धारणा है कि दहेज उत्पीड़न के मामले इतने मजबूत हैं कि बचाव पक्ष को कमजोर कर देते हैं, क्योंकि अपने को बेगुनाह साबित करने की जिम्मेदारी उस पर होती है (कम से कम कुछ धाराओं के अंतर्गत)।

संस्था के साथ बातचीत से गगन को यह बखूबी समझ आ गया है कि किस तरह से कानून का दुरूपयोग किया जा सकता है और उसे यह एहसास है कि उसके ससुर ने जानबूझ कर यह सब किया था। अपनी बेटी के मरने के बाद, वह किसी पर इल्जाम लगाना चाहते थे और खुद पर से भी अपने निर्णय की जिम्मेदारी हटाना चाहते थे जब उन्होंने अपनी बेटी को उसके पति के पास वापस भेज दिया जब उसे उनकी सबसे ज्यादा जरुरत थी। इसलिए, वह पुलिस के पास गए और

यह आरोप लगाने की कोशिश की कि गगन ने उनकी बेटी को मार दिया। बजाय इसके कि सबूतों के अभाव में शिकायत दर्ज न की जाये, ऐसा लगता है कि पुलिस ने, दहेज उत्पीड़न से बेटी की मौत का आरोप लगाने का उनको रास्ता दिखाया। इसमें शायद कोई सबूत नहीं था, लेकिन पुलिस के लिए यह शायद आसान विकल्प था।

हालाँकि शुरू में उसे विश्वास था कि उसका पक्ष काफी मजबूत था, खासकर इस बात को ध्यान में रखते हुए कि उसपर बेतुकी धाराएं लगाई गईं थीं, अब गगन कहता है कि वह इस मामले को लेकर चिंतित है। उसने कहा, 'अब मैंने देखा है कि इस पूरे मामले में कोई सबूत नहीं है, लेकिन फिर भी अगर कोई दहेज सम्बन्धित आरोप लगा दे तो इन सब अभियोगों को सच माना जा सकता है।'

इन कानूनों की ताकत के मामले में वह तब सचेत हुआ जब उसे अग्रिम जमानत नहीं मिली और उसे नौकरी से भी निलंबित कर दिया गया क्योंकि वह एक सरकारी नौकर था और 48 घंटों से ज्यादा वह पुलिस हिरासत में था। गगन ने बताया की पुलिस ने उसके साथ अच्छा व्यव्हार किया क्योंकि उन्हें विश्वास था की वह अपनी पत्नी का हत्यारा नहीं था और न ही उसके साथ किसी भी प्रकार के बुरे व्यव्हार के लिए जिम्मेदार था, लेकिन धारा लगने के बाद उसको हिरासत में लेने के अलावा उनके पास और कोई चारा नहीं था।

इन सब बातों में ऐसा कुछ भी नहीं है, जिसकी वजह से गगन का आपराधिक न्याय प्रणाली (क्रिमिनल जस्टिस सिस्टम) पर विश्वास बढ़े और जैसे-जैसे उसको इन सब के बारे में पता चलता जा रहा है, उसे ऐसा लग रहा है कि मामूली तहकीकात, भरी अदालतों की वजह से देरी और हर स्तर पर भ्रष्टाचार की वजह से वह घिर गया है। गगन ने अब यह जाना कि, अक्सर न्याय की जीत *नहीं* होती।

6

जसमीत और तरमपाल—जब अनुपयुक्तता मौत का कारण बनती है

बहुत समय से मैं जानना चाहता था कि दहेज मृत्यु के अभियुक्तों के मन में क्या चलता है। तिहाड़ जेल में सामाजिक कार्यकर्ता के तौर पर मुझे वहाँ के कैदियों से मिलने के लिए विशेषाधिकार प्राप्त थे। मैंने निर्णय किया कि इसका फायदा उठाकर अखबारों में छपी खबरों से परे जाकर इन मामलों में तहकीकात की जाये। इसी सिलसिले में मेरी मुलाकात तरमपाल से हुई और मैंने उसे अपनी कहानी सुनाने के लिए राजी किया।

उससे बातचीत शुरू करने से पहले, मैंने उसके केस की पृष्ठभूमि पर थोड़ा शोध किया। किसी भी बड़े केस में दूसरे पक्ष को ढूंढ निकालने के लिए कोई बहुत जटिल, खोजी कौशल की जरूरत नहीं पड़ती–मैंने अपने खोजी कौशल को इस्तेमाल किया और तरमपाल की सास, अमरदीप को पंजाब के एक गाँव में खोज निकाला। सामाजिक कार्यकर्ता के रूप में मेरा ऐसा करना शायद अनैतिक माना जा सकता है, लेकिन अपने बचाव में यही कहूँगा कि दोनों पक्षों को पता था कि दोनों पक्षों से मेरी बातचीत थी।

तरमपाल दिल्ली का सिख है। शादी के बाद, जसमीत के जहर खा कर मरने से पहले, वह उसके साथ संयुक्त परिवार में रहा। उसके बाद भारतीय दंड संहिता की धारा 498–ए व 304–बी के तहत तरमपाल को दोषी ठहराया गया और 10 साल की सजा सुनाई गई। उसके खिलाफ दर्ज की गई एफआईआर के अनुसार, तरमपाल ने जसमीत की मृत्यु से छह महीने पहले अपने ससुर से दहेज के तौर पर 3.5 लाख रुपए मांगे थे।

तरमपाल ने स्पष्ट बताया कि जसमीत से पहले भी कई महिलाओं के साथ उसके शारीरिक व रूमानी सम्बन्ध रह चुके थे। मैं यह जानने को इच्छुक थी कि इन सम्बन्धों के सापेक्ष में अपनी पत्नी के साथ उसने सम्बन्ध कैसे बनाए। आखिरकार, जनता की आम धारणा है, जो कि प्रेस से भी मेल खाती है, कि दहेज मृत्यु के दोषी, प्रेम व दया आदि मानवीय भावनाओं में असमर्थ, कठोर हृदयी राक्षस होते हैं और उनका केवल एक ही स्वार्थ होता है–अपनी समृद्धि। तो क्या यह व्यक्ति प्रेम करने में सक्षम था?

अमरदीप के कहे अनुसार मैंने भी एक राक्षस की कल्पना की थी। लेकिन तरमपाल से मिलकर मैं हैरान हुआ। उसने एक महिला के साथ अपने सम्बन्ध के बारे में बताया जो कि उसका 'पहला प्यार' था। उसका यह सम्बन्ध बीसवें सालों में हुआ व पाँच साल तक चला। वे दोनों एक दूसरे से शादी करना चाहते थे पर वह महिला हिंदू थी और किसी दूसरी जाति से थी, इसलिए तरमपाल की माँ को यह रिश्ता मंजूर नहीं था। उनके शादी न कर पाने के कारण ही यह रिश्ता टूटा।

मैंने पाया कि तरमपाल, भावनाओं से परे और पैसे को प्रेम से ज्यादा महत्त्व देने वाला होने के बजाय, जिन महिलाओं के उसके साथ सम्बन्ध रहे थे उन्हें समझने के लिए बहुत इच्छुक था। उसका सोचना था कि दो व्यक्तियों में शादी के लिए आपसी समझ होनी बहुत जरूरी होती है। इससे मुझे लगा कि माता-पिता द्वारा तय की गई विवाह व्यवस्था उसके लिए बहुत दुःखद होती। तरमपाल ने मुझे खुद बताया कि ऐसे विवाहों में दोनों पक्षों की एक-दूसरे से बहुत अधिक अपेक्षाएं होती हैं और यह स्थिति और भी कठिन हो जाती है क्योंकि दोनों ही पक्ष एक-दूसरे के बारे में ज्यादा नहीं जानते।

तरमपाल के पुराने रिश्ते उस दम्पति के सम्बन्धों में आड़े आये। एक झगड़े के दौरान, जसमीत ने तरमपाल से कहा कि यदि उसे तरमपाल की पुरानी प्रेमिकाओं के बारे में पता होता तो वह यह विवाह कदापि नहीं करती। और जिस तरह वह अपनी पुरानी प्रेमिकाओं और जसमीत के बीच में तुलना करता था, अगर कह कर नहीं तो निहितार्थ ही, उससे जसमीत की सुरक्षा की भावना को और ठेस ही पहुंचती रही होगी। ऐसा मालूम होता है कि जसमीत के पुराने कोई सम्बन्ध नहीं थे, जैसा कि अमरदीप ने बताया। तरमपाल ने भी विवाह के समय उसके कौमार्य की पुष्टि की (यदि पहले सम्भोग में जसमीत को हुई ब्लीडिंग को देखा जाये तो)

तरमपाल को हमेशा यही सिखाया गया था कि जब तक आपके बीवी-बच्चे नहीं हैं तब तक आप अकेले ही माने जाते हैं। अपना परिवार होने से जीवन-चक्र पूरा होता है। तरमपाल ने मुझे बताया कि, धार्मिक कथानक के अनुसार, 'शादियाँ स्वर्ग में तय होती हैं।'

तरमपाल के अनुसार, विवाह का महत्त्व है कि एक महिला के साथ रह कर बच्चे पैदा करना होता है। लेकिन, उसके अनुसार, यह शर्त समाज द्वारा थोपी गई है। वह खुद विवाह को उतना जरूरी नहीं मानता जितना उसकी माँ। बल्कि, उसके अनुसार, यदि समाज को विवाह के समीकरण से हटा दिया जाये तो उसे विवाह की कोई जरूरत नहीं दिखाई देती।

वास्तव में, तरमपाल को लगता है कि उसकी शादी जबरदस्ती की गई। उसने अपनी माँ को यहाँ तक कहा कि उसने यह शादी केवल उनकी वजह से की थी। मगर, इस शादी का शुरू से ही इच्छुक न होने पर भी धीरे-धीरे तरमपाल को जसमीत से प्रेम हो गया था।

मिलने के दूसरे दिन ही तरमपाल और जसमीत की सगाई हो गई। सगाई समारोह बहुत साधारण और जल्दी में किया गया था क्योंकि तरमपाल की माँ को डर था कि तरमपाल कहीं अपना निर्णय न बदल दे। अपनी पुरानी प्रेमिका को ढूंढ निकालने और उससे दोबारा रिश्ता बनाने की इच्छा से तरमपाल ने सभी कामों में बहुत देर कर दी थी और इस वजह से उसकी माँ तरमपाल से बहुत निराश थीं। तरमपाल खुद को फंसा हुआ महसूस करता था। चूंकि जसमीत उसे मूल रूप से ठीक ही लगी इसलिए तरमपाल को उससे शादी के लिए हां करने में ज्यादा हिचक नहीं हुई।

शुरू में जब तरमपाल ने जसमीत की तुलना अपनी पुरानी प्रेमिका से की थी, वह दोनों गुणों में बराबर लगीं थीं। समय के साथ, उसका रुझान जसमीत की तरफ बढ़ने लगा। इसके बावजूद तरमपाल को यह विवाह जबरदस्ती लगता रहा और धीरे-धीरे जसमीत को भी इस बात का एहसास हो गया।

तरमपाल को अपनी पत्नी से बहुत साधारण अपेक्षाएं थीं। उसे एक लंबी पत्नी चाहिए थी और यह खूबी जसमीत में थी, जो कि 5'7' थी (वह खुद 5'10' है)। उसका रंग-रूप तरमपाल को गाढ़ा (थोड़ा काला), कामुक और आकर्षित करने वाला लगा। उसने पूछा, 'पैसे की किसे जरूरत है? वह देखने में ठीक थी।' हालाँकि वह बहुत 'अच्छे' घर से नहीं थी (पैसे की दृष्टि से) लेकिन लंबी और खूबसूरत थी, इसलिए वह संतुष्ट था।

अमरदीप ने भी परिस्थितियों के बारे में मिलती-जुलती बातें बताईं। उन्होंने कहा कि तरमपाल पढ़ा-लिखा व देखने में अच्छा था और दोनों की लम्बाई सामान थी। उन्होंने कहा कि तरमपाल इसलिए भी प्रभावित हुआ क्योंकि जिस दिन वह दोनों मिले थे, उनकी बेटी ने बहुत सलीके से चाय व नाश्ता परोसा था। इस वजह से अमरदीप को यह रिश्ता अच्छा लगा।

तरमपाल के परिवार वालों ने कहा कि तरमपाल को बाद में छुट्टी नहीं मिल पायेगी, इसलिए अमरदीप ने तुरंत सगाई कर देने का फैसला किया। चूंकि रिश्ता पक्का होते ही तरमपाल का पूरा विस्तृत परिवार इकठा हो गया, अमरदीप पर सगाई समारोह करने में थोड़ा दबाव पड़ा।

पहली बार, तरमपाल और जसमीत केवल 15–20 मिनट ही बात कर पाए थे और वह भी जसमीत की बहन और मौसी के सामने जो कि वहीं थोड़ी दूर पर बैठे थे। तरमपाल को आभास हुआ कि इन

हालात में वह अपनी होने-वाली पत्नी के बारे में थोड़ा ही जान पायेगा। वे दोनों बहुत औपचारिक ढंग से केवल एक-दूसरे की शिक्षा, अपने काम आदि के बारे में ही बात कर पाए।

अमरदीप ने भी मुझे यही बताया: कि उन दोनों ने केवल अपनी पढ़ाई, तनख्वाह जैसे विषयों पर ही बात की। चूंकि दोनों ने एक-दूसरे को पसंद किया, उनके परिवार इस शादी के लिए राजी हो गए। मुझे लगा कि अमरदीप ने शादी से पहले इस रिश्ते के बारे में ज्यादा पूछ-ताछ नहीं की। असल में, उन्होंने माना कि उनकी छोटी बेटी का विवाह भी इसीलिए असफल हो गया क्योंकि वहाँ भी उन्होंने दूसरे पक्ष की छान-बीन नहीं की थी। इंग्लैंड में जिस लड़के के साथ उसकी सगाई हुई थी, बाद में पता चला कि वह कुछ नहीं करता था और हमेशा बीमार ही रहता था। यह इस परिवार की आदत लगती है। बल्कि सारे समाज के लिए भी यही कहा जा सकता है। अपने बच्चों की शादी करना हमारे समाज में इतना जरूरी माना जाता है और इसका इतना दबाव रहता है कि अक्सर माँ-बाप जरूरी सावधानियां भी नहीं बरतते। कई माँ-बाप तो अपने बच्चे की शादी हो जाने से आगे कुछ भी नहीं सोचते।

अमरदीप ने यह भी कहा कि अगर उन्हें जरा भी भनक होती कि तरमपाल और उसका परिवार दहेज की मांग करेगा तो वे यह रिश्ता कभी नहीं करते। बल्कि, सगाई के पूरे साल अमरदीप को इस रिश्ते में सब कुछ सामान्य ही लगा। तरमपाल और उसकी माँ अक्सर उनके यहाँ आते थे। उन दोनों को एक-दूसरे को जानने-समझने के लिए भरपूर समय मिला। उन्होंने तर्क दिया कि, 'उनके सम्बन्ध सामान्य लगे, इसलिए हमने उनकी शादी करवा दी। हमें नहीं पता था कि इसमें भी उनकी कोई चाल थी।'

मैं मानता हूँ कि मुझे यह थोड़ा अचम्भे वाली बात लगी कि तरमपाल का परिवार, जसमीत के परिवार से पैसे की अपेक्षा कर रहे थे, जबकि वे जसमीत के परिवार से ज्यादा संपन्न थे। वास्तव में, शादी के बाद, जसमीत ने भी इस बात पर हैरानी व्यक्त की थी कि तरमपाल अपने से कई गुना निचली आर्थिक स्थिति वाली लड़की से शादी करने के लिए कैसे तैयार हो गया। तरमपाल का उद्देश्य साफ था: अगर उसे अमीर लड़की चाहिए थी, तो उसे वह भी मिल जाती। लेकिन उसने ऐसी लड़की इसलिए पसंद नहीं की क्योंकि अमीर लड़कियां घरेलू नहीं होतीं (पत्नी के लिए उसका एक और मापदंड)। वैसे भी, उसका विचार था कि उसे पैसे के लिए शादी नहीं करनी थी—उसके पास पहले से ही बहुत था।

लेकिन, तरमपाल का यह जोर देकर कहना कि उसे सीधी-सादी लड़की चाहिए थी, अमरदीप की छोटी बेटी के कथन के बिलकुल विपरीत था। उसने बताया कि, 'वह कहता था, 'मैंने एक गंवई लड़की से शादी कर ली है', जैसे कि उसे इस बात से चिढ़ होती हो।

सगाई के बाद जसमीत ने तरमपाल को लिखा कि हर लड़की का सबसे बड़ा सपना होता है कि उसे अच्छा पति मिले। तरमपाल के अनुसार, जसमीत ने यह धारणा, अपने सामाजिक अवलोकन व अपने मित्रों और परिवार के कहे अनुसार बना ली थी और इसे खुद का भी सपना बना लिया था। जहाँ

तक जसमीत की माँ का सवाल था, उनके अनुसार 'अच्छा' पति अपने व्यवहार और अपनी पत्नी की देखभाल करने और उसे खुश रखने की क्षमता से जाना जाता है।

उसी समय, तरमपाल ने मुझे बताया कि उसकी शादी से कोई ज्यादा अपेक्षाएं नहीं थीं। ऐसा इसलिए था क्योंकि वह अपनी माँ की वजह से शादी कर रहा था। मगर, सगाई के बाद, जैसे-जैसे उसने जसमीत को जाना वह अपनी पूर्व प्रेमिका को भूलने लगा और उसे जसमीत से स्नेह होने लगा था। तीन-चार महीने बाद उसे जसमीत से प्रेम हो गया था। उसे जसमीत बहुत आकर्षक लगने लगी और उसकी सादगी उसे बहुत पसंद आने लगी थी।

लेकिन, अमरदीप के अनुसार, तरमपाल ने उनकी बेटी को कभी चाहा ही नहीं—कम-से-कम शादी के एक महीने बाद से तो नहीं, जब उनके बीच परेशानियां शुरू हुईं।

मेरे कुरेदने पर तरमपाल ने अपनी पत्नी से एक और अपेक्षा जाहिर की: उसे तरह-तरह का खाना खाना बहुत पसंद था और वह चाहता था कि उसकी पत्नी अच्छा खाना पकाना जानती हो। लेकिन जसमीत, तरमपाल जितना बढ़िया खाना ही जानती थी। शुरुआत में उसने तरमपाल को बताया कि वह एक टीचर रही थी और उसने घरेलू कामों के बजाय अपने काम में ज्यादा समय लगाया था। तरमपाल ने इच्छा जाहिर की थी कि वह अच्छा खाना बनाना सीखे। पत्नी लंबी हो, इसके बाद तरमपाल की ख्वाहिश थी कि उसकी पत्नी अच्छा खाना बनाना जानती हो, इसलिए उसने जसमीत से एक साल में खाना बनाने में कुशल होने के लिए कहा। जसमीत को यह आग्रह आश्चर्यजनक लगा, लेकिन उसने कभी मना नहीं किया। इसके बावजूद, जसमीत ने *सब्जी* (सब्जियों के व्यंजनों के लिए इस्तेमाल किये जाने वाला आम शब्द) या *दाल* (मसूर बनाने का भारतीय तरीका) बनाना सीखने में अरुचि ही दिखाई, और तरमपाल को भी जल्द ही यह एहसास हो गया कि उसे अपनी माँ के हाथ का खाना ही ज्यादा पसंद आ रहा था।

अमरदीप ने मुझे बताया कि, एक पत्नी की अच्छा खाना बनाने और अपने ससुराल वालों की इज्जत करने और उन्हें अपनाने की अहमियत वे बखूबी समझती थीं। उन्होंने आगे बताया कि जसमीत को अपने पति की इच्छा अनुरूप रहना चाहिए था। उन्होंने यह भी कहा कि, 'अगर वह तरमपाल के कहे अनुसार करती तो सब ठीक रहता, नहीं तो समस्याएं तो आनी ही थीं।' जब मैंने पूछा कि क्या जसमीत को इसकी दोनों तरफ से अपेक्षा करनी चाहिए थी तो उन्होंने माना कि ऐसा ही होना चाहिए था। उनके अनुसार, स्नेह दो तरफा होना चाहिए और तरमपाल को अपनी पत्नी को मारने का कोई अधिकार नहीं था। अमरदीप को याद आया कि जसमीत को तरमपाल के चिल्लाने से डर लगता था, हालाँकि उसे कभी नहीं लगा कि वह उस पर हाथ उठाएगा।

मनोरंजन के लिए पति-पत्नी सैर के लिए जाते, पिक्चर देखने और रेस्टोरेंट में खाना खाने जाते। तरमपाल के लिए सभी मायनों में जिंदगी अच्छी चल रही थी। उसे 11 महीने और 17 दिनों (उसके विवाह की अवधि) की बहुत अच्छी यादें थीं, और जोर दिया कि जसमीत उसके लिए एक खुशनुमा याद थी।

लेकिन, मेरे एक सहयोगी के अनुसार, जिसने तरमपाल के दो भाईयों के साथ काम किया (वे दोनों भी जसमीत की मृत्यु के केस में सजा काट रहे थे), उन्हें लगता था कि यह बेमेल जोड़ी थी। तरमपाल, एक बहुत पढ़ा-लिखा, गर्वीला व्यक्ति था, जिसकी एक सरल, गांव की लड़की से शादी हुई थी। इस वजह से दोनों में लड़ाई-झगड़ा होता था, उनमें तनाव रहता था और अंत में जसमीत ने खुदकुशी कर ली।

तरमपाल का इस बारे में कुछ और ही कहना था। एक तरफ उसको अपनी पत्नी में हीन-भावना दिखती थी, वहीं उसे अपनी श्रेष्ठता दिखाई देती थी क्योंकि उसे लगता था कि वह ज्यादातर मायनों में अपनी पत्नी से बेहतर था। वह इस संतुलन से खुश था। उसे इससे ज्यादा होशियार पत्नी नहीं चाहिए थी। उसके अनुसार, ज्यादा होशियार पत्नी से मुश्किलें ही खड़ी होतीं क्योंकि ऐसी पत्नी उसे काबू में रखने की कोशिश करती। लेकिन अब उसे एहसास होता है कि शायद उसकी पत्नी कि मृत्यु इन्हीं सब कारणों से हुई।

मजेदार बात यह है कि अमरदीप का मतभेद है कि तरमपाल उनकी बेटी से ज्यादा पढ़ा-लिखा था। जहाँ तक उस वक्त उनकी इच्छा थी, तरमपाल की पढ़ाई-लिखाई, उसके कमा सकने की योग्यता से कहीं कम महत्त्वपूर्ण थी। लेकिन इस बारे मुझे नहीं पता कि अमरदीप को कितना पता था, खासकर क्योंकि उन्हें यह भी नहीं पता था कि दोनों की कुछ साझी रुचियाँ भी थीं या नहीं और वे दोनों एक-दूसरे के लिए कितने अनुकूल थे।

शिक्षा एक बात है, भावनात्मक बुद्धि एक दूसरा ही मुद्दा है। तरमपाल ने पाया कि वह और उसकी पत्नी के सभी बातों में विचार मिलते थे। उसकी माँ को भी यह नजर आता था और उन्होंने जब पहली बार जसमीत को देखा था, यह कहा भी था कि वह उसकी पूर्व प्रेमिका की तरह थी।

उसकी बुद्धि की तरफ इशारा करते हुए और जिस तरह से वे दोनों सभी काम साझा तरीके से करते थे, तरमपाल को लगता था कि उसकी पूर्व प्रेमिका के साथ उसके विचार ज्यादा मिलते थे। वह जसमीत से ज्यादा शिक्षित थी जबकि उसकी पत्नी में कम बुद्धि-तत्परता थी। वे दोनों ही बात करने के मामले में एक जैसी थीं, कि दोनों ही कम बात करती थीं। समय के साथ तरमपाल के अपनी पत्नी के साथ भी, अपनी पुरानी प्रेमिका की तरह, सम्बन्ध गहरे हो गए। उनके सम्बन्ध और भी अच्छे हो जाते यदि उनमें एक और बात हो जाती: कि वह गर्भवती हो जाती।

अपेक्षाओं के सिलसिले में तरमपाल को सबसे बड़ी समस्या थी कि उसकी माँ को जो चाहिए था वह नहीं मिल रहा था।

तरमपाल का विश्वास था कि सफल वैवाहिक जीवन के लिए, दोनों पक्षों को समझौता करना जरूरी होता है। उसके अनुसार उसने हमेशा आपसी समझौते पर जोर दिया था। दूसरी तरफ, अमरदीप का

कहना था कि उन्होंने हमेशा जसमीत को यही सीख दी थी कि हर घर का अपना माहौल होता है और सबको उसी अनुसार रहना चाहिए और उस घर के कायदे-कानून सीखने चाहिए। उन्होंने यह भी स्वीकार किया कि लड़के वालों को भी नई बहू के साथ समायोजन बैठाना चाहिए।

फिर भी, अमरदीप ने प्रकट किया कि जसमीत का लालन-पालन ऐसे हुआ था कि वह अपने वैवाहिक घर के माकूल हो सके। इसके लिए उन्होंने पूरी कोशिश की कि जसमीत को नए घर में काम आने वाले सभी गुण हासिल हों, जैसे कि खाना बनाना, सिलाई, यहाँ तक कि स्कूटर चलाना आदि।

अमरदीप यह भी चाहती थीं कि उनकी बेटियां आत्म-निर्भर हों, काम कर सकें और अपने घर को बखूबी चला सकें। वैवाहिक घर के लायक होने का यह मतलब नहीं था कि वह एक घिसी-पिटी गृहिणी की तरह बन जाएँ। पर यह उसके होने वाले घर पर भी निर्भर था क्योंकि उन्होंने जसमीत को हमेशा यही सिखाया था कि वह *'पराया धन'* थी और उसे इसे स्वीकार करना ही था। उन्हें मालूम था कि यह आसान नहीं था क्योंकि हो सकता था कि दूसरे घर का माहौल बिलकुल अलग हो और उसे पूरी तरह से बदलना पड़े।

जब मैंने अमरदीप से पूछा कि क्या शादी के बाद, उनकी बेटियां अपने घरों में अपने निर्णय खुद ले पाती थीं, जैसे कि मायके जाना आदि, उन्होंने बताया कि यह संभव नहीं था—उन्हें पूछना पड़ता था। मैंने उन्हें ललकारा कि यह कैसी शिक्षा थी कि उनकी बेटियां अपने निर्णय भी खुद नहीं ले सकती थीं। अमरदीप ने जवाब दिया, 'कुछ घरों में यह चल जाता है, कुछ में नहीं। जसमीत के घर में यह नहीं चला।'

मैंने अमरदीप की छोटी बेटी से भी यही सवाल किया तो उसने कहा कि उसका पति जो भी कहता था उसे मंजूर था क्योंकि, वह उसके लिए भगवान था।' यह शायद जसमीत के तरमपाल के प्रति रवैये का सूचक भी था।

अंत में, अमरदीप की सिर्फ यही अपेक्षा थी कि उनकी बेटी के ससुराल वाले उसे अपने घर में जगह दें और उससे एक बाहरी व्यक्ति की तरह व्यवहार न करें।

तरमपाल ने बताया कि उन दोनों के बीच तरमपाल का शराब पीना भी एक झगड़े का मुद्दा था। जसमीत के पिता शराबी थे और उसे डर था कि कहीं तरमपाल भी वैसा न हो जाये।

अमरदीप ने बताया कि जसमीत की अपने वैवाहिक जीवन से केवल एक ही अपेक्षा थी: कि उसका पति शराब न पिए। उन्होंने स्वीकार किया कि उनकी बेटी की शराब के प्रति नापसंदगी की वजह से दोनों में लड़ाई होती थी। हालाँकि, तरमपाल जसमीत को विश्वास दिलाता था कि पीना एक आम बात थी, वह नहीं चाहती थी कि तरमपाल जरा भी पिए। धीरे-धीरे तरमपाल ने पीना कम कर दिया और छह महीने तक उसने बिलकुल भी नहीं पिया। लेकिन इस दौरान वह उससे बराबर पीने की मंजूरी मांगता रहता था। अंत में जसमीत ने हां कर दी।

तरमपाल ने कहा कि इस सबसे छोटे-छोटे झगड़े ही होते थे, जो कि कोई बड़ी बात नहीं थी।

उनकी दूसरी समस्या थी कि तरमपाल को सामाजिक परिस्थितियों में हमेशा जसमीत को सही बर्ताव का तरीका सीखाना पड़ता था। उसे लगता था कि यदि वह ऐसा करता रहा तो धीरे-धीरे जसमीत तहजीब सीख जायेगी, जैसे कि मेज पर खाने का शिष्टाचार। दूसरी तरफ, उसे यह भी एहसास था कि उसे भी कुछ समझौता करना और यह समझना चाहिये था कि इस सबसे जसमीत को कैसा महसूस होता होगा।

जबकि इस तरीके से तरमपाल जसमीत को कुछ स्थितियों को सामना करना सिखा सका, इससे जसमीत सभी सामाजिक स्थितियों से बचने की कोशिश करने लगी। उदहारण के लिए, उसे रेस्टोरेंट जाना पसंद नहीं था और वह, जहाँ तक हो सके, इस से बचती थी।

शादी तय होते समय, शादी के बाद जसमीत अगर नौकरी करना चाहे इस बात पर विचार नहीं हुआ था। अमरदीप का मानना था की यह मामला लड़के वालों का था और जसमीत को इस बात में दखल नहीं देना चाहिए। ऐसा लगता था कि जसमीत भी अपनी माँ से इस बात पर सहमत थी।

जैसा कि मैंने पहले बताया, जसमीत पेशे से टीचर थी। हालाँकि वह ग्रेजुएट थी और शादी से पहले पढ़ाती थी, लेकिन तरमपाल ने बताया कि उसे दिल्ली में नौकरी मिलने में बहुत दिक्कत हुई। लेकिन वह वास्तव में नौकरी करना चाहती थी, इसलिए अपनी रोजगार क्षमता बढ़ाने के लिए उसने कंप्यूटर कोर्स करना शुरू किया। आखिरकार, शायद इसी कारण उसने एमए में दाखिला लिया।

तरमपाल ने बताया कि उसे जसमीत के आत्महत्या करने के पीछे दो संभावनाएं लगती हैं। पहला यह कि उन दोनों पर अपने परिवारों से बच्चा करने के लिए बहुत दबाव था (दोनों ही अपने घर के सबसे बड़े पोता-पोती थे)। तरमपाल के अनुसार, अक्सर एक औरत से अपेक्षा की जाती है कि वह शादी के एक साल के भीतर ही पहला बच्चा करे। इस बात पर जसमीत हमेशा बहुत परेशान रहती थी।

उसके मायके वाले उस पर गर्भवती होने के लिए दबाव डालते रहते थे। जसमीत को नियमित रूप से घर वालों के फोन आते रहते थे, 'अच्छी खबर कब दे रही हो?' तरमपाल के परिवार से भी उसको इस तरह के सवालों का सामना करना पड़ता।

दोनों के रिश्तेदारों के इस तरह से पूछते रहने की वजह से उन पर बहुत मनोवैज्ञानिक दबाव पड़ रहा था। इसकी वजह से जसमीत ने घर से निकलना छोड़ दिया।

तरमपाल ने मुझे विश्वास दिलाया कि गर्भवती होने के मुद्दे के अलावा उन दोनों को एक दूसरे के साथ यौन सम्बन्ध बनाने में अच्छा लगता था। उसने कहा, 'हम दोनों बेडरूम में खुश रहते थे।' 'हम दोनों वहाँ मुस्कुराते रहते थे और फिर बाहर आकार वे तीन चेहरे देखने पड़ते थे जिन्हें हम देखना नहीं चाहते थे।' अपनी तनावपूर्ण जिंदगी से राहत पाने के लिए वे यौन सम्बन्ध बनाते थे और उनमें अक्सर यह मुकाबला होता था कि एक सेशन में वे कितनी बार परफार्म कर पाएंगे। बाद में, जब जसमीत रिलेक्स महसूस करने लगती थी, वह फिर सोचने लगती थी, 'क्या मैं इस बार (गर्भवती) हो पाऊँगी?'

तरमपाल ने बताया कि उन्होंने सब तरह की कोशिशें कीं लेकिन नाकामयाब रहे।

इस विषय पर दोनों को घर वालों से 'भयानक' क्लेश का सामना करना पड़ा। महत्त्वपूर्ण बात यह थी कि उसकी पत्नी बच्चा नहीं करना चाहती थी। वह पहले 'जिंदगी जीना' चाहती थी और इसलिए कुछ साल और इन्तजार करना चाहती थी। तरमपाल ने कहा कि यह ज्यादा लंबा समय था इसलिए दोनों एक साल पर राजी हुए।

मजेदार बात यह है कि–जो कि शायद उनकी अपनी अपनी स्थिति को अच्छी तरह दिखाता था–अमरदीप ने मुझे ठीक इसका उल्टा बताया: जसमीत शादी के पहले साल में ही बच्चा चाहती थी; तरमपाल नहीं चाहता था।

अमरदीप ने बताया कि, 'हम सब बच्चा चाहते थे क्योंकि हमें लगता था कि जब तक बच्चा नहीं होगा, उनकी परेशानियां बढ़ती ही रहेंगी। उन्होंने आगे कहा कि, 'शादी के दो साल के अंदर बच्चे की अपेक्षा करना आम बात थी, लेकिन उन्होंने कभी अपनी बेटी पर इस बात के लिए दबाव नहीं डाला। लेकिन, उनका मानना था कि जसमीत की सास ने उस पर दबाव डाला था। सबसे जरूरी बात यह कि उन्हें नहीं लगता था कि उनकी बेटी गर्भवती न हो पाने के कारण तनाव-ग्रस्त नहीं थी, इससे ऐसा लगता है कि या तो उनकी और तरमपाल की जसमीत की भावनाओं के बारे में अलग-अलग सोच थी या फिर वे जसमीत की मौत में अपनी भूमिका को झुठलाने की कोशिश कर रहीं थीं।

तरमपाल को लगता है कि अंदरूनी तौर पर बच्चा न चाहना और फिर भी यह सब दबाव सहने के कारण भी उसकी पत्नी शायद गर्भवती नहीं हो पा रही थी। बच्चा करने के लिए उस पर जो दबाव पड़ रहा था, उससे वह डिप्रेशन में चली गयी थी। लेकिन, वह बार-बार उसको यकीन दिलाने कि कोशिश करता रहता था कि वे दोनों इस बात में एक थे।

क्या बच्चा नहीं करना एक विकल्प नहीं था? तरमपाल ने जोर देकर कहा कि जसमीत के लिए यह एक मुद्दा बन गया था। असल में उसने जसमीत को कहा था कि वह सभी रिश्तेदारों को बता दे कि वह अभी बच्चा नहीं चाहती थी लेकिन जसमीत को लगा कि इससे बात नहीं बनेगी।

तरमपाल भी इस तनावपूर्ण परिस्थिति से अछूता नहीं था। उदहारण के लिए, काम में उसकी उत्पदाकता घट गई थी। उसके स्वभाव में बदलाव के कारण उसकी पत्नी से वह कठोर बातें भी कह देता था। जब मैंने उससे पूछा कि क्या उसने यह सब बातें किसी को बताई थीं, उसने कहा, 'नहीं ये सब बस हमारी दुनिया का हिस्सा थीं।' ऐसा लगा कि उन्हें लगता था कि इस सम्बन्ध में वे किसी से मदद नहीं ले सकते थे। उसकी पत्नी किसी मनोवज्ञानिक को नहीं मिलना चाहती थी क्योंकि ऐसा करना कलंक माना जाता था।

तरमपाल के अनुसार जसमीत की आत्महत्या के पीछे दूसरा कारण उन दोनों के परिवारों में गहरी असमानताएं थीं। इस बात को समझाने के लिए तरमपाल ने मुझे बताया कि वह ज्यादा पढ़ा-लिखा था (हालाँकि, जैसा कि मैंने कहा, अमरदीप ने इस बात का खंडन किया), उसका पारिवारिक घर

दिल्ली में था जिसकी कीमत लगभग एक *करोड़*[3] है और वे आर्थिक रूप से ज्यादा संपन्न हैं। दूसरी तरफ, जसमीत के परिवार के पास पंजाब के एक गाँव में एक घर है और दो लाख की संपत्ति है। शादी के बाद ही जसमीत को उनकी आर्थिक स्थिति में विशाल अंतर समझ आया और इसे लेकर वह डिप्रेस रहने लगी।

तरमपाल ने बताया कि उसने एक संकल्प किया था: कि उसकी आमदनी उसकी पत्नी की भी होगी। वह जितना पैसा चाहती उतना ले सकती थी। इसलिए शादी में रख-रखाव कोई मुद्दा नहीं था। अमरदीप का भी यह मानना है कि जसमीत की देखभाल करना उसके ससुराल वालों की जिम्मेदारी थी और उनकी संपत्ति पर जसमीत का हक था। लेकिन जसमीत के लिए उसकी ससुराल का इतना पैसे वाला होना परेशानी का कारन बन गया था क्योंकि वे हमेशा हजारों-लाखों की ही बातें करते थे। अर्थात, पैसा और कीमत ही उनके लिए मुख्य मुद्दे थे, लेकिन जसमीत को इसमें कोई रुचि नहीं थी। यह जतलाते हुए कि उसे यह समझ आता था, तरमपाल ने कहा कि इस लिहाज से यह शादी 'बेमेल' थी। उसने माना की अंत में यह उसी की गलती थी। उसे लगता है कि उसे उस समय इस शादी के लिए अपनी माँ की हठ नहीं माननी चाहिये थी।

तरमपाल ने खुलकर स्वीकारा कि पैसे से सम्बन्धित समस्याएं जसमीत की सास के रवैये से और भी ज्यादा विकट हो गई थी। वास्तव में उसका यह मानना है कि बहुत सारी समस्याएं जो उन्हें झेलनी पड़ीं वे 'महिलाओं के अहं' की वजह से थीं। उसके अनुसार, 'आम भारतीय परिवारों' में पिताओं का हुक्म माना जाता है। लेकिन उसके पिता कई साल पहले ही गुजर गए थे। दूसरी बात, 'आम शादियों' में शादी के बाद पतियों का झुकाव अपनी पत्नियों की तरफ ज्यादा हो जाता है, जिससे कि उनकी माएं असुरक्षित महसूस करने लगती हैं। और इस स्थिति में माएं अपने लड़कों को कुछ नहीं कहती हैंय वे अपनी बहुओं को सुनाती हैं। ज्यादातर बहुएं इसे बर्दाश्त कर लेती हैं, लेकिन कभी-कभी बात बिगड़ भी जाती है।

तरमपाल ने मुझे, नई बहू बनाम सास जिसका घर में बोलबाला होता है, उस स्थिति से अवगत कराया। उसने देखा है कि इस तरह के ज्यादातर मामलों में सास अक्सर विधवा होती हैं (जैसा कि उसके घर में था)। ऐसी स्थिति में जब औरत अकेली घर में राज कर रही होती है, वह नहीं चाहती है कि उसकी बहू उसके बेटे का ध्यान बाँट ले, जिससे कि बेटे की निष्ठा बट जाये। ऐसी शादियाँ तनाव के कारण अक्सर टूट जाती हैं।

तरमपाल का कहना है कि जब भी उसकी माँ का व्यवहार अनुचित होता था वह अपनी पत्नी का पक्ष लेता था। इस वजह से जसमीत की परिस्थिति बदतर हो गई। थोड़े समय बाद ही उसकी माँ को इस शादी में, जिसके लिए वह खुद बहुत इच्छुक थीं, कमियां दिखाई देने लगीं और वह अक्सर यह कहने लगीं कि, 'अब मालूम चलता है कि अपने लड़के की गरीब घर में शादी करने का क्या नतीजा हुआ।'

इस रवैये से मुझे अमरदीप की बात पर विश्वास हुआ: कि जसमीत ने जिस लड़के से शादी की थी, उसमें बेशक कमी न रही हो लेकिन उस परिवार में, शिक्षा के बावजूद कमियां तो थीं।

---

[3]दक्षिण एशिया में एक करोड़ एक आंकड़ा है जिसका अर्थ 10 मिलियन होता है, यहाँ इस का तात्पर्य रुपए से है

अमरदीप ने शिकायत की कि जसमीत की ससुराल में सभी उसके हर काम में कमियां निकालते थे। उसके बनाये खाने को लेकर खास तौर पर उसकी बेइज्जती की जाती, जो कि, उनके अनुसार खाने लायक नहीं होता था। अगर उन्हें खाना पसंद नहीं आता था तो वे उसे फेंक भी देते थे। अमरदीप ने आपत्ति की कि, 'जसमीत को बुरा लगता था, क्योंकि सभी लड़कियां चाहती हैं कि उनके बनाये खाने की ससुराल में तारीफ हो।'

लेकिन, बात केवल बुरा लगने तक ही सीमित नहीं रह गई। चूंकि जसमीत को हमेशा अपनी सास की प्रतिक्रिया की आशंका रहती, वह खाना बनाते हुए डरती रहती थी। उसे अपनी सास की प्रतिक्रियाओं से बहुत तकलीफ होती थी। अमरदीप के अनुसार, जसमीत को केवल उसकी सास ही नहीं डांटती थीं–उसका पति भी खाने के समय उसको बहुत डांटता था। उन्होंने बताया, 'वे खुद भी नहीं खाते थे, और लड़की को भी खाने नहीं देते थे, बल्कि खाना फेंक देते थे।' 'वह बहुत दुबली हो गयी थी।' हालाँकि अमरदीप ने जसमीत की सास को कहा भी कि उनकी बेटी को और खाना दिया जाना चाहिए, परिस्थिति नहीं बदली।

आखिर में, अमरदीप को लगा कि खाना और ऐसी बातें तो केवल बहाना थीं जसमीत की जिंदगी मुश्किल बनाने के लिए। भोजन के समय उसे भूखा रखना ही उसे सजा देने का केवल एक तरीका नहीं था। उदाहरण के लिए, मुझे बताया गया कि एक बार उसकी सास ने उसकी बेडशीट भी ले ली थी।

तरमपाल ने बताया कि जसमीत के ससुराल में पैसा न ला पाने से जो समस्याएं थीं वह उसकी माँ के इस भ्रम से उपजी थीं कि उन्हें लगता था कि वे लोग संपन्न परिवार से थे और इसलिए उनकी बहू को भी उतना ही संपन्न होना चाहिए था। प्रत्यक्ष रूप से, जसमीत के सामने वह घर की चीजों की नुमाइश करती थीं जैसे कि कह रही हों, 'और *तुम* क्या लाईं?' अमरदीप के अनुसार, शादी के 10 महीने बाद जसमीत के *देवर* (पति का भाई) की सगाई हो जाने से यह समस्या उठ खड़ी हुई, जब उसकी सास को नए रिश्ते में उपहार मिलने लगे।

यदि तरमपाल की माँ दोषी थीं तो आखिर में उन्हें बरी क्यों कर दिया गया? ऐसा इसलिए हुआ क्योंकि जज को पैसा खिलाया गया था, उसने बताया। उसने आगे कहा कि, कानून की उसकी समझ से, 'केवल ताना देना' ही दहेज के लिए प्रताड़ित करना नहीं था।

जसमीत की मृत्यु से दो महीने पहले, तरमपाल की माँ और उसके भाई-बहनों ने तरमपाल से बात करनी छोड़ दी थी क्योंकि उन्हें लगता था कि वह हमेशा जसमीत का पक्ष लेता था। तरमपाल को लगता है कि जो कुछ भी हुआ उसमें कुछ हद तक सभी हिस्सेदार थे। जबकि तरमपाल के भाइयों ने मेरे साथी को बताया कि उनकी माँ निर्दोष थीं, तरमपाल को लगा कि उन्होंने उनका साथ इसलिए दिया क्योंकि वे छोटे थे। नतीजतन घर में दो वर्ग बन गए।

तरमपाल का इस बार में कुछ दूसरा नजरिया था। उसका दावा था कि किसी भी स्थिति में वह सही व्यक्ति का साथ देता था। इसलिए, कभी-कभी वह अपनी माँ का पक्ष लेता था, अपनी पत्नी का नहीं। उसकी याद में ऐसा दो-तीन बार हुआ था, जिसमें से आखिरी बार जसमीत कि मौत से दो-तीन

दिन पहले खाने के खराब होने को लेकर बहस में हुआ था। उस समय तरमपाल ने कहा कि उसकी माँ सही थीं, इस पर जसमीत ने तुरंत जवाब दिया कि 'अब तुम अपनी माँ की भाषा बोल रहे हो।'

जहाँ तक अमरदीप का मानना है, अगर जसमीत के पति ने उसका साथ दिया होता, तो उसकी माँ ने भी जसमीत के साथ बेहतर व्यवहार किया होता। उन्होंने दावा किया कि 'अगर उसका पति उसका साथ देता तो कोई भी उसे कुछ नहीं कह सकता था।' 'पर जब लड़का ही गलत बर्ताव करता है तो बाकि परिवार को गलत बात कहने से रोकने वाला कोई नहीं रहता।' दूसरे शब्दों में, वह चाहती थीं कि तरमपाल को उनकी बेटी का साथ देना चाहिए था।

लेकिन, अमरदीप को समझ आ रहा था कि एक पत्नी कभी भी पूरी तरह शक्ति-विहीन नहीं होती। जैसे कि, मैंने उनसे पूछा कि वह किस तरह की सास बनेंगी जब उनके बेटे की शादी होगी। उन्होंने जवाब दिया कि वैसे तो वह उस लड़की के साथ अच्छा बर्ताव करेंगी, पर यह रिश्ता दो-तरफा होता है, क्योंकि उनकी बहू बहुत प्रबल भी हो सकती है और कमजोर भी। हालाँकि उन्हें इस रिश्ते में तनाव नजर आता है, उन्होंने अपनी बेटी के सन्दर्भ में इस तरह की बात नहीं की।

शादी से पहले, जसमीत ने तरमपाल को बताया था कि वह गरीब है और उसके घर वाले शादी से जुड़े खर्चे नहीं उठा पाएंगे। तरमपाल ने बताया कि वह शादी के समय भी कुछ नहीं लाई थी और अपने घर का सामान वह खुद लाया था। प्रत्यक्ष रूप से यह शादी 'बहुत अच्छी नहीं थी' क्योंकि लड़की वालों ने उन्हें केवल 50–60 बाराती ही लाने को कहा था। जबकि रिसेप्शन में 700 लोग थे और लड़के वालों ने इसका खर्चा उठाया। उपहार में जसमीत को उसके घर वालों ने एक सोने का सेट (एक हार, अंगूठी और कान के बुँदे) दिया था। तरमपाल को भी एक सोने की अंगूठी मिली थी और कुछ साधारण कपड़े और फर्नीचर। उसकी माँ और सास, दोनों ने उपहार दिए थे, जिसे तरमपाल ने 'आम लेन-देन' बताया।

अमरदीप के अनुसार, शादी के समय जसमीत को जो भी दिया गया वह *उसके* लिए ही था। लेकिन, उसने बताया कि उसे उस सामान के साथ कुछ भी करने से पहले अपने पति से सलाह लेनी पड़ेगी, जैसे कि यदि वह टीवी बेचना चाहे।

तरमपाल ने मुझे भरोसा दिलाया कि जसमीत शादी में जो भी सामान लाई थी वह उसका ही रहा, कम-से-कम नाम में। प्रत्यक्ष रूप में उसने अपनी माँ से कहा कि वह सब चीजें जसमीत की थीं और उसका जो भी सामान लिया था वह उसे लौटा दिया जाये। लेकिन, उसकी माँ इसके लिए तैयार नहीं थीं। इसमें तरमपाल ने एक समझौता कराना चाहा कि जसमीत का *स्त्रीधन* घर की नई लड़कियों को दे दिया जाये, पर उसकी माँ को यह बात रास नहीं आई। केस के समय भी उसने अपनी माँ से कहा कि वह *स्त्रीधन* की लिस्ट कोर्ट को देदे, लेकिन उसकी माँ ने नहीं दिया। उनके लिए यह एक अहं की बात थी।

दहेज के विषय में तरमपाल ने कहा कि वह इस 'सिर्फ एक रिवाज की तरह मानता है' और कहा कि ज्यादातर परिवार दहेज देते हैं। उसके परिवार ने भी अपनी बेटी (यानी, तरमपाल की बहन) की शादी में दहेज दिया था। लेकिन, उसका मानना है कि यदि लड़के वाले शिक्षित हैं तो वे कभी पैसा नहीं चाहते। 'यदि तुम आदर पूर्वक रहना चाहते हो, तो तुम्हें यह नहीं करना चाहिए,' उसने जोर दिया। 'और यदि तुम वह सब सामान खुद खरीदते हो तो तुम्हें अपनी पत्नी का सम्मान मिलेगा।'

लेकिन, उसकी माँ ने यह माना था और अपेक्षा की थी कि शादी के समय लड़के वालों को सामान दिया जाना चाहिए लेकिन *दरअसल* वे इसे उपहार मानती थीं न कि दहेज।

तरमपाल का विश्वास है कि दूसरा पक्ष भी शादी के लेन-देन को सामान्य मानता था। कथित तौर पर उन्होंने एक म्यूजिक सिस्टम और एक टीवी देने की बात कही थी, लेकिन तरमपाल ने मना कर दिया था, और कहा कि यदि वह यह सब चाहता था तो वह केवल अपना कंप्यूटर अपग्रेड कर लेता। उसने यह भी कहा कि उसने यह सब उपहार लेने से इसलिए भी मना किया क्योंकि उसकी पत्नी के और भी बहनें थीं और उसके घर वालों को उनकी शादी के लिए भी पैसा चाहिए था।

तरमपाल की माँ चाहती थी कि उसकी शादी में 300 लोग हों। लेकिन अमरदीप ने उसे बताया था कि वह इतने बड़े स्तर की शादी नहीं कर सकती थीं। तरमपाल ने मुझे बताया कि उसने उन्हें चिंता न करने का भरोसा दिया था और कहा था कि इसके बजाय उसका पक्ष एक बड़ा रिसेप्शन करेगा। लेकिन, उसे लगता है कि अंत में उसकी माँ को निराशा हुई थी।

अमरदीप ने बताया कि तरमपाल के दावे के विपरीत, उनकी बेटी दहेज के बिलकुल खिलाफ थी। उसने स्पष्ट रूप से अपनी माँ को कह दिया था कि यदि कोई उनसे मांग करे तो वे मांगें न मानें। अमरदीप को खुद दिल से देने में कोई परेशानी नहीं है–पर अगर कोई मांग करे तो जरूर उनके लिए यह एक मुद्दा था। वह यह भी महसूस करती हैं कि यह एक सामाजिक अपेक्षा है कि लड़की वाले अपने आप कुछ दें।

समाज को इससे क्या फर्क पड़ता है? अमरदीप ने कहा कि, 'बहुत फर्क पड़ता है, क्योंकि सारी दुनिया पूछेगी, 'तुमने क्या दिया? आखिर वह तुम्हारी बेटी है।' और बाद में वे तुम्हारी बेटी को बार-बार कहेंगे कि, 'उन्होंने कुछ नहीं दिया, तुम्हारे माँ-बाप ने क्या दिया?' उन्हें लगता है कि परिवारों की क्षमता अनुसार यह एक रिवाज ही बन गया है।

जब मैंने अमरदीप से पूछा की उन्होंने क्या दिया, उन्होंने बताया कि उन्होंने अपने परिवार की हैसियत से सामान दिया था। मतलब उन्होंने घर का सारा जरूरी सामान जैसे बिस्तर, टीवी आदि। उन्होंने आगे कहा कि उन लोगों ने तरमपाल को एक सोने की अंगूठी और एक ब्रेसलेट, एक घड़ी दी थी और घर के बाकी लोगों के लए कुछ जेवर, दूल्हा-दुल्हन के लिए कपड़े और सास के लिए एक सेट दिया था। उन्होंने कहा कि कुल मिलाकर उन्होंने 3–4 लाख रुपए खर्च किये थे जिसमें शगुन[4] के तौर पर 15,000 रुपए नगद भी शामिल थे।

[4]शादी के समय दम्पति को नजर से बचाने व खुश व सुखहाल दाम्पत्य जीवन के लिए आशीर्वाद के रूप में दिया जाता है।

दहेज की मांग कथित रूप से शादी के कुछ हफ्तों बाद ही शुरू हो गईं थीं। शादी अप्रैल के दूसरे हफ्ते में हुई थी और जून में राखी पर उन्हें पता चला कि लड़के वाले शिकायत कर रहे थे कि उन्हें एक फ्लैट या एक वाशिंग मशीन भी नहीं दी गई।

अमरदीप ने बाद में तरमपाल को बोला भी कि उन्हें बाद में तंग करने के बजाय पहले ही अपनी अपेक्षाएं बता देनी चाहिए थीं। अगर तरमपाल की अपेक्षाएं उनकी पहुँच के बाहर होतीं तो वे पहले ही उसको किसी दूसरे परिवार में शादी करने के लिए कह देतीं। वैसे भी, उन्होंने तरमपाल के परिवार को अपनी हैसियत के मुताबिक सब दिया था। उनके अनुसार, जसमीत बच्चा ही थी और वे नहीं चाहतीं थीं कि जसमीत को दहेज पूरा न देने के कारण कोई तकलीफ उठानी पड़े।

मुझे याद आया कि अमरदीप ने मुझे बताया था कि जसमीत की इच्छा थी कि वे दहेज न दें, इसलिए मैंने उनके दहेज देने के निर्णय पर प्रश्न उठाया। उन्होंने जवाब दिया कि, 'अगर लड़के का परिवार इसके लिए मना करता तो मैं मान लेती, लेकिन अपनी बेटी के कहे से क्यों मानती?'

जसमीत के साथ जो भी हुआ, उसके बावजूद अमरदीप ने अपनी बाकी दो लड़कियों की शादी में भी दहेज दिया था। उन्होंने समझाने की कोशिश की कि, 'आपकी एक, दो, या तीन बेटियां हो सकती हैं, लेकिन आपको दहेज तो देना ही पड़ेगा। एक के साथ ऐसा हुआ, लेकिन मेरा विशवास था कि सबके साथ ऐसा नहीं होगा। अगर एक व्यक्ति गलत है इसका मतलब यह नहीं कि हर व्यक्ति गलत होगा।'

क्या अमरदीप को दहेज प्रथा समस्यात्मक लगती है? उन्होंने कहा कि कभी-कभी लगती है लेकिन यह निर्भर करता है। 'सभी मानते हैं कि यह गलत है। लेकिन मेरे अकेले के मानने से क्या होगा?' उन्होंने दृढ़ता से कहा कि जब वे अपने बेटे की शादी करेंगी तो वे दहेज बिलकुल नहीं लेंगी। लेकिन उनके अनुसार, लड़के वालों को कुछ हद तक इसकी अपेक्षा करना लाजिमी है क्योंकि उन्हें शादी के बाद, आजीवन एक लड़की का खर्च उठाना होता है।'

क्या तरमपाल की माँ का यह कहना–कि उसकी भाभी अपनी शादी में जसमीत से ज्यादा कीमती सामान घर में लाई थी–क्या इसे दहेज के लिए तंग करना समझा जा सकता है?

तरमपाल को यह 'केवल ताने' लगे, हालाँकि उसे समझ आ रहा था कि किस तरह से इन बातों को अन्यथा भी समझा जा सकता था। लेकिन अभियोगपक्ष को इन बातचीत का पता नहीं था। उसका मानना है कि पुलिस ने कहानी को तोड़-मरोड़ दिया और उसे केवल एक कथित तौर पर की गई मांग से जोड़ दिया।

उसकी माँ के बर्ताव के नतीजे की वैधता के बावजूद, अपनी पत्नी के साथ जो भी हुआ उसके लिए तरमपाल स्पष्ट रूप से अपनी माँ को जिम्मेदार मानता है। उन्होंने जबरदस्ती उसकी यह शादी करवाई और फिर उसे अपना सहयोग भी नहीं दिया। उसने कहा कि उन्हें इस पूरे समय में उसका साथ देना चाहिए था और कहा, 'नहीं तो परिवार होने का फायदा क्या है?'

उसने शिकायत की कि, 'माँ ने सब-कुछ बिगाड़ दिया।'

लेकिन, ऐसा लगता है कि उसकी माँ खुद को इन बातों के लिए जिम्मेदार नहीं ठहरातीं। बल्कि सारा परिवार *उसे* दोषी मानता है। हालाँकि उन्हें उन दोनों के झगडों के बारे में पता था, लेकिन उसे समझ नहीं आता कि कैसे वह उसे दोषी मान सकते हैं जब उन्हें सारी बातों का पता नहीं है।

तरमपाल को लगता है कि उसके पिता की मृत्यु के बाद उसकी माँ ने अपना जीवन अपने तीन बेटों तक ही सीमित कर लिया था। तरमपाल की शादी के बाद वे उसे कहतीं, 'मैं तुम्हारी माँ हूँ, तुम्हें भोजन और भावनात्मक सहारा देती हूँ। तुम एक औरत के पीछे क्यों मुझसे दगा कर रहे हो और मेरे साथ गलत बर्ताव कर रहे हो?' तरमपाल को लगा कि उनका इशारा उसके अपनी पत्नी के साथ शारीरिक सम्बन्धों की तरफ था। उसने अपनी माँ को समझाने की कोशिश भी की कि दोनों रिश्ते बिलकुल फर्क थे।

मुझे यह बात बहुत दिलचस्प लगी कि किस तरह तरमपाल की माँ अपने बेटे पर भावुक रूप से कितना निर्भर थीं और उसकी शादी के लिए बेचौन थी, लेकिन उसकी शादी को तहस-नहस करने में भी कोई कसर नहीं छोड़ी।

मैंने अमरदीप से पूछा कि क्या कभी उन्होंने जसमीत से पूछने की कोशिश की कि उसे उनका सहारा चाहिए या फिर उससे कभी उसकी परेशानियों के बारे में पूछा। उन्होंने जवाब दिया कि, 'हमें तो पता ही नहीं था कि जसमीत इतनी परेशानियों से गुजर रही थी। यह सब तो हमें बाद में उसकी सहेलियों से पता चला।'

अमरदीप को नहीं लगता कि कोई ऐसा था जिससे जसमीत अपनी ससुराल में अपने मन की बात कहती हो, जबकि तरमपाल का कहना है कि वह अपनी सारी अंतर्गत बातें उससे कहती थी। अमरदीप कि छोटी बेटी ने बताया कि जब जसमीत अपने मायके जाती थी, वह न कि उसकी माँ जसमीत का विश्वासपात्र थी ।

जब मैंने तरमपाल से जसमीत के सपोर्ट नेटवर्क के बारे में पूछा, उसने बताया कि जसमीत रोज तीन-चार घंटे अपनी सहेलियों के साथ बिताती थी। बाद में वह उसके दोस्तों के साथ भी मिलने-जुलने लगी जबकि शुरू में वह हिचकिचाती थी। दूसरी तरफ, उसकी सहेलियां भी 'उसकी तरह' की ही थीं।

दोस्तों के अलावा, जसमीत हर हफ्ते अपनी माँ को फोन कर पंजाब में अपने घर वालों का हाल-चाल लेती थी (हालाँकि अमरदीप ने बताया कि वे उसे ज्यादा फोन करने से मना करती थीं और अगर तरमपाल पास में होता था तो वह ज्यादा बात नहीं कर पाती थी)। इन बातचीतों में उसने अपनी तकलीफों के बारे में बताया था। तरमपाल ने अमरदीप की बात कि पुष्टि की: कि जसमीत की माँ उसे कहती थीं, 'कि जब तुम्हारा पति तुम्हारे साथ हो, तो वह ज्यादा जरूरी है', और तरमपाल ने बताया कि जसमीत ने अपनी माँ को यही कहा था कि उसे तरमपाल का पूरा सहारा था। इसलिए उसे बहुत हैरानी हुई थी जब उसे पता चला कि वह इस केस में प्रमुख अभियुक्त था।

शुरू में जसमीत तरमपाल के साथ पंजाब में अपने घर जाने की जिद करती थी। लेकिन जब उसका गर्भवती न होना एक समस्या बन गया उसने जाने की जिद करना छोड़ दिया। अमरदीप को लगता है कि जसमीत का परिवार उसे नहीं जाने देना चाहता था, यह बात उन्हें उस वक्त समझ नहीं आई। उन्हें याद आया कि उन्होंने दो बार जसमीत को मायके भेजने के लिए कहा था और दोनों बार यही कहा गया कि वह बाद में जायेगी।

जब तरमपाल ने अमरदीप को फोन कर जसमीत के अस्पताल में दाखिल होने की बात बताई, तो वह केवल यही जानना चाहती थीं कि उन दोनों में कोई झगड़ा तो नहीं हुआ था। लेकिन जसमीत के गुजर जाने के बाद, उन्होंने अपना कथन बदल लिया और तरमपाल को जसमीत को तंग करने और जान से मारने के लिए दोषी ठहराने लगीं। तरमपाल के अनुसार, उन्होंने उसे बोला–'तुम्हारी वजह से वह ठीक नहीं थी–उसने मुझे सब बताया था जो तुम्हारे घर में उसके साथ हो रहा था।'

लेकिन दूसरी तरफ अमरदीप ने मुझे भरोसा दिलाया था कि उन्हें नहीं पता था कि जसमीत के साथ क्या हो रहा है। उन्होंने यहाँ तक कहा था कि उन्हें नहीं पता था कि दहेज की क्या मांग हुई थी। उन्होंने मुझ से सवाल किया कि, 'मुझे यह सब मेरी बेटी के अलावा और कौन बताता? वह कभी मुझसे इस सम्बन्ध में बात नहीं करती थी।'

बल्कि ऐसा प्रतीत होता है कि जसमीत ने अपनी माँ से कहा था कि वह अपनी ससुराल की परेशानियां समझने और समझौता करने की कोशिश करेगी। अधिक से अधिक उसने यही बताया था कि तरमपाल के घर वाले आपस में बात करते थे लेकिन उसके वहाँ पहुँचने पर चुप हो जाते थे। इससे, अमरदीप ने यह अर्थ निकाला कि वे जसमीत को जान से मारने की योजना बना रहे थे। उन्होंने कहा कि, 'जब जसमीत के लिए सब कुछ असहनीय हो गया तब उसने हमें बताया। लेकिन उससे पहले मैं उसे देखकर ही समझ गई थी कि कुछ गड़बड़ है और वह खुश नहीं है।'

अमरदीप ने मुझे बताया कि उनकी बेटी अपनी ससुराल के बारे में इसलिए कुछ नहीं बताती थी क्योंकि उसे आखिरकार रहना तो अपने ससुराल में ही था। इसके अलावा, वह बहुत 'धार्मिक विचारों वाली' थी और हिंदू धर्म के अनुसार एक लड़की को इस तरह की बातें अपने परिवार से नहीं करनी चाहियें।

इस सब में मुझे मुख्य बात यह लगी कि शादी से तीन साल पहले, जसमीत की माँ की बहन की भी आत्महत्या से मौत हुई थी। उनके पति को भी तरमपाल की ही तरह एक केस में फंसाया गया था। कुछ लोगों ने उन पर गलत दवाई देने का आरोप लगाया था और कुछ अन्य ने गला घोंट कर मारने का।

तरमपाल ने मुझे जब यह बात बताई, शायद उसका मतलब था कि उसे भी इस तरह फंसाने की प्रेरणा उस केस से मिली।

हालाँकि उन्होंने कभी देखा नहीं लेकिन तरमपाल के भाइयों ने मेरे साथी को बताया कि शायद तरमपाल कभी-कभी जसमीत को मारता था क्योंकि वह बहुत रोती थी।

जब मैंने तरमपाल से यह बात कि, उसने कहा कि उसने अपनी पत्नी से कभी भी मार-पीट नहीं की थी, लेकिन उसने यह माना कि कभी-कभी वह जसमीत से ऊंची आवाज में जरूर बोलता था। जसमीत ने यह भी कहा कि एक भारतीय नारी की तरह जसमीत ने भी कभी उससे मार-पीट नहीं की।

तरमपाल ने मुझे भरोसा दिलाया कि उनके झगड़े से उसकी पत्नी के रोने का कोई सम्बन्ध नहीं था, बल्कि उसके हालातों की वजह से था।

मैं जानना चाहती थी कि जसमीत को अपने विषय में निर्णय लेने की कितनी छूट थी इसलिए मैंने तरमपाल से पूछा कि जसमीत उसके साथ रहती थी तो जसमीत को कितनी स्वतंत्रता थी। उसने बताया कि जसमीत को बाहर अकेले भी जाने की छूट थी, हालाँकि उनके समाज के दूसरे घरों में ज्यादातर ऐसी छूट नहीं थी। इसके अलावा उसने बताया कि ज्यादातर निर्णय उन दोनों ने इकट्ठे ही लिए थे। जब जसमीत कोई चीज करना चाहती थी, वह उसे करने के पहले तरमपाल के साथ सलाह करती थी।

अमरदीप के अनुसार, उन्होंने अपनी बेटियों को सिखाया था कि कुछ भी गलत हो रहा हो, तो उसका विरोध करें। उन्होंने यह भी कहा कि, 'मैंने उन्हें कह रखा था कि अगर दूसरा व्यक्ति सही है, तो उसकी बात मानोय अगर वह गलत है और तुम्हें एक बार मारता है, तो तुम उसे दो लगाओ।' लेकिन उन्हें नहीं लगता कि जसमीत ने उनका कहा माना। उन्होंने समझाया कि, 'जसमीत बहुत कोमल थी। उसके लिए दूसरे पर वार करना संभव नहीं था।' अमरदीप ने अपनी बेटी को शुरू में एक और सलाह दी थी कि, 'पहले देखो वे किस तरह के लोग हैं और उसी तरह बर्ताव करो, क्योंकि अगर माँ-बाप तुम्हें हमेशा *पतिव्रता* बने रहने के लिए कहें और उनका गलत व्यवहार बर्दाश्त करने के लिए कहें तो यह ठीक नहीं है।'

तरमपाल और अमरदीप के साथ बातचीत के दौरान मेरे दिमाग में यही विचार आता रहा कि जसमीत को अपनी जिंदगी क्यों गंवानी पड़ी–चाहे आत्महत्या रही हो या फिर हत्या–जब कि आज कल तलाक को बहुत तेजी से सामाजिक मान्यता मिल रही है।

जब मैंने इस बारे में तरमपाल से पूछा, उसने बताया कि जिस निचले तबके से जसमीत का परिवार सम्बन्धित था, वे लोग कभी भी तलाक को नहीं स्वीकारते। इस तरह की बातें आज भी, भारतीय समाज में, खासकर उनके जैसे समाज में, मान्य नहीं हैं। उसके विचार से, कोई भी तलाकशुदा महिला को नहीं स्वीकारेगा। हालाँकि शहरों में परिस्थितियाँ बदल रही हैं, तरमपाल के अनुसार गावों में ऐसा नहीं है।

मेरे मन में प्रश्न उठा कि, वह खुद इस बारे में क्या सोचता है? जब मैंने उससे यह सवाल पूछा, उसने बताया कि शादी की शुरुआत में ही उसने जसमीत को बता दिया था कि अब उन्हें चाहे जो हो जीवन भर साथ रहना होगा, चाहे कितनी भी मुश्किलें क्यों न हों।

अपने आत्महत्या नोट में जसमीत ने साफ लिखा था कि वह इस परिवार से बाहर निकलना चाहती थी। लेकिन वह अपने मायके भी नहीं जाना चाहती थी–यह उसके व उसके परिवार के लिए समस्या होती। पति से अलग होना या तलाक लेना एक बहुत शर्मनाक बात होती। उसके परिवार के लिए यह खासतौर पर समस्या होती, क्योंकि उनके छोटे से गाँव में सब एक दूसरे को जानते थे और उनके बारे में बात करते थे।

तरमपाल का कहना है कि, यदि जसमीत तलाक के लिए जोर देती वह मान लेता। वह उसे खुशी से खर्चा भी दे देता। (उसने यह भी कहा कि जसमीत को और कोई सहारा नहीं था, इसलिए यदि वह जसमीत की तलाक की मांग ठुकरा देता तो यह उसे आत्महत्या के लिए उकसाने जैसा होता)। उसके अनुसार, जसमीत की पारिवारिक स्थिति देखते हुए ऐसा नामुमकिन था।

जब मैने अमरदीप से शादी के बारे में उनके विचार पूछे, उन्होंने कहा, 'शादी का मतलब दूसरे परिवार में जाना, उसे अपना बनाना और वहाँ आजीवन रहना होता है। उनकी यही भावना थी कि समस्याएं हर घर में होती हैं, और यदि जसमीत और तरमपाल को भी कोई समस्या हुई, तो उनकी अपेक्षा थी कि वे दोनों साथ रहे और उन समस्याओं का निवारण करें।' वह बार-बार यही कहती रहीं कि, उन्हें नहीं पता था कि वे लोग इतनी छोटी-सी बात के लिए जसमीत को मार देंगे।' उन्होंने मुझे यह भी कहा कि, जसमीत की मृत्यु के बाद, उन्होंने तरमपाल से यह भी कहा था कि 'तुम जसमीत को छोड़ देते।'

क्या अपनी बेटी की मौत के बाद उन्होंने यह धारणा बनाई? अमरदीप ने कहा कि, बात यहाँ तक पहुँचने के पहले ही तरमपाल को उन्हें फोन कर बताना चाहिए था कि उनकी बेटी में कुछ कमी थी। वह जोर देकर बोलीं, 'हम अपनी बेटी को समझाते।' उन्होंने कभी भी जसमीत को तलाक के लिए नहीं कहा, लेकिन यदि वह उसे रखना नहीं चाहते थे और उसे तंग करते रहते तो वह उसे जिन्दा वापस लाने के लिए ज्यादा इच्छुक रहतीं। इस बात पर उन्हें तलाक ज्यादा मान्य होता।

जसमीत की मौत वाली रात वे दोनों शाम को क्या करेंगे पर बात कर रहे थे। उन्होंने तय किया कि वे एक मूवी देखेंगे और उसके बाद यदि मन हुआ तो सोने के पहले सेक्स करेंगे। मूवी खत्म होने के बाद वह रसोई में गया। उसके बाद ही उसने पाया कि उसकी पत्नी गुसलखाने में उलटी कर रही है।

उसे जैसे ही पता चला, सबसे पहले उसके मन में विचार आया कि आखिरकार जसमीत गर्भवती हो गई थी और उसने उसे भरोसा दिलाया कि अब उन्हें अपनी समस्याएं सुलझाने का मौका मिलेगा। तभी उसने ध्यान दिया कि जसमीत के मुंह से एक अजीब-सी दुर्गन्ध आ रही थी और वह उसकी बात सुन मुस्कुराने लगी थी। उसने बताया कि उसने जो कुछ हुआ सब डॉक्टर को बता दिया था और उसे नहीं समझ आता कि उसकी मौत कैसे हो गई।

तरमपाल ने कहा कि उसने पहले ही अपनी पत्नी को कोई गैर-जिम्मेदाराना काम न करने के लिए कहा था क्योंकि इससे वह मुसीबत में पड़ जाएगा। उसे डर था कि इससे उसके करियर में रुकावट आ सकती है। पर जसमीत को शायद ऐसा लगता था कि सारी परिस्थितियां उसके कारण उलझी हुई थीं (जैसा कि उसने अपने आत्महत्या नोट में लिखा था), और इसलिए उसका विश्वास था कि यदि वह अपने को मौके से हटा ले तो सब ठीक हो जायेगा। तरमपाल ने यह भी कहा कि उसने अपनी चिट्ठी में यह भी लिखा था कि वह उसे खुश देखना चाहती थी और उनकी मौत के बाद उनकी आत्माएं साथ हो जाएँगी।

हालाँकि तरमपाल और उसके भाई एक ही जेल में हैं, उनकी आपस में कोई बातचीत नहीं है। उसकी माँ, उसकी अपेक्षा उनसे ज्यादा मिलने आती है। तरमपाल से इस स्थिति की विडंबना अछूती नहीं है। जसमीत ने लिखा था कि 'वह इसलिए मर रही थी ताकि वे खुशी से साथ रह सकें।'

एक और महत्त्वपूर्ण बात यह है कि मौत वाली रात को जसमीत की तरमपाल से लड़ाई हुई थी। वह उस शाम बने खाने को लेकर हुई थी। यहाँ, तरमपाल ने बार-बार यही कहा था कि इस मामले में उसकी माँ सही थीं, जबकि बाकी सभी जगहों पर वह अपनी पत्नी का पक्ष लेता था, क्योंकि उसे वही ठीक लगती थी। उसे जब यह एहसास हुआ कि क्या हो गया था, उसने मुझे अपने गुस्से की बात बताई। हालाँकि शुरू में उसे लगता था कि उसकी माँ इस सम्बन्ध में सही थीं, उसे अब लगता था कि उनके बर्ताव के कारण वह मुसीबत में था। उसने जोर दिया कि यह 'मृत्यु' नहीं 'हत्या' थी और उसने कई बार अपनी माँ को 'अपने गुस्से पर काबू रखने के लिए कहा था' और यह भी कि उसे तरमपाल की शादी करने की कोई जरूरत नहीं थी क्योंकि वह जर्मनी में अपनी जिंदगी बनाना चाहता था।

अमरदीप भी इसे हत्या मानती हैं, लेकिन पहले से सोची-समझी हुई साजिश मानती हैं। उनका विश्वास है कि तरमपाल और उसके परिवार वालों ने सोते में जसमीत को जहर खिलाया था। उन्होंने मुझसे सवाल किया, 'वह अपने-आप जहर क्यों खाती? कोई भी इस तरह अपने आप नहीं मर जाता।' पर उन्होंने यह भी कहा कि 'जहाँ बहुत टेंशन और तनाव हो वहीं कोई इस तरह अपनी जान लेता है–उन लोगों ने मेरी बेटी को इस कदर परेशान कर दिया था' इससे उनकी मनःस्थिति और द्वंद्व का पता चलता है।

मौत के बाद जब अमरदीप वहाँ पहुंची, वे उससे बहुत गुस्सा हुईं और उससे पूछा कि क्या उसने अपनी पत्नी को मारा-पीटा है। उसने उन्हें भरोसा दिलाने की कोशिश भी की। लेकिन उन्हें इस बात का यकीन नहीं हुआ क्योंकि उन्होंने कहा कि वह उसे सबक सिखा कर ही रहेंगी।

तरमपाल को मौत के बाद हुई जांच-पड़ताल से बहुत निराशा हुई। उसने जोर देकर कहा कि पुलिस ने कुछ नहीं किया। बल्कि, यदि उनसे कुछ भी करने के लिए कहा जाता, वे सिर्फ इतना पूछते थे, 'कितना?'

चूंकि पुलिस ने उससे पैसे मांगे थे, उसने उन्हें 50,000 रुपए दिए थे। शायद इसी रिश्वत की वजह से उन्होंने केस दर्ज करने में देर की व चार दिन बाद केस दर्ज किया, जबकि तुरंत केस दर्ज करना होता है। उसे लगता है कि इससे उसने अपने लिए साढ़े तीन दिन खरीदे। तरमपाल के भाइयों ने मेरे साथी को बताया कि वास्तव में पुलिस वालों ने सभी भाइयों को बेल दिलाने के लिए तीन लाख रुपए की मांग की थी, लेकिन उनकी माँ ने बीच में पड़कर एक लाख ही देने को कहा। उन्हें लगता है कि कम पैसे देने की वजह से उन्हें उतना उदार बर्ताव नहीं मिला जितना कि उन्हें मिल सकता था।

तरमपाल को लगता है कि जसमीत के लोकल रिश्तेदारों ने उसकी सास को यह कहकर कि 'उसने उनकी बेटी को मारा ताकि वह दूसरों को भी मारे', उसके खिलाफ कार्रवाई करने के लिए उकसाया। उसके ससुर तब अरब की खाड़ी से आये और पुलिस स्टेशन गए। वहाँ, पुलिस ने उन्हें बताया कि जसमीत की चिट्ठी में लिखे अनुसार वे तरमपाल को गिरफ्तार नहीं कर सकते थे। जबकि उसका मानना है कि जिस तरह के कानून के तहत उसे सजा मिली, ऐसे कानून *होने* चाहियें क्योंकि 'सभी अपनी पत्नी को मारते हैं' (उसके केस के बारे में सोचकर इससे मेरी भौहें तन गईं), लेकिन उसके खिलाफ केस में कम-से-कम एक ठोस सबूत होना चाहिए था।

अमरदीप के लिए केवल एक ही सम्भावना थी कि, उनकी बेटी की मृत्यु 'दहेज मृत्यु' थी।

उन्होंने तर्क दिया कि, 'हमें आज तक नहीं समझ आया कि उन्होंने मेरी बेटी को क्यों मारा' और कहा कि, 'जरूर यह दहेज की वजह से हुआ।'

अमरदीप को नहीं समझ आता कि उनकी बेटी में क्या कमी रही होगी, सिवाय इसके कि वह अपने ससुराल वालों के लिए पर्याप्त दहेज नहीं लाई थी। उन्होंने माना कि उन्हें इन दहेज की मांगों, जिनके बारे में वे दावा करती हैं, के बारे में ज्यादा नहीं पता था, जिससे पता चलता है कि सबूत के मुद्दे पर कुछ परेशानियां रही होंगी। उन्होंने सफाई दी कि, 'मुझे तब पता चला जब मेरे पति ने मुझे बताया कि तरमपाल पैसे मांग रहा था क्योंकि वह देश से बाहर जाना चाहता था।'

तरमपाल ने मुझे बताया कि जसमीत ने अपनी मौत से दो दिन पहले चिट्ठी लिखी थी और उस चिट्ठी के अनुसार उसे अपने पति और उसके परिवार वालों से कोई शिकायत नहीं थी। बल्कि उसने यह भी लिखा था कि वह तरमपाल से बहुत प्यार करती थी और तरमपाल भी उसे बहुत चाहता था। उसने कहा कि जज भी इस बात से संतुष्ट था कि वह चिट्ठी जसमीत ने ही लिखी थी और इसीलिए उसे अंतिम फैसले पर बहुत हैरानी हुई।

शुरू में तरमपाल को शायद थोड़ी मदद मिली क्योंकि उसने जज से पैसे लेकर उसके पक्ष में फैसला सुनाने के लिए एक 'बिचौलिए' की मदद ली थी। स्पष्ट रूप से चार मुख्य अभियुक्तों को बरी करने और तरमपाल को चार-पाँच साल की उदार सजा सुनाने के लिए जज ने 1.5 लाख रूपयों की मांग की थी।

अपने खिलाफ दहेज के आरोपों के बाए में बताते हुए, तरमपाल ने मुझे बताया कि उसे पैसे की जरूरत नहीं थी और 3.5 लाख रुपए उसके लिए कोई 'मायने' नहीं रखते। उसका मानना है कि अक्सर इस तरह के मामलों में पुलिस ही इस तरह के आरोप लगाने के लिए शिकायत-कर्ता को बोलते हैं क्योंकि यही उनके केस के लिए सबसे बढ़िया रहता है। उसे नहीं लगता कि कभी कोई

असलियत भी जानने कि कोशिश भी करता है और सिर्फ यह कहने कि जरूरत होती है कि लड़के वालों ने पैसे की मांग की थी और एक रकम बोलनी होती है।

तरमपाल का मानना है कि उसके केस में, अन्य मामलों की तरह, बिना किसी सबूत उसे सजा दी गई। उसका कहना है कि, 'आईपीसी एक बहुत बड़ी किताब है लेकिन उसके बारे में उन्हें कुछ पता नहीं है।' इसी वजह से उसने जज को भी कह दिया था कि 'आप लोग हमें बेवकूफ बना रहे हैं' और भारतीय न्याय प्रणाली हास्यास्पद है।' उसे शक है कि शायद इससे जज चिढ गया और उसने तीनों भाइयों को सजा सुना दी।

तरमपाल का अब यह विचार है कि शायद 'बिचौलिए' ने शुरू में दिए गये 50,000 रुपए भी हड़प कर लिए। अगर ऐसा हुआ था, तो इससे भी उसके केस को चोट पहुंची होगी। हो सकता है कि जज ने सोचा हो कि वह बेगुनाह था। तरमपाल ने मुझसे यह भी पूछा कि, अगर जज वाकई 304–बी के तहत उसे दोषी मानता था तो उसने तरमपाल को आजीवन कारावास देने की बजाय केवल दस साल की सजा ही क्यों सुनाई?

अब तक तरमपाल ने अपनी सजा के 4.5 साल तिहाड़[5] में काट लिए हैं।

चर्चा पर टिप्पणियां

अनुकूलता और सामंजस्य

कई परिवार अपने बच्चों की शादी करते समय सिर्फ यही देखते हैं कि वे एक–दूसरे को पसंद करते हैं। उन्हें लगता है कि इससे ज्यादा कुछ देखने–सुनने की जरूरत नहीं होती। यह हैरानी वाली बात है क्योंकि यदि व्यावहारिक बुद्धि से देखा जाय तो, हमें ऐसा लगता है कि हमारे यहाँ बगैर सोचे–समझे, बगैर तैयारी के की गई शादियों में व्यवधान आने के ज्यादा खराब हालात हो सकते हैं–तलाक के रूप में अंत होने या जिन मामलों पर हमने शोध किया, उस तरह के मामलों की तरह अंत होने में। जाहिर है कि शुरुआत से ही हमारे आंकड़ों में इस तरह के आसार मिलते हैं।

15–20 मिनट की मुलाकात में बहुत ज्यादा बातें नहीं की जा सकतीं। जसमीत और तरमपाल, औपचारिक बातों के अलावा और कुछ भी नहीं जान पाए।

ऐसा लगता है कि तरमपाल के लिए, पत्नी के चुनाव में शक्ल–सूरत सबसे अहम बात थी। अपनी पत्नी का सांवली–सलोनी, सेक्सी और आकर्षक होने का वर्णन करते हुए, तरमपाल ने कहा था, 'पैसा किसे चाहिए? वह अच्छी दिखती थी।' चूंकि दोनों जोड़ीदारों ने (अपने शुरुआती लेकिन सतही मत के कारण) एक–दूसरे को पसंद करने का दावा किया था, उनके परिवारों ने यह शादी पक्की कर दी। दुर्भाग्यवश, उन दोनों की अनुकूलता के कई पहलू थे जिन पर कोई ध्यान नहीं दिया गया।

जबकि तरमपाल ने हमें बताया की वह और जसमीत एक दूसरे से भावनात्मक और शारीरिक स्तर पर बहुत खुश थे, तरमपाल के भाइयों का दूसरा ही कहना था। उनके अनुसार उन दोनों की जोड़ी बिलकुल बेमेल थी, क्योंकि–उनके अनुसार–तरमपाल एक बहुत पढ़ा–लिखा, गर्वीला आदमी था

---

[5]इस केस के इंटरव्यू 2006 के मध्य में हुए।

जिसकी शादी गांव की एक साधारण लड़की से हुई थी। यदि ऐसा था, उन दोनों का एक दूसरे से सामंजस्य बैठाना बहुत कठिन रहा होगा, उससे कहीं ज्यादा जितना तरमपाल कहता था।

जसमीत की माँ अमरदीप ने पहले ही यह मान लिया था कि 'एक लड़की के लिए नए वातावरण के अनुसार अपने आप को ढालना बहुत कठिन होता है क्योंकि उसे खुद को पूरी तरह बदल देना होता है।' इस केस में अपने को ढालने का अर्थ अपने को सामान्य अपेक्षा से भी ज्यादा बदलना था। भाईयों के अनुसार, दम्पति के बेमेल होने की वजह से दोनों में बहुत तनाव रहता था, लड़ाइयां होती थीं, और नतीजतन जसमीत ने आत्महत्या कर ली।

जसमीत की भी अपेक्षा रही होगी कि तरमपाल और उसका परिवार भी समझौता करे (कम-से-कम कुछ हद तक)। वास्तव में, आज के नए सामाजिक परिवेश में, कई परिवारों में महिलाओं का रोल बदल गया है और वे भी अपेक्षा करती हैं कि उनके पति घरेलू व्यवस्था में उनका हाथ बंटाएं, जो कि पहले केवल महिलाओं का अधिकार क्षेत्र माना जाता था। उदहारण के लिए, जैसे अमरदीप ने हमें बताया कि, 'लड़कों को भी खाना बनाना आना चाहिए। कम-से-कम उन्हें, जरूरत पड़ने पर, चाय तो बनानी आनी चाहिए' (जो कि तरमपाल ने माना कि उसे नहीं आता था)।

ज्यादातर भारतीय पुरुषों को इन बदलती अपेक्षाओं का ज्ञान नहीं है और कुछ परिवारों में पुरुष कुछ हद तक सहायता करते हैं। कई पत्नियाँ, खासकर वे जो नौकरी भी करती हैं और परिवार की आमदनी में भी सहयोग करती हैं, अपने पतियों और सास-ससुरों के उनकी परेशान को न समझने व उनसे सहानुभूति न रखने के रवैये से खिन्न होती हैं। इससे भी अक्सर कलह होता है।

दो अलग जगहों से आना, जैसे कि इस केस में शहर और छोटे से गाँव या कसबे से आना-यह भी दम्पतियों के अनुकूलता और सामंजस्य में एक कारण होता है (खासकर जब यह आर्थिक अपेक्षाओं से भी जुड़ा हो)। इसका एक उदहारण है कि, जैसा अमरदीप ने बताया कि तरमपाल अक्सर कहता था कि, 'मैंने एक गंवई लड़की से शादी की है।' तरमपाल ने खुद माना कि जसमीत के आत्महत्या करने के दो प्रमुख कारणों में से एक उन दोनों के परिवारों में जमीन-आसमान का अंतर होना था। इन खास मतभेदों की वजह से, ऐसा लगता है कि जसमीत को यह समझने में बहुत उलझन होती थी कि तरमपाल ने उससे शादी क्यों की और वह अपने को बहुत अनुपयुक्त मानती थी। उसकी सास के तानों की वजह से यह समस्या और भी गहरा गई होगी।

इस तरह के मुद्दों से प्रेम-विवाह व माँ-बाप द्वारा तय की गई शादियों में अंतर साफ नजर आता है। इससे यह मतलब नहीं है कि तय-शुदा विवाह सफल नहीं होते या सफल नहीं हो सकते। बल्कि, प्रेम-विवाह में युगल को एक फायदा होता है कि उन्हें एक-दूसरे को समझाने के लिए ज्यादा समय मिलता है और वे एक-दूसरे की अनुकूलता की आधार पर शादी करने का निर्णय कर पाते हैं।

जहां (अगर संभव हो तो) लड़का-लड़की को एक-दूसरे से मिलने के कम मौके मिलते हैं या बहुत संक्षिप्त माहौल में में मिल पाते हैं, वहाँ वे एक-दूसरे के बारे में बहुत थोड़ी जानकारी ही हासिल कर पाते हैं। उनकी पृष्ठभूमि की जाँच से इसमें थोड़ी मदद होती है लेकिन यह भी कई बार नजरअंदाज कर दिया जाता है या बहुत गहराई में जांच नहीं की जाती।

इस केस में, कहा जा सकता है कि जसमीत और तरमपाल का मेल बिलकुल अनुपयुक्त था, क्योंकि उनकी पूरी तरह से मर्जी नहीं ली गई थी। तरमपाल को अवश्य एक युगल की, शादी के लिए

हां करने से पहले आपसी समझ होने की महत्ता का अंदाजा था। चूंकि उसे इन बातों की समझ थी (उसके शादी से पहले भी कई सम्बन्ध रहे थे और उसने माना कि वह अपनी पत्नी के साथ सम्बन्धों को उन रिश्तों के साथ तुलना करता रहता था), शायद तरमपाल की अपनी पत्नी से बहुत ज्यादा अपेक्षाएं थीं जहाँ जसमीत को महसूस होता था कि वह उन्हें पूरा नहीं कर पाती थी।

लेकिन, यह सिर्फ तरमपाल की अपेक्षाओं से नहीं सम्बन्धित था। यहाँ तरमपाल की माँ की अपेक्षा कि जसमीत और उपहार लाये और दोनों परिवारों कि इच्छा कि यह दम्पति बच्चा पैदा करे–इनको भी ध्यान में रखना जरूरी है। इनसे आज के भारतीय समाज में पैदा हो रहे तनावों के बारे में पता चलता है जब शादी के बारे में पुराने ख्यालों पर आज भी अमल होता है जबकि भारत अन्य मायनों में आधुनिक होता जा रहा है।

प्रजनन और कर्तव्य

हमारे शोध-कार्य में, ज्यादातर मामलों में, गर्भावस्था और बच्चों से सम्बन्धित मुद्दे सामने आये। सामाजिक इतिहासकारों के अनुसार, परंपरगत रूप से प्रजनन और कर्तव्य को भारतीय विवाहों का दो प्रमुख आयाम माना जाता है। यह दोनों स्पष्ट रूप से परस्पर जुड़े हुए हैं। तरमपाल, न केवल पत्नी के साथ शारीरिक सम्बन्धों को लेकर उत्साहित था, उसे शादी के और जरूरी पहलू भी मालूम थे यानी प्रजनन। उसे इसी विश्वास के साथ बड़ा किया गया था कि एक पुरुष पत्नी और बच्चे के बिना अकेला है–इसी से जीवन चक्र पूरा होता है–ऐसा उसे सिखाया गया था। लेकिन, उसकी यह मान्यता उसकी इस धारणा (यद्यपि सगर्भता में) के बिलकुल विपरीत है कि विवाह एक अनावश्यक संस्था है।

तरमपाल और जसमीत, दोनों के परिवारों ने शादी के बाद बच्चे पैदा करना हमारा कर्तव्य है खासकर विवाह के एक साल के अंदर, इस सामाजिक धारणा को आत्मसात कर लिया था। इसलिए तरमपाल और जसमीत पर बच्चा पैदा करने के लिए बहुत दबाव था। यह दबाव और भी बढ़ गया जब जसमीत ने पाया कि वह गर्भवती नहीं हो पा रही थी। यहाँ मुख्य बात यह है कि वह इतनी जल्दी बच्चा नहीं चाहती थी। उसके पति का मानना है कि उसकी तथाकथित आत्महत्या के पीछे दो कारणों में से एक यह भी था। उसकी मृत्यु से चार-पाँच हफ्ते पहले से वह गहरे अवसाद में जाने लगी थी।

हमारे शोध ने संयुक्त परिवारों में रह रहे दम्पतियों द्वारा सहे जाने वाले तनावों और परिवार के दूसरे सदस्यों की अपेक्षाओं पर भी रोशनी डाली। बहुत से युवा दम्पति इस तनाव से बचने के लिए अलग रहना पसंद करते हैं। शायद, अगर जसमीत और तरमपाल भी ऐसा कर पाते तो, जसमीत को थोड़ा कम दबाव महसूस होता। सबसे महत्त्वपूर्ण यह कि उसे अपनी सास के साथ खराब सम्बन्धों के बारे में उतना नहीं सोचना पड़ता।

इस दम्पति ने इस विकल्प पर भी चर्चा की थी, लेकिन तरमपाल पाँच साल का कार्य अनुभव जुटाना चाहता था और उसके बाद विदेश में बेहतर नौकरी ढूँढना चाहता था। उसकी माँ के मन में एक और परिवार के सदस्य द्वारा अकेले छोड़े जाने के भय से असुरक्षा की भावना पैदा हो गई थी। इसलिए, जब तक एकदम जरूरी न हो, वह उनसे अलग नहीं रहना चाहता था।

यहाँ यह भी याद रखना जरूरी है कि अमरदीप ने परिवार के सदस्यों की, जसमीत के बच्चा न पैदा कर सकने की वजह से, भावनाओं के दूसरे पहलू बताए थे। उन्होंने कहा था कि, 'हम सब

बच्चा चाहते थे क्योंकि हमें लगता था कि जब तक बच्चा नहीं होगा, उनकी समस्याएं बढ़ती ही रहेंगी।' वास्तव में हमने अपने शोध कार्य में पाया कि बच्चा रिश्तों को मजबूत करने का काम करता है। इस केस में, ऐसी अपेक्षाएं बेशक अच्छी नीयत से की गई थीं, लेकिन इनसे तनाव बाधा और अंत में जसमीत की दुभाग्यपूर्ण मौत का कारण बना।

श्रेष्ठता व नियंत्रण

उन दोनों की एकदम भिन्न पृष्ठभूमि के कारण, जसमीत को अपने पति के घर में बहुत हीनता की भावना होती थी। दूसरी तरफ, तरमपाल स्पष्ट रूप से खुद को श्रेष्ठ मानता था–उसने हमें बताया कि उसे हमेशा लगता था कि वह जसमीत से श्रेष्ठ है। उसे लगता था कि एक ज्यादा बुद्धिमान पत्नी उसे पराजित करने की कोशिश कर सकती थी, जिससे समस्या होती। इसलिए, वह उन दोनों के बीच के संतुलन से संतुष्ट था।

लेकिन, जसमीत को इस सबसे जूझना ज्यादा मुश्किल लगा होगा। हमें पता है कि उसे वैसे ही अपने अंदर कमी लगती थी क्योंकि वह बच्चा नहीं पैदा कर पा रही थी, घर की पसंद अनुसार खाना नहीं बना पाती थी, और अपने मायके से पर्याप्त कीमती सामान नहीं लाई थी। तरमपाल की इस रिश्ते को कायम रखने की उत्सुकता की वजह से भी उसका नाश हुआ।

हमारे शोध में इस तरह के दहेज-सम्बन्धी विवाह-उत्पीड़न मामलों में एक आम कारण पतियों का अपनी पत्नियों पर नियंत्रण रखने की इच्छा भी था। इस तरह का शक्ति-प्रदर्शन छोटी-छोटी चीजों में भी हो सकता है, जैसे कि खाने की क्वालिटी (जैसा कि जसमीत के साथ था)। यहाँ यह भी याद रखना जरूरी है कि, खासतौर पर मध्यम-वर्गीय और उच्च-वर्गीय परिवारों में, महिलाएं अपने लिंग सम्बन्धों को फिर से परिभाषित करने की कोशिश कर रही हैं। कई महिलाएं पुरुषों की तरह सभी काम कर पाती हैं क्योंकि उन्हें भी पुरुषों के समान शैक्षणिक और रोजगार अवसर उपलब्ध हैं। लेकिन इन बदलावों के बावजूद भी कई पुरुष अपने को श्रेष्ठ और महिलाओं को कमजोर मानते हैं (जैसे कि तरमपाल मानता था)।

जसमीत की माँ के अनुसार, तरमपाल जितना जसमीत को काबिल समझता था, वह उससे कई गुना ज्यादा काबिल थी। हो सकता है कि इस वजह से तरमपाल असुरक्षित महसूस करता हो और इसलिए जसमीत को अपनी जगह पर रखने की कोशिश करता हो। कई बार हमने देखा कि इस तरह की परिस्थितियों में महिलाएं इन बातों को चुपचाप सहन नहीं करती थीं जिससे कि दूसरी परेशानियां उठ खड़ी होती थीं। यह केस दहेज की वजह से ज्यादा सामाजिक बदलावों की वजह से हैं।

भावनात्मक वफादारी

शोधकार्य के हमारे मामलों में, *कन्यादान*[6] का आदर्श पलटा हुआ मालूम हुआ। वास्तव में, कई लड़कों के माँ-बाप को लगता है कि *पुत्र-समर्पण*[7] प्रबल प्रथा होती जा रही है। उन्हें कई बार लगता है कि उनके बेटों को उनकी पत्नियों ने उनसे छीन लिया है। इस तरह के मामलों में, इन बहुओं की सासें भी परिवारिक नाटक में शामिल हो जाती हैं। उन्हें ऐसा महसूस होता है कि जिस घर में वह रहती हैं वह बहू के आने तक उनका था और इन बहुओं ने आक्रमण कर उनके बेटों से उनके रिश्तों को चोट पहुंचाई है। वास्तव में, कई सासों को *अपनी* जवानी में इसी तरह की स्थिति का सामना करना पड़ा था। इस से हो सकता है कि उन्हें लगता हो कि उन्होंने अपने घर को अपनी जागीर समझने का हक प्राप्त कर लिया हो।

बल्कि, तरमपाल ने सारी स्थिति को यूं संक्षिप्त कर दिया: उसका मानना था कि उसकी शादी की बहुत सारी दिक्कतें उसकी माँ और पत्नी के अहम की वजह से थीं। उसके पिता घर में थे नहीं अपना हुकुम चलाने के लिए, जिससे उसकी माँ के हाथ में सारी कमान थी। जब जसमीत घर में आई, उसकी माँ को लगा कि जसमीत के ऊपर भी अधिकार जमाना उसका हक था।

तरमपाल की माँ की श्रेष्ठ भावना उनके मन में तरमपाल की शादी से उपजी असुरक्षा की भावना से प्रेरित थी क्योंकि उन्हें लगता था कि उनके बेटे की निष्ठा अपनी पत्नी की तरफ ज्यादा हो गई थी। उन्हें इससे और भी ज्यादा धक्का लगा क्योंकि उन्होंने अपने पति की मृत्यु के बाद अपने जीवन को अपने तीनों बेटों से परिभाषित कर लिया था। इससे उपजी ईर्ष्या की वजह से उन्होंने जसमीत का जीवन और भी ज्यादा मुश्किल बना दिया।

बहुत हद तक, तरमपाल अपनी माँ को अपनी पत्नी की मौत के लिए दोषी ठहराता है। उनके प्रति अपनी निष्ठा की वजह से ही उसने इस शादी के लिए हामी भरी थी। 'माँ ने सब कुछ बिगाड़ दिया', ऐसा उसने हमें कहा जब वह बता रहा था कि इसके पहले वह अपने निर्णय को पूरी तरह समझ पाता, उसकी माँ ने जबरदस्ती उसकी सगाई जसमीत से करवा दी थी। इससे भी ज्यादा दुखदायी बात यह थी कि शादी के *बाद* उन्होंने उसका साथ भी नहीं दिया।

तरमपाल चाहता था कि उसकी माँ उसकी भावनाओं को समझे और अपनी रूमानी और व्यवसायी जिंदगी में अपना भविष्य बनाने की उसकी इच्छा का आदर करे। उसने अपनी माँ के लिए अपनी प्राथमिकताओं को दर-किनार कर दिया था। तरमपाल का मानना है कि कम-से-कम उसकी माँ को उसके पत्नी में कमियां नजर आने लगीं तो उन्हें अपना गुस्सा काबू में रखना सीखना चाहिए था। उनकी यह कमी उसकी पत्नी के आत्महत्या करने का सबसे प्रमुख कारण बनी।

---

[6]शाब्दिक अर्थ है कुंवारी दुल्हन को दान में देना।

[7]अपने बेटे को अपनी पुत्र-वधु को सौंप देना।

तरमपाल ने माना कि उसके कुछ व्यवहार भी जसमीत की मौत का कारण बने, जैसे कि, उसकी मौत से पहले हुई उनकी लड़ाई में उसने अपनी माँ का पक्ष लिया था, क्योंकि उसे लगा था कि उस समय उसकी माँ सही थीं। जसमीत भी उसकी निष्ठा चाहती थी जैसा कि जसमीत की माँ ने हमें बताया। यह न मिलने से शायद वह और अकेला और हताश हो गई थी।

दहेज और आर्थिक वफ़ादारी

तरमपाल के अनुसार जसमीत की आत्महत्या के पीछे दूसरा कारण उसका तनाव था जो कि उनके परिवारों के बीच अंतर होने की वजह से वह महसूस करती थी, खासकर आर्थिक भेद की वजह से। तरमपाल की माँ ने इस विवाह से उनकी आर्थिक अपेक्षाओं के न पूरा होने पर बहुत खेद व्यक्त किया था। यह भी संभव है कि अमरदीप चाहती थीं कि उनकी बेटी का विवाह उनसे ज्यादा 'संपन्न' परिवार में हो, हालाँकि उन्होंने यह पूछे जाने पर इसका खंडन किया। हमें ऐसा इसलिए लगा क्योंकि उन्होंने अपनी बाकी बेटियों के विवाह भी अपेक्षाकृत ज्यादा अमीर लड़कों से किये थे जिसकी वजह से वे पंजाब के अपने छोटे-से गाँव से बाहर निकल सकीं। जसमीत ने भी अपने परिवारों की आर्थिक असमानता शादी के बाद महसूस की। उसकी जागरूकता कि वह अपनी सास की आर्थिक अपेक्षाओं को पूरा नहीं कर पा रही थी, इससे वह और अवसाद-ग्रस्त हो गई।

हालाँकि हम यहाँ आर्थिक निष्ठा की बात कर रहे हैं, अमरदीप ने दहेज की बात पुलिस में केस दर्ज करवाते हुए ही कही। इस वजह से तरमपाल पर भारतीय दंड संहिता की धारा 304–बी लगाई गयी। लेकिन उनका बयान कि मौत 'दहेज की वजह से हुई' उनके दूसरे बयान कि 'हमें आज तक नहीं पता कि उन्होंने मेरी बेटी को क्यों मारा' की वजह से कमजोर पड़ जाता है। इस टिपण्णी से पता चलता है कि अभी तक यह नहीं समझ आता कि पत्नियाँ इस तरह क्यों मरती हैं, जिससे यह धारणा उत्पन्न होती है कि–जैसा कि हमने कई मामलों में देखा–ऐसा सिर्फ दहेज के लोभ की वजह से होता है। मीडिया में भी बरसों से इस मुद्दे को इसी तरह से प्रस्तुत किया गया है।

मजेदार बात यह है कि, जसमीत की मौसी की मौत भी अस्वाभाविक कारणों से, जसमीत की मौत से कुछ साल पहले ही हुई थी और उनके पति को भी इसी तरह के आरोपों का सामना करना पड़ा था। इससे यही पता चलता है कि दहेज-सम्बन्धी पुलिस में शिकायत करना वहीं से सीखी हुई प्रतिक्रिया थी।

यदि अमरदीप को वाकई यह विश्वास था कि उनके परिवार के दो सदस्यों की मौत दहेज के कारण ही हुई तो वे अपनी बाकी दोनों बेटियों की शादी दहेज मांगने वाले घरों में नहीं करतीं। लेकिन उन्होंने हमें बताया कि उन्होंने अपनी बाकि दोनों बेटियों की शादी में भी दहेज दिया था।

एक और जानकारी जिससे यह पता चलता है कि अमरदीप ने दहेज शब्द का इस्तेमाल केवल कानूनी लाभ के लिए किया था, वह यह है कि, इन दो मौतों के बाद भी अमरदीप को दहेज प्रथा में कोई कमी नहीं नजर आ रही थी। बल्कि, उन्होंने हमें बताया था कि लड़के वालों का कुछ हद तक इस तरह की अपेक्षाओं पर हक बनता है क्योंकि शादी के बाद उन्हें बहू का सारा खर्च वहन करना होता है। और, तरमपाल की ही तरह, उन्होंने भी इस तरह दहेज देने को एक रिवाज बताया क्योंकि आज भी इसकी सामाजिक अपेक्षा होती है, भले ही यह कानूनी तौर पर प्रतिबंधित हो।

तथ्यों की प्रस्तुति

इस तरह के त्रिकोणीय मामलों में, यह स्वाभाविक है कि अलग-अलग कथानक सामने आयेंगे। जैसा कि हमने पहले भी कहा है, हमारा उद्देश्य यह साबित करना नहीं है कि किसी भी केस में कौन सच बोल और कौन झूठ। बल्कि हम केवल इस तरह के विवाहों की अपनी समझ बढ़ाने के लिए यह शोध कर रहे थे। लेकिन, इस केस में सच/तथ्य को लेकर दो बातों को सामने लाना जरूरी है।

पहला मुद्दा है कि क्या यह आत्महत्या का मामला था (जैसा कि तरमपाल कह रहा था) या हत्या का (जैसा कि अमरदीप कह रहीं थीं)। हमारी जानकारी के अनुसार, तरमपाल और उसके परिवार ने खुद जसमीत को जहर खिलाया था, इस बात की पुष्टि के लिए बहुत कम सबूत हैं। कुछ लोग अमरदीप के इस कथन से सहमत होंगे कि, 'अपने आप इस तरह से कोई नहीं मरता।'

अमरदीप के बाकि कथनानुसार, ऐसा प्रतीत होता है कि वे यह मानने के अलावा कि उनकी बेटी की मृत्यु उत्पीड़न के कारण हुई और कुछ नहीं कर सकती हैं। हम यह नहीं कहना चाह रहे कि उनकी यह मान्यताएं एकदम निराधार हैं, लेकिन इस तरह के मामलों में, यह बात बहुत प्रबल रहती है कि वादी पक्ष दोष बाँटने का प्रयास कर रहा है। यह उस परिवार के सदस्यों का अपनी गलतियों को छुपाना हो सकता है या इससे यह महसूस करना हो सकता है कि उनकी कमियां मौत के कारणों से बहुत कम थीं।

यह भी हो सकता है कि वे किसी को अपनी बेटी की मौत का जिम्मेदार ठहराना चाहते हों। इससे, जब किसी को सजा हो जाती है, कम-से-कम उन्हें एक सांत्वना मिलती है। इस तरह उन्हें किसी तरह के समापन की उम्मीद मिलती है। कभी-कभी, दहेज-विरोधी कानूनों का प्रयोग केवल इसी लिए ही किया जाता है।

हमारी दूसरी टिपण्णी इस बात से सम्बन्धित है कि तरमपाल ने जज और अपने परिवार के बीच मध्यस्थता करने के लिए एक बिचौलिए को भाड़े पर किया था। हालाँकि इस बात से बाद में मुकर गया था, लेकिन इस तरह से उसने 1.5 लाख रुपए में मामला तय कर लिया था कि केस के पाँच में से चार अभियुक्तों को बरी कर दिया जाएगा और उसे खुद को चार-पाँच साल की आसान सजा सुनाई जायेगी। अदालतों में इस तरह की सौदेबाजी, भारतीय न्यायतंत्र के समर्थकों की न्याय की छवि पर खरा नहीं उतरता है और इससे असलियत का पता चलता है: कानून बनाम जिंदगी, जैसी भी हो।

तीन बड़ी जेलों में शोध करते हुए हमें तुरंत आभास हुआ कि वे निम्न-वर्गीय लोगों से भरी हुई थीं जो कि इस तरह के सौदे कर सकने में सक्षम नहीं थे। तरमपाल ही इकलौता धनी व्यक्ति हमने पाया जिसे दहेज-मृत्यु केस में सजा हुई हो। वह भी शायद जेल में इसलिए था कि जज को रिश्वत देने के उसके प्रयास का उल्टा असर हुआ था जब उसने जज को भला-बुरा कह दिया था।

इस दौरान प्रतिवादी पक्षों से हमारे इंटरव्यू में यही सामने आया कि जबकि बहुत सारे धनी लोगों पर यह आरोप लगे थे, उनमें से कुछ ही सलाखों के अंदर थे। इस तरह के मामलों में बहुत सारे लोगों के बरी होने से पता चलता है कि वे इन मामलों का निपटारा या तो रिश्वत देकर या फिर दूसरे पक्ष से समझौता कर पा लेते हैं। ऐसा तब हो जाता है जबकि यह केस नॉन-कंपओउंडेबल अपराधों की श्रेणी में आते हैं जिसका अर्थ है कि राज्य को केस में लड़ाई जारी रखनी होती है चाहे वादी पक्ष अपना केस वापस भी ले ले। वास्तव में यह धारा एक किनारे कर दी जाने लगी है।

सीमाएं लांघना

हमारे शोधकार्य में पता चला कि जब महिला के घर वाले या करीबी दोस्त उसका साथ देने लगते हैं तो वहाँ मृत्यु होने का खतरा कम हो जाता है। लेकिन यही घातक सिद्ध होता है यदि महिला के घर वाले उसे बार-बार अपनी ससुराल जाने के लिए बोलते हैं। केवल कुछ ही मृत्यु मामलों में महिला के जीवित होने पर भी पुलिस में वैवाहिक उत्पीड़न का केस दर्ज होता है। इससे यही मालूम होता है कि यदि महिला को और कोई रास्ता नहीं सूझता है, जब तक किसी बाहर वाले को यह बातें न पता चलें, तो इसके कितने भयानक परिणाम होते हैं। जिन महिलाओं के पास सहारा नहीं होता वे ही मौत का शिकार होती हैं।

अमरदीप ने कहा कि उन्हें और उनके परिवार वालों को जसमीत की परेशानियों का जरा भी अंदेशा नहीं था जिससे यही साबित होता है कि जसमीत की सहेलियों के माध्यम से ही यह सब बातें सामने आईं। लेकिन यह कहना यहाँ शायद अनुचित नहीं होगा कि वे अपने अपराध-बोध को कम करने की कोशिश कर रही थीं। आखिर, उन्होंने अपनी बेटी को उसके ब्याहता घर से नहीं निकाला और अंत में उसकी वहाँ मौत हो गई।

ऐसा मालूम पड़ता है कि अमरदीप अपनी बेटी की मौत के बाद ही स्थिति को गंभीरता से लेने लगीं। तब ही वे तरमपाल से उसका उनकी बेटी को तंग करने का और अंत में उसे मार डालने का मुद्दा उठाने लगीं–जो कि इससे पहले उन्होंने कभी नहीं किया था। इससे पहले, हमें बताया गया कि वह यही कहती रहती थीं कि हर विवाह में समस्याएं आती हैं और उनका सामना करना चाहिए न कि उनसे भागना चाहिए।

अगर उन्हें पता था कि उनकी बेटी के साथ उसके ससुराल में दुर्व्यहार हो रहा है, जैसा कि उन्होंने दावा किया, तो इससे लगता है कि मायके वालों ने अपनी बेटी का उस समय साथ नहीं दिया जब उसे उनकी सबसे ज्यादा जरूरत थी।

तरमपाल ने कहा कि उसकी सास को नहीं लगता था कि जसमीत के पास कोई विकल्प है क्योंकि उन्हें तलाक स्वीकार नहीं था। ऐसा इसलिए था कि उनके ग्रामीण समाज में तलाक-शुदा स्त्री के लिए कोई स्थान नहीं है। तरमपाल ने भी शायद जसमीत को इस विकल्प के लिए मना किया होगा क्योंकि वह हमेशा जसमीत से यही कहता था कि शादी जीवन-भर के लिए होती है–चाहे कोई भी परेशानी क्यों न आये।

जसमीत की लिखी आत्महत्या की चिट्ठी में यही लिखा था कि वह वास्तव में इस शादी से बाहर निकलना चाहती थी। लेकिन उसे लगता था कि जीते-जी उसे यह विकल्प उपलब्ध नहीं था। ऐसा करने पर उसके परिवार को जो अपमान सहना पड़ता उसकी वजह से वह बहुत भयभीत थी। उसने अपनी सहेलियों से यह सब बातें बांटने के लिए जो सीमाएं लांघी थीं वे उसके जीवन को बचाने के लिए काफी नहीं थीं। उसे जरूरत थी कि उसे पता चलता कि इस तरह की परिस्थितियों में अन्य विकल्प भी होते हैं और व्यावसायिक सहायता उसे इस बारे में विश्वास दिलाने में ज्यादा कारगर होती।

परामर्श सेवा

जबकि पश्चिम में साइकोथिरेपी, वैवाहिक मार्गदर्शन और अन्य प्रकार की परामर्श सेवाओं से अशांत विवाहों को बचाने के बहुत से विकल्प उपलब्ध हैं, भारत में अब भी इस तरह की परामर्श सेवाओं को स्वीकारा नहीं जाता है।

जो परामर्श सेवा यहाँ उपलब्ध है वह कानूनी तंत्र के अंतर्गत ही पाई जाती है (पुलिस, कोर्ट, महिला आयोग इत्यादि)। इनका एक ही मकसद होता है–शादी और परिवार बचाना चाहे बहुत गंभीर आरोप क्यों न लगाए गए हों।

बहुधा, पुलिस इन्स्पेक्टर या परामर्शदाता जो कि इन मामलों को देखते हैं, वे सीधे दहेज के निष्कर्ष पर पहुँच जाते हैं। हम नहीं कह सकते कि यह कितना उपयोगी सिद्ध होता है। वास्तव में हमारे जिन उत्तरदाताओं ने परामर्श सेवा के बारे में सकारात्मक बात बोलीं, उनका कहना था कि वे कुछ और ही चाहते थे। कानूनी और व्यावहारिक मुद्दों के बजाय वे ऐसे परामर्शदाता चाहते थे जो उनकी भावनाओं पर ध्यान दें।

इस केस में ऐसा लगता है कि यदि जसमीत को परामर्श सेवा शुरू में ही मिल गई होती तो कम-से-कम उसे अपनी जान नहीं गंवानी पड़ती, चाहे उसकी शादी टूट ही जाती और यह इस शोध की सबसे बड़ी खोज है। तरमपाल ने बताया कि उसे दिख रहा था कि जसमीत डिप्रेस्ड थी क्योंकि वह गर्भ नहीं धारण कर पा रही थी और न ही अपनी सास की अपेक्षाओं को पूरा कर पा रही थी। हालाँकि उसे लगता था कि किसी मनोवैज्ञानिक को दिखाने से जसमीत को मदद मिलती लेकिन वह इससे जुड़े कलंक की वजह से नहीं जाना चाहती थी।

वहीं दूसरी तरफ, तरमपाल का सोचना है कि इस तरह की सेवा से उसे भी लाभ मिलता क्योंकि झगड़े के इन मुद्दों पर तनाव की वजह से वह भी काफी प्रभावित होता था। जब उससे पूछा गया कि क्या उसने किसी से इस बारे में बात की थी, तो उसने बताया कि, 'नहीं, ये हमारा अपना छोटा-सा जहाँ था।'

दोनों को ही लगा था कि वे किसी से भी मदद नहीं ले सकते थे। और इस वजह से उनके विवाह पर बहुत दबाव पड़ा। तरमपाल के बदलते स्वभाव की वजह से वह अपनी पत्नी से 'कठोर बातें' कहने लगा था, जिसकी वजह से शायद यह धारणा बन गई थी कि एक व्यक्ति जिस पर वे विश्वास कर सकते थे वह भी उनके खिलाफ था।

परामर्श सेवा से शायद जसमीत को यह आशा बंधती कि वह अकेली नहीं थी और दूसरा रास्ता भी था। इससे शायद उसकी जान बच जाती।

उपसंहार

सारांश व मुख्य निष्कर्षों का विश्लेषण

अपने शोध के दौरान, हमने पाया कि 'दहेज मृत्यु' और क्रूरता के वास्तविक कारणों को जानने के लिए, हमें दहेज की मांग के सरल सवालों से आगे बढ़ना पड़ेगा। हमें अंतर-पारस्परिक गतिशीलता, सम्बन्धों पर बातचीत व नैतिक मूल्यों पर विवादों को टटोलना होगा।

हमारे इंटरव्यू में, कम-से-कम शुरू में तो, हमारे मन में एक मौलिक सवाल था: क्या दहेज इन 'दहेज मृत्यु' मामलों का कारण बना या इसे बाद में परिस्थितियों से जोड़ा गया? अगर हमने 'दहेज समस्याओं' की परम्परागत समझ को ही माना होता, तो हमने भी केवल दहेज को ही सभी समस्याओं की जड़ मान लिया होता। परन्तु, हम शुरू से ही इस मान्यता पर सवाल उठाते रहे।

हमारे शोधकार्य में यह पुष्टि हो गई कि बहुत कम ही मामलों में समस्याओं की शुरुआत दहेज से होती है। बल्कि, यह कलह के कई कारणों में से एक होता है। जिसे हम अक्सर 'दहेज-मृत्यु' कहते हैं उस केस में दहेज से शायद ही कोई वास्ता होता हो। लेकिन बहुत सारे कारणों की वजह से ऐसे केस पर दहेज-मृत्यु का लेबल लग जाता है। इनमें से सबसे महत्त्वपूर्ण–खासकर जब 1980 के दशक में यह मुद्दा कुख्यात हो गया–इस तथ्य ने जोर पकड़ा कि दहेज-विरोधी कानून घरेलू क्रूरता के दोषियों से निपटने के लिए सबसे कारगर हैं।

इस सब में शायद हमारी सबसे बड़ी खोज यही थी कि 'दहेज' का वित्तीय आयाम कई मुद्दों में से केवल एक मुद्दा था। ऐसा मालूम होता है कि 'दहेज की समस्याएं' केवल दहेज से ही सम्बन्धित नहीं हैं और यह पुस्तक इसी धारणा की बेड़ी से स्वतंत्र होने का प्रयास है।

प्रकट रूप से दहेज-सम्बन्धी मामलों का अध्ययन करते हुए हमने पाया कि, वास्तव में हम वैवाहिक जीवन के टूट-फूट के मुद्दे से संबद्ध होते जा रहे थे। इस प्रक्रिया में, हमें आभास होने लगा कि असंख्य कारणों की वजह से एक विवाह में परेशानियां उत्पन्न हो सकती हैं, उनमें चाहे 'दहेज समस्याओं' का उल्लेख न भी हो। हमने बहुत सारे कारण देखे जो कि सबमें समान थे। चाहे शिल्पा की ससुराल वालों के साथ न बन पाने की बात रही हो, मोहिनी का संयुक्त परिवार में रह पाने में असफल रहना–खासकर जब उसका नया परिवार भी इस बात को स्वीकार कर पाने में असमर्थ था

कि वह उन्हें ललकार भी सकती थी–और तलाक के बाद के जीवन को लेकर गगन की पत्नी का डर कुछ ऐसे मुद्दे थे हमें अपने मामलों में बार-बार नजर आये जो कि भारत भर के वैवाहिक ड्रामाओं कि जड़ में थे। हमें और भी बहुत से ऐसे कारण नजर आये जो कि दुनिया में कहीं भी कलह का कारण हो सकते थे। उदाहरण के लिए, शालिनी ने भावनात्मक असामंजस्य के बारे में बताया, जबकि अखिल ने हमारे साथ सेक्स सम्बन्धी परेशानियां बांटी और तरमपाल ने बच्चे पैदा करने के बारे में अपनी चिंताएं बताईं। यदि समाधान न हो तो वैवाहिक हिंसा, जिसके चरम पर मृत्यु तक भी हो जाती है, भी कलह को व्यक्त करने का एक तरीका बन जाता है।

ऐसी परिस्थितयों में कानून से मदद मांगने के कई तर्क हैं। लेकिन यह तर्क अक्सर दहेज की मांगों को लेकर शिकायतों या इससे बात न बने तो क्रूरता की शिकायतों के बीच छुपे रहते हैं। जाहिर है कि, दहेज-विरोधी कानूनों का वे लोग प्रयोग कर रहे हैं जो कि दहेज से असम्बन्धित समस्याओं का निवारण चाहते हैं। यह कानून महिलाओं के समर्थन में बनाए गए थे, जिसकी वजह से यह देखा गया है कि कई बार किसी वास्तविक (अलबत्ता असम्बन्धित) समस्या से कानूनी तौर पर जूझने के लिए केवल इनका प्रयोग ही कारगर माना जाता है।

पुलिस का भी इस समस्या से निपटने का कोई योगदान नहीं है, क्योंकि वे दहेज के अलावा क्रूरता के मामलों को रजिस्टर करने में दिलचस्पी नहीं दिखाते क्योंकि ज्यादातर उनका भी यही मानना होता है कि महिलाओं को अपने पति व सास-ससुर के अनुसार ढल जाना चाहिए। यह पितृसत्तात्मक धारणा वास्तव में समाज के सभी अंगों में गहराई से संस्थापित हैं, जहां आज भी तलाक को कलंकित माना जाता है (चाहे मीडिया इस विषय पर कुछ भी दलील देती रहे)। दहेज-विरोधी कानूनों का सहारा लेने से कई पीड़ित पत्नियां और उनके घर वाले यह कह कर समाज में सर उठाकर जी पाते हैं कि पति औरध्या उसके घर वाले तंग करते थे। यह मृत्यु व गैर-घातक दोनों ही परिस्थितियों में लागू होता है।

हमने वैवाहिक जीवन में टूट-फूट के जिन हिंसक मामलों की जांच की, वहाँ हमें समस्याओं के कम-से-कम दो मूलभूत कारण मिले: आर्थिक व भावनात्मक। ज्यादातर केस इन दोनों में से किसी एक में (अगर दोनों में नहीं तो) श्रेणीबद्ध किये जा सकने लायक प्रतीत होते हैं। हालांकि हम यह दावा नहीं करते कि दहेज की मांग कभी भी एक विवाहित महिला के साथ बदसलूकी का कारण नहीं होती, हमने यह नहीं पाया कि वह ही केवल इकलौता (या मुख्य) आर्थिक कारण थी।

शुरू में, हमने विचार किया कि क्या तलाक के बाद के रख-रखाव के प्रावधान, जिसके अनुसार एक पुरुष को मृत्यु या पुनर्विवाह तक अपनी पूर्व पत्नी के रख-रखाव की जिम्मेदारी उठानी होती है, इसकी वजह से 'दहेज हत्या' 'तलाक का विकल्प' तो नहीं बन गया था। हालांकि कुछ पुरुष ऐसा सोचते होंगे, हमारे शोधकार्य में पता चला कि वास्तव में इस तरह के बहुत कम केस हैं और उनमें से कोई भी इस पुस्तक में प्रस्तुत नहीं किया गया है। हमने पाया कि जो इस तरह के दायित्वों से बचने की कोशिश करते हैं उनका विश्वास होता है कि ऐसा करने के और भी तरीके हैं। हमारे बहुत से उत्तरदाताओं ने बताया कि पति, कोर्ट के निर्देश के बावजूद, पैसा नहीं देते।

इससे यह भी पता चलता है कि न्यायतंत्र की दशा कितनी शोचनीय है, जिसकी वजह से पुरुष और उनके परिवार पत्नियों की उपेक्षा करते हैं। दूसरी तरफ, इन महिलाओं को लगता है कि उनके पास दहेज-विरोधी कानून के तहत केस दर्ज कराने के अलावा और कोई चारा नहीं है।

जो दूसरे आर्थिक प्रसंग हमें देखने को मिले, ऐसा लगता है कि किसी विवाह में, बहुत सारे मुद्दे जिन्हें 'दहेज समस्या' का नाम दे दिया जाता है वे वास्तव में पारस्परिक विरोधी विचारों से सम्बन्धित होते हैं कि विवाह के बाद वित्तीय निष्ठा किस के प्रति होनी चाहिए। हमने यह भी पाया कि बहुत सारी अपूरित वित्तीय अपेक्षाएं भी तबाही ला देती हैं। खासकर, जब (मोहिनी जैसी) स्त्रियां एक विशेष जीवनशैली चाहती हैं और उसके लिए बाध्य करती हैं तो इससे पुरुष शोषित महसूस कर सकते हैं।

यकीनन नियंत्रण की गतिशीलता के एक और आयाम के तहत, पुरुष–बदले में–अपनी पत्नी से नौकरी करने की अपेक्षा करते हैं (जैसे अखिल ने किया) या यह चाहते हैं कि वह नौकरी नहीं करे (जैसा कि शालिनी के केस में) और यह एक झगड़े का मुद्दा हो सकता है और यह भी कि आखिर में पैसे की कुंजी कौन संभालता है। जब एक विवाह में परेशानियां बढ़ने लगती हैं और यह सवाल उठने लगता है कि यह विवाह सम्बन्ध जारी रखा जाये कि नहीं, दोनों लिंगों को पता होता है कि तलाक के भी आर्थिक मुद्दे हैं।

जैसा कि पहले कहा जा चुका है, जहां एक तरफ रख–रखाव को लेकर पुरुषों के अपने मुद्दे होते हैं, वहीं दूसरी तरफ महिलाओं को यह डर रहता है कि यदि उनके पतियों ने उन्हें पैसा नहीं दिया और यदि वे (किसी भी कारण से) अपने मायके नहीं जा सकतीं, तो वे आर्थिक रूप से निराश्रित हो जायेंगी। ऐसी स्थिति में जहाँ महिलाएं काम करने की इच्छुक होती हैं और ऐसा कर पाती हैं, वहाँ स्थिति बदल जाती है। लेकिन बारीकी से देखें तो, ऐसा हो सकता है, कि गगन की पत्नी ने–जो नौकरी नहीं खोज पाई थी–आत्महत्या कर ली क्योंकि उसे लगता था कि उसके पास कहीं जाने की जगह नहीं है।

भावनात्मक मुद्दों को देखें तो, हमने पाया कि वैवाहिक विवाद के करीब-करीब सभी मामलों में जिनकी हमने जांच की और जहां परिस्थितियाँ ऐसी बन गईं थीं कि दहेज-विरोधी कानून का सहारा लेना पड़ा, वहाँ किसी न किसी स्तर पर मूल्यों में संघर्ष था। गगन और उसकी पत्नी को एक–दूसरे की वैवाहिक अपेक्षाएं संघर्षपूर्ण लगीं और वे यहाँ लड़खड़ा गए; पति–पत्नी की अनुकूलता और जिस सीमा तक एक दम्पति या उसके परिवार–वाले अपनी भिन्नताओं के बावजूद एक–दूसरे के साथ कितनी सफलता–पूर्वक सामंजस्य बैठा पाते हैं, तरमपाल व जसमीत के केस में यह एक बहुत महत्त्वपूर्ण घटक था। साफ–तौर पर शालिनी और उसके पति के बीच उनके रिश्ते में प्रेम और सेक्स की भूमिका को लेकर विचारों में संघर्ष था; नीति के केस में भावनात्मक निष्ठा के प्रश्न आधारभूत थे; अखिल ने साफ तौर पर बताया किस तरह उसके, उसकी पत्नी व बाकी घरवालों के बीच सत्ता और नियंत्रण के लिए मोल–भाव में दरारें पड़ गईं, जिससे आज के विवाहों की चुनौती का पता चलता है कि अभी भी भारतीय परिवेश में ज्यादातर विवाह को दो परिवारों का मिलन माना जाता है न कि दो व्यक्तियों काय और हमारे सभी कथानकों में पुरुषों और स्त्रियों के अपने मूल्यों व स्वयं को आज के बदलते माहौल में ढालने के व्यक्तिगत संघर्ष पर प्रकाश पड़ा।

परिवार के स्थान को समझना इस शोध में बहुत महत्त्वपूर्ण साबित हुआ। भारतीय महानगरों के सन्दर्भ में, आर्थिक, सामाजिक व सांस्कृतिक ताकतों की वजह से परिवार का स्वरूप कई मायनों में विकसित हुआ है, फिर भी यह कई महत्त्वपूर्ण मामलों में परम्परागत रह गया है। इससे तनाव बढ़ा है। सबसे ज्यादा बदलाव हमें व्यक्तिवादिता के विकास में नजर आया, जिसके बारे में अखिल ने बहुत

स्पष्टवादिता से गवाही दी। यह उन पुरुषों में ज्यादा दिखाई दी जो कि अब अपने परिवारों में अपने हक का दावा करने लगे हैं।

यहाँ यह भी महत्त्वपूर्ण है कि अब महिलाओं में भी इसी तरह व्यक्तिवादिता का विकास हो रहा है। जैसा कि गगन ने बताया कि उसकी पत्नी के साथ था, ज्यादा-से-ज्यादा महिलाओं की इसी तरह परवरिश हो रही है कि वे अपने मायके में जैसा चाहें वैसा कर सकती हैं। अक्सर उनकी अपेक्षा होती है कि ससुराल में भी ऐसा ही हो। भूमिकाओं, रिश्तों व दायित्वों के बारे में अपने नए विचारों के साथ वे जिन लक्ष्यों को पाने की चेष्टा करती हैं वे व्यक्तिवादी ज्यादा होते हैं और परिवार के अनुकूल कम। इसमें बहुत तनाव होने की आशंका रहती है, खासकर जब पति और ससुराल-वाले इस तरह की स्वायतत्ता की लालसा को स्वीकार करने के अनिच्छुक होते हैं। इस तरह के तनावों से संतुलन नहीं बन पाता है जिसमें साहचर्य, समानता और समदृष्टि प्रधान हों।

इनसे समझ आता है कि क्यों कई दम्पति वर्णक्रम के एक छोर से दूसरे छोर तक पहुँच जाते हैं (पितृसत्तात्मकता और पुरुष इच्छा के आधिपत्य को मानने से लेकर) दूसरे चरम तक (महिलाओं द्वारा अपने पतियों को दहेज कानूनों के माध्यम से अशक्त करने का प्रयास)। पहले, बेटों–जो आदि समय से भारतीय संस्कृति में पूजे जाते हैं–को माता-पिता लाड़-प्यार से पालते थे और उन्हें उनकी इच्छानुसार सब कुछ देते थे। अब बार-बार–जैसा कि हमारे शोध के बड़े नमूने में देखा गया–दिखाई देता है कि युवा महिलायें भी माता-पिता द्वारा सर चढा ली जाती हैं व अत्यधिक संरक्षित की जाती हैं, खासकर (पर केवल नहीं) उच्च मध्यमवर्ग में और उससे ऊपर।

इस तरह की महिलाएं अक्सर अपने वैवाहिक जीवन से बहुत मांग करती हैं। कुछ समय बाद उनके साथियों को यह मांगें अनुचित लग सकती हैं। खाना बनाने से मना करना या महिला द्वारा यौन आक्रामकता से प्रतीत हो सकता है कि वह अपने साथी पर हावी होने की कोशिश कर रही है। यह खासतौर पर उन पुरुषों व ससुराल-वालों पर लागू होता है जो पूर्ण नियंत्रण के उनके अधिकार की पितृसत्तात्मक मान्यताएं रखते हैं। उसका किसी भी प्रकार से प्रतिरोध वैवाहिक जीवन में टूट-फूट का खतरा पैदा कर देता है। पति द्वारा उतना प्रतिरोध भी, जैसा कि अखिल ने पाया, 'क्रूरता' के रूप में व्यक्त हो सकता है।

इस बिंदु पर, हम उन परिस्थितियों को भी समझ सकते हैं जब *'पुरुषों'* को वैवाहिक जीवन के टूटने पर नुकसान पहुँचने या जान गंवाने का खतरा रहता है। हमने ऐसे कई केस पाए जहाँ महिलाएं अपने पतियों को बहुत अधिक उत्तेजित कर देती हैं; कई पुरुषों का विश्वास था कि ऐसी महिलायें कुछ भी कर सकती हैं।

इस सब में कानून का क्या स्थान है? भारत में कानून की प्रमुख समझ यही कहती है कि कानून को मुद्दों को नियंत्रित करना चाहिए। लेकिन, कम-से-कम इस सन्दर्भ में, हमने पाया कि लोगों द्वारा परस्पर विरोधी मूल्यों व अपेक्षाओं से निपटने के लिए एक हथियार के रूप में इसका प्रयोग किया जाता है। इस आधार पर हम इसे 'जन-केंद्रित' कह सकते हैं।

यह मान लेने से, हमारा सुझाव है कि भारतीय दहेज-विरोधी कानून जिस काम के लिए बनाया गया था उसे पूरा नहीं कर पा रहा है। कानून का रोज-मर्रा के जीवन में किस तरह प्रयोग होना चाहिए इस बारे में गलतफहमी की वजह से ऐसा है। अनुभव के अनुसार किसी भी मुद्दे पर केवल

प्रतिबन्ध लगा देने से, खासकर ऐसे विषय पर जो आज भी समाज के रीति-रिवाजों का अभिन्न अंग है, वह बुराइयां खत्म नहीं हो जाती हैं विशेषतया जब उस 'मुद्दे' से उनका आंशिक सम्बन्ध ही हो।

विधानमंडल व न्यायपालिका दोनों के अंतःकरण में अभी भी परिवार की मुख्य भूमिका है। इस वजह से हमने पाया कि दहेज-विरोधी कानून व तलाक और रख-रखाव भत्ते के कानूनों को बनाने में और न्यायपालिका के इनसे सम्बन्धित निर्णयों की सोच में एक प्रमुख स्तर का जुड़ाव है। ज्यादातर, पारिवारिक संस्था को बनाये रखने का प्रयास किया गया है। इससे तलाक के लिए वैवाहिक जीवन की असाध्य टूट-फूट को एक कारण मानने के प्रयासों को धक्का लगा है। अब जज न केवल महिलाओं को भाषण देते हैं कि उन्हें 'सामंजस्य' बनाना चाहिए बल्कि दम्पतियों को भी कहते हैं कि उन्हें भी परिवार बनाये रखने के लिए और मेहनत करनी चाहिए और यह मानना चाहिए कि हर विवाह में थोड़ी क्रूरता होती है।

पुरुषों को अपनी पत्नियों से बनाने के लिए एक और प्रलोभन दिया जाता है, कि उन्हें कहा जाता है कि तलाक लेने के लिए भी उन्हें अपनी पत्नियों के आजीवन रख-रखाव की व्यवस्था करनी होगी। 2001 से इसके लिए उन्हें केवल कुछ सौ रुपए मासिक भत्ते के बजाय अपनी पत्नियों को कम-से-कम उतना पैसा देना होगा जिससे वे वैवाहिक जीवन के समान जीवनशैली में रह सकें।

अपनी पत्नी को जान से मार देने या एक महिला के आत्महत्या का लेने के निर्णय को समस्या से जूझने की नाकाम प्रतिक्रिया कह सकते हैं, एक ऐसी परिस्थिति जिससे निकलने के लिए लोगों को और कोई उपाय नहीं सूझता है।

सतही तौर पर, इस कठोर कार्य से निपटने के लिए तलाक एक विकल्प लगता है। ऐसा प्रतीत होता है कि यह रीति-रिवाज–जिनकी वजह से कई समुदायों में आज के परिवेश में भी तलाक को कलंक माना जाता है–कई लोगों को यह रास्ता अपनाने से रोकते हैं। वास्तव में, हमारे शोध में देखा गया कि मुस्लिम समुदायों के निचले वर्गों में 'ट्रिपल *तलाक*'[1] के स्वीकार्य होने से पत्नियों की हत्या के मामले घट रहे हैं। इससे, कम-से-कम भारतीय समाज के कुछ हिस्सों में, तलाक और हत्या के बीच लिंक स्थापित होता है। लेकिन हमें शक है कि क्या इस तरह की परम्परागत सोच सभी परिस्थतियों के लिए जिम्मेदार है जहां तलाक एक विकल्प के रूप में नहीं देखा जाता है।

और गहराई में जाने पर, हमने समझा कि व्यावहारिकता को ध्यान में रखना कितना जरूरी है। इसमें, वह बेबसी जो कुछ महिलायें महसूस करती हैं जब उन्हें लगता है कि उनके पास कहीं और जाने की जगह नहीं है या उनका डर जब वे खुद को सहारा देने में असमर्थ पाती हैं, शामिल है। हमने पूरी किताब के दौरान इनका अनुभव किया। महिलाओं और पुरुष, दोनों के लिए, तलाक लेने के लिए उन्हें जिस खर्चीले व बहुत समय लेने वाले कानूनी मैराथन से गुजरना होगा–यह भी उन्हें रोकता है।

इसलिए, यह स्पष्ट है कि, भारतीय दहेज-विरोधी कानूनों को, जिस समस्या के निवारण के लिए वे बनाये गए थे, उसमें उनकी नाकामी को बड़े सन्दर्भ में देखना होगा। हमें *दूसरे* कानूनों व जिस लिए वे बनाए गए थे उसकी सामाजिक गतिशीलता को भी समझना होगा। इसे एक कदम और आगे बढाते हुए, हमारा तर्क है कि यह कहना काफी नहीं है कि दहेज-विरोधी कानूनों में सुधार करने या उन्हें

[1]तलाक का मुस्लिम तरीका, जिसमें पति के तीन बार 'तलाक' शब्द कहने से *तलाक* हो जाता है।

और कठोर बनाने की आवश्यकता है। शायद, यह कानून, *कभी नहीं* काम कर सकते। असलियत यह है कि ये समस्या की (और आम तौर पर कानून की भी) बहुत ही संकीर्ण संकल्पना पर आधारित थे।

जिस समय यह कानून बनाये गए, उस समय के दृष्टिकोण में यह ध्यान नहीं रखा गया कि विवाहित भारतीयों का जिन मुद्दों पर झगड़ा होता है वे अक्सर ऐसे मुद्दे नहीं होते जिन्हें कानून द्वारा सुलझाया जा सके। यदि 'दहेज समस्याएं' केवल पैसे से सम्बन्धित होतीं, शायद उन्हें इस तरह सुलझाने की सम्भावना बढ़ जाती। लेकिन दुर्भाग्यवश, ज्यादातर समय यह केवल पैसे के बारे में *नहीं* होतीं।

अंततः, यह 'कानून की सीमाओं' का मुद्दा है।

हमारे उत्तरदाताओं में से ज्यादातर ने–शिकायतकर्ताओं व प्रतिवादियों व प्रक्टिश्नर्स व टिप्पणीकारों–ने इस व्यवस्था में पाए जाने वाले भ्रष्टाचार की अभिशंसा की, पुलिस में शिकायत दर्ज की जाने से लेकर जज के निर्णय सुनाने तक। भारतीय कानून व्यवस्था के अत्याधिब बोझ व अक्षम तरीके की वजह से, यह कोई आश्चर्यजनक बात नहीं लगती कि बहुत लोगों का यह मानना है कि इन चौनलों से समस्याओं का समाधान नहीं हो सकता।

इन प्रणालीगत बाधाओं के बावजूद, यह संदेहपूर्ण ही है कि जिन समस्याओं की हम यहाँ बात कर रहे हैं उनका कोई भी कानून प्रभावी ढंग से पूरी तरह समाधान कर सकता है। मनुष्य के बुनियादी स्वभाव की वजह से, क्रमादेशी कानून–जैसे कि दहेज विरोधी कानून–किसी भी कानून प्रणाली में मुश्किल में पड़ जाते हैं। व्यवहार के तरीके बताने का लोग विरोध करते हैं, खासकर जब यह संस्कृति व परंपरा के विरुद्ध हों।

बल्कि, जैसा कि हमने पाया, बहुत से लोग दहेज देने की परंपरा को सकारात्मक मानते हैं (हालांकि वे जिस विषय को इंगित कर रहे हैं उसे दहेज का नाम न दें)। अमरदीप ने साफ कहा था (स्पष्ट रूप से 'दहेज' के बारे में न कि 'उपहारों' के बारे में बोलते हुए) और बाकी उत्तरदाताओं में से जिसने भी उपहार देने की प्रशंसा की सबने इस ओर इशारा किया। उपहारों के रूप में माना जाता है कि दहेज नव–दम्पति को अपना जीवन साथ शुरू करने में मदद करता है। जब से इसे अवैध घोषित किया गया है और जब से इसे महिलाओं के प्रति हिंसा के साथ जोड़ा गया है, लोगों के मन में मांगों व उत्पीड़न के माध्यम से लेन–देन ही दहेज की नई परिभाषा के रूप में प्रचलित हो गई है। लेकिन उपहार देना हर जगह ही प्रचलित है। समस्या होने पर ही इसे 'दहेज' का नाम दिया जाता है; ज्यादातर समय विवाह–सम्बन्धी लेन–देन में समस्या नहीं होती और यह काफी आसानी से काम करता है।

हाल के समय में, पेशवरों व विद्वानों ने मानना शुरू किया है कि दहेज वास्तव में बहुत जटिल विषय है। यह जरूरी नहीं कि वे इसे स्वाभाविक बुराई और महिलाओं के प्रति अपराध करने का जरिया मानते हों। वे अब कानून की संरचना पर प्रश्न उठा रहे हैं। दहेज समस्या पर पुनर्विचार अब ही शैक्षिक साहित्य व कुछ न्यायायिक निर्णयों में प्रकट होने लगा है। इस दौरान, कानून प्रवर्तन एजेंसियों में अभी भी 'पुरानी' समझ ही प्रचलित है।

हमारी खोज को देखते हुए, ज्यादातर अवसरों पर, हमारा विश्वास है कि यह ज्यादा उपयुक्त है कि दहेज पर न बात कर उन व्यक्तियों के बारे में चर्चा करनी चाहिए जो कि विवाह की चुनौतियों को समझने में नाकाम रहे हैं। इस तरह के कुछ लोग ऐसी स्थितियों से 'निकलने' के लिए कानून का

सहारा लेते हैं। कई लोग इस निराशाजनक स्थिति से बचने के लिए आत्महत्या कर लेते हैं या अपने जैसे ही निराश व्यक्तियों द्वारा जान से मार दिए जाते हैं।

ऐसे समाज में जहां शादी एक अटल अपेक्षा होती है, ऐसा प्रतीत होता है कि कुछ लोग इसके लिए बिलकुल तैयार नहीं होते। ऐसे माहौल में जहां ज्यादा-से-ज्यादा लोग अब अपने व्यक्तिवाद पर जोर दे रहे हैं या अपनी निष्ठा दूसरी जगह स्थापित रखने पर दृढ हैं–खासकर महिलाओं के अपनी शक्ति के प्रयोग को लेकर बदलती हुई धारणाओं के बीच–इस तरह के अंतरंग पारस्परिक सम्बन्धों को संभालने में पुरुषों व महिलाओं दोनों से ज्यादा कौशल की मांग करता है। एक जोड़े में दोनों या तो इस कौशल को पा लेते हैं (या नहीं कर पाते हैं)। और यदि कोई ऐसा नहीं कर पाता है, तो वह अपने को मुसीबत में पा सकता है।

अंततः, ऐसा कोई स्थिर वर्णन नहीं है कि कुछ विवाहों में महिलाओं की मृत्यु क्यों हो जाती है। हमें निर्दयी हत्याओं, आत्महत्याओं और सबसे ज्यादा, *सभी* तरफ से धौंस दिखाने के सबूत मिले। केवल और ज्यादा दहेज की मांग के बजाय, प्रत्येक वैवाहिक ड्रामा निराला था। हालांकि इनमें कुछ समान विषय थे, हम यह दावा नहीं करते कि हमने जो मिसालें पायीं केवल उन्हीं से विवाह बनते या बिगड़ते हैं या मृत्यु तक पहुंचा देते हैं। बहुत सारी गतिशीलताएं काम कर रही होती हैं। बाकी, केवल भारत में दहेज और हिंसा से सम्बन्धित ऐसी अनूठी समस्या नहीं है, दुनिया भर में इस तरह की घटनाएं पाई जाती हैं।

हमारे विचार से, हमारे शोध की सबसे प्रमुख खोज है कि दहेज का समस्या के रूप में वर्णन अपर्याप्त है–यहाँ तक कि जाली है। इसका अर्थ है कि हमारा शुरू का तर्क साबित हो गया है। चूंकि वैवाहिक हिंसा और पत्नियों की अस्वाभाविक मृत्यु से सम्बन्धित कानूनों के सन्दर्भ में दहेज एक अभिन्न हिस्सा है, दहेज-सम्बन्धी मुद्दों व दूसरे मुद्दे जिनकी वजह से विवाह टूट जाते हैं–इनमें अंतर धुंधला हो गया है। दूसरे शब्दों में, दहेज–जैसा कि हमने यहाँ बार-बार कहा है–यदि विवाह में कुछ कमी आ जाए तो, एकदम असम्बन्धित लक्ष्य प्राप्ति के लिए, अक्सर विवादों का हिस्सा बन जाता है।

आगे की सोच

शुरुआत में हमारा एक मुख्य लक्ष्य था कानून में बदलाव लाने के लिए प्रस्तावों का सुझाव देना। हम अपने भोलेपन में, परार्थवादी आशा कर रहे थे कि शायद, इससे भविष्य में कुछ जीवन बचाने में मदद मिले। लेकिन वास्तव में, शोधकार्य के हमारे अनुभव से हमने जाना कि हमारी शोध–कुछ हद तक–जैसे वह जवाब खोज रही थी, कानून की सीमाओं की जांच भी कर रही थी। अंत में, हमने यही निष्कर्ष निकाला कि हम जिस मुद्दे कि जांच कर रहे थे उसके लिए कोई नियत समाधान नहीं था–व्यक्ति व उनकी समस्याएं बहुत ही पेचीदी हैं। इसके बजाय, एक स्पष्ट रणनीति खोजना शायद ज्यादा यथार्थवादी होगा।

एक चीज बिलकुल साफ हो गई है: निषेधवादी रणनीति काम नहीं आई। हमें पूरा विश्वास है कि दहेज-विरोधी कानूनों को और कठोर बनाने या उसे तोड़-मरोड़ने से इसमें कुछ बदलाव आएगा। लेकिन, सार्वभौमिक रूप से इसकी समझ होना अभी बाकी है। आज भी, हालाँकि वे खुद कह रहे हैं कि 'दहेज-सम्बन्धी' क्रूरता व मृत्यु के केस बढ़ ही रहे हैं, निषेधवादी और मांगें कर रहे हैं। कुछ लोग

इस परम्परा पर पूरा प्रतिबन्ध चाहते हैं, अर्थात वे किसी भी रूप में उपहार देने की परम्पराओं को पूरी तरह से रोकना चाहते हैं। उनका तर्क है, कि इसके अलावा, विभिन्न व्याख्याओं के लिए रास्ता खुला रहेगा जिससे कि कानून से बचने के उपाय मिलते रहेंगे।

डरावने कानून जिनमें एक पक्ष को जेल होने का खतरा रहता है, यह वैवाहिक समस्याओं का सफलता पूर्वक समाधान करने के लिए अपर्याप्त रहे हैं। वर्तमान के हमारे इन कठोर नियमों का 'दूसरी' समस्याओं से निपटने के हथियार के रूप में प्रयोग होने का खतरा रहता है। निर्दोष पतियों व ससुराल-वालों के शोषण के लिए भी इनका प्रयोग हो सकता है। जैसे-जैसे महिलायें व उनके परिवार वाले अपने कानूनी अधिकारों के प्रति सजग होते जा रहे है और इनके लिए लड़ने के तैयार हैं, यह सम्भावना बढ़ती जा रही हैं।

हमारा विशास है कि निषेध नियमों को और कठोर बनाने के बजाय, कानून को यह समझना और पहचानना चाहिए कि दहेज के मुद्दों को अक्सर दूसरे, इससे असम्बन्धित मुद्दों को और मजबूत बनाने के लिए, जोड़ दिया जाता है। यह मुद्दे–चाहे वे महिलाओं द्वारा उठाये गए हों या पुरुषों द्वारा–हो सकता है कि ये अपने-आप में ध्यान देने योग्य हों या हो सकता है कि इन मुद्दों को कानून के बजाय, समाज द्वारा निपटने के लिए छोड़ देना चाहिए। कैसे भी, एक साधारण सन्देश और भी स्पष्ट रूप से दिया जाना चाहिए: कि शिकायत में दहेज को शामिल किये बिना भी समस्या का समाधान संभव है।

शोधकार्य के दौरान, बहुत सारे विशेषज्ञों व उन लोगों ने जो खुद इस तरह के मामलों में शामिल हैं, इसे पाने के लिए अपने सुझाव दिए। एक आम प्रस्ताव था आईपीसी के तहत धारा 498–बी को जोड़ना। इससे प्रताड़ित पति को भी केस दर्ज कराने की क्षमता मिलेगी, जिससे कि यह कानून लिंग के प्रति ज्यादा निष्पक्ष हो जाएगा। या इससे नियम तोड़ने वालों को भी उतनी ही कठोर सजा दी जा सकेगी।

कईयों ने दहेज कानून को बिलकुल खत्म कर देने और उसके बदले वसूली और हत्या से निपटने के लिए पहले से ही मौजूद कानूनों के इस्तेमाल की सलाह दी। यदि ऐसा हो जाता है तो, खासकर अब जब घरेलू हिंसा से महिलाओं का बचाव अधिनियम (पीडब्ल्यूडीवीए) पारित कर दिया गया है, इस तरह की 'दहेज सम्बन्धी' समस्याओं: जैसे, वसूली, क्रूरता, हत्या और आत्महत्या के लिए उकसाना आदि से निपटने के लिए पर्याप्त कानून उपलब्ध हैं।

इनमें से दूसरे दृष्टिकोण का यही फायदा होगा कि इससे संबद्ध कानून इतने निर्दयी और गलत इस्तेमाल के काबिल नहीं रहेंगे, और दूसरी तरफ जो लोग अपने बच्चों को उनके विवाह में उपहार देना चाहते हैं, वे एक युक्तिसंगत तरीके से ऐसा कर पायेंगे। यह स्पष्ट है कि पूरे भारत में, सभी वर्गों से लाखों लोग इस तरह से उपहारों का आदान-प्रदान करते हैं और इसमें उन्हें कोई समस्या नहीं लगती। बल्कि, इसे वे सकारात्मक मानते हैं।

भारतीय महिला आंदोलन से जुड़े कई लोग महिलाओं की वैवाहिक समस्याओं को दहेज से अलग करने के लिए काफी समय से मांग कर रहे हैं। लेकिन दूसरी तरफ, वे इसका समर्थन भी करते हैं कि घरेलू-हिंसा के कानून अभी पर्याप्त नहीं हैं। उदाहरण के लिए, एक पीड़ित महिला को अपने साथ दुर्व्यवहार करने वाले से बचाव की गारंटी नहीं मिल पाई–जैसे निरोधक आदेश। कानून में बच्चे की कस्टडी व वैवाहिक घर पर अधिकार के लिए कानून में कोई स्पष्ट दिशा नहीं है। एक

लंबे, देश-व्यापी अभियान से अंततः पीडब्ल्यूडीवीए बनाया जा सका। उस समय बहुत आशाएं थीं कि यह कानून इन कमियों को दूर कर सकेगा।

हालाँकि पीडब्ल्यूडीवीए में 'घरेलू हिंसा' की परिभाषा, आईपीसी के सन्दर्भ में 'क्रूरता' की समझ से कहीं ज्यादा व्यापक है, लेकिन दुर्भाग्यवश हम इस निष्कर्ष पर नहीं पहुँच सकते कि इस कानून के अनुसार दहेज घरेलू हिंसा का उतना ही हिस्सा है जैसा कि धारा 498-ए के अंतर्गत माना गया है। हमारा विचार है कि धारा 498-ए को आपराधिक न्याय प्रणाली के तहत ज्यादातर लोगों द्वारा समझा नहीं गया है। यह देखना बाकी है कि क्या पीडब्ल्यूडीवीए को इससे ज्यादा समझा जायेगा या नहीं[2]।

जिन लोगों को पुलिस अधिकारियों, वकीलों आदि को पीडब्ल्यूडीवीए के प्रयोग के बारे में शिक्षित करने का कार्य सौंपा गया है, यदि वे इस सन्देश को भी आगे पहुंचाने में कामयाब हो जाते हैं कि दहेज-सम्बन्धी क्रूरता, घरेलू क्रूरता का केवल एक भाग है न कि उसमें निहित है, इसका कार्यान्वयन तब भी बाकी ही रहेगा। भारतीय विधि प्रणाली में निरंतर पाई जाने वाली प्रक्रियात्मक अनियमितताओं, अक्षमताओं व देरी की वजह से यहाँ मुद्दे अटक जाते हैं। पुलिस, वकीलों व न्याय अधिकारियों में घूस लेने की आदत शायद इससे ज्यादा महत्त्वपूर्ण है। ऐसा संभव नहीं लगता कि एक नया न्यायायिक हथियार पा लेने पर वे अचानक ही दयालु, न्यायी और निष्पक्ष हो जायेंगे।

एक बहुत शक्तिशाली तर्क है जिसके अनुसार आज के मौजूदा पितृसत्तात्मक परिस्थितियों में, अन्यथा कानून स्पष्ट रूप से महिलाओं के समर्थन में ही हो इन, कानूनों का कार्यान्वयन संभव नहीं है। हम इसके उत्तर में वही तर्क दोहराना चाहेंगे कि यह 'कानून की सीमाओं' का मुद्दा है। संरचनात्मक असमानताओं को केवल कुछ कानूनों को असंतुलित कर नहीं सुधारा जा सकता ताकि जो अन्यायपूर्ण लगे उसे संतुलित किया जा सके। यह कहा जा सकता है कि सभी कानूनों का दुरूपयोग होता है। हो सकता है, पर कुछ ही कानून ऐसे हैं जिनके तोड़े-मरोड़े जाने से घटना को 'गलत' समझा जाने लगा है जैसा कि दहेज-विरोधी कानून के साथ हुआ है।

हमारा यह भी विश्वास है कि कोई भी नया कानूनी परिवर्तन जो कि राजकीय एजेंसियों को, इस विश्वास के साथ कि अपराधीकरण निवारक का काम करता है, परिवारों की और ज्यादा निगरानी और हस्तक्षेप करने की अनुमति देता है, जिससे कि और ज्यादा गिरफ्तारियां होती हैं और अपराधियों को जेल होती है, सहायक नहीं है। हमारे विचार से, इससे ज्यादा मददगार होगा, यदि मौजूदा सुविधाओं में सुधार किया जाए ताकि परेशानी झेल रहे दम्पतियों को, इससे पहले कि दुर्व्यवहार हो या बात बहुत आगे तक बढ़ जाए, समय से मदद मिल सके। जिनकी कहानियां इस पुस्तक में वर्णित हैं, उनमें से कई लोगों का कहना था कि उन्हें इस से मदद मिलती और बाकियों में से भी कईयों ने यही बात स्पष्ट कही।

कोई ऐसी न्याय प्रणाली नहीं है जो कि किसी महिला को जान से मारने पर आमादा किसी व्यक्ति से पूरा बचाव कर सके, खासकर जब उस व्यक्ति का गुस्सा, कुंठा व संकल्प एक हद पार कर गया हो। लेकिन फिर भी, पीडब्ल्यूडीवीए प्रयास करता है। विशेष रूप से, यह संरक्षण के आदेशों

---

[2]हमें इस बात की खास चिंता है कि दहेज के लिए उत्पीड़न का 'घरेलू हिंसा' की परिभाषा में विशेष उल्लेख किया गया है, जो कि धारा 3(बी) करीब-करीब पूरा ही आईपीसी की धारा 498-ए के भाग (बी) में दहेज और अन्य संपत्ति और मूल्यवान प्रतिभूति के सम्बन्ध में दी गई क्रूरता की परिभाषा को दोहराती है।

का प्रबंध करता है, जो कि खास तौर पर दुर्व्यवहार करने वाले पुरुषों और उनके रिश्तेदारों को और हिंसा करने से रोकने के लिए किये जाते हैं। हमारा शोध दिखलाता है कि इस विचार से कि आप 'निगरानी में हैं', जो कि इन आदेशों में निहित होते हैं, अगर क्रूरता पूरी तरह न भी थमे तो, जान से मार डालने के इरादे को कम-से-कम निरुत्साहित करता है। लेकिन, दूसरे देशों के अनुभवों से पाया गया कि अपने-आप में केवल यह इलाज पर्याप्त नहीं है।

वैवाहिक जीवन में महिलाओं द्वारा सामना की जा रही क्रूरता से निपटने के लिए–खासकर दहेज को मद्देनजर रखते हुए–अब तक जो भी प्रयास हुए हैं, वे मैक्रो स्तर पर केंद्रित रहे हैं, जैसे कि कानूनी शिक्षा, महिला सशक्तिकरण में मीडिया के प्रयास, सरकार की लिंग-विरोधी भेदभाव की नीति, पीड़ितों व उनके परिवार-वालों के लिए के लिए साधन का प्रबंध। हमें लगता है कि अब अंदर की ओर–व्यक्तियों व संबंधात्मक मुद्दों पर ज्यादा ध्यान केंद्रित किया जाना चाहिए।

यह बात प्रसिद्ध है कि नव-विवाहिता महिलाओं के पास, खासकर शहरी वातावरण में, पर्याप्त सहारा नहीं होता। हमारे शोधकार्य–और जिन मामलों की हमने इस पुस्तक में चर्चा की (खासकर नीति का केस) ने इस बात पर प्रकाश डाला। इसके अलावा, अपने परिवार से मदद माँगना सभी को पसंद न हो। भारतीय परिवार ज्यादातर आपस में जुड़े रहते हैं और इसलिए घरवालों को लगता है स्थितियों के नतीजे में उनका निहित स्वार्थ है। बल्कि, जैसा कि हम इस पुस्तक में पहले भी कह चुके हैं, कि जब महिलाओं को नुकसान होता है, उनके माता-पिता को इसका दोषी ठहराया जाना चाहिए खासकर जब वे अपनी बेटियों को विवाह के लिए पर्याप्त ढंग से तैयार नहीं कर पाते और फिर उनका साथ छोड़ देते हैं जब उन्हें माता-पिता की सबसे ज्यादा जरूरत होती है।

यह स्वीकारते हुए कि कई (बल्कि, ज्यादातर) भारतीय अभी भी तलाक के बारे में संदेह महसूस करते हैं, हम नहीं कहेंगे कि झगडे में फंसे दम्पति तलाक के लिए तैयार हों। बल्कि, हमारा मानना है कि तुरंत तलाक ले लेना भी फयदे से ज्यादा नुकसान पहुंचा सकता है। यह बच्चों के सन्दर्भ में खास तौर पर महत्त्वपूर्ण है, क्योंकि उनकी शारीरिक व भावनात्मक जरूरत का भी ध्यान रखना जरूरी है।

बल्कि, हम चाहते हैं कि व्यक्तिगत व दाम्पत्य काउंसलिंग पर ज्यादा ध्यान दिया जाना चाहिए। यह एक मजबूत बनाने वाला अनुभव होता है। इसका मकसद, लोगों को 'ठीक' करना नहीं होता बल्कि भावनाओं व विकल्पों के बारे में सोचने के लिए व निर्णय करने की क्षमता को सुदृढ़ करने के लिए एक गोपनीय व सुरक्षित माहौल प्रदान करना होता है।

यह सही है, कि कई भारतीय अभी इसके लिए तैयार नहीं हैं। लेकिन हमारे पास सबूत है कि परिस्थितियाँ बदल रही हैं। बहुत से हमारे उत्तरदाताओं ने परामर्श सेवा प्राप्त करने के लिए इच्छा जाहिर की व कहा कि उनके विवाह में इससे मदद मिली होती।

यह माना जा सकता है कि परामर्श सेवा से ज्यादा हासिल नहीं किया जा सकता यदि एक साथी विवाह से निकलना चाहता हो, अगर दूसरा साथी विवाह जारी रखने में कितना ही इच्छुक क्यों न हो। लेकिन, फिर भी, हम यही तर्क देंगे कि इससे मदद मिल सकती है, कम-से-कम दोनों साथियों को एक-दूसरे को समझने में और यह भी कि अपनी ज़िंदगी कैसे आगे बढ़ाई जाये। यहाँ, यह सन्देश हो सकता है कि, चाहे कुछ भी हो, चाहे खुद का परिवार साथ न दे, लेकिन विकल्प होते ही हैं। विवाह के बाद *भी* जीवन में विकल्प हैं। जैसा कि हम इस पुस्तक में चर्चा कर चुके हैं, जब

लोग इस में विश्वास नहीं करते हैं और इसी बात पर अड़े रहते हैं कि विवाह टूटना नहीं चाहिए, यह सम्भावना रहती है कि पत्नी खुद जीवित नहीं रहती है।

फिलहाल में, परामर्श सेवा की ज्यादातर सुविधाएं संकट के बाद ही मुहैया हैं और न्याय प्रणाली के भीतर ही पाई जाती हैं (पुलिस, अदालत, महिला आयोग आदि) व मध्यस्थता उन्मुख एनजीओ द्वारा। इनमें पहले दी गईं संस्थाओं में कम-से-कम विवाह को बचाने का हर-सम्भव प्रयास किया जाता है। यदि यह प्रयास विफल रहते हैं तो दोषियों व उनके परिवार-वालों पर मुकदमा चलाया जा सकता है। एनजीओ भी यह कानून-उन्मुख रणनीति ही ज्यादा अपनाते हैं।

शोध शुरू करने से पहले हमें जिस बारे में सावधान किया गया था उसके विपरीत हमने पाया कि, करीब-करीब सभी उत्तरदाता उनके साथ घटित बातों को बहुत गहराई में हमारे साथ बांटने में इच्छुक थे। व्यावहारिक व कानूनी बातों के अलावा बाकी बातों के साथ भी यही बात थी। कई उत्तरदाताओं द्वारा दी गई प्रतिक्रिया से पता चलता है कि उन्हें हमारे बारीकी से पूछे गए सवालों का जवाब देना, जिसमें कि वे अपनी भावनाओं व मनोभावों के बारे में बात कर सके, एक सकारात्मक अनुभव लगा। इससे यही अर्थ निकलता है कि ऐसे लोगों को प्रशिक्षित परामर्शदाताओं व मनोचिकित्सकों से बात करने से फायदा होता।

कई विशेषज्ञों ने सलाह दी कि, वास्तव में, परामर्श सेवा दम्पतियों को शादी से पहले, यहाँ तक कि शादी तय होने से पहले ही, उपलब्ध होनी चाहिए। स्पष्ट रूप से, इस तरह के उपायों से युगल को एक-दूसरे के प्रति अनुकूलता जानने व यह जानने में कि सामंजस्य बनाना पड़ेगा या नहीं इसमें भी आसानी होगी। हमें यह भी बताया गया कि इससे भावी साथियों को एक-दूसरे को समझने में भी आसानी होगी।

अन्य लोगों ने हमें बताया कि शादी से पहले परामर्श उन परिस्थितियों में जरूरी है जहाँ कम समय हुई शादियों में पत्नियां विवाह को तोड़ देना चाहती हैं जैसे ही परिस्थितियाँ उन्हें थोड़ी मुश्किल लगने लगती हैं। हमें बताया गया, ऐसी महिलाओं को कभी भी अपने पतियों से प्रेम नहीं था। उनका विवाह का अनुभव दो परिवारों के साथ था न कि दो व्यक्तियों के बीच जिसमें कम-से-कम उन दोनों में एक-दूसरे के प्रति हार्दिक भावनाएं तो हों। एक-दूसरे से बेमेल होने, अलग-अलग अपेक्षाओं आदि की वजह से उन्हें इसके लिए कोई अवसर नहीं दिखाई देता। इस दृष्टिकोण की गूँज हमें अपने शोध में कई कहानियों में सुनाई दी।

हमारा यह मकसद नहीं है कि महिलाओं को ज्यादा सहनशील होना चाहिए और यदि वे ताल-मेल नहीं बैठा पातीं और विवाह को जल्द ही खत्म कर देना चाहती हैं तो इसमें उनकी गलती है। बल्कि हमें पारंपरिक मान्यताओं, जो कि पितृसत्तात्मक ढाँचे के अंतर्गत तय-शुदा विवाहों में पाई जाती हैं और आज के माडर्न समाज, जिसमें व्यक्तियों को बढ़ती संख्या में शिक्षा, शादी से पूर्व-रिश्तों, विश्व के अनुभवों को स्थानीय स्तर पर परोस देने के मास मीडिया के प्रयासों आदि, के बीच उपज रहे तनाव नजर आते हैं।

ऐसा नहीं है कि महानगरों में न्याय प्रणाली और हस्तक्षेप-उन्मुख एनजीओ की सेवाओं से अलग परामर्श और मनोचिकित्सा की सेवाएं उपलब्ध नहीं हैं। लेकिन यह सेवायें कम हैं और कलंक से प्रबलित हैं। इसके अलावा जो भी सुविधाएं हैं वे पीड़ितों और उनके परिवार-वालों को आघात व दुर्व्यवहार के

बाद के असर से निपटने के लिए उपलब्ध हैं। व्यक्तियों व परिवारों को संकट में मदद करने के लिए बहुत कम सेवाएं हैं। यह भी सत्य है कि मुसीबत में पड़े दम्पतियों व उनके परिवार वालों के प्रति अथवा भावनात्मक आघात से गुजर रहे व्यक्तियों के प्रति नकारात्मक रवैया होता है। इस स्थिति को मद्देनजर रखते हुए, भारतीय परिवेश में अलग-अलग समय में सिद्धांतों व हस्तक्षेप करने के तौर-तरीकों को अभी विकसित करने व भावी ट्रेनरों को सिखाने की आवश्यकता है।

भावी पतिध्पत्नियों को समस्याओं से बचने व संभावित समस्याओं के घटने से पहले मुकाबला करने के तरीके सिखाने के लिए, इन विषयों को स्कूली पाठ्यक्रम का हिस्सा बनाने की सख्त आवश्यकता है। लेकिन, यह साफ है कि, इस तरह के किसी भी शिक्षाप्रद प्रयास को बहुत गहरे राजनैतिक ढंग से देखा जायेगा। भारतीय समाज में विवाह, यौन नैतिकता और अंतर-पारस्परिक सम्बन्धों को लेकर बहुत व्यापक विचारों की वजह से आसानी से इनका दुरूपयोग हो सकता है।

विवाद के बाद हस्तक्षेप की अभी की स्थितियों में (एक दम्पति की तरह या परिवार में न रह पाने के विपरीत), यह प्रश्न रह ही जाता है कि दुर्व्यवहार करने वालों के साथ क्या किया जाये जब वे अपनी क्रूरता कर चुके हों और अभी भी जारी हो। यह उन परिस्थितियों में खासतौर पर प्रासंगिक है जहां परिवार अभी भी तलाक या सजा के अपेक्षा सुलह करना ज्यादा पसंद करते हैं।

परामर्श सेवाओं को व्यापक ढंग से उपलब्ध कराने के हमारे सुझाव को आगे बढाते हुए, हमारा सुझाव है कि 'बैटरर (मारपीट या प्रहार करने वाला) चेंज प्रोग्राम' शुरू करने के लिए प्रावधान बनाने की आवश्यकता है। 'बैटरर हस्तक्षेप प्रोग्राम' के नाम से जाने वाले इन कार्यक्रमों में पत्नियों को सताने वाले पुरुषों के साथ काम किया जाता है ताकि वे अपना व्यवहार बदल सकें। जहाँ तक हमें पता है, भारत में अभी तक इस तरह का कोई काम नहीं हुआ है, इसलिए हमें पश्चिमी परिणामों के अनुसार चलना होगा। लेकिन, यहाँ भी हमें नजर नहीं आता कि इन्हें भारतीय परिवेश के अनुसार ढ़ाला क्यों नहीं जा सकता।

मौजूदा सबूतों के अनुसार बैटरर चेंज प्रोग्रामों की सफलता, सताने वाले की खुद को बदलने की इच्छा पर निर्भर करती है। ऐसा जरूरी नहीं कि जो व्यक्ति बहुत अधिक मारता-पीटता हो वह अपना व्यवहार बदल पाए, लेकिन जो लोग थोड़ी कम हिंसा का प्रयोग करते हैं, जैसे कि नियंत्रण बनाये रखने के लिए, यदि वे चाहें तो वे बदल भी सकते हैं।

लेकिन, एक बात के लिए यहाँ आगाह करना जरूरी है। बहुत से सताने वाले जो बदलने के लिए इच्छुक दिखाई देते हैं वे इसलिए ऐसा करना चाहते हैं क्योंकि जिन महिलाओं को वे सताते रहे हैं वे अब उनके अनुसार क्रूरता के लिए प्रतिक्रिया नहीं करतीं। अक्सर लोग इसी को समस्या समझते हैं, न कि अपने हिंसक व्यवहार को। नतीजतन, जैसे ही ऐसे व्यक्तियों का सम्बन्धित महिलाओं से दोबारा मेल हो जाता है, वे इस तरह के कार्यक्रम से निकल जाते हैं और अपने पुराने तौर-तरीके अपना लेते हैं। कई बार उनकी इन कार्यक्रमों में उपस्थिति भी इन महिलाओं को वापस बुलाने के लिए ही होती है।

भारतीय पुलिस के महिला अपराध शाखा की परामर्श सेवा और अन्य आपराधिक न्याय कार्यक्रम के निष्कर्षों से यह निष्कर्ष थोड़ा भिन्न है। ऐसे असंख्य उदाहरण हैं जहां दोषी व्यक्ति 'सुलह' करने के लिए राजी हो गए, जबकि उनके खिलाफ गंभीर आपराधिक दुराचार के आरोप लगाये गए हैं।

यदि दुराचारी व्यक्ति वास्तव में अपने व्यवहार के बारे में शर्मिंदा है तो उसका बदलना ज्यादा संभव होता है, बजाय उस स्थिति के जहाँ सिर्फ महिला को वापस बुलाने के लिए ऊपरी तौर पर शर्मिंदगी दिखाई जाती है। पश्चाताप की भावना रखना खुद को दण्डित करने व क्रूर व्यव्हार को बदलने की इच्छा को दर्शाती है। लेकिन यह केवल एक शुरुआत ही होनी चाहिए।

परिवर्तन की प्रक्रिया, बदलाव या प्रतिलाभ के सफल होने का सबसे ज्यादा मौका रखती है। कुछ प्रोग्रामों में चरणबद्ध तरीके से हस्तक्षेप किया जाता है, अनुदेशन कक्षा से शुरू होकर, विषय केंद्रित चर्चाओं के बाद, सपोर्ट ग्रुप और अंत में सामुदायिक सेवा से।

इस से कम अवधि में काम करने से न केवल बदलाव के अपर्याप्त नतीजे होंगे, बल्कि इससे महिलाओं में झूठी आशा भी जग सकती है और वे और अधिक खतरे में पड़ सकती हैं।

कई महिलाएं कानूनी दांव-पेंच में उलझना नहीं चाहतीं। इसके परिणाम का डर उनके लिए अपने सताने वालों का सामना करने व उससे होने वाले नुकसान से कहीं ज्यादा होता है। लेकिन, कुछ परिस्थितियाँ ऐसी होती हैं जहाँ केवल परामर्श देने व वापस सहवास में जाना महिला की सुरक्षा के लिए पर्याप्त नहीं होता। यह जरूरी है कि बैटरर रिफोर्म प्रोग्राम ऐसे लोगों को इकठ्ठा करने का प्रोग्राम बन जाए जिन्हें ज्यादा बल-पूर्वक काबू किया जाना जरूरी होता है।

इस पुस्तक के सार की बात करें तो, हमारे अनुसार 'दहेज समस्या' को भारतीय कानून व भारतीय समाज दोनों ने गलत समझा है। इसके फलस्वरूप कुछ ऐसे उपाय निकाले गए जिनसे न केवल पुरानी समस्याएं बढ़ती रहीं, बल्कि नई समस्याएं भी खड़ी हुईं। इसमें बहुत-सी उलझनें इसलिए भी पैदा हुईं कि हम इस धारणा से उबर नहीं पाए हैं कि केवल निषेध करने व सजा देने से नहीं सामाजिक गलतियों को कानून द्वारा सुधारा नहीं जा सकता।

दहेज प्रथा अभी तक गैर-कानूनी इसलिए नहीं घोषित हो पाई है कि भारतीय समाज के कई हिस्सों में इसे सकारात्मक व समस्या-रहित माना जाता है। इसके अलावा, दहेज का निषेध करना केवल सैद्धांतिक रूप से ही रचनात्मक था, क्योंकि ज्यादातर वैवाहिक जीवन में टूट-फूट के हिंसा वाले मामलों में दहेज के अलावा असंख्य *अन्य* कारण होते हैं।

आवश्यक बुनियादी अधिकारों को उपलब्ध कराने के लिए व दोषियों को सजा देने के लिए कानून जरूरी होते हैं, लेकिन 'दहेज समस्या' के प्रति एक सम्पूर्णवादी दृष्टिकोण वैवाहिक हिंसा की आम घटनाओं से निपटने के लिए जरूरी है।

इस सन्दर्भ में तब यह देखना महत्त्वपूर्ण होगा कि 2005 का पीडब्ल्यूडीवीए अधिनियम कितना कारगर सिद्ध होता है, क्योंकि यह पैसे से ज्यादा हिंसा से सम्बन्धित था, जो कि एक ज्यादा संतुलित दृष्टिकोण लगता था। लेकिन, दूसरी तरफ, यह आशंका है कि इससे आर्थिक आयाम पर जोर देने के बजाय अब इसका महत्त्व कम हो जाएगा[3]।

---

[3]अगर यह माना जाता है कि पीडब्ल्यूडीवीए को वैसा ही लागू किया जायेगा जैसा कि उसे किया जाना था, न कि उसमें भी आईपीसी की धारा 498–A की तरह दहेज के सन्दर्भ में गलतफहमी होगी, जैसा कि हमने कहा था कि इसमें खतरा है।

क्या एक बेहतर संतुलन वाला अधिनियम संभव है? या क्या वैवाहिक हिंसा का मुद्दा ऐसा है जिसे कभी भी कानून की मदद से पूरी तरह या प्रभावशाली ढंग से नहीं सुलझाया जा सकता, चाहे सरकारी अधिनियम उसे किसी भी तरह से नियंत्रित करने की कोशिश करें? यह अब भी शोध का मुद्दा है। हमें आशा है कि हमने इस मुद्दे की सारी सच्ची पेचीदगियों को उभार कर सामने रख दिया है और यह यकीन दिलाने में कामयाब हुए हैं कि अब समय आ गया है कि 'दहेज समस्या' की उच्चतम स्तर पर पुनः सम्पूर्ण जांच की जाये।

लेखकों के बारे में

डॉ. रॉबिन वायट यूनाइटेड किंगडम से एक स्वतंत्र सामाजिक शोधकर्ता और मूल्यांकन सलाहकार हैं, जो कि यूनाइटेड किंगडम (यूके) और भारत में अपना एकसाथ काम करते हैं। उन्होंने न केवल अंतर्राष्ट्रीय व सामाजिक विकास के विषयों पर शोध किया है, बल्कि यूके की सामाजिक समस्याओं और कई देशों के सम्बन्ध में राजनैतिक विषयों पर भी काम किया है। हाल के वर्षों में उनका विकास-सम्बन्धित काम लिंग (जेंडर) पर ज्यादा केंद्रित रहा है, जबकि सामाजिक बहिष्कार, निर्धनता और शासन-विधि विषयों पर भी उनका ध्यान गया है। अब तक के अपने करियर में उन्होंने, द वर्ल्ड बैंक, ब्रिटिश सरकार के कैबिनेट ऑफिस और द कार्टर सेंटर के लिए काम किया है। उनका सबसे महत्त्वपूर्ण शौक जमीनी स्तर पर शोध प्रबंधन और कार्यान्वयन करना है, और वे गुणात्मक शोध प्रणाली के विशेषज्ञ हैं। इनमें भी वे विशेष रूप से संवेदनशील विषयों में, जैसे पीड़ितों या हिंसक अपराधों के अभियुक्तों के साथ फील्ड रिसर्च में पारंगत हैं। रॉबिन एक उत्साही स्वतंत्र यात्री, ट्रेकर और फोटोग्राफर हैं, और जब वे काम नहीं कर रहे होते, वे अक्सर कम-प्रसिद्ध स्थलों पर पाए जा सकते हैं।

नाजिया मसूद ने टाटा इंस्टीट्यूट ऑफ सोशल साइंसेस, मुंबई से सामाजिक कार्य में स्नातकोत्तर डिग्री (एमएसडब्ल्यू) प्राप्त की है और लिंग (जेंडर) श्रेणी में, बेंगलुरु के कच्छी मेमन समुदाय में मुस्लिम महिलाओं की भूमिकाओं पर उनके शोध-प्रबंध (थीसिस) को सर्वश्रेष्ठ शोध का पुरस्कार मिला है। उन्होंने मुंबई पुलिस के महिला एवं बच्चों के स्पेशल सेल के साथ, घरेलू हिंसा की उत्तरजीवी महिलाओं और जरूरतमंद बच्चों के साथ काम किया है और साथ ही रॉबिन वायट, जब वे लन्दन विश्वविद्यालय के स्कूल ऑफ ओरिएंटल एंड अफ्रीकन स्टडीज (एसओएएस) में पीएचडी उम्मीदवार थे, की फील्ड सहायक के रूप में भी काम किया है। इसके बाद वे बेंगलुरु के एक अंतर्राष्ट्रीय स्कूल में समाजिक विज्ञान पढ़ाने लगीं।